"中国村庄发展：浙江样本研究"丛书

主编　陈野

德 润 民 心

宁波邵家丘村发展研究

VIRTUE HAS A CONTINUED INFLUENCE
ON
THE VILLAGER
A STUDY ON THE DEVELOPMENT
OF
SHAOJIAQIU VILLAGE,
NINGBO

董小梅　王釜岫等◎著

ZHEJIANG UNIVERSITY PRESS
浙江大学出版社

图书在版编目（CIP）数据

德润民心 ： 宁波邵家丘村发展研究 / 董小梅等著. -- 杭州 ： 浙江大学出版社，2021.11

（"中国村庄发展：浙江样本研究"丛书 / 陈野主编）

ISBN 978-7-308-21464-3

Ⅰ. ①德… Ⅱ. ①董… Ⅲ. ①农村经济发展－研究－宁波 Ⅳ. ①F327.555

中国版本图书馆CIP数据核字(2021)第109309号

德润民心：宁波邵家丘村发展研究

董小梅　王崟屾等　著

丛书策划	陈丽霞　宋旭华　赵　静	
丛书统筹	赵　静　王荣鑫	
责任编辑	徐凯凯	
责任校对	李瑞雪	
装帧设计	林智广告	
出版发行	浙江大学出版社	
	（杭州市天目山路148号　　邮政编码　310007）	
	（网址：http://www.zjupress.com）	
排　　版	杭州林智广告有限公司	
印　　刷	浙江省邮电印刷股份有限公司	
开　　本	710mm×1000mm 1/16	
印　　张	21.25	
插　　页	4	
字　　数	380千	
版 印 次	2021年11月第1版　2021年11月第1次印刷	
书　　号	ISBN 978-7-308-21464-3	
定　　价	98.00元	

浙江省文化研究工程指导委员会

"中国村庄发展：浙江样本研究"项目组研究人员名单

"中国村庄发展：浙江样本研究"丛书

丛书主编 陈　野

首席专家 闻海燕　顾益康

"德润民心：宁波邵家丘村发展研究"课题组简介

课题组组长 王釜屾

课题组成员 董小梅　王釜屾　伦玉敏　李　亢　孟欣然
　　　　　　　陆银辉　江一舟　钭利珍　赵瑞林

梦开始的地方（董小梅摄）

党建长廊（董小梅摄）

邵家丘全景（董小梅摄）

道德长廊（董小梅摄）

道德银行发源地
（董小梅摄）

邵家丘道德广场（董小梅摄）

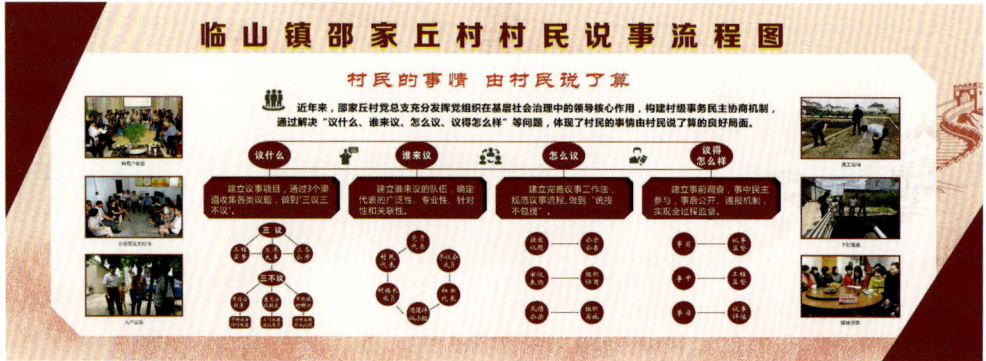

邵家丘村村民说事流程图 （董小梅摄）

村委会办公地（董小梅摄）

党员服务驿站（董小梅摄）

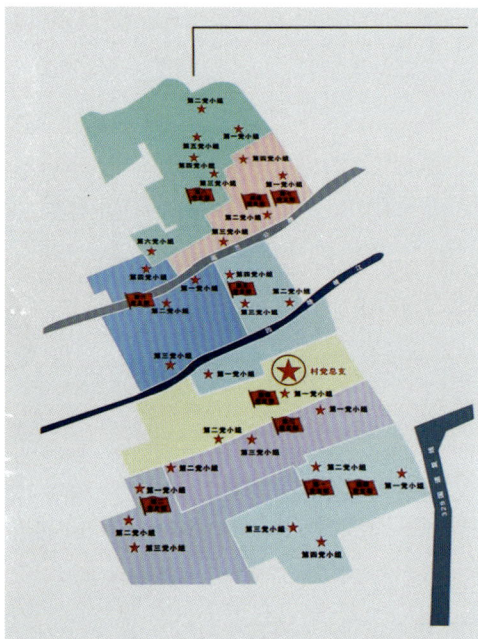

邵家丘网格划分图（董小梅摄）

邵家丘老房子（董小梅摄）

浙江文化研究工程成果文库总序

有人将文化比作一条来自老祖宗而又流向未来的河，这是说文化的传统，通过纵向传承和横向传递，生生不息地影响和引领着人们的生存与发展；有人说文化是人类的思想、智慧、信仰、情感和生活的载体、方式和方法，这是将文化作为人们代代相传的生活方式的整体。我们说，文化为群体生活提供规范、方式与环境，文化通过传承为社会进步发挥基础作用，文化会促进或制约经济乃至整个社会的发展。文化的力量，已经深深熔铸在民族的生命力、创造力和凝聚力之中。

在人类文化演化的进程中，各种文化都在其内部生成众多的元素、层次与类型，由此决定了文化的多样性与复杂性。

中国文化的博大精深，来源于其内部生成的多姿多彩；中国文化的历久弥新，取决于其变迁过程中各种元素、层次、类型在内容和结构上通过碰撞、解构、融合而产生的革故鼎新的强大动力。

中国土地广袤、疆域辽阔，不同区域间因自然环境、经济环境、社会环境等诸多方面的差异，建构了不同的区域文化。区域文化如同百川归海，共同汇聚成中国文化的大传统，这种大传统如同春风化雨，渗透于各种区域文化之中。在这个过程中，区域文化如同清溪山泉潺潺不息，在中国文化的共同价值取向下，以自己的独特个性支撑着、引领着本地经济社会的发展。

从区域文化入手，对一地文化的历史与现状展开全面、系统、扎实、有序的研究，一方面可以藉此梳理和弘扬当地的历史传统和文化资源，繁荣和丰富当代的先进文化建设活动，规划和指导未来的文化发展蓝图，增强文化软实力，为全面建设小康社会、加快推进社会主义现代化提供思想保证、精神动力、智力支持和舆论力量；另一方面，这也是深入了解中国文化、研究中国文化、发展中国文化、创新中国文化的重要途径之一。如今，区域文化研究日益受到各地重视，成为我国文化研究走向深入的一个重要标志。我们今天实施浙江文化研究工程，其目的和意义也在于此。

千百年来，浙江人民积淀和传承了一个底蕴深厚的文化传统。这种文化传统的独特性，正在于它令人惊叹的富于创造力的智慧和力量。

浙江文化中富于创造力的基因，早早地出现在其历史的源头。在浙江新石器时代最为著名的跨湖桥、河姆渡、马家浜和良渚的考古文化中，浙江先民们都以不同凡响的作为，在中华民族的文明之源留下了创造和进步的印记。

浙江人民在与时俱进的历史轨迹上一路走来，秉承富于创造力的文化传统，这深深地融汇在一代代浙江人民的血液中，体现在浙江人民的行为上，也在浙江历史上众多杰出人物身上得到充分展示。从大禹的因势利导、敬业治水，到勾践的卧薪尝胆、励精图治；从钱氏的保境安民、纳土归宋，到胡则的为官一任、造福一方；从岳飞、于谦的精忠报国、清白一生，到方孝孺、张苍水的刚正不阿、以身殉国；从沈括的博学多识、精研深究，到竺可桢的科学救国、求是一生；无论是陈亮、叶适的经世致用，还是黄宗羲的工商皆本；无论是王充、王阳明的批判、自觉，还是龚自珍、蔡元培的开明、开放，等等，都展示了浙江深厚的文化底蕴，凝聚了浙江人民求真务实的创造精神。

代代相传的文化创造的作为和精神，从观念、态度、行为方式和价值取向上，孕育、形成和发展了渊源有自的浙江地域文化传统和与时俱进的浙江文化精神，她滋育着浙江的生命力、催生着浙江的凝聚力、激发着浙江的创造力、培植着浙江的竞争力，激励着浙江人民永不自满、永不停息，在各个不同的历史时期不断地超越自我、创业奋进。

悠久深厚、意韵丰富的浙江文化传统，是历史赐予我们的宝贵财富，也是我们开拓未来的丰富资源和不竭动力。党的十六大以来推进浙江新发展的实践，使我们越来越深刻地认识到，与国家实施改革开放大政方针相伴随的浙江经济社会持续快速健康发展的深层原因，就在于浙江深厚的文化底蕴和文化传统与当今时代精神的有机结合，就在于发展先进生产力与发展先进文化的有机结合。今后一个时期浙江能否在全面建设小康社会、加快社会主义现代化建设进程中继续走在前列，很大程度上取决于我们对文化力量的深刻认识、对发展先进文化的高度自觉和对加快建设文化大省的工作力度。我们应该看到，文化的力量最终可以转化为物质的力量，文化的软实力最终可以转化为经济的硬实力。文化要素是综合竞争力的核心要素，文化资源是经济社会发展的重要资源，文化素质是领导者和劳动者的首要素质。因此，研究浙江文化的历史与现状，增强文化软实力，为浙江的现代化建设服务，是浙江人民的共同事业，也是浙江各级党委、政府的重要使命和责任。

2005 年 7 月召开的中共浙江省委十一届八次全会，作出《关于加快建设文化大省的决定》，提出要从增强先进文化凝聚力、解放和发展生产力、增强社会公共服务能力入手，大力实施文明素质工程、文化精品工程、文化研究工程、文化保护工程、文化产业促进工程、文化阵地工程、文化传播工程、文化人才工程等"八项工程"，实施科教兴国和人才强国战略，加快建设教育、科技、卫生、体育等"四个强省"。作为文化建设"八项工程"之一的文化研究工程，其任务就是系统研究浙江文化的历史成就和当代发展，深入挖掘浙江文化底蕴、研究浙江现象、总结浙江经验、指导浙江未来的发展。

浙江文化研究工程将重点研究"今、古、人、文"四个方面，即围绕浙江当代发展问题研究、浙江历史文化专题研究、浙江名人研究、浙江历史文献整理四大板块，开展系统研究，出版系列丛书。在研究内容上，深入挖掘浙江文化底蕴，系统梳理和分析浙江历史文化的内部结构、变化规律和地域特色，坚持和发展浙江精神；研究浙江文化与其他地域文化的异同，厘清浙江文化在中国文化中的地位和相互影响的关系；围绕浙江生动的当代实践，深入解读浙江现象，总结浙江经验，指导浙江发展。在研究力量上，通过课题组织、出版资助、重点研究基地建设、加强省内外大院名校合作、整合各地各部门力量等途径，形成上下联动、学界互动的整体合力。在成果运用上，注重研究成果的学术价值和应用价值，充分发挥其认识世界、传承文明、创新理论、咨政育人、服务社会的重要作用。

4

　　我们希望通过实施浙江文化研究工程，努力用浙江历史教育浙江人民、用浙江文化熏陶浙江人民、用浙江精神鼓舞浙江人民、用浙江经验引领浙江人民，进一步激发浙江人民的无穷智慧和伟大创造能力，推动浙江实现又快又好发展。

　　今天，我们踏着来自历史的河流，受着一方百姓的期许，理应负起使命，至诚奉献，让我们的文化绵延不绝，让我们的创造生生不息。

2006 年 5 月 30 日于杭州

浙江文化研究工程成果文库序言

袁家军

浙江是中华文明的发祥地之一，历史悠久、人文荟萃，素称"文物之邦""人文渊薮"，从河姆渡的陶灶炊烟到良渚的文明星火，从吴越争霸的千古传奇到宋韵文化的风雅气度，从革命红船的扬帆起航到新中国成立初期的筚路蓝缕，从改革开放的敢为人先到新时代的变革创新，都留下了弥足珍贵的历史文化财富。纵览浙江发展的历史，文化是软实力、也是硬实力，是支撑力、也是变革力，为浙江干在实处、走在前列、勇立潮头提供了独特的精神激励和智力支持。

2003年，习近平同志在浙江工作时作出"八八战略"重大决策部署，明确提出要进一步发挥浙江的人文优势，积极推进科教兴省、人才强省，加快建设文化大省。2005年7月，习近平同志主持召开省委十一届八次全会，亲自擘画加快建设文化大省的宏伟蓝图。在习近平同志的亲自谋划、亲自布局下，浙江形成了文化建设"3+8+4"的总体框架思路，即全面把握增强先进文化的凝聚力、解放和发展文化生产力、提高社会公共服务力等"三个着力点"，启动实施文明素质工程、文化精品工程、文化研究工程、文化保护工程、文化产业促进工程、文化阵地工程、文化传播工程、文化人才工程等"八项工程"，加快建设教育、科技、卫生、体育等"四个强省"，构建起浙江文化建设的"四梁八柱"。这些年来，我们按照习近平同志当年作出的战略部署，坚持一张蓝图绘到底、一任接着一任干，不断推进以文铸魂、以文育德、以文图强、以文传道、以文兴业、以文惠民、以文塑韵，走出了一条具有中国特色、时代特征、浙江特点的文化发展之路。

文化研究工程是浙江文化建设最具标志性的成果之一。随着第一期和第二期文化研究工程的成功实施，产生了一批重点研究项目和重大研究成果，培育了一批具有浙江特色和全国影响的优势学科，打造了一批高水平的学术团队和在全国有影响力的学术名师、学科骨干。2015年结束的第一批浙江文化研究工程共立研究项目811项，出版学术著作千余部。2017 年 3 月启动的第二期浙江文化研究工程，已开展了 52 个系列研究，立重大课题 65 项、重点课题 284 项，出版学术著作 1000 多部。特别是形成了《宋画全集》等中国历代绘画大系、《共和国命运的抉择与思考——毛泽东在浙江的 785 个日日夜夜》等领袖与浙江研究系列、《红船逐浪：浙江"站起来"的革命历程与精神传承》等"浙 100 年"研究系列、《浙江通史》《南宋史研究丛书》等浙江历史专题史研究系列、《良渚文化研究丛书》等浙江史前文化研究系列、《儒学正脉——王守仁传》等浙江历史名人研究系列、《吕祖谦全集》等浙江文献集成系列。可以说，浙江文化研究工程，赓续了浙江悠久深厚的文化血脉，挖掘了浙江深层次的文化基因，提升了浙江的文化软实力，彰显了浙江在海内外的学术影响力，为浙江当代发展提供了坚实的理论支撑和智力支持，为坚定文化自信提供了浙江素材。

当前，浙江已经踏上了实现第二个百年奋斗目标的新征程，正在奋力打造"重要窗口"，争创社会主义现代化先行省，高质量发展建设共同富裕示范区。文化工作在浙江高质量发展建设共同富裕示范区中具有决定性作用，是关键变量；展现共同富裕美好社会的图景，文化是最富魅力、最吸引人、最具辨识度的标识。我们要发挥文化铸魂塑形赋能功能，为高质量发展建设共同富裕示范区注入强大文化力量，特别是要坚持把深化文化研究工程作为打造新时代文化高地的重要抓手，努力使其成为研究阐释习近平新时代中国特色社会主义思想的重要阵地、传承创新浙江优秀传统文化革命文化社会主义先进文化的重要平台、构建中国特色哲学社会科学的重要载体、推广展示浙江文化独特魅力的重要窗口。

新时代浙江文化研究工程将延续"今、古、人、文"主题，重点突出当代发展研究、历史文化研究、"新时代浙学"建构，努力把浙江的历史与未来贯通起来，使浙学品牌更加彰显、浙江文化形象更加鲜明、中国特色哲学社会科学的浙江元素更加丰富。新时代浙江文化研究工程将坚守"红色根脉"，更加注重深入挖掘浙江红色资源，持续深化"习近平新时代中国特色社会主义思想在浙江的探索与实践"课题研究，努力让浙江成为践行创新理论的标杆之地、传播中华文明的思想之窗；擦亮以宋韵文化为代表的浙江历史文化金名片，从思想、制度、经济、社会、百姓生活、文学艺术、建筑、宗教等方面全方位立体化系统性研究阐述宋韵文化，努力让千年宋韵更好地在新时代"流动"起来、"传承"下去；科学解读浙江历史文化的丰富内涵和时代价值，更加注重学术成果的创造性转化，探索拓展浙学成果推广与普及的机制、形式、载体、平台，努力让浙学成果成为有世界影响的东方思想标识；充分动员省内外高水平专家学者参与工程研究，坚持以项目引育高端社科人才，努力打造一支走在全国前列的哲学社会科学领军人才队伍；系统推进文化研究数智创新，努力提升社科研究的科学化水平，提供更多高质量文化成果供给。

伟大的时代，需要伟大作品、伟大精神、伟大力量。期待新时代浙江文化研究工程有更多的优秀成果问世，以浙江文化之窗更好地展现中华文化的生命力、影响力、凝聚力、创造力，为忠实践行"八八战略"、奋力打造"重要窗口"，争创社会主义现代化先行省，高质量发展建设共同富裕示范区，提供强大思想保证、舆论支持、精神动力和文化条件。

丛书序言

中国乡村曲折艰难的现代化进程，步履艰难而又波澜壮阔。其意蕴之丰沛，与中国生活、中国社会和中国文化深切相连。回溯中国乡村自1840年中国社会开启现代转型以来走过的兴衰起伏之命运轨迹，可谓千回百转、曲折萦纡。数辈乡民身居不同时代，应对多重挑战，以吃苦耐劳、隐忍柔韧、顽强进取的品格精神，维系了村庄命脉和厚重历史。

一

当代乡村发展，承历史之重，开乡村现代化之时代新局。改革开放以来，浙江乡村变化巨大，以其走在前列的先行先试，开乡村发展的时代新局，呈现了发展中国家走向现代化的轨迹，为中国乡村的现代化发展提供了分析参照的样本。有鉴于此，本套丛书以"中国村庄发展：浙江样本研究"为主题，着力于从以下方面开展研究，并取得相应成果。

改革开放40多年，特别是自2003年习近平同志在浙江工作后，作为习近平新时代中国特色社会主义思想的重要萌发地，浙江乡村发展迈入新阶段，呈现城乡融合、"五位一体"全面发展的新态势。习近平同志以以人为本、执政为民的治理理念和统揽全局的思维方式，对浙江乡村发展全面布局，实施"千村示范，万村整治"等重点工程，从推动产业新发展、建设新社区、培育新农民、树立新风尚、构建新体制等维度全面推进乡村发展。习近平同志有关乡村发展的理性思考、创造性实践和历史性成果，是我们选择浙江村庄作为中国村庄发展样本加以研究的重要遵循和行动指南。

村庄是最基层的社会单位之一，是最为鲜活丰沛的日常生活之地，是中华历史文化传统的重要根基，是我国全面建成小康社会、开启全面建设社会主义现代化国家新征程的重要建设领域。然而，由古至今，村庄也是最缺乏历史记载和文献档案系统、最难听到它本真的话语呼声、最难触摸到它脉动的心灵、最难见到它在历史进程中完整形影的场所。本丛书旨在以长时段的历史研究视野，观察、记录和研析作为基层生活共同体的中国村庄，在面对社会转型期的急剧巨变时，如何通过调整、舍弃、更新、吸纳共同体内在结构和要素的策略，重建与生活、与生产、与社会、与时代均相契合的新型乡村社会生活的规则和秩序，以此维系村庄生存，推动村庄发展，提升村庄品质。同时，亦拟以翔实细致的个案性剖析，探求乡村传统建构的实际场景和内在机制。故此，在各专著框架中，特设"史地篇"，追寻村庄过往在其当下时段中的历史投射，记述村庄的整体性历史进程，定位其当今发展在乡村文明进程中的历史坐标，为观察、研究村庄建立长程的历史背景；特设"访谈篇"，以大量的村民口述访谈和全面系统的乡村档案收集整理，为一直以来缺乏史料积淀的村庄建立由文献、田野调查和口述访谈为架构的资料系统，记下了村民传承、维系、建设、发展村庄的种种心声；尤其重视以经济、政治、治理、文化、生态等各篇组合的整体性研究，通过深度驻村调研、深层次介入村庄内部生产生活环境，为不同类型村庄在当代社会变革时期所做的探索与发展，建立起完整的事实记录和分析样本，在浩瀚苍茫的历史时空中留下了我们这个时代的乡村社会发展印记，见证了乡村传统建构中的众多真实过程。

乡村研究是社会学、历史学、政治学、文化学等学科的重要领域，村庄个案研究、专题研究、历史断代研究、现实问题研究等成果丰硕。本套丛书以 11 个村庄为研究对象，以各个村的纵向历史发展特别是改革开放 40 多年来的乡村发展基本轨迹为历史纵轴，以独具浙江特色的村庄经济、政治、文化、社会、治理、生态等为记述研究主体，从不同角度记述浙江乡村发展轨迹，并从中提炼具有普遍意义的发展路径、特征和价值，为相关学科深化乡村研究提供了丰富个案和鲜明的地方资源。

乡村发展在我国改革开放史中具有众多首创之功和重要的历史地位，目前乡村振兴背景下来自各级党委、各级政府、社会各界和广大村民等的积极作为，是当代中国历史进程的重要组成部分。本套丛书各部专著所述浙江村庄历史和改革开放 40 多年来的乡村建设历程、发展成就和价值意义，以来自乡村一线这种最为社会基层的真实场景、鲜活实践和全方位的研究阐释，极大地丰富了浙江以至中国当代发展研究的内涵，为党史、新中国史、改革开放史、社会主义发展史的研究，输送了来自乡村大地的源头活水，增强了研究的内在活力。

本套丛书积极探索学术研究对接当下社会需求的内在理路，将来自改革前沿的现实问题研究与学术研究紧密结合，在全面系统记述乡村历史、开展理论研究的同时，直面乡村建设发展中的困境、不足和问题，走进当代社会实践，走向乡村基层，走进乡民群体，在与政府、乡村和农民的互动中开展现实问题专题研究，发挥学术研究参与现实社会建设的作用和价值，以理性分析、务实举措从村庄发展现实问题中提炼可供下一步乡村振兴所需的理论资源和对策建议，撰写多个智库报告，得到省委省政府领导多项肯定性批示，实现了学术研究中问题意识、现实关切和人文关怀的有机关联，提升了人文社科研究在基层社会的知晓度和影响力。

二

自项目正式实施以来，项目组科研人员深入全省相关市县宣传、文化、旅游、建设、农办等政府部门和百余个村庄开展深入调研。从东部海岛到西部田园，从浙南山区到浙北平原，课题组成员顶着烈日酷暑、冒着风雨严寒，克服诸多困难，走进田间地头，结交农民朋友，深入农户开展深度访谈，全方位多视角实地考察村庄发展实况。5 年来深入乡村的实践探索和项目研究，让我们收获良多，也给我们带来很多启示。

在本套丛书研究和撰写过程中，乡镇村干部群众一致认为本研究在梳理村庄历史、增强集体认同、提升文化自信、提供发展资源、理清发展思路等方面，与乡镇和村的建设需求十分契合，对项目研究给予极大肯定，表现出极高的参与和配合热情，尤其热切地表达了对专业性强、学术水平高的人文社科研究的衷心期待。蕴含于乡村大地的家园故土寻根意愿、强烈的文化自觉意识、丰富的创业创新业绩、高昂进取的精神面貌和积极态度，以及存在于一些村庄的老龄化、空心化、业态陈旧、过度开发、贫富差距、文化生活单调等发展中的问题和不足，均让我们深切感受到村庄发展的巨大需求空间，看到了乡村社会发展对专家学者的热切期盼。广阔的乡村大地，正是开展人文社科研究、获取厚重科研成果的丰富沃土。

习近平总书记指出："人民的需要和呼唤，是科技进步和创新的时代声音。"社会科学工作者只有走出书斋，积极探索学术研究对接当下社会需求的内在理路，深入开展脚踏实地的基层调研，将哲学社科理论研究与社会实践紧密结合，将来自改革前沿的现实问题与学术研究紧密结合，准确了解社情民意、把握时代脉搏，实现学术研究中问题意识、现实关切和人文关怀的有机关联，才能克服从书本到书本、从理论到理论的研究局限，强化基础理论研究厚重感，提升应用对策研究针对性，取得适应现实所需、彰显学术价值、具有中国气派的哲学社会科学研究成果。

以重大系列项目构建综合性学术团队，开展集聚多学科、多梯队联合共事的集体攻关项目，既整合了原先相对分散的科研力量，也在团队的协同共进、交流互鉴、相互砥砺中营建起浓厚的学术氛围、深厚的同事情谊，为年轻科研人员的成长提供了优质平台，达到了既出成果又出人才的双赢效果。

5 年来的学术劳作和辛勤付出，让我们收获满满，既有研究专著的丰硕成果，也是一次整合院内乡村研究相关科研力量、以团队合作形式开展重大主题研究的实战历练，为我院培育乡村研究平台、打造乡村研究品牌、历练乡村研究队伍、承担乡村研究重大课题，做出了有益尝试，取得了扎实成效。创新不易，守成更难，开拓尤需勇气、毅力和实力。衷心祝愿项目组和各位科研人员以本套丛书出版为新起点，勉力精进，深耕勤研，取得更多丰硕成果。

浙江省社会科学院副院长、研究员

"中国村庄发展：浙江样本研究"项目负责人、丛书主编　陈　野

2020 年 12 月 6 日

　　中国是一个历史悠久的农业大国，农业是关系到国计民生的基础产业，农民是占人口最多的社会群体，农村是最广阔的地域空间。"三农"问题在我们党和国家发展中占有重中之重的地位。村庄作为中国最古老的社区，既是农民的集居地，也是农业赖以发展的基础，亦是农耕文明、农耕文化、地域文化生存发展之地。从一定意义上来说，村庄发展就是"三农"发展的缩影，村庄发展演变也反映着社会的变革趋势，特别是城乡关系的发展变化趋势。

　　村庄是乡村经济社会发展最基础、最基本的单元，村庄发展也是整个中国经济社会发展演变的一个风向标。无论是城市发展还是农村发展、工业发展还是农业发展都会在村庄的发展上表现出来，所以研究中国村庄发展实际上是解剖中国经济社会变革的"麻雀"，"麻雀虽小、五脏俱全"，我们通过对改革开放 40 多年来村庄发展的一些样本的解剖，可以揭示中国改革开放 40 多年来政治、经济、社会、生态和文化等方面的发展轨迹与发展规律，起到"窥一斑、见全貌"的作用。

一、改革开放 40 多年来浙江村庄发展的基本经验

　　浙江是 5000 年中华文明实证地、中国革命红船起航地、改革开放先行地和习近平新时代中国特色社会主义思想的重要萌发地。浙江作为中国东部沿海发达的代表省之一，市场化、工业化、城镇化进程走在全国的前列，同时浙江也是地域差异性十分明显的省份，"七山一水二分田"的基本省情和兼有山海之利的特点，使得浙江村庄发展的多样性特色十分明显。由浙江省第二期文化研究工程重大系列项目"中国村庄发展：浙江样本研究"形成的这套丛书，选取的 11 个村庄研究样本，既来自 11 个地（市），也兼顾了发达地区明星村与欠发达地区的后发村、平原村与山区村、城郊区村

与纯农区村、少数民族村与海岛渔村等不同类型的地域村庄。这11个不同村庄在浙江既有一定的代表性，也隐含了发展的普遍性与多样性相统一的规律性。特别是改革开放的伟大变革是从农村开始的，改革开放的先行者和主力军也是农民。"春江水暖鸭先知"，从一定意义上来说，浙江村庄也是浙江变革最早、最快的地方，因此这11个样本村庄的研究就有了多方面的意义与价值。

丛书的11个不同类型的浙江村庄个案，每个研究基本上都由史地、经济、社会、治理、生活、生态、文化、访谈、文献等篇组成，从而分析每个村庄发展基础，记述发展历史，总结发展经验，解释发展动因，揭示发展本质，提炼样本价值。浙江这11个样本村庄地域位置各异，资源禀赋不一，发展水平参差不齐，但通过对这11个个案村改革开放40多年来的发展历程、发展实绩、发展经验、发展动因等的整体分析，我们大致上可以揭示浙江农村40多年改革开放的基本经验，也可以从中寻找到浙江40多年改革开放与发展之所以能够走在全国前列的内在原因。正如时任浙江省委书记习近平同志总结的，浙江发展快是因为农村发展快，浙江富是因为农民率先富，浙江活是因为农村搞得活。从这11个个案样本村的发展总体情况来分析，浙江村庄40多年改革开放中值得全国村庄借鉴的发展经验主要有以下五点：

一是坚持走以"人民大众创造财富、人民政府创造环境"为运行机制的大众市场经济的创新发展之路。改革开放以来浙江把家庭联产承包制改革对农民生产力的解放运用到了极致，通过千百万农民率先闯市场，鼓励农民以市场为导向调整优化农业结构，鼓励农民务工经商，大力发展乡镇经济、家庭工业和个私经济，率先在全省快速推进市场化、工业化和城镇化的进程，促进农民分工分业分化，让千百万农民成为自主创业创富的市场经营主体，形成了"百万能人创业创富、千万农民就业致富"的新格局。以乡镇企业、个私经济为主体的民营经济不仅带动了农民快速致富，也成为推动浙江工业化、市场化最强大的力量。花园村、上园村、邵家丘村、缪家村等村庄的发展都实证了这一以农民大众为创业创新主体力量的创新发展之路。农民大众和民营企业成为全省市场经济绝对的主体力量，市场化、工业化、城镇化中的浙江农民的创造力得到了前所未有的爆发。同时，浙江各级政府按照时任省委书记习近平的"以人为本谋'三农'"的要求，为农民自由全面发展创造环境，大力改善基础设施、公共服务和人居环境，推进"最多跑一次"改革，形成了"人民大众创业致富、人民政府管理服务""人民大众创造财富、人民政府创造环境"的大众市场经济的创新发展模式。这一发展路子非常全面地体现了以人民为中心的发展思想，做到了发展为了人民、发展依靠人民、发展成果为人民共享，浙江这一大众市场经济的运行机制使浙江"三农"发展表现了极大的创造力。

二是坚持走"城乡融合发展、一二三产业融合发展"的城乡一体化的协调发展之路。城乡关系在"三农"问题解决上起着极为重要的作用。改革开放以来，浙江逐步改革了城乡二元分割体制，允许农民到城镇务工经商，走出了一条农民城镇农民建的城镇化之路，县城和小城镇成为农民首选的安居乐业之地。特别是从新世纪以来，时任浙江省委书记习近平亲自制定《浙江省统筹城乡发展 推进城乡一体化纲要》，实施了新型城镇化与建设新农村双轮驱动的新战略，实施千村示范、万村整治的工程，大力推动城市基础设施向农村延伸、城市公共服务向农村覆盖、城市现代文明向农村辐射，快速缩小了城乡在基础设施、公共服务和现代文明方面的差距。经过十几年坚持不懈的建设，我们这11个个案村庄无一例外地都变成了生态宜居的美丽乡村，农村人居环境得到了根本性改善。在这一背景下，城市出现了逆城市化和新一轮"上山下乡"的热潮，追求绿色生态的城市消费者热衷于到美丽乡村来休闲度假、养生养老，城市有识之士和城市资本技术也开始出现了"上山下乡"，到美丽乡村发展民宿等美丽经济和现代农业。传统农业也出现了加速向现代农业转变的新趋势。家家粮棉油、户户小而全的小农经营大幅减少，适度规模经营的家庭农场、合作社、龙头企业成为新型农业经营主体。大学毕业生、研究生、留学归来的高层次农二代和来自城市的农创客给浙江农业注入了新的生机和活力。同时，农业出现了功能多样化以及与第二、第三产业相融合的新趋势，休闲观光农业、文创农业、体验农业、智慧农业、设施农业等新型农业业态快速增多，现代农业呈现出与第二、第三产业深度融合的全产业链发展的新趋势。农业绿色化、标准化、品质化、品牌化让浙江农业呈现出前所未有的发展新态势。

三是坚持走"绿水青山就是金山银山"理念为引领的生态生活优先的绿色发展之路。浙江人多地少，人均资源稀缺，在改革开放初期，为了解决产品短缺、工业品供应匮乏问题，被迫走了一条以牺牲生态环境为代价的粗放型、数量型经济发展之路。在世纪之交，生产发展与生态保护的矛盾更加突出。2003 年，时任浙江省委书记习近平高瞻远瞩地提出了建设生态省和绿色浙江的新战略。在全省实施"千村示范、万村整治"工程，2005 年习近平在安吉余村首次提出了"绿水青山就是金山银山"理念，强调优美的生态环境就是最普惠的民生福祉。在农村经济发展上，把为农民创造优美生活环境、优良生态环境放到首要位置。本丛书 11 个样本村无一例外地都开展了农村人居环境和生态环境整治，将原来污染严重的垃圾村建设成为生态宜居的美丽乡村。像余村、棠棣村、清漾村、沙滩村等都成为美丽乡村精品村和文化旅游名村，美丽乡村成为农民引以为豪的美好生活的幸福家园，也成为城市人越来越向往的休闲度假、养生养老的生态乐园。越来越多的城市消费者、投资者兴起"上山下乡"的新热潮。乡村旅游、农家乐、民宿、体验农业等"美丽"经济和"乡愁"产业成为"两山"转化的有效载体，这些绿色产业成为浙江农民创业就业、创业致富的新亮点。

四是坚持走"对外开放、对内开放"相互联动的特色块状经济的开放发展之路。通过对改革开放前后的经济发展路子的比较，使浙江干部群众意识到全方位开放经济和市场经济是发挥资源小省、市场大省优势的必然选择。浙江抓住中国的对外开放新机遇，大力发挥劳动力人才和工贸优势，大力发展市场在外、原料基地在外的"两头在外"的集聚化、特色化生产加工、贸易基地，形成了柯桥轻纺、海宁皮革、义乌小商品、永康小五金、桐乡羊毛衫、东阳红木家具、大唐袜业等特色块状经济。本书的 11 个样本村在这一开放发展大潮中形成的一村一品、一村一业的特色专业村的发展模式，则是浙江这种开放型块状经济的基础和重要生力军。这种"两头在外、无中生有"的块状产业是县域经济、农村经济的强大支撑和竞争力所在，都是浙江农民创业就业的主阵地，也是浙江民营经济具有强大竞争力的重要因素。在浙江这些以县城和小城镇为依托的特色块状经济集聚发展的地方，浙江农民只要有劳动能力就可以找到工作岗位，只要有资本就可创业办实业。目前这种对外对内双向开放和市场原料两头在外的块状经济正向产业集群的方向转型，并通过智能化改造促进传统制造业向先进制造业转型。通过这种双向开放的特色块状经济的发展，以农民和民营经济为主体的县域经济也得到了不断提升，成为浙江"三农"发展极为亮丽的风景线。

五是坚持走家庭经营、合作经营互促共进，鼓励先富帮扶后富、双管齐下的共创共富的共享发展之路。在 40 多年改革发展中，浙江农村逐步形成了符合社会主义市场经济发展要求的经营体制。确立了农户家庭经营在农业生产中的主体和基础地位，强调这适合农业自然再生产和经济再生产相结合的产业特点，也适合社会主义市场经济运行机制，但我们家庭经营规模太小、数量太多，参与市场竞争能力非常有限。因此，在发挥家庭经营在农业生产中的基础作用的同时，充分发挥合作经营在农民走向市场中的服务作用。为了适应现代农业发展的要求，浙江在农业经营体制上不断地推陈出新，一方面我们按照承包农地"三权分置"的原则，促进土地经营权向专业大户、家庭农场和龙头企业集中。另一方面，通过发展专业合作社，特别是大力发展生产合作、供销合作、信用合作三位一体的农合联组织，为农业家庭经营提供全方位的合作服务。与此同时，村经济合作社作为集体土地所有者代表和社区集体经济组织，承担起发展壮大集体经济为社员服务的职能。在农业创业创富和收入分配方面，我们致力于打破分配上的平均主义和"大锅饭"，允许和鼓励一部分人和一部分地区，通过勤劳致富和创业开拓市场先富起来，同时引导和鼓励先富带后富，先富帮后富。本丛书中处于欠发达地区的缙云北山村、海岛地区的蚂蚁岛村和龙峰民族村等，也都先后走上了先富带后富、大家一起富的共富之路。浙江 40 多年改革开放中的"三农"发展实践证明，共同富裕不等于平均富裕，不能通过计划经济搞纯而又纯的公有制、过度集中的单一公有制经济来实现，而是要通过发展社会主义市场经济，充分发挥市场机制的基础作用和政府的积极有为作用，让千百万农民成为独立的家庭经营的市场主体，在此基础上，政府通过发展合作经营和扶贫攻坚，帮扶欠发达地区和低收入群体增强发展能力。只有让一部分地区、一部分人群先富起来，才能形成先富带后富、大家共同富裕的共同发展的新格局。

二、浙江村庄发展的个性特色和影响因素

以本套丛书所述 11 个村庄为代表的浙江村庄发展经验弥足珍贵，有许多值得全国村庄借鉴的地方。而通过对这 11 个村庄历史地理、资源禀赋、社会文化、人文环境、政府服务等多方面的深入挖掘和综合思考，揭示这 11 个村庄之所以发展快、发展好、发展有个性特色的深层次的原因及其规律性，则更是我们这套丛书出版所要达到的一个重大预期目标。全面分析浙江这些村庄的历史文化、地理区位、资源禀赋、产业特点、人文因素、发展环境、政府服务等多方面因素，浙江村庄发展与下列五大因素密切相关：地域位置与资源禀赋、文化传承与人文素养、乡村能人与乡村干部、改革政策与民众认知、地方领导与地方治理。这五大因素影响并决定着村庄发展方向、发展特点和发展水平。

首先是地域位置与资源禀赋。中国人常说"一方水土养一方人"，浙江就是受这方面因素影响特别大的地方，尤其是农业生产为基础的村庄发展以及民风民俗影响更是特别直接。浙江地处中国东部沿海长三角地区，气候是亚热带季风气候，四季分明，雨热同季，气候多变同时又有人多地少、山多田少、人均农业资源不足等特点。这些地域特点与资源禀赋总体上使得浙江农民和村庄发展形成了自身的群体特征。农业生产一年四季都可进行，农民既勤劳又节俭，家庭手工业发达。同时相邻地区的差异性也比较大，如杭嘉湖、宁绍平原这种江南水乡地区的村庄与村民同浙西南山区、浙中山区盆地的村庄产业及民俗民风的差异性也比较大，但总体上浙江村民勤奋节俭、农商兼营、心灵手巧的特点十分明显。

其次是文化传承与人文素养因素，这也是对村庄发展影响久远的因素。浙江是

中华民族 5000 年农耕文明实证地、中国农业文明重要发祥地，有将近万年的上山文化、八千年跨湖桥文化、七千年河姆渡文化、六千年马家浜文化和五千年良渚文化，这种农耕文化对浙江村庄和农民影响极其深远。农耕文化影响下形成的天人合一、道法自然的农事理念，巧用资源、精耕细作的农作制度，勤劳勤俭、勤学勤勉的农家品质，村落集居、族人互助的农村价值及耕读传家、回馈乡里的乡贤精神都使得浙江村庄发展带有明显的农耕文化、民俗文化影响的深深的烙印。

第三是当地乡村能人与乡村干部因素的作用非常巨大。我们从 11 个样本村的 40 年改革发展的历程与成效来看，乡村能人和乡村干部的行为、思维的影响是决定性的。尤其那些在改革开放中率先富起来的村庄，诸如样本村中金华的花园村、温州的上园村、宁波的邵家丘村、绍兴的棠棣村、丽水的北山村等，都是由乡村能人和乡村干部带头闯市场、带头经商办厂兴实业而带领村民群众走上共创共富之路的。可以说在所有发展因素中，这种能人因素的作用是极其明显的，尤其是村庄的干部，应该既有创业创富闯市场的能力，又有带领村民走共同富裕道路的奉献精神，这显得尤为重要。

第四是政策导向与民众认知的因素。这在村庄改革开放 40 多年发展中的影响力也特别的明显。浙江这种具有悠久的农商兼营、工农商皆本的地俗文化和人多地少的地方，在计划经济和以粮为纲的左的年代，浙江人的手工业和家庭工业、小商品生产都被当作资本主义尾巴砍光了，农民生活十分贫穷。在 1978 年改革开放和普遍实行包产到户的新的改革政策环境下，浙江农民发展商品生产、乡镇企业、个私经济的积极性得到全面激发。从实践来看，农民群众对改革政策的认同度越高、响应越热烈的地方，村庄的经济社会发展就越快，农民们致富的速度也越快，政策效应也越明显。当然，这也与当地党委政府的工作力度密切相关，政策宣传和贯彻落实越到位的地方，农民群众认知度越高，政策效果也越明显。

第五是地方领导和地方治理的因素，这也是村庄发展十分重要的因素。地方领导思想是否开放、思路是否开阔、对"三农"工作是否重视、对农民群众感情是否深厚、工作作风是否求真务实，这些都关系到能否为当地村庄发展创造良好的环境条件。如改革开放初期，温州地方领导、金华东阳义乌地方领导、宁波余姚地方领导的思想比较开放、开明，作风求真务实，就为这些地方村庄改革发展创造了比较宽松的发展环境。在乡村地方治理上，浙江农村都比较好地实行了村民委员会自治的地方治理，并且很多地方都把村民自治与德治、法治紧密结合起来，形成了村民自治、德治、法治"三治合一"的地方治理模式，为村民自我治理、自我发展创造了良好的治理机制。

总之，浙江村庄在 40 年改革开放中发展的经验弥足珍贵，值得各地借鉴，发展的内在机制、规律也反映了中国改革开放以来"三农"发展的规律性。本丛书记述的浙江 11 个样本村庄的发展各具特色，但也有许多共性的经验、规律可循，期望读者们能从这一丛书的村庄发展案例中发现一些对今后中国村庄有借鉴意义的东西，希望大家将这一丛书看作研究浙江 40 年改革开放村庄发展和"三农"发展的一个重要窗口。

"中国村庄发展：浙江样本研究"项目首席专家　顾益康

2020 年 10 月

目 录

C O N T E N T S

导　语

中国改革开放是从农村改革起步、以农村改革推进城市改革、走向全方位改革开放的中国特色改革道路。[①]40 多年来，浙江的农业农村改革创新走在全国前列，走出了一条具有鲜明浙江特色的"三农"发展之路，农业生产、农民生活、农村面貌发生了令人瞩目的变化，乡村振兴迈入新征程。[②]2018 年，浙江农村常住居民人均可支配收入为 27302 元，已连续 34 年位居全国各省（区）第一位；其中，从收入结构看，2018 年浙江农民人均工资性收入 16898 元，占比可支配收入六成以上，在企业务工为主的非农劳动，是浙江农民的首要收入来源。此外，2018 年，浙江城乡居民收入比缩小至 2.04；农村居民人均生活消费支出由 1978 年的 157 元增加到 19797 元，消费水平居各省（区）第一；居民恩格尔系数从 1978 年的 59.1% 降至 2018 年的 30.3%，"从一定意义上讲，浙江步子快主要是农村发展快，浙江经济活主要是农村搞得活，浙江人民富主要是农民率先富"[③]。当然，更有论者指出，"浙江的经济是农民创业的经济"[④]。

一、拓荒

浙江农村改革发展的 40 多年历程，是千百万农民闯市场、探索建立中国特色社会主义市场经济体制的改革过程，是在中国共产党领导下，坚持以人为本，坚持以共创共富为特色的农民的主体市场化、工业化、城镇化和农业农村现代化的道路，是一条"小农经济"走进"大市场"的农村工业化道路。改革开放之前，浙江产业层次很低，农业在国民经济中占较高份额，特别是农业劳动力占全社会劳动力的比重高达 74.8%，浙江属典型的农业省份，工业基础较为薄弱。改革开放

---

①　顾益康：《浙江 30 年农村改革发展实践的理论分析》，《农业经济问题》，2008 年第 10 期。
②　王兆雄、吴圣寒：《改革开放四十年浙江"三农"发展成就》，《统计科学与实践》，2018 年第 12 期。
③　习近平：《干在实处 走在前列——推进浙江新发展的思考与实践》，中共中央党校出版社，2006 年，第 157 页。
④　黄中伟：《非均衡博弈：浙江农民创业的原动力》，《企业经济》，2004 年第 5 期。

后，随着农村家庭联产承包责任制在浙江的全面推行，农民历史性地获得支配自己劳动、自由生产经营和自主创业致富的权利，成为创业创新创富的主体。政策的引导、"人多地少"的客观矛盾，再加之浙江传统文化中"利义并重""工商皆本"的价值观，使得浙江农民选择"离土不离乡、进厂不进城"的发展农村工业的道路，"上百万农民创业，带动数千万农民转产就业"，浙江农村工业化也由此起步。

邵家丘村，地处余姚市西北角临山镇一隅，系围涂造地而兴的移民村落，虽历经沧桑，但历史并不悠久，仅200余年。邵家丘村的发展可称平淡无奇，既没有村籍邑人闻名于世，又没有重要历史文化遗存，也无沿海靠山地利之便，但正是这样平凡的村庄，恰在长江流域乃至东部地区具有普遍性，毕竟不是每个村庄都因历史渊源久远、人文底蕴深厚或自然资源优美而成为"历史文化名村""状元村""旅游村"等。正如一些学者指出的，"一些非常特殊的典型村庄是时代的特殊产物，有其自身发展的特定问题，因而不能复制。但是有些村庄的发展，实际上是中国整个城乡社会发展的缩影，可以反映社会发展的某些基本趋势"①。邵家丘村在改革开放后的发展与变迁，虽则普通，但却不是孤立的，在村庄外部政策性或结构性因素的影响之下，反映出浙江"经济社会中度分化的分散型村庄"②发展的某些基本趋势。

与改革开放之初的浙江类似，邵家丘村无交通、工业、商贸及其他资源等优势，其发展主要得益于"人和"——改革开放后脱贫致富的强烈冲动让村民们迸发出前所未有的创造力。在20世纪80年代初"包产到户""包干到户"政策的引导下，村民一方面靠种植榨菜等经济作物摆脱贫困，另一方面务工经商的积极性得到空前暴发，父子、兄弟、夫妻或亲戚、朋友齐上阵，大家集资办厂，以劳动密集型小企业为主，③依托当地经济发展（主要是社队集体企业）和产业集群优势，主要生产一些简单商品或是从事产品加工的某一个简单环节，如家用电器、纸箱制造、制笔零件、车辆配件等。由此，村民们在市场经济的大风大浪中学会了游泳，农民真正成为发展市场经济的主体，也创造了浙江"块状经济"奇迹。④邵家

---

① 林聚任、马光川：《改革开放四十年来的中国村庄的发展与变迁》，《社会发展研究》，2018年第2期。
② 贺雪峰：《村庄类型及其区域分布》，《中国乡村发现》，2018年第5期。
③ 经走访可知，近年来，由于劳动用工成本持续飙升，以及政府"机器换人"政策引导，邵家丘村部分劳动密集型企业也对生产线进行了智能化改造，以减少人力成本。
④ 叶辉：《浙江农民在改革开放中共同富裕》，《光明日报》，2008年10月25日第5版。

丘村"包产到户""分田到户"的当年（1982 年），人均纯收入就达到了 362.9 元，远超同期全国农村居民人均纯收入（270.1 元）。现如今，邵家丘村"人人当老板，家家办工厂"，已有私营企业 100 余家；同时，村集体经济也不断壮大，2018 年村集体收入 275 万元，农民人均纯收入 3.38 万元。

二、道路

改革开放以来，邵家丘村坚持以发展工业作为农村经济发展的突破口，坚持市场化取向，"离土不离乡"，逐渐走出了一条工业发展型的农村经济发展道路。"乡办、村办、联办、户办四个轮子一起转"，邵家丘村依托村庄在历史发展过程中形成的五金加工等传统技术，在 20 世纪 80 年代即积极发展五金加工业，目前村内五金加工企业已有 50 余家，成为村内主导产业。邵家丘村的发展始终坚持市场导向，如随着生活水平的提高，人们对厨房用具等产品的需求不断增加，由于当时市场空间很大，因此短时间内在余姚、慈溪一带就出现了大量塑料制品生产企业，并形成一个规模巨大的企业集群，邵家丘村部分"洗脚上岸"的农民商人，抓住了浙江块状经济发展的机遇，立足市场需求，着力发展塑料制造业。目前村内塑料制造企业已有 40 余家，仅次于五金制造业。受义乌小商品市场等周边专业市场的辐射与带动，村内的文具、打火机等产品的生产、销售也发展起来。同时，企业生产环节的外包或技术外溢，也促进了邵家丘村工业的发展。由此，技术种子型、市场需求诱导型、专业市场带动型、企业繁殖型等成为邵家丘村工业发展型农村经济的主要发展模式。[①]

当然，不可否认，这种乡村工业化是在传统二元结构体制的历史条件下启动和发展起来的，是在特定历史时期的一种特殊的工业化形式。它从"农村经济蜕化出来"，与"三农"问题密切相关，是一种广义的工业化，即工业、服务业通过自身的变革与发展占据农村经济主导地位，又包括实现农业现代化。[②]就邵家丘村而言，农业和工业更多体现为一种"挤压"关系，而未形成真正的互补和相互促进。农业发展仅仅体现在量的增长（劳动生产率的提高），而未实现质的突破（现代化转型），而且除了农业发展的不充分，邵家丘村第三产业也未得到充分发展。一直以来，邵家丘村的产业结构呈现出一家独大的局面，20 世纪 90 年代以前，

---

①　黄中伟：《工业发展型农村经济发展模式——以浙江为例》，《老区建设》，2004 年第 5 期。
②　张燕辉：《农村工业化模式演变与城镇化路径选择》，《经济问题探索》，2007 年第 7 期。

是以第一产业占据绝大部分份额；20 世纪 90 年代中期，在经历了短暂的第一产业和第二产业均衡分布之后，第二产业便一直占据绝对优势；至于第三产业则一直总量不足、发展相对滞后。此外，邵家丘村的工业发展伴随着中国经济发展进入新常态，持续面临着资源、环境束缚和加快转型升级的多重压力。由此，如何"充分挖掘乡村多种功能和价值，聚焦重点产业，聚集资源要素，强化创新引领，突出集群成链，延长产业链、提升价值链，培育发展新动能"，也成了邵家丘村新时代的必答题。邵家丘村党总支已经早早意识到了这个问题，目前正在结合村庄"十四五"规划的制定，"科学合理布局，优化乡村产业空间结构"，以求"促进产业融合发展，增强乡村产业聚合力"。

经济快速发展之际，邵家丘村坚持"两手抓、两手都要硬"，念好"道德经"，以道德为出发点和基础，维系村民之间的情感，并强调在公共领域中的德行以及对"善"的认知与追求。由此，不仅村民之间能够做到互相帮助、互相扶持，全村整体的道德水平和素养亦得到了大幅度提高，心灵世界也有了寄托；更重要的是，村民对集体的认同感也得到加强。认同感的加强使村民们热心公益，愿意为集体作出更大的贡献；同时，村民与村集体之间的矛盾也大大减少，村集体的各项工作也能够得到顺利的开展，从而更好地造福全体村民，这是一个互相促进的过程。而邵家丘村正是在这样一种良性互动的过程中，不断取得进步。

三、跌宕

"踏平坎坷成大道。"村庄的发展不是一帆风顺的，40 余年发展历程中，邵家丘村这个辖区面积 4 平方公里、常住人口 2595 人的杂姓合居、移民村庄，在 2000 年前后也曾走过一段曲折的道路。一方面，随着村庄经济发展，村民陆续外出打工、经商，人口流动性变大，社会管理日益松散；另一方面，村民的平等意识、民主意识、权益意识不断增强，利益诉求增多，矛盾、纠纷日趋复杂多样，化解难度也越来越大。延至 2001 年，又时逢余姚全市行政村区域调整，邵家丘村由原邵家丘、沈家丘、哑潭等三个自然村撤并而成新邵家丘村。并村伊始，各类矛盾集中暴发：集体经济欠账多、群众意见多、打官司多，人心不齐，其成为当地党委、政府重点关注的薄弱村、帮扶村。当然，不满情绪较为普遍、冲突隐患多等现象在新世纪的农村并不鲜见。① 面对当时农村社会结构变动、价值观念多元、民主意识增强等新情况、新问题，在 2004 年 1 月召开的全省农村工作会议上，时任浙江省委书记的习近平同志强调："确保农村稳定，为农民群众营造良好的生产生活环境，是实现好、维护好、发展好最广大农民根本利益的必然要求。"② 是年底，邵家丘村党支部换届选举，作为典型的"村穷民富村"③，遵循"农村基层党组织是党在农村全部工作的基础"的基本要求，以提升组织力为重点，突出政治功能，着力加强党支部领导班子和党员队伍建设，以选好一个带头人为打好翻身仗的关键，在此背景之下，党员们选举出新一届村党组织领导班子。

"乱则思定，乱则思变。"如何定？ 如何变？ 村看村、户看户、农民看支部。一个时代有一个时代的主题，一代人有一代人的使命。中国特色社会主义事业从新时期走向新时代，这一新长征路上愈加强调担当，愈加需要实干。在此背景之下，换届后的邵家丘村新一届村领导班子，自 2005 年以来，践行"一个党员一面旗，一个支部一盏灯"的理念，在临山镇党委指导下，契合大势大局，因地制宜，以党建为引领，坚持"自治、法治、德治"相融合，把广大农民对美好生活的向往化为推动乡村振兴的动力，以"道德立村"为总纲，念好"道德经"，创出以"微公开、微网格、微积分"为主要内容的基层治理经验，孕育出"文明乡风、良好家风、淳朴民风"的硕果，构建了党建引领乡村复合治理的新格局，实现了党的组织覆盖与服务覆盖相结合，实现了从"落后村"到"先进村"的巨大变化，连续数年无重大刑事案件、群体性事件、安全生产事故，并荣获省文明村、省绿化示范村、宁波市全面小康村、生态村和民主法治示范村等称号。如今的邵家丘村，村容村貌整洁有序、社会和谐、民富民安、民心向善、村民崇德，源于邵家丘村的"道德银行"更是在余姚全域推广、覆盖，成为余姚的一张金名片，④ 基层社会治理走上了良性发展道路。

邵家丘村的村民职业主要以非农业化为主（由农业向其他行业转变的村民所从事的工作种类各不相同，广泛分布在第一、二、三产业的不同领域），既与浙江

---

① 温铁军、郎晓娟、郑风田：《中国农村社会稳定状况及其特征：基于 100 村 1765 户的调查分析》，《管理世界》，2011 年第 3 期。

② 中央农村工作领导小组办公室、浙江省农业和农村工作办公室：《习近平总书记"三农"思想在浙江的形成与实践》，《人民日报》，2018 年 1 月 21 日第 1—2 版。

③ 1997 年，浙江省委组织部按照村富民富村、村穷民富村、村穷民穷村三种类型，对全省不同经济类型的村庄开展了一次全面的农村基层党组织建设情况的调研，以深刻认识农村基层党建与经济社会发展之间的客观联系，以及进一步增强农村基层党建工作引领经济社会发展的有效性和针对性。

④ 奚明、潘银浩：《深化"道德银行"建设 让文明道德之花竞相绽放》，《学习时报》，2019 年 9 月 20 日第 8 版。

农民职业非农化趋势相符，[①] 又属于贺雪峰教授所类型化的"经济社会中度分化的分散型村庄"[②]，在长江流域具有普遍性（主要是江浙一带）。同时，邵家丘村在产业结构方面主要以个体、私营经济为主，并无实力强大的村集体经济。综观邵家丘村的发展过程，既没有花费大资金，又没有落地大工程，都是将群众身边的微小事绘成了今日的新成就。放眼浙江，邵家丘村其实只是全省万千个已经或正在实现美丽蝶变的平凡的平原村庄的一个缩影。十多年来，浙江历届省委以"八八战略"为总纲，一张蓝图绘到底，一任接着一任干，实现了从"千万工程"到美丽乡村建设，再到深化美丽乡村建设的跃迁。由此，浙江的农村面貌深刻变化，城乡距离逐步缩小，美丽经济的梦想不断升腾。而一个个村庄的生动实践也在不断证明：只要坚持以党建为引领，以人民为中心，"不能光看农民口袋里的票子有多少，更要看农民的精神风貌怎么样"，不断提升农民的获得感、幸福感、安全感，探索出适合自身发展的道路，再平凡的村庄也能成功蝶变，成为建设美丽中国的鲜活样本。

四、启示

"乡村振兴战略的总体要求，很重要的体现就是怎样维护好'三架马车'共同运作的乡村治理结构，特别是建立健全自治、法治、德治三位一体的乡村治理机制。"[③] 邵家丘村在改革开放以来特别是 2005 年以来的乡村治理探索实践中，走出了一条党建引领乡村复合治理，实现乡村振兴的新路子。一方面，坚持党建引领，村党总支书记通过法定程序担任村股份经济合作社董事长，有效协同并维护了"三架马车"的乡村治理结构；另一方面，扎实推进抓党建促乡村振兴，突出政治功能，以"道德立村"为抓手，念好"道德经"，把社会主义核心价值观融入农村社会发展的各个方面；转变农民的情感认识和行为习惯，并有机嵌入自治、法治、德治三位一体的乡村治理新机制中，孕育出"文明乡风、良好家风、淳朴民风"，焕发了乡村文明新气象。邵家丘村走出的党建引领乡村复合治理的乡村振兴新路子，以"道德立村"为抓手，切中肯綮，经验可复制、可推广。

其一，打造善治乡村、形成共建共治共享的乡村治理格局，必须始终坚持村

---

① 刘文倩、高里利、王成军：《浙江省农民职业非农化的微观因素研究——基于 3 个地市 7 个行政村农户的调查》，《农村经济与科技》，2017 年第 13 期。
② 贺雪峰：《村庄类型及其区域分布》，《中国乡村发现》，2018 年第 5 期。
③ 浙江大学全球农商研究院：《启真湖畔话振兴——浙江大学"乡村振兴高峰论坛"观点采撷》，《中国农民合作社》，2018 年第 3 期。

党组织的坚强领导。"办好农村的事情，实现乡村振兴，关键在党。"[①]围绕习近平同志提出的"农业强、农村美、农民富"的新要求，村党组织发挥推动科学发展、带领农民致富、密切联系群众、维护农村稳定的战斗堡垒作用，党建工作抓具体、抓深入，一以贯之党建促发展、党建促改革、党建促和谐。一方面，"干部带党员、党员带村民、一级做给一级看"，走出了一条"党建引领、道德立村、网格治理"的新路子，涵育出"文明乡风、良好家风、淳朴民风"的硕果；另一方面，村党组织敢于担当、不畏矛盾、直面问题，用"道德立村"提升农民精神面貌，坚持物质文明和精神文明一起抓，遵循村级重大事项决策"四议两公开"的要求，探索实施村级事务民主协商机制，通过"议什么、谁来议、怎么议、议得怎么样"四个步骤，形成了"村民的事情由村民说了算"的良好局面，将党员、普通村民紧密团结在党组织周围，使党组织的核心带头作用得到了充分发挥，全村上下凝心聚力，专注发展。

其二，打造善治乡村、形成共建共治共享的乡村治理格局，必须始终坚持以人民为中心。乡村振兴，农民是主体，必须充分尊重农民意愿，切实发挥农民在乡村振兴中的主体作用，不断提升农民的获得感、幸福感与安全感。如邵家丘村始于2011年的村民民主评议村干部和村民需求公开征集，用"一支笔、一张表、一个信封、一瓶胶水"，推动党员干部自觉履职尽责，把村民需求放在最高位置。再如，"微网格"治理模式的线上线下推进与应用，提开了服务网络，以便利为原则，将服务延伸到村民家门口。依托网格微信群，村民碰到难事、大事，村干部无论在哪里，都会在第一时间赶到现场，通过把村民跑上来变成干部走下去，干部得到村民的认可和信赖。干部受人尊重，做好事得到认可，最终促成了邵家丘村崇德向善、人人奉献的村风村貌，为发展提供了良好的外部环境。

其三，打造善治乡村、形成共建共治共享的乡村治理格局，必须始终坚持社会治理方法的灵活创新。乡村作为一种低密度的聚落形式，它与城市不同，它是承载特定文化景观、独特生活方式的空间载体，兼具"熟人社会"或"半熟人社会"的特征。[②]因此，形成共建共治共享的乡村治理格局，既要善于运用现代治理理念和方式，更要注重发挥农村传统治理资源的作用。邵家丘村坚持从客观实际出发，不教条、不本本、不机械、不折腾，以"道德立村"总目标为牵引，把党

---

① 习近平：《论坚持党对一切工作的领导》，中央文献出版社，2019年，第206页。
② 韩俊：《以习近平总书记"三农"思想为根本遵循 实施好乡村振兴战略》，《管理世界》，2018年第8期。

建工作渗透其中，采取符合农村特点的有效方式，念好"道德经"，如邵家丘村继 2012 年创造性设立"道德银行"，率先探索道德评议、道德信贷等举措之后，又在 2015 年建立"道德杯"，使之成为村民荣誉的象征。再如，"微网格"治理模式实践中，不仅"微网格"划分灵活机动，而且"网格长"的选任更是坚持发挥先进示范作用，充分发挥骨干党员、村民代表的积极性，由此延伸了"村两委"的工作范畴。

"事因于世，而备适于事。"通过邵家丘村这一创新发展的样板，可以直观地感触到改革开放 40 余年来，从乡镇民营经济勃发开启的乡村"裂变"，到 2003 年"千村示范、万村整治"工程驱动的乡村"蝶变"，再到当前城乡融合发展、各美其美的"聚变"，以及新时代深化改革助力乡村振兴的"脉动"。浙江未来，值得期待！

史

地

篇

沧海桑田　蝶变重生

　　邵家丘村地处宁绍平原北部，隶属曾孕育过河姆渡文化的余姚市，建村已有200余年。2001年3月，新邵家丘村由原邵家丘村、沈家丘村、哑潭村三个村撤并而成，形成三区夹两河之貌。其先民主要从绍兴南汇、孙端、马山等地自发迁徙至此围涂耕种者组成。此地气候温和适中，属中亚热带和北亚热带的过渡地区，光照充足，历史上主要从事近海捕捞、晒盐，种植棉花、小麦等经济作物。中华人民共和国成立之后，邵家丘村完成了土地改革和社会主义改造，开启了新的征程。20世纪70年代，邵家丘村所处地区由粮食种植区重新规划为棉花产区，水稻种植逐步改为棉花种植，公社（大队）主要以棉花种植为主，辅以部分玉米、黄豆种植，农村经济在曲折中发展。

第一章　自然地理与村庄历史

第一节　地理位置

中国东部及相关海区，沧海桑田，海陆更迭，东部平原亦是新构造运动的复杂地区。在大规模海浸与海退的往复更迭过程中，赖于沉积物的沉积速度大于海平面的上升速度，杭州湾南北两岸的沉积平原——杭嘉湖平原和宁绍平原为主体组成的浙北平原，最终得以形成。这一带平原面积要占土地总面积的80%，而水、山面积约占20%。幅员辽阔的平原地势低洼，海拔一般在7米以下，其间河网密布，湖泊众多，是典型的江南水乡风貌；气候温和适中，属中亚热带和北亚热带的过渡地区，光照充足，年平均气温15.6~16.5℃；年降水量1038.2~1403毫米，相对湿度78%~83%。[①] 得天独厚的地理自然环境，使这一带在几无交通的原始社会就形成了自己的文化特色，其中最具代表性的就是大约距今7000~5000年前的余姚河姆渡文化。[②]

1973年，考古学家在河姆渡遗址发掘了大量属于新石器时代的珍贵文物和动植物遗存，及数量众多的木制、骨制和石制的稻作工具，还有许多形态多样、功能齐全、来源多元的居住遗存和大量展现先民意识形态的器物图像。特别是出土的野生水稻种子和人工栽培稻遗存，表明河姆渡先民的稻作种植"早已越过驯化阶段，而进入水稻栽培的成熟阶段"[③]，展示出六七千年前我国东南沿海地区原始

① 浙江省林业厅区划办公室编：《浙江省林业区划》，中国林业出版社，1991年，第120–121页。
② 本书成稿时，位于宁波余姚三七市镇井头山南麓的井头山遗址，经C14测年和文化类型比较研究后证明，其距今7800~8300年，早于闻名中外的河姆渡文化1000多年，既是宁波地区目前发现的年代最早的文化遗址，也是浙江境内首个贝丘遗址和迄今为止中国沿海地区埋藏最深、年代最早的海岸贝丘遗址，是探索中国海洋文明源头的重要文化遗存。但鉴于资料有限，本书在此主要从河姆渡文化谈起。
③ 张之恒：《河姆渡文化发现的意义》，载浙江省文物局等编：《河姆渡文化研究》，杭州大学出版社，1998年，第279页。

社会的繁荣景象以及浙江先民所创造的辉煌灿烂的原始文化。这一考古发现震惊世人，人们冠河姆渡文化遗址为"七千年前的文化宝库"。这座文化宝库以事实表明：长江流域也是中华民族文化的发源地，这打破了中华民族文化起源一元论。

孕育河姆渡文化的宁绍平原位于浙江省东北部，因古时其东为宁波府，其西为绍兴府而得名。它西起钱塘江，南倚会稽、四明山地，北濒杭州湾，是呈东西向的狭长型地块，并呈南北缓倾，其海岸线特别长，"以明清拒潮海塘为基线，岸线长达 210 公里，面积达 8000 多平方公里"①，是仅次于杭嘉湖平原的浙江省第二大平原。宁绍平原的地理区域属于长江三角洲南翼，是块新生的土地，成陆时间较迟，其形成与杭州海域相关，是"沧海桑田"的产物。

宁绍平原水网稠密、农田肥沃、物丰民勤，自古以来就是中国经济最活跃的地区之一，早在春秋越国时期，这一带就出现了经过精密规划而建立的城市；在中国历史上，此地一直是人多地少、城镇经济高度发达的地区，素有"鱼米之乡"之美誉。不过，这些美好也不是一帆风顺的，离不开生养于兹的百姓的聪明智慧和艰苦奋斗。宁绍平原背山临海，是由陆地的上升和河流的冲击而成为的沼泽平原，有纵横交叉的河流湖泊，而钱塘江口的潮汐使早期的居住和生活环境并不理想，人们要立足于此就必须一直治水。民国时期，为防标高 8 米高潮的侵蚀，人们在杭州湾的南岸地带，筑起东起余姚西至萧山长约 59 公里的海塘。塘内的平原，地势平坦，运渠纵横。②

经济是滋养文化的基础，这片富饶的土地孕育了源远流长、底蕴深厚的浙江文化，而余姚则可谓是其最为深厚的地方，是浙东文化的主要发源地之一，素有"山水中开文献邦""姚江人物甲天下"之美誉，王安石赞为"余姚二山下，东南最名邑。烟水万人家，熙熙自翔集"。历代有据可查的余姚籍进士就有 600 位之多，占了明清两代科举的大半江山。余姚历史名人灿若星辰，当地人更是尊严子陵、王阳明、朱舜水、黄宗羲为余姚的四先贤。心学大师王阳明创立儒家阳明学派，是明中叶以后对全国影响最大的学派之一。民主启蒙大师黄宗羲，作为明清之际的三大思想家之一，是清代浙东学派的鼻祖，他的民主启蒙思想对康梁变法、辛亥革命等近代重大政治运动都产生了深远影响。无怪乎梁启超在《复余姚评论社

---

① 葛国庆：《从考古资料看历史时期宁绍平原的海进海退》，载鲁锡堂主编：《越风——绍兴市越文化研究会年刊（2008）》，西泠印社出版社，2008 年，第 198 页。

② 王鲁编著：《中国地理（下）中国区域地理》，李思根、赵莹校订，新学识文教出版中心，1990 年，第 4 页。

论邵二云学术》中评价"余姚以区区一邑，而自明中叶迄清中叶二百年间，硕儒辈出，学风沾被全国以及海东"。

余姚市域地理特征明显，南部为峰峦起伏的四明山，中部为河网密布的姚江平原，北部为冲积海积平原，属亚热带季风气候区，阳光充足，雨量充沛，四季分明。北部滨海平原属宁绍平原的一部分，海拔高度4米左右，今临山、泗门、周巷、浒山、鸣鹤场、蟹浦一线系北宋庆历七年（1047）所修建的大古塘旧址，其往北新塘逐年扩建，在临山一带多达12条，最外一条海塘已距大古塘23公里。滨海平原主要在大古塘以北地区，为人工围垦的海涂平原，地势平坦，视野开阔，其南部垦植时间较长，土壤熟化程度高，耕性较好。北部临海多为鱼塘和滩涂。

邵家丘村隶属的临山镇，位于余姚市西北部，距余姚城区26.5公里，与泗门镇接壤，西邻黄家埠镇，南临四明山余脉，北濒杭州湾，与（嘉兴）海盐县隔海相望。全镇东南西三面境界线长约30公里，境内海岸线长209公里，区域面积46.5平方公里。临山镇交通便捷，329国道及复线贯通东西，迎风路、临临线、临牟线穿越南北。集镇面积4.08平方公里，分老城区和新城区，以迎风路为主轴的特色餐饮一条街已经形成。

唐、宋、元至明初，临山原名庙山，以境内北门山上有姚娘庙而得名。明洪武二十年（1387），信国公汤和于此筑城，建卫防倭，史载："临山卫。洪武二十年，建在余姚县西北五十里，初置庙山上，后徙上虞县故嵩城戍守，去海三里，并海筑城，东接三山，西抵沥海，北有临山港，直冲大海海口，曰乌盆隘化龙隘为汛守要地，卫东又有泗门港，最为险要。"[①] 此时的庙山地势险要，为余姚、上虞两县北部海口要冲；因环山靠海，环卫皆山，故名"临山卫"。因城内北面凤山为临山卫中轴线终端座山，故又有"凤城"之称。清代，也一度称为麟山，因附近有龙（即老寨蛇山）、凤（即北面凤山）、龟山（即南面龟山），四灵之中独无麟山，有邑人陈梓把"临"改为"麟"，但此称号为民间所称，时间不长、传播范围不广，不久即废。之后，民国至今，卫名沿为镇名。

邵家丘村北临杭州湾，东接兰海村、梅园村，南与黄家埠梅园村相邻，西连黄家埠镇横塘村，距杭州湾跨海大桥南端西南方向约35公里，离余姚市区约30公里，距临山镇政府2.5公里，沿杭州湾环线高速公路驱车约95公里可至杭州城区。邵家丘村区域面积约4平方公里，共有土地11.7平方公里。村境地形平坦，

① 浙江省地方志编纂委员会编：《浙江通志5》，中华书局，2001年，第2252页。

江河纵横，以村中四塘江为平流，气候温暖多雨，属亚热带季风区，年平均气温16.1℃，无霜期 248 天，降水量 1364.7 毫米，平均日照时长 2044.5 小时。

邵家丘村依水而建，四塘江自西向东横贯邵家丘村中部，西至黄家埠横塘村，东至兰海村。新中国成立初期，为抗汛排涝，乡镇公社挖掘排灌沟渠，邵家丘村因此又新增了邵直江及支流、兰海西直江及支流、沈家丘小村中心河、邵家丘小村中心河及支流。邵直江挖掘于 1949 年冬，南起黄家埠邵家村，北至解放塘，宽8 米，全长 5 公里，流经邵家丘小村段长 550 米。邵直江有多条支流，南端第一条自西向东至 329 复线，宽约 8 米，全长 0.5 公里。兰海西直江为 1973 年挖掘的排灌沟渠，南起四塘江，北至五塘江，宽 12 米，长约 1.5 公里，哑潭小村的五八江横穿西直江成为其支流。五八江西起横塘村，东连梅园村，宽 8 米，长约 600米。沈家丘小村中心河为 1969 年冬所挖，主要是为了村里排水顺畅，它由村中部南起四塘江，北至高兰公路向西拐弯呈 "7" 字形，宽 10 米，全长 990 米。邵家丘小村中心河为 1961 年挖掘，南起邵直江支流，北至四塘江，宽 8 米，长 890米。邵家丘小村中心河有两条支流，一条西起樊兴其宅后，冬至兰海新庵庙前横河，全长 1154 米；另一条西起高苗法宅后，东至葡萄农庄，全长 942 米（称 "三队江"）。

距四塘江北约 400 米的地方，高兰公路从西向东横穿邵家丘村，这是邵家丘村东西向的主要公路。邵家丘村西南的黄家埠是个小集镇，起初每逢农历单日聚市，邵家丘村民大多来往黄家埠进行农副产品交易、加工，于是走出了南北向的路。从东到西主要有孟家路、邵家路、牛直路和邵直路。孟家路南起黄家埠镇孟家村，北至四塘江，全长 950 米。邵家路南起邵家村，北至四塘江，连接四塘江北的牛直路至解放塘，全长 4 公里。牛直路是因早先邵家丘村人经常去海边放牛而得名。邵直路南起黄家埠、邵家村西，顺邵直江北下，穿越邵家丘村。村内交通方便，河道密集，村中公路已覆盖每家每户，南临 329 复线。村民主要沿河渠和公路南北、东西两侧聚居。由丽水青田迁入的村民统一住在哑潭村片（见图 1）。

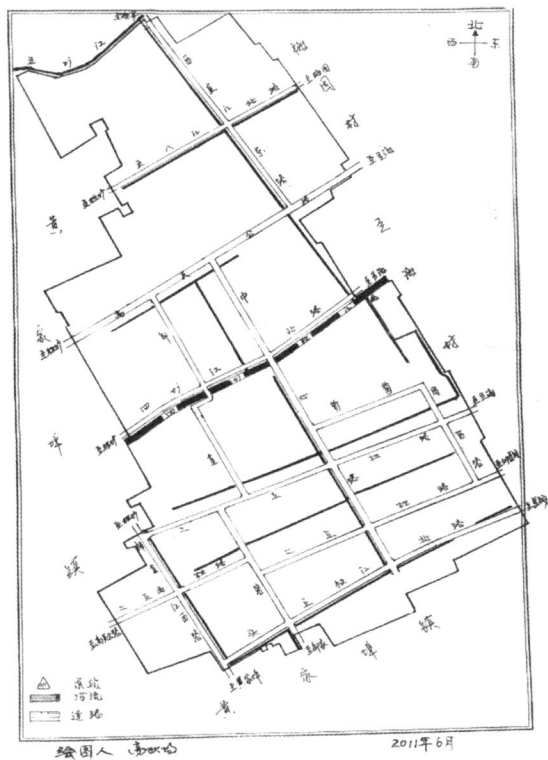

图 1　邵家丘村主要道路河流示意图 [1]

第二节　村落历史沿革

2001 年 3 月，邵家丘村由原邵家丘村、沈家丘村、哑潭村撤并而成。截至 2018 年 12 月底，全村辖区面积 4 平方公里，耕地 11.7 平方公里，住户 844 户，常住人口 2995 人。村内设有党总支部，村党总支部下设 3 个支部，2 个企业支部，30 个党小组，157 名党员。历史上，邵家丘村为盐区，1949 年后则以种植棉花、榨菜为主。邵家丘村的第二、第三产业开发较早，经过多年发展，已形成家用电器、纸箱制造、制笔零件、车辆配件、模具制造等支柱产业。2018 年，全村共有大小企业 100 余家，从业人数 3000 余人，其中年销售额百万元以上的企业就有 20 家。2018 年村级集体总收入 275 万元，村民人均纯收入 3.38 万元，是远近

---

① 资料来源：原邵家丘村办公室主任高狄均手绘。

闻名的富裕村、文明村、道德村。

1949 年前，哑潭小村、沈家丘小村、邵家丘小村[①]属兰塘乡八保、九保、十一保、十六保，1954 年划归慈溪县，1979 年又划归余姚县。2001 年 4 月行政村撤并，邵家丘、沈家丘、哑潭三个行政村合并为一村，定名为邵家丘村。

一、原邵家丘村历史沿革

邵家丘小村即今邵家丘片，以南接原黄家埠邵家村得名；沈家丘小村因沈姓居民较多而得名。邵家丘村已有近二百年历史。历史上这里曾是一片茫茫海涂，邵家丘村先民经过近二百年的勤恳劳动，围涂耕种。最早聚集的人口多数从绍兴南汇、孙端、马山等地自发迁徙而来。他们在这片土地上劳作，从事近海捕捞、晒盐，种植棉花、麦子等经济作物，自给自足。随着海涂不断地向北延伸，闻讯迁徙而来的移民越来越多，他们围垦的土地日益扩展。据传，黄家埠有个邵姓财主见有利可图，遂在移民们筑堤时给以投资，然后将围成的土地占为己有。由此，黄家埠邵家以北的一至五丘[②]的土地权"名正言顺"地被邵姓财主所占，故名邵家丘。邵家丘村民聚居点从南到北依次为邵直江东支流以西至复线的河道南北两岸，邵家路旁的电镀厂以西过邵直江至黄家埠镇冯徐丘的公路两侧，邵家丘村中心河支流（三队江）南北两岸，四塘江兰海桥西的江南岸约百米。从东到西依次为邵家丘中心河东西两岸，兰海桥南的邵家路至三队江的公路西侧，村内邵直江中部百余米的东西两岸。

邵家丘村 1949 年初为兰塘乡所辖，称第八保、第九保，后由兰塘乡分为兰塘、韩夏、上塘、高桥、中河等，当时属横塘六村。1950 年为兰海乡四村，1952 年至 1953 年改组为合作互助组，1953 年 9 月由互助组发展为产业生产合作社，是余姚最早的合作社，又称为产业社。1955 年划为慈溪县泗门区海塘乡，11 月又从产兴、第四两个农业生产合作社合并发展为四洞闸第四、第二十三两个高级农业生产合作社（见图 2）。1958 年 10 月 1 日改称泗门区卫星人民公社兰海管理区，四社和二十三社合并为第九生产队。1959 年为兰海管理区第七基本核算单位，

---

① 此处所谓"哑潭小村""沈家丘小村""邵家丘小村"是相较于 2003 年并村之前而言，这样表述更加直观，便于读者区分。

② "丘"本为量词，指水田分隔成大小不同的块。邵家丘村一带都是经过围涂工程方由海涂逐渐成为成熟的田地。围涂就是在浅海围堤隔离外部海水，海堤即为丘，人们便把每一次围海筑堤形成的陆地称为"丘"，邵家丘、沈家丘等就是在"丘"的基础上建立的村庄，故以"丘"命名。也有以年份来定名者，如七四丘、七八丘，便是 1974 年、1978 年围涂的陆地。文中的"一至五丘"也是依次往北分五次围涂形成的陆地。

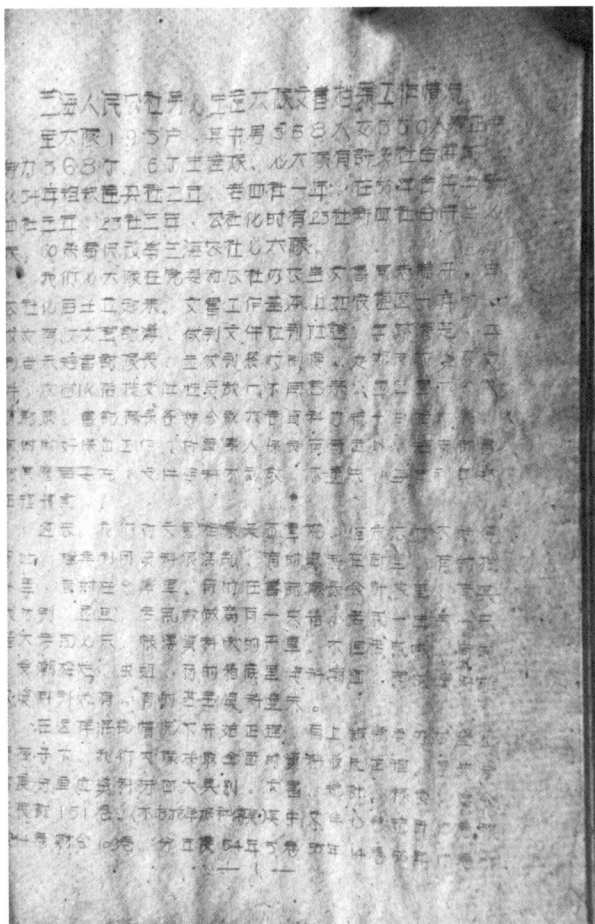

图2　兰海人民公社第七生产大队文书档案对村史沿革的记载

1961年改称为兰海人民公社第七生产大队，下放到六个生产队为核算单位。1966年改称为海塘乡第十四生产大队，1972年恢复为兰海公社七大队，1981年更名为邵家丘大队，1983年改为兰海乡邵家丘村。1992年5月行政机构改革，撤区扩镇并乡，兰海乡撤销改名临山镇邵家丘村。2001年4月行政村区域调整，撤销沈家丘村、哑潭村、邵家丘村三个村，撤并而成一个行政村，合并后定名为邵家丘村。

二、沈家丘村历史沿革

沈家丘小村即今沈家丘片，原系邵家五丘。此丘原是小丘，有六成村民姓沈。该地原系海滩，1886年财主沈长生从绍兴孙端慎德堂来此定居。他沿用邵姓财主投资筑堤的手法，围涂造地，扩建五丘，再筑六丘，得到了100多亩土地的所有权，后家族成村，名其地曰沈家丘。沈家丘村民的聚集点从南到北依次为四塘江（除兰海桥西的南岸）本村境内的南北两岸，六区中路沈家丘中心河以西路后，高兰公路南沈家丘中心河横河的南北两岸，高兰公路牛直路以西的公路北侧，从东到西依次为兰海西直江西边马路（至高兰线）东西两侧，连心桥至高兰线的公路两侧，沈家丘中心河东西两岸，兰海桥后至高兰线的牛直路东西两侧。

沈家丘小村的区划调整比较频繁。1949年初为兰塘乡第九保，1950年为兰海乡六村，1956年建兰塘乡第五高级社，1961年为兰海公社六大队，1966年为海塘公社十三大队，1972年为兰海公社六大队，1981年更名为沈家丘大队，1983年改称兰海乡沈家丘村民委员会，并村后成为今沈家丘片。

三、哑潭村历史沿革

哑潭小村即今哑潭片。据村民说，约在900年前，哑潭原是海湾，曾有一艘大帆船沉没于此，"沉船"方言叫"沉帆、哑帆"，即为沉船海湾之意，"帆"与"潭"音近，遂演绎为哑潭角，简称哑潭。村民聚居点从南到北依次为高兰公路（牛直路东至兰海市场西）南北两侧，西直江支流五八江（五八年挖掘得名）南北两岸。西直江（高兰线至五塘江）东西两岸，呈"干"字形排布。

哑潭小村在1949年初为兰塘乡第九保和第十保的一部分，1950年为兰海乡五村，1956年隶属海塘乡，1961年为兰海公社五大队，1966年为海塘公社十三大队；1972年为兰海公社五大队；1983年恢复乡村制，仍以原村名；1987年更名为哑潭大队，1983年改称兰海乡哑潭村民委员会。2001年4月行政区域调整，撤销沈家丘、哑潭，三村合并为邵家丘村（见图3）。[1]

---

① 余姚市临山镇：《临山镇镇志》（未刊版）。

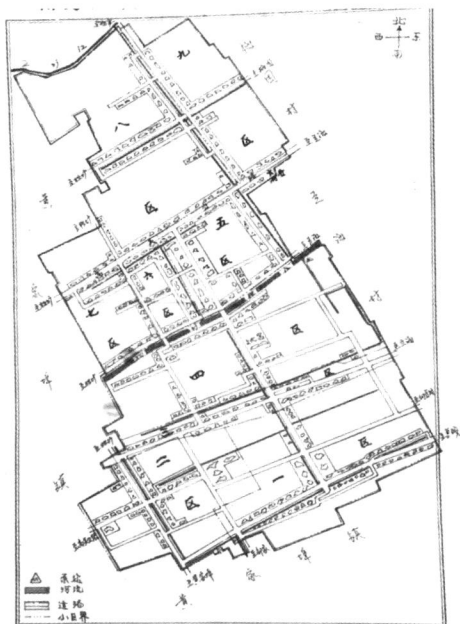

图3 邵家五村行政区域示意图 [1]

四、并村之后的新发展

2005年以来，换届后的邵家丘村党支部立足农村基层党建新格局，坚持党建引领，一方面以"道德立村"为总纲，念好"道德经"，把社会主义核心价值观融入农村社会发展的各个方面，引导群众、团结群众、动员群众、教育群众、服务群众，先后探索创立"道德银行"、道德评议、"道德杯"等文明实践载体，孕育出文明乡风、良好家风、淳朴民风；另一方面又逐步形成了以"微公开、微网格、微积分"为主要内容的基层治理经验，完善了乡村治理体系，实现了党的组织覆盖与服务覆盖相结合，构建了党建引领乡村复合治理的新格局。

如今的邵家丘村村容村貌整洁有序，社会和谐、民富民安，民心向善、村民崇德，基层社会治理走上了良性发展道路，村庄治理经验也在宁波市域范围内得到推广。[2]

---

① 资料来源：邵家五村办公室原主人高狄均手绘。
② 中共余姚市委：《余姚邵家丘村创出"三微"好经验》，《政策瞭望》，2019年第9期。

第三节　传统农业生产生活

邵家丘村所在的宁绍平原，自河姆渡时期起，就已经出现了农业种植。这里地势相对平坦，土壤肥沃，河道交错，光照充足，水量充沛，非常有利于发展农业。历史上此地以种植春花（主要指小麦、油菜）、单季稻和间作稻为主，素有"鱼米之乡"之称，至今仍是浙江主要的商品粮、油、鱼产区之一。宋代李洪曾有《别姚江》一诗描述过这一带农耕鱼钓的情景：

古埭潮迎桴，苍山翠幕耕。

人烟半渔钓，方物杂蛮荆。

宿雨迷梅坞，过云望四明。

匆匆理归柂，未暇脍长鲸。

其后，随着此一区域围涂造田，绍兴一带的百姓逐渐汇聚而来，劳作生息，始终保持着这一带的繁荣。1842 年，中国在鸦片战争中失败，被迫与英国签订了中国近代史上第一个不平等条约《南京条约》，根据条款"广州、福州、厦门、宁波、上海等五处港口，贸易通商无碍"，1843 年，上海正式开埠；1844 年，宁波港开埠通商。频繁往来的商品贸易，买办的出现，特别是传教士带来了教民的出现，首先冲击了当地的自然经济和社会结构。受到资本主义的影响和西方列强的侵略，中国几千年以来超稳定的传统社会形态开始改变，也在一定程度上影响着宁绍平原一带人们的生产、生活方式。上海、宁波开埠后，宁绍平原一带的传统农业生产，如丝、茶、棉花等产业受到了较大的冲击，不少农民放弃种地转而进入宁波、上海等地谋生，宁波商帮开始转变为近代商人并将新兴的城市上海作为主要活动地点，他们对上海的城市建设和文化产生了重要影响。

太平天国运动对浙江的影响也非常深刻，王毓玳、吕瑾援引左宗棠战后向同治皇帝汇报的奏折充分说明了当时的情况：

通计浙东八府，惟宁波、温州尚称完善，绍兴次之，台州又次之，至金华、衢州、严州、处州等处孑遗之民，则不及从前二十分之一矣。或壮丁被掳而老稚仅存，或夫男惨亡而妇女靡托。臣师行所至，灾黎环吁马前，泣诉痛苦情形，幽咽莫办，亦惟有挥泪谢之而已。其浙西三属，惟嘉善、石门、平湖、桐乡等县素赖蚕桑为生计，数年之后，或可复元，其近山各县情形亦与金、严等处相似。[1]

---

[1]　左宗棠：《浙省被灾郡县同征三年应征钱粮分别征蠲折》，《左文相公全集·奏稿》卷 9，转引自王毓玳、吕瑾：《浙江灾政史》，杭州出版社，2013 年，第 122 页。

　　王毓玳、吕瑾归纳统计了浙江地方各府方志关于人口的记录，得出了"太平天国战争之前的浙江大约有人口 3127 万，战争之后全省人口只剩 1497 万，人口损失 1630 万，损失比例为 52%"①的结论。浙江人口的锐减，致使大量的荒芜土地出现，也引发了一轮移民潮，河南、江苏、安徽等地的人口流动到浙江，获得了一定的土地，成为离资本主义市场最近的自耕农，他们的耕作也在一定程度上受到市场的影响。

　　陈旭麓在分析西方资本主义对近代上海一带的社会生活的影响时，举例讲述了清末《上海县续志》《嘉定县续志》《青浦县乡志》等方志所记载的"欧风"对这一带社会生活的影响。作为最早开放的通商地带，洋火、毛巾、肥皂等西方日用品此时已经较为普及，特别是一部分女性可以获得独立工作的机会，实现经济独立，从而改变了传统女性在家庭中的从属地位："妇女贪上海租界佣价值昂，趋之若鹜，甚有弃家者，此又昔之所未见也。"②费孝通在《江村经济》一书中也描述和分析了资本主义影响下传统家庭妇女进入工厂务工所带来的家庭地位变化：

　　有一个妇女，在结婚一年后离开了她的丈夫。她在无锡的一家工厂工作，并和这个厂里一个工人发生了爱恋甚至同居，他们这种不合法的行为被发现后，他们被厂方开除。这妇女回到村中，受到很大的羞辱。她的婆婆拒绝再要她，但后来又收留了她，想要卖了她，最后又考虑到她在本村丝厂里能工作的本领就待她一如既往。她的丈夫对这件事则完全采取被动的态度。

　　这些地区女性家庭地位的变化，与乡村融入资本主义市场的大潮密切相关。反观宁波、余姚一带，自明朝起纺织业就获得了很大程度的发展，特别是纺织工具和技术的改进，鄞县、慈溪一带的妇女勤于丝织，史书就有鄞县"妇勤蚕织"的记载。由于明王朝用税收等强制办法强迫百姓丝织，这从客观上促进了宁波丝织业的发展。"随着明中叶以后商品经济的发展，征收丝绢实物的税收制度逐步改为用银两折收。丝织品又便于商人远距离贩运，这更使民间丝织业有所发展。"③女性在纺织业中具有天然的优势，相对于纯粹农耕家庭的妇女，从事纺织业的妇女经济独立性更强，养家能力也更强。特别是浙东棉花种植得到迅速推广以后，棉纺织业和棉布加工业也有一定发展，女性更是其中之中流砥柱。乐承耀引光绪版

① 　王毓玳、吕瑾：《浙江灾政史》，杭州出版社，2013 年，第 123 页。
② 　陈旭麓：《近代中国社会的新陈代谢》，生活·读书·新知三联书店，2017 年，第 201-202 页。
③ 　乐承耀：《宁波经济史》，宁波出版社，2010 年，第 180 页。

《余姚县志·列女传》载：

余姚县有土纺织布业。嘉靖、万历间，余姚妇女冯氏"纺织聊可资生"，范绮之"勤苦织纸（纺织）"。钱氏在她的丈夫去世后，"日夕纺织，赡养两姑姑"。一些妇女还把布放到集市出售。光绪《余姚县志》引嘉靖《余姚县志》云：余姚盛产棉布，"或纺之作布，民尤大利之"。[1]

由此可知，在封建社会，余姚一带就有很多靠从事纺织业养家的女性。至近代上海、宁波开埠通商之后，余姚一带的女性获得了更多的独立从事农事以外工作的机会，人格独立、人身自由，家庭地位与以往以及内地其他省份相比，更具有自主性。可以想象，本身就是以移民聚居而形成的邵家丘村，如果家庭中没有女性的奉献和牺牲，外来移民家庭也很难在脱离原来家族之后，单靠男性劳动来获得生存机会。所以可以推测，邵家丘村历史上，女性在家庭中的地位并不一定比男性低。

居住条件的艰苦、土地规模的限制、经济收入的有限、医疗保障体系的落后等因素，都使得移民家庭难以大规模地开枝散叶，也难以在短时期内培养出光耀门楣的人才，带领家族发展成名门望族。根据 2015 年统计数据显示，邵家丘村共55 个姓氏，王姓最多，共 108 户，占全村总户数的 12.7%，共 315 人，占全村人口的 12.0%；陈姓其次，共 88 户，占全村总户数的 11.1%，共 306 人，占全村总人口的 11.6%；沈姓，共 65 户，占全村总户数的 8.1%，共 206 人，占全村总人口的 7.8%（见表 1）。

表 1 邵家丘村姓氏分布

姓氏	人数	姓氏	人数	姓氏	人数	姓氏	人数
王姓	315	钱姓	47	范姓	21	曹姓	7
陈姓	306	邵姓	44	诸姓	20	崔姓	7
沈姓	206	傅姓	41	顾姓	19	单姓	4
杨姓	150	屠姓	41	宋姓	19	钟姓	4
吴姓	138	杭姓	39	潘姓	18	郭姓	3
周姓	90	苗姓	34	姜姓	14	平姓	3
樊姓	85	宣姓	31	俞姓	14	吕姓	3
阮姓	83	许姓	31	鲍姓	13	茹姓	2
马姓	69	徐姓	30	陶姓	12	戴姓	2

---

[1] 乐承耀：《宁波经济史》，宁波出版社，2010 年，第 181 页。

续表

姓氏	人数	姓氏	人数	姓氏	人数	姓氏	人数
姚姓	66	严姓	28	施姓	12	成姓	2
倪姓	63	汪姓	25	郑姓	12	邓姓	2
高姓	59	黄姓	25	贝姓	9	桑姓	2
张姓	55	叶姓	24	甘姓	8	董姓	1
朱姓	54	何姓	24	陆姓	7	车姓	1
应姓	49	/	/	/	/	/	/

　　以人口最多的王姓为例，王姓多居住在哑潭，沈家丘、邵家丘也有分布，虽然该姓人数最多，但他们并非源自同一祖先。哑潭王姓主要有两大分支，并非同宗，也无血缘关系。一支王姓祖先姓名不详，据说来自绍兴南汇，生育四子，依次为王炎林、王夫生、王炎德和王云夫；一支王姓祖先名王善正，来自绍兴马上，生有二子，王金祥和王纪祥。不论大姓小姓，邵家丘村均无修家（族）谱的传统。家（族）谱作为中国传统宗族文化的典型代表，编修家（族）谱既是激发和满足族人历史性与归属性需求的必要过程，又能提高宗族的整体凝聚力和归属感。[①] 邵家丘村对编修家(族)谱意识的淡薄，说明邵家丘村历史上并没有形成强烈的宗族意识。根据马克思主义基本原理，社会存在决定社会意识，但是社会意识具有滞后性、独立性和延续性，虽然封建宗法制度及其赖以生存的土壤被彻底废除了，但是宗法思想和家族观念仍然停留在很多人的意识中，改革开放以后，这些社会意识在一些地方仍然存在，一些家族在利益的驱使下，成为影响中国农村基层治理的痼疾。封建宗法社会中，在有限的地方争夺资源，没有强大的家族力量，可能不利于本村的发展。但在社会主义新时代，没有成熟的封建宗法家族观念却成为邵家丘村开展社会主义建设的优势，"村集体"成为村民最大的公约数，由此社会主义核心价值观顺势成为大家遵循的根本原则。

---

① 朱丽君：《统修族谱：一个北方家族的宗族意识与当代重建》，《河北学刊》，2019 年第 5 期。

第二章　新中国成立后（1949—1978）村庄发展概述

第一节　新中国成立初期邵家丘村发展概述（1949—1953）

从 1949 年新中国成立到 1953 年，这四年主要是继续推行土地改革运动，完成新民主主义革命阶段的基本任务。新中国成立前，中国共产党领导解放区人民进行土地改革，在面积约 230 万平方公里、农业人口约 1.6 亿的解放区实现了"耕者有其田"。新中国成立之初，在拥有 3.1 亿农业人口的更广大解放区，农村土地仍集中为地主所有，亟需实行土地改革，为新生的国家政权奠定坚实的阶级基础。[①]邵家丘村在新中国成立之初为余姚县临山区横塘六村，不久改为兰海一村。据余姚史志办资料记载，从 1950 年秋天至 1951 年 11 月，余姚县所有乡村按县委和上级统一部署，依照 1950 年 6 月颁布的《中华人民共和国土地改革法》等法令政策，有领导、有计划、有秩序、分批分期地进行了一场轰轰烈烈的土地改革运动，摧毁两千多年来的封建土地所有制。邵家丘村也在这场运动中迎来了新生。

一、土地改革前邵家邱村的基本情况

土地改革运动前，余姚全县有耕地总面积 94.77 万亩，总户数 15.78 万户，总人口 66.44 万人。各阶层的土地占有量相差悬殊，其中 94% 的住户有土地租佃关系。据土地改革运动时的统计，全县耕地总面积的 21.77% 被当时仅占全县总人口数 2.33%、共 2766 户的人占有，其中 2096 户地主，人均占有 13.80 亩；160 户是地主兼工商业主，人均占有 13.50 亩；占总人口数 1.12% 的富农，人均占地 6.64 亩；占总人口数 0.23% 的半地主式富农，人均占地 6.90 亩；占总人口数 30% 的中

---

① 姜爱林：《改革开放前新中国土地政策的历史演变》，《唐都学刊》，2003 年第 3 期。

农，人均占地 1.44 亩；占总人口数 42% 的贫农，人均占地 0.55 亩；而占总人口数 5.28% 的雇农，人均占地只有 0.12 亩。地主占有的土地大多用于出租，境内大地主有"张、邵、朱、劳"四大家族。

据邵家丘村档案室现存档案资料显示，土地改革运动前，兰海一村共有 212 户，计 866 人，共有土地 1241.66 亩，其中公共土地 8.16 亩。村中有 1 户地主；1 户富农，共 3 人；82 户中农，共 367 人；103 户贫农，共 398 人；26 户雇农，共 93 人；工人 1 户，共 4 人。其中地主占有土地 149.06 亩；3 名富农有土地 25.20 亩。367 名中农有土地 724.53 亩，此外，还租用了地主或富农的土地 594.42 亩，；103 户贫农中，101 户贫农共占有土地 302.16 亩，有 2 户贫农没有土地，所耕土地完全依赖于租种地主或富农的土地，所以该群体总共耕种土地为 738.06 亩；26 户雇农中，有 20 户占有土地 27.58 亩，21 户雇农，共 84 人，耕种土地 93.57 亩，租用地主或富农的土地 65.99 亩，还有 5 户雇农，共 9 人，并不以耕种土地为生；1 户工人，共 4 人，占有土地 4.98 亩（群体结构以及各土地占比见图 4）。

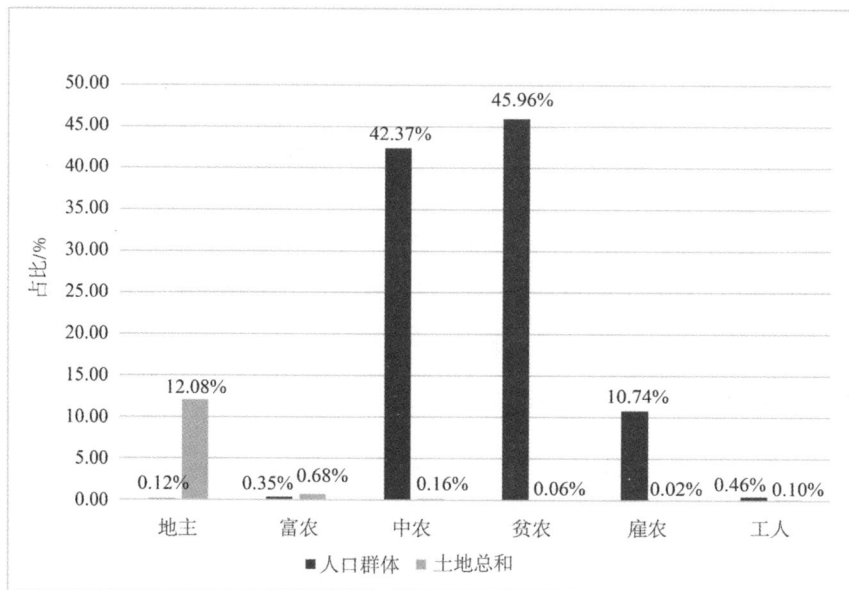

图 4　兰海一村人口结构占比和群体人均土地占比示意图

可以看出，土地改革运动前，兰海一村的贫农人口最多，人均占有土地最少的是雇农，其次是贫农，再次是中农，然后是富农，最后是地主。人均耕种土地最多的是富农，每人 3.70 亩，接着依次是中农 3.60 亩、地主 2.10 亩、贫农 1.85

亩和雇农 1.38 亩。

与全县数据相比，兰海一村地主和富农的比例都小很多，中农、贫农、雇农的比例和人均占地数均高于全县的比例。封建土地所有制对农民的剥削是非常严重的。土地租佃有大租田、小租田之分，大租田是业主出租土地给佃户耕作，小租田是佃户将承租的田地使用权转租，即土地第二次出租。在民国时期，租额大多为对半、四六等等比例分成，即佃户要将所种租田的收获物的 50%~60% 交给业主（之所以称业主而不称地主，是因为当时也有部分劳动人民出租少量自由耕地的情况），并且小租的租额略大于大租租额。这造成占人口多数的贫雇农终年辛劳而达不到温饱，常常忍饥挨饿、衣不遮体。同时相伴随的是农业生产的极其落后：水利设施差，农具和耕作技术落后，抗旱涝虫灾能力弱，亩产量很低——民国时期正常年景，水稻平均亩产只有 400 多斤，棉花亩产皮棉只有 20 多斤。

二、土改情况及经济发展（1950—1951）

1950 年 6 月 9 日，党的七届三中全会《关于土地改革问题的报告》和 1950 年 6 月 30 日颁布的《中华人民共和国土地改革法》这两个文件，明确规定和阐述了党的土地改革的路线、方针和政策，是指导全国开展土地改革运动的基本文件。1950 年 8 月 20 日，中央人民政府政务院又颁布《中央人民政府政务院关于划分农村阶级成分的决定》，详细地规定了农村各阶级的划分标准。

1950 年 3 月，中共浙江省委开始为下半年全省进行土地改革作各项准备。7 月，省委开始训练各专署、县级的土改骨干；8 月初，省委和省农民协会开始进行典型实验。7、8 月间，余姚县委开始拟定全县土改计划，开始轮训土改工作队干部，并开始对土改先行试点乡——肖东乡的土改进行调研。至 10 月，县委已经制订出比较完整的全县土改计划，明确了一整套土改的政策、步骤、方法，并成立县土改指挥部。10 月中旬，地委派来的 15 个工作队和县直机关组成的 4 个工作队，共 19 个土改工作队分赴第一批土改乡——城南区 5 乡，城北区 4 乡，马渚区 5 乡，周巷区 5 乡，其中又以肖东、开元等乡为试点先行乡。第一批土改于 10 月底前先完成减租征粮，11 月初转入土改。

为了扫清秋冬征粮和土地改革的一切障碍，余姚县委还成立了县人民法庭，各区设分庭，巡回审判反革命分子和一切违抗土改法令的罪犯。在县政府强有力的支持下，余姚全县土改运动顺利展开。邵家丘村因当时地主和富农比例偏少，贫农和雇农占了绝大多数，土改运动进行得尤为顺利。具体经历了五个阶段。

第一阶段：宣传发动、整顿组织、查清实情。县土改工作队下乡后，迅速与兰海一村的村干部取得联系，先通过召开农会和农代会，举办农民积极分子短训班等，广泛宣传土改的各项政策、法令，诸如"废除地主阶级封建剥削的土地所有制，实行农民的土地所有制，借以解放农村生产力，发展农业生产，为新中国工业化开辟道路""土地改革属于资产阶级民主革命性质。因此，土地改革必须被限制在消灭封建、半封建剥削范围内，而不是消灭一切剥削制度。属于资本主义性质的工商业采取保护政策，地主、富农兼营的工商业及其直接用于经营工商业的土地和财产，不予没收"等，让群众知晓，并分清界限。比如，土改前，兰海一村有1户工人家庭，4口人，占有4.98亩土地，土改过程中并未涉及。工作队还通过召开农会、老农会等对旧有田赋户籍册进行审核、修正，查清各家各户占有的土地、房屋、耕畜、农具数和租赁情况，查实各家各户的人口和劳力使用情况（示例见图5）。

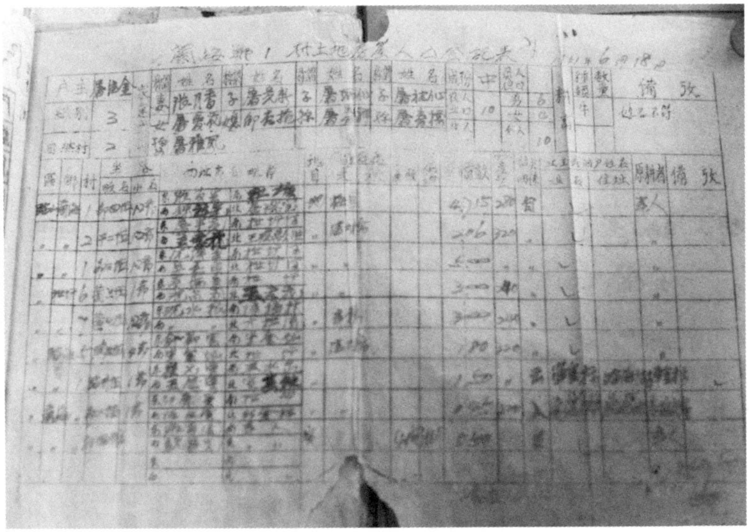

图5　兰海一村土地房屋人口登记表

第二阶段：划分阶级成分。按照《中央人民政府政务院关于划分农村阶级成分的决定》执行，由土改工作队与兰海乡及村农协实施。划分阶级，一般经过讲阶级、评阶级、通过阶级、批准阶级4步。先划地主，后划其他成分。兰海一村划分的阶级成分情况为：地主1户；富农1户，共3人；中农82户，共367人；贫农

103户，共398人；雇农26户，共93人。其中地主占总人口数的0.12%，富农占总人口数的0.35%，中农占总人口数的42.37%，贫农占总人口数的45.96%，雇农占总人口数的10.74%。土地改革的总路线是"依靠贫农、雇农，团结中农，中立富农，有步骤有分别地消灭封建剥削制度，发展农业生产"，农民协会是土地改革队伍的主要组织形式和执行机关（村农协资料见图6）。

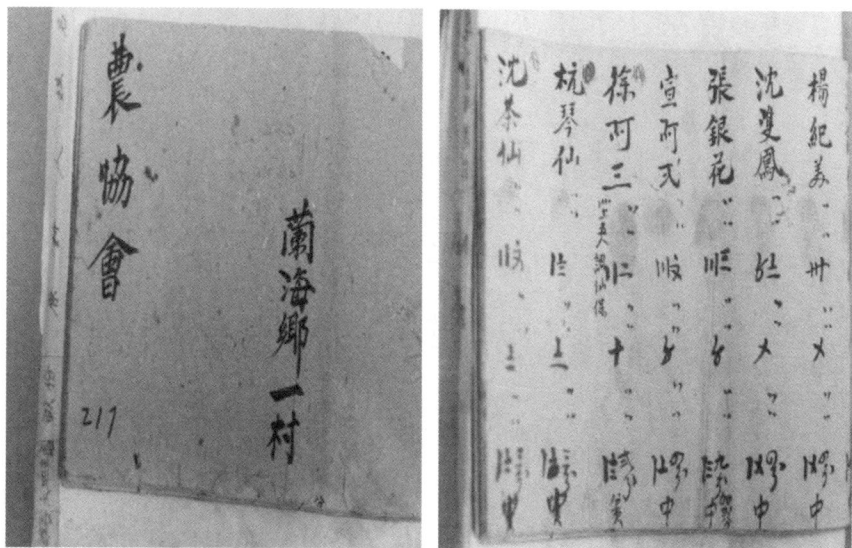

图6　兰海乡一村农协会材料

第三阶段：没收、征收。划阶级成分之后，按政策开展没收、征收工作。《中华人民共和国土地改革法》规定，"没收地主的土地，耕畜、农具、多余的粮食及其在农村中多余的房屋。但地主的其他财产不予没收"，还强调征收小土地出租者超过当地人均土地数200%部分的土地，征收富农出租土地的一部分或全部。具体执行中，首先召开各阶层人员会议，分别进行政策纪律教育。对地主的没收，强调"六要四不要"，即要土地、要耕畜、要农具、要多余粮食、要多余房屋及多余房屋中的家具、要旧契。不要挖地主浮财、底财，不要将地主扫地出门，不要乱抓、乱罚、乱打、乱杀；强调必须团结中农，保护中农土地及其他财产不受侵犯，故而，要注意满足贫雇农的要求；不要损害中农利益。

实施中，先建立乡、村没收征收委员会，下设调查登记组、保管检查组；然后各村召开村民大会，通报没收、征收名单、项目及数量，并责令地主交出被没收的地契、房产等；再由没收征收委员会检查核实。兰海乡一村因为只有1户地主，占有土地 149.06 亩，所以其占有土地被全部没收。另一户富农所占有的 25.20 亩土地中，被征收 14.10 亩。

第四阶段：分配工作。将没收、征收的土地和房屋、农具、耕畜、家具等财产分配给无地、少地的农民，是土地改革中的重要一环，分配政策仍依照《中华人民共和国土地改革法》。土地改革的目的在于解放生产力，政策要保存一切可用的生产资料和生活资料，引导农民不要在分配土地和浮财上纠缠不清，而要集中精力恢复生产。土地的分配，基本上以村为单位，在乡内做适当匀调，在原耕地基础上，按土地数量、质量及其位置远近（见图 7），用抽补调整方法按人口统一分配。在分配没收、征收的土地时，除某些地区部分土地收归国有和每村都抽 1% 的机动地之外，绝大部分土地都分给了无地、少地的雇农和贫农，部分人均占地数低于平均数的中农也分得一部分，被抽田的原耕户比无田户多分人均两分田，对地主亦分给同样的一份。

对地主家庭那些有人常年参加主要农业劳动、除自耕种部分土地外的大部分土地对外出租者，土改政策要求对其自耕部分土地，加以适当抽补后，应基本上予以保留，其余部分则没收。所以兰海一村地主 1 人使用土地 2.80 亩，抽 0.70 亩之后，最后分得土地 2.10 亩，符合中央"使其自食其力，在劳动中改造成新人"的政策。政策还要求对富农所有自耕、雇人耕种的土地及其他财产加以保护，不容侵犯，其出租的少量土地，亦予以保留。所以，兰海一村富农 1 户 3 人，土改前占有 25.20 亩，使用 11.10 亩，土改后保持原样；中农 367 人，实补土地 10.55 亩，实抽土地 385.00 亩，实分得土地 153.00 亩；贫农 398 人，实补土地 214.60 亩，实抽 39.77 亩，实分得土地 472.54 亩；雇农 93 人，实补土地 131.19，实分得土地 168.48 亩（见图 8）。此外，对农具、家具等物件也进行了分配（见图 9）。

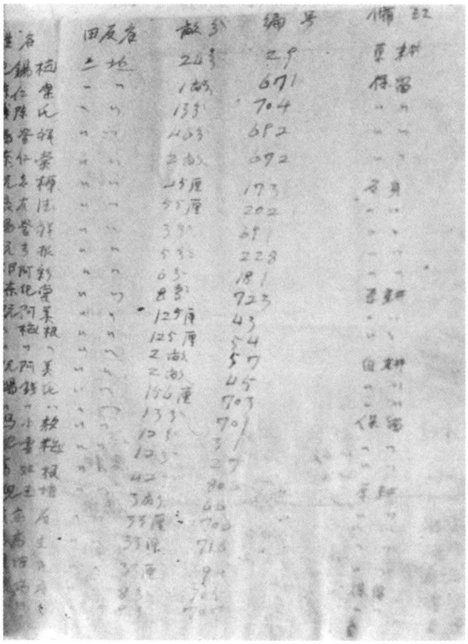

图 7　土改前兰海一村的土地数量、质量和位置登记表

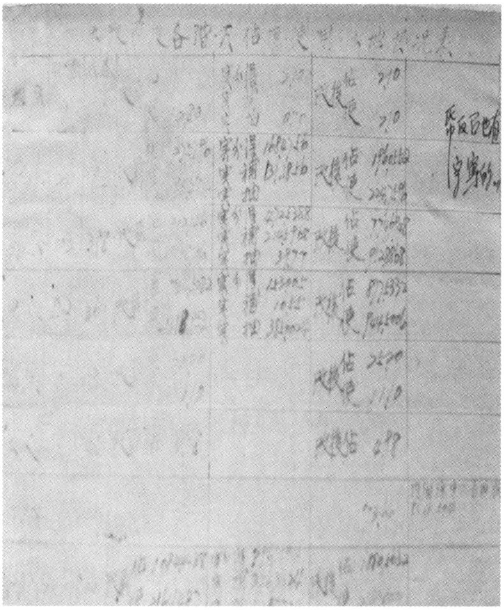

图 8　兰海一村土改后各成分群体土地变化情况登记表

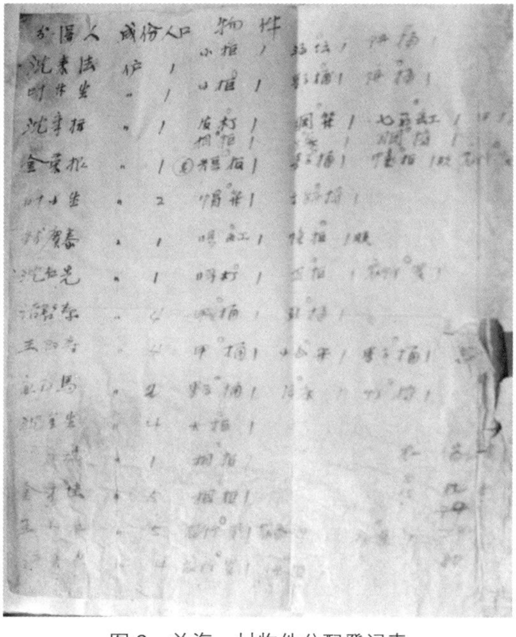

图 9　兰海一村物件分配登记表

第五阶段：复查总结。主要是发动群众找问题，及时纠正差错，及时处理未了事项，随后把群众情绪引向积极开展生产、努力增产丰收上去。1951 年 6 月之后，在全县 149 乡中已完成 147 乡土改的情况下，余姚县委和县土改指挥部又组织了一次全面复查和纠错补缺，11 月全县土改全部完成，并于秋季向各乡农户陆续发放土地证。

三、土改后的经济发展（1952—1953）

1951 年春，浙江全省多数地区土改基本完成，广大农民实现了"耕者有其田"的梦想，生产积极性空前高涨。然而，土改仅仅实现了生产资料所有权的变动，离农民希望改变农村社会贫困面貌的要求相去甚远。况且，因生产资料占有不平衡、生产劳动技术落后、生产经营能力较弱、自然灾害频繁等因素的影响，脆弱的小农经济无法实现农民普遍增产增收的愿望。土改以后，农村社会出现了新的贫富分化。要彻底改变农村落后、贫困的面貌，需要将个体农民组织起来，依靠集体的力量。土改完成以后，农业社会主义改造提上日程。

在解放以前，各地农村就有劳动互助的习惯，邵家丘村也不例外。这种互助一般称为"匀工""换工"等，是广大农民在农忙季节为了解决人力、畜力、农具等不足所采取的一种"穷帮穷"的办法。这种简单的互助合作有许多缺陷：一是交换中存在一定的不等价现象，一般以"一工抵一工"为原则，但劳动力的差别在这种交换中无法得以体现。所以，这种合作大多只能发生在邻里、亲属之间，无法形成跨地域、跨血缘关系的组织。二是这类合作大多是基于季节性的生产而形成的临时性合作，一旦生产任务完成，组织自然解散。如果想要完成时间跨度较大、劳力需求较大的农田水利建设工程，则较难组织。土改后，尽管贫农拥有了自己的土地，但其他生产资料仍然奇缺，要根本上克服农业生产中的困境，继续依赖这种临时性的"穷帮穷"方式的合作是不现实的，必须以组织创新来完成新的目标。如何改造传统的互助组织形式，解决农业生产中的困难，是恢复农村生产紧迫的任务。为了渡过 1950 年春荒，浙江省委、省政府提出"组织起来，生产自救"的方针，帮助一批劳动模范和积极分子带头成立互助组，推动当地生产发展。

土改以后，邵家丘村（此时称"横塘六村"、"兰海一村"）于 1952 年至 1953 年分别组织合作互助组、老小互助组，这是临山区最早试点的互助组。互助组的成立较好地解决了个体农民生产资金、劳力、农具、管理技术不足等一系列问题。

按照互助互利原则，组内农民生产经费相互借贷，劳力、农具相互调剂，管理技术相互交流，从而保证了农作物播种不误时节。农村生产面貌发生巨变，分得土地的农民以空前未有的生产热情，响应中央"增加生产，厉行节约，以支持中国人民志愿军"的号召，积极投入爱国丰产运动，迅速兴起农业生产建设高潮。从1952年的《棉花订货单》和《预购棉花合同》来看（见图10、图11、图12），兰海一村农业生产已经迅速恢复和发展，农民生活也获得了显著改善。1953年9月，兰海一村等由互助组发展为产业生产合作社，称为产兴社，这一组织存在的时间有两年，是余姚县最早的合作社。

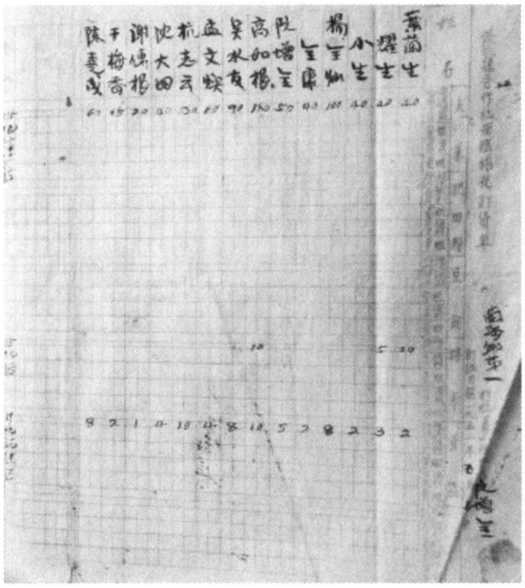

图10　1952年兰海一村棉花订货单

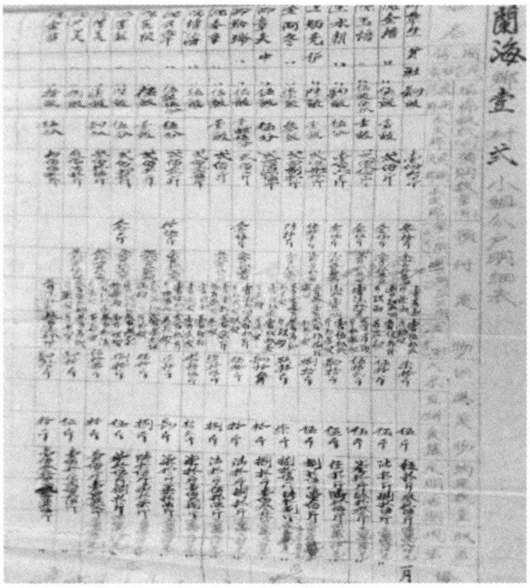

图11　1952年兰海一村棉花订货单小组
　　　分户明细表

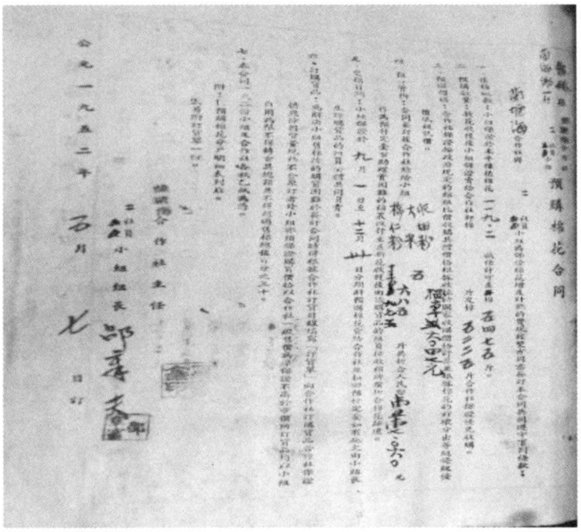

图12　1952年兰海一村预购棉花合同

第二节　全面建设社会主义时期的经济概况（1954—1966）

1954 年，为了加强对棉区集中领导，大力发展互助合作，实行农业合作化、机械化，浙江省调整了慈溪、余姚、镇海三县县界，余姚大古塘以北逍林、周朝、周巷、浒山、泗门等区 65 个棉区乡镇划归慈溪县。慈溪所属丈亭、陆埠、城关、云山等 42 个稻区、山区乡镇划归余姚。慈溪成为全国集中产棉县。调整后的慈溪县委集中主要精力领导群众种足、种好棉花，境内植棉增至 40 余万亩，占全县耕地 60% 以上，占宁波地区棉田面积的 1/2 以上，占全省棉田面积的 1/3 左右。1955 年 11 月，产兴社与小四社两个农业生产合作社合并发展为海塘乡第四高级农业生产合作社，划归慈溪县。

1956 年底，全国农村基本实现了农业社会主义改造。1958 年 5 月，中共八大二次会议通过了"鼓足干劲，力争上游，多快好省地建设社会主义"的总路线，并为贯彻总路线而在各地开展"插红旗、拔白旗"的斗争，这就使已经开始了的小社并大社的工作大大加快。8 月，中共中央政治局在北戴河举行扩大会议，通过《关于在农村建立人民公社的决议》，决定在全国农村普遍建立人民公社。

慈溪县委于 1958 年 8 月 29 日作出了《关于在全县范围内普遍建立人民公社的决定》。9 月 9 日，又制订了共产党员、共青团员、国家工作人员在办人民公社中必须遵守的六项守则；接着召开县、区、乡、社四级干部会议作具体部署。9 月 11 日，在观城、鸣鹤两区的东山头召开了 6 万余人参加的群众大会，全县第一个人民公社——五洞闸人民公社宣布成立。到 9 月 28 日，按照"一大二公"和"政社合一"的要求，全县将原来的 8 个区、42 个乡、548 个高级社合并或建成为五洞闸（观城、鸣鹤区）、东方红（龙山区）、东风（逍林区）、红旗（衡山区）、火箭（周巷区）、光明（庵东区）、卫星（泗门区）等 8 个人民公社，实现了人民公社化。1958 年 10 月 1 日，第四高级农业生产合作社和二十三社合并为第九生产队，属于卫星人民公社兰海管理区（原泗门区）。

由于人民公社化运动是在急于向共产主义过渡的"左"倾思想的指导下进行的，急于求成，一哄而起，这就使得人民公社化运动从一开始便出现了许多问题：公社取消了"按劳取酬"，实行工资制和供给制相结合的分配制度；兴办集体食堂，一度推行"吃饭不要钱"的伙食供给制，全县办起社员食堂 1512 个；公社对土地和其他生产资料，包括部分私有财产，搞无偿调用，对农民实行剥夺，助长了"共产风"的泛滥，引起了广大农民的极大恐慌；在生产上大搞"千斤棉、万斤粮"运动，致使高指标、瞎指挥、浮夸风盛行。这些都严重挫伤了广大人民群众的生产积极性，破坏了农村生产力。为解决人民公社存在的种种弊端，中央到地方都有针对性地采取了各种措施进行整顿。1959 年 2 月，在郑州会议上，毛泽东同志指出，"我们也必须首先检查和纠正自己的两种倾向，即平均主义倾向和过分集中倾向"，并强调不允许"无偿占有别人的劳动成果"。[①] 会议还要求公社在统一分配上要承认队与队、社员与社员收入之间的合理差别；在体制上，实行权力下放、三级管理、三级核算，以队为基础。为落实郑州会议精神，3 月 16 日至 26 日，慈溪县委先后召开有 2000 人参加的生产队队长以上干部会议和有 1.2 万人参加的五级干部大会，贯彻"统一领导，队为基础；分级管理，权力下放；三级核算，各计盈亏；分配计划，由社决定；适当积累，合理调剂；物资劳动，等价交换；按劳分配，承认差别"的整顿和建设人民公社的方针。会上还决定纠正人民公社在分配制度上的平均主义和过分集中倾向，并确定了以原高级社为核算单位，在保证 90% 以上社员增加收入和完成国家税收任务的原则下，对国家、集体、社员三者关系作了安排。会议强调对以前公社调去的工具、资金和土地等问题的处理，贯彻等价交换的原则。

1961 年 9 月，慈溪县委根据《农村人民公社工作条例（修正草案）》的精神，又划小人民公社建制，撤销管理区，下放基本核算单位，恢复区一级行政机构。全县改为 9 个区，72 个公社，752 个生产大队，9673 个生产队，公社规模相当于原来的乡。翌年，全县又调整为 71 个人民公社，790 个大队，9818 个生产队，兰海公社七大队成立。经过 1960 年下半年以来的大力调整，全国农业战线的形势到 1962 年有了明显好转。比如在 1961 年底，兰海七大队在做年底工作总结时就称：

所有形势大好："产量高、开支少、收入多"，具体表现在："产量方面：棉花亩产皮棉 127.10 斤，去年 116.40 斤，增加 9.2%；水稻 1109 斤，去年 1076 斤，增加 3%；大豆 160.80 斤，去年 158.60 斤，增加 1.4%；大小麦 157.80 斤，去年 137.80 斤，增加 14%。猪 211 只，羊 105 只，兔 621 只。开支方面：今年 482.91 元，去年 764.22 元，减少 37%。收入方面：17541.95 元，去年 13370.09 元，增加 31.2%。分配：113.96 元，去年 76.93 元，增加 44.7%；每户 629.30 元，去年 462.14 元，增加 35.3%；每人 168.33 元，去年每人 119.66 元，增加 39%。

① 《毛泽东文集》（第八卷），人民出版社，1999 年，第 11—12 页。

1962 年，兰海七大队的生产形势又实现了"三超"。所谓"三超"，即指"面积超包干，总产超去年，单产超历史"。1963 年，经县委研究决定，全县生产队调整为 10006 个，平均每队 14.28 户，其中除五洞闸公社 15 个大队、154 个生产队仍采用大队核算外，其余均以生产队为基本核算单位，使生产和分配相统一。

第三节　曲折中发展（1967—1977）

1964 年 6 月，毛泽东在一次中央工作会议上提出："农业主要靠大寨精神，自力更生。"毛泽东正式向全国发出了"农业学大寨"的号召。"农业学大寨"是毛泽东向全国农村发出的号召，这次运动是新中国成立以来我国农村历时最长的一次运动，它将山西省昔阳县大寨大队以自力更生精神将"七沟八梁一面坡"的穷山沟改造成为"层层梯田米粮川"的事迹传遍全国，使大寨成为中国农业战线上的榜样。

1968 年，慈溪县大力开展了"农业学大寨"运动，大办各种毛泽东思想学习班，对毛泽东"农业学大寨"的指示和大寨精神及经验进行大学习、大讨论、大落实，还利用黑板报、张贴标语、广播、报纸、唱大寨歌曲等形式，进行了大张旗鼓的宣传，并举行了声势浩大的"农业学大寨"游行活动，使之家喻户晓。广大农村也积极响应上级号召，兰海公社七大队的档案中还保留着一份"毛泽东思想大学校、校务委员名单"，人员由七大队中的各生产队构成（见图 13）。

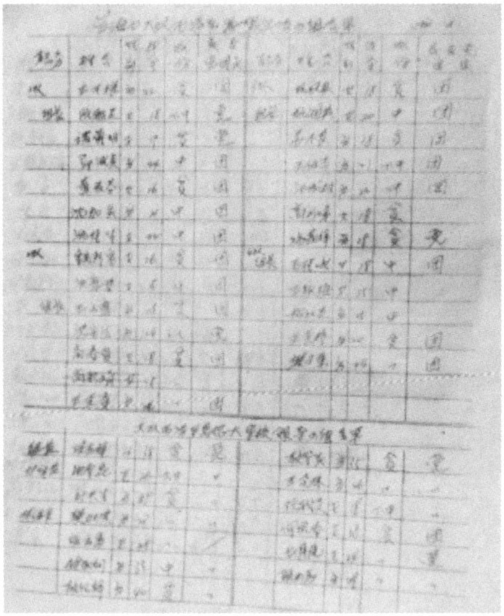

图 13　兰海公社七大队"毛泽东思想大学校、校务委员名单"

为了把大寨精神、大寨经验真正学到手，县人民武装部生产办公室决定，组织县、公社、大队各级干部，分批赴大寨参观学习，第一批于 1968 年 7 月 3 日启程，至 11 月底，赴大寨参观人数达 1200 余人。回来后，全县深入开展农业学大寨运动，加强对棉花生产培育管理，促进了又一次棉花大丰收，全县 43.17 万亩棉花亩产皮棉 74 公斤，其中五洞闸、沿海公社亩产皮棉超 100 公斤。

1970 年 9 月 23 日，《人民日报》发表社论《农业学大寨》，特别是中共中央〔1970〕70 号文件（即北方地区农业会议报告）传达之后，慈溪全县干部群众开展了学习讨论。通过学习讨论，县委作出了关于进一步深入开展农业学大寨群众运动的决定，提出了"奋战二三年，誓把慈溪建成大寨式县"的奋斗目标，还制定了相应规划，动员和组织各行各业大力支援农业，把农业学大寨的运动引向深入。

兰海公社在"农业学大寨"号召的指引下，社里的"广大贫下中农、革命干部，以'愚公移山、改造中国'的雄心壮志，顶风冒雨，战天斗地，在去冬今春，围涂作塘，一举造田两千多亩"，曾荣获 1974 年度"农业学大寨"先进集体单位。此外，这一阶段，兰海公社及其各大队根据慈溪县制定的"1976 年至 1979 年农田基本建设规划""1976 年至 1979 年农业生产发展规划""关于 1980 年基本实现农业机械化的规划"，也相应制定了建设大寨式社队的规划，并掀起了农田基本建设的高潮。譬如兰海公社七大队档案中留存的大量数据统计表，如《淡水渔业基本情况调查表》《1975 年林产品产量调查表》《农业机械拥有量调查表》《畜牧生产调查表》《基本核算单位粮食分配决算表》《兰海联办厂三车间五月份收支账目公布》《兰海七大队联办厂投资明细》《1976 年种植计划面积》《批复毛线厂的报告》《增涤变压器的报告》等，都是这一时期兰海公社七大队在全国"农业学大寨"运动中留下的印记。

根据原邵家丘村办公室主任高狄均的描述，在 1949 年至 1981 年这数十年间，邵家丘以及周边沈家丘、哑潭（兰海公社七、六、五大队）的主要生产劳动为农业种植。其中在 20 世纪 70 年代，邵家丘地区由粮食种植区重新规划为棉花产区，水稻种植逐步改为棉花种植，公社（大队）主要以棉花种植为主，辅以部分玉米、黄豆种植。在此时期，兰海公社七大队（邵家丘大队）人口为 1000 人左右，全村仍主要从事农业种植工作。

党的十一届三中全会后，慈溪县农村改变了人民公社体制，开始推行以家庭联产承包责任制为主要形式的农业生产方式，打破了农村生产长期停滞不前的局面，揭开了中国农村农业发展的新篇章。邵家丘村也在这场巨大变革中，开启了探索适合本村发展的建设之路。

经

济

篇

农业繁荣 工业兴旺

中国
村庄
发展

乘着改革开放的春风，邵家丘村开启了乡村工商业、工业化发展振兴之路。1981年，"分田到户"后，邵家丘村响应县里号召开始种植经济型农作物——榨菜，商品性手工业产值开始计入村农业统计年报。20世纪90年代开始，邵家丘村从当地实际出发，抓住改革机遇，积极投身于市场化大潮，以家庭为基础大力兴办个体、私营企业，走出了一条村民"离土不离乡、进厂不进城""人人当老板，家家办工厂"的乡村经济发展模式，至今已孕育企业百余家。通过乡村工业化致富的邵家丘村，进而以打造村庄整治升级、推进美丽乡村建设为标志，围绕农业更强、农村更美、农民更富，助推乡村精神文明提升，建设"美丽乡村·幸福家园"。

改革开放以来，浙江是中国经济增长相对较快的地区，而邵家丘村是浙江省内社会主义市场经济发展较早也是较为活跃的地区。从1981年开始，商品性手工业产值第一次计入邵家丘村农业统计年报。发展至今，一个800多户的村落，私营企业就有100余个，"人人当老板，家家办工厂"已成为邵家丘村的真实写照。虽然它们大多是小微企业，但正是千万个这样的企业，汇聚成了浙江民营经济发展的根脉。这些民营企业主也许不是经济领域最耀眼的，但却是在浙江的经济土壤中扎根最深、最有生命力的群体。

邵家丘村经济发展过程中，另一个显著的特色是邵家丘村的工业化路径，以及"民富村弱"、村民"离土不离乡、进厂不进城"的乡村经济发展模式。从这个角度来讲，邵家丘村提供了一个透视中国乡村工业化变迁以及民营企业孕育的典型案例。本篇共包括四章，以探索邵家丘村工业化道路发展历程为线索，总结以邵家丘村为代表的工业发展型农村经济模式的特点、优势及面临问题，从发展的历史轨迹中寻找和探索这种经济发展模式升级、转型的新方向，从而进一步探索加速农业农村现代化、高标准实施乡村振兴战略的有效途径。

第一章 突破（1978—1991）：从计划经济向社会主义市场经济的跨越

1978 年，党的十一届三中全会拉开了解放思想和改革开放的序幕，邵家丘村抓住机遇，大力推进以家庭联产承包责任制为核心的农村生产经营体制改革，发展农村多种经营和社队企业，探索农产品流通体制改革，并确立了家庭联产承包为基础的双层经营体制，不仅促进了农业生产和农民生活水平的提高，更开启了邵家丘村市场化的道路。

第一节 家庭联产承包责任制改革

"家庭联产承包责任制，就是人们通常所说的包产到户和包干到户。……其实质是打破了人民公社体制下土地集体所有、集体经营的旧的农业耕作模式，实现了土地集体所有权与经营权的分离，确立了土地集体所有制基础上以户为单位的家庭承包经营的新型农业耕作模式。"① "1982 年 1 月 1 日，中共中央批转《全国农村工作会议纪要》指出，目前农村实行的各种责任制，包括小段包工定额计酬，专业承包联产计酬，联产到劳，包产到户、到组包干到户、到组，等等，都是社会主义集体经济的生产责任制；1983 年中央下发文件，肯定联产承包制是在党的领导下我国农民的伟大创造，是马克思主义农业合作化理论在我国实践中的新发展，要在全国推行这种社会主义集体经济的生产责任制。至此，一场由农民自发

---

① 马举魁：《关于家庭联产承包责任制与农村土地制度改革的思考》，《理论导刊》，2004 年第 8 期。

掀起的改革转向国家自上而下推动的大型改革。"[1] 余姚农村改革初期，通过实行家庭联产承包责任制，推行"包产到户"和"包干到户"等责任制，"三级所有、队为基础"的生产经营体制被打破，从而逐步确立了家庭承包经营制度，迈出了市场化改革的第一步。在这一阶段，邵家丘村主要围绕农村经营机制和管理体制两项重大改革展开工作。

一、实行以家庭承包经营为核心的农村经营体制改革

家庭联产承包责任制具有两方面内涵，它既是一种土地制度，也是一种农业生产经营方式。"首先，从农地制度的角度出发，家庭联产承包责任制是一种集体所有的农地制度，虽然农地属于集体所有，但农地的使用权或经营权属于私人所有；其次，从农业生产经营方式的这一层次入手，家庭联产承包责任制又有一种小农性质的农业生产的组织形式，是以家庭作为最基本的生产单位。"[2]

1980 年秋，根据中央《关于进一步加强和完善农业生产责任制的几个问题》的精神，余姚先后组织区、社主要负责人带领机关干部深入生产队一线，实施不同形式的生产责任制试点，并由点到面进行推广。

1981 年，邵家丘村探索家庭联产承包责任制，根据余姚县政府规划，开始在全县推广榨菜种植，以提高全县农村经济收入。乡镇政府的农业部门从海宁引进榨菜品种，在余姚推广，并由地方农科站、农技站作科学指导。当时邵家丘村开始仅仅在横向岗之间种植榨菜，岗上仍然种植棉花。榨菜产量大，按当时价格约为 3 分一斤，亩产在 8000 斤至 10000 斤，随着土地包产到户后，榨菜种植全面铺开，成为邵家丘村最主要的经济作物。

1982 年，邵家丘村按照政策要求，开始转为按人口、劳力"分田到户""包产到户"大包干制，邵家丘三个自然村（原邵家丘、沈家丘、哑潭）的土地按原来自然村所属大队，大队再按原生产队的面积按人均分。生产队之间、大队之间人均分到的份额不同，大致是哑潭 0.83 亩，沈家丘 0.8 亩，邵家丘 0.88 亩，8 个生产大队共 284 户全部包干到户。到 1983 年春，全村 90% 以上生产队与农户签订 3—5 年的承包合同。1984 年，8 个生产队共 324 户全部推行家庭联产承包责任制，大田承包期延长到 15 年，农户以家庭为单位，作为一个相对独立的经济实体承包

---

① 龚建文：《从家庭联产承包责任制到新农村建设——中国农村建设 30 年回顾与展望》，《江西社会科学》，2008 年第 5 期。

② 许庆：《家庭联产承包责任制的变迁、特点及改革方向》，《世界经济文汇》，2008 年第 1 期。

经营集体的土地和其他大型生产资料，按照合同规定自主进行生产、经营，并将小部分收入上缴给集体和国家。[①] 至此，以家庭联产承包经营为基础的统分结合双层生产经营体制在邵家丘村基本形成。20世纪80年代末至90年代初，家庭联产承包双层经营体制在邵家丘村得到进一步巩固和发展。1991年，党的十三届八中全会通过《中共中央关于进一步加强农业和农村工作的决定》，正式提出建立以家庭联产承包为主的责任制、统分结合的双层经营体制，从而将家庭联产承包双层经营体制确立为我国农村集体经济组织的一项基本制度。这种自上而下的制度安排，使双层经营体制在实践过程中具有了正当性和延续性。邵家丘村在这个时期，通过整顿乡镇（村办）企业，发展了"三来一补""贴牌生产"等劳动密集型产业。在家庭联产承包双层经营基础上，邵家丘村出现了雇工经营、合伙经营和股份合作经营等多种经营形式。

二、实行农村行政管理体制改革

1982年8月，村民委员会作为农村基层自治组织第一次在宪法中得到确认。1984年，邵家丘村恢复村建制，由兰海公社七大队改名为邵家丘村，并以村民委员会为单位建立经济联合社。随着家庭联产承包责任制的推行，农村微观经济组织基础发生了本质改变，动摇和瓦解了人民公社的基础，从而使家庭取代人民公社成为最基本的生产单位。与此同时，也带来了农业生产激励机制和分配方式的变化。以赋予家庭剩余索取权的激励机制代替了人民公社的政治组织动员，分配方式实现了从单一按劳分配向按劳分配为主、生产要素共同参与分配的转变，从一大二公、平均主义的分配方式向效率优先、兼顾公平的转变。

家庭联产承包责任制使国家从农村基层经济领域逐步退出，同时通过将商品生产的经营自主权和财产权赋予农民，从而使其劳动积极性和创造性被极大地调动和激发起来。广大农户以市场经济微观主体的身份登上了历史舞台，为社会主义市场经济的发展注入了内在活力。在此过程中，邵家丘村村民在个体工商业、农业多种经营、家庭手工业、乡镇企业经营等多个领域大胆尝试，开拓了市场，从而以先行者和主力军的姿态，在计划经济这一传统经济体制外创出了一条新路。

---

① 参见兰政字〔84〕9号《兰海乡人民政府关于延长土地承包期若干政策的决定》。

三、农业生产与农民收入

制度调整是中国改革开放后农业增长的决定性因素。许多经济学者对此进行了论证，如林毅夫、麦克米兰等人很早就分析了中国农村改革对农业增长的影响。他们的研究均认为 1978 年开始的农村经济体制改革，使农村的经济制度从生产队体制向家庭联产承包责任制转变，这一转变对我国 20 世纪 80 年代初农业产出惊人增长起到至关重要的作用。[①] 邵家丘村经过家庭联产承包责任制改革，农业生产效率和农民收入均有了较大提升。

（一）农业生产与效率

农村生产经营体制的变革，激发了村民的生产积极性，生产效率显著提高，亩产粮食产量、棉花产量明显增长（详见表 2）。渔业、水果、猪羊禽蛋畜产品等主要农产品的种类大幅增加。

1984 年，即邵家丘村全面推行家庭联产承包责任制的当年，村粮食作物播种面积 665.30 亩，平均亩产达到 453 斤。其中，春粮播种面积 626 亩，亩产 573 斤，含小麦 286 亩，亩产 748 斤；大麦 22 亩，亩产 709 斤；蚕豆 318 亩，亩产 406 斤。杂粮 30 亩，亩产 50 斤（按 5 斤折为 1 斤粮食）。夏秋大豆 9.3 亩，亩产 150 斤。1984 年，邵家丘村的经济作物有所增加。棉花播种面积 1148 亩，亩产 218.7 斤；油菜籽 103 亩，亩产 237 斤；花生 3 亩，亩产 200 斤。此外，水果（梨、西瓜）种植面积也开始增加。1984 年，邵家丘村牧业得到快速发展。当年全村生猪全年饲养量 185 头，出售 146 头；家兔存栏 167 只，家禽存栏 468 只，羊牛存栏 296 头。

表 2　1983—1991 年邵家丘村农业统计

年份	农作物播种面积总计（亩）	粮食及大豆			棉花		
		播种面积（亩）	亩产（公斤）	总产量（吨）	播种面积（亩）	亩产（公斤）	总产量（吨）
1983	1169	1121	300.09	336.4	1157	24.20	28
1984	2719	665.3	226.50	361.4	1148	109.35	25.1
1985	/	/	/	/	/	/	/
1986	3372.8	693.2	345.79	239.7	1081	30.9	33.42
1987	2249	595	236.13	140.5	1061	52.78	56
1988	2622	650	271.38	176.4	1053	26.78	28.2

[①] 乔榛等：《中国农村经济制度变迁与农业增长：对 1978—2004 年中国农业增长的实证分析》，《经济研究》，2006 年第 7 期。

年份	农作物播种面积总计（亩）	粮食及大豆			棉花		
		播种面积（亩）	亩产（公斤）	总产量（吨）	播种面积（亩）	亩产（公斤）	总产量（吨）
1989	2369	627	221.05	138.6	1043	52.73	55
1990	2400.5	645	308.99	199.3	1056	72.92	77
1991	2438	640	293.75	188	1043	79.67	83.1

数据来源：《农业统计年报》（邵家丘村1983—1991年）。其中，1985年资料缺失。

表3　1981年与1982年邵家丘村年度收入统计

年份	人均收入（元）	人数（人）	总收入（万元）
1981	201.20	1066	21.45
1982	362.90	1086	39.41

数据来源：《农业统计年报1981年》（邵家丘村）、《农业统计年报1982年》（邵家丘村）。

（二）农民收入情况

1982年，邵家丘村实施包干到户，当年人均收入362.90元，同比增长80.37%（详见表3）。1991年，邵家丘村人均收入1800元，比1982年人均收入增长396%。1991年全村总收入为209.54万元，相较于1988年总收入增长了13.36%；其中，农业收入增长42%，工业收入增长157%，建筑业收入增长34.73%，交通运输业收入增长110%，商业饮食业收入增长105%，服务业收入增长106%。收入来源也不再单一依赖于农业收入，其中1991年工副业收入12.85万元，占总收入6.13%；建筑业收入9万元，占总收入4.3%；交通运输业收入3.85万元，占总收入42.78%；饮食业收入3万元，占总收入1.43%；服务业收入6.5万元，占总收入3.1%（详见表4）。

表4　1988—1991年邵家丘村年度收入统计

年份	常住人口（人）	人均收入（万元）	总收入（万元）	大农业收入（种植业、林业、牧业、采集捕猎业、渔业）（万元）	工业收入（家庭工业产品收入）（万元）	建筑业收入（万元）	交通运输业收入（万元）	商业饮食业收入（万元）	服务业收入（万元）
1988	1153	0.16	184.85	86.16	5	6.68	1.83	1.46	3.16
1989	1175	0.13	155.54	124.06	8.5	9.2	3.43	2.55	5.12
1990	1196	0.15	174.05	128.91	14.75	8.5	3.51	3.2	6

续表

年份	常住人口（人）	人均收入（万元）	总收入（万元）	大农业收入（种植业、林业、牧业、采集捕猎业、渔业）（万元）	工业收入（家庭工业产品收入）（万元）	建筑业收入（万元）	交通运输业收入（万元）	商业饮食业收入（万元）	服务业收入（万元）
1991	1191	0.18	209.54	122.34	12.85	9	3.85	3	6.5

数据来源：《农业统计年报》（邵家丘村 1988—1991 年）。

第二节　农产品流通体制改革

"从 80 年代开始的农产品统派购制度改革和农产品多渠道流通格局的形成，率先打破了流通领域中计划经济一统天下的格局，在计划经济的夹缝中孕育出了新型的市场体系。农民大规模参与农产品流通和农贸市场的出现，拉开了浙江市场建设的序幕。"[1] 以取消农产品统派购制度为标志，改革农产品流通体制，培育农产品市场，调整农业产业结构，促进乡镇企业发展，推动农村改革向改革外部发展环境转变，余姚开启了探索市场化改革的第二个步伐，在这个阶段，邵家丘村的主要改革和措施有：

一、实行农产品流通体制改革，取消农产品统派购制度

1985 年，随着国家对农产品的统派购制度进行全面改革，余姚农产品统购统销、统调统配的流通体制发生了变化，粮食、棉花购销实行合同定购和市场收购并行的"双轨制"，生猪、茶叶、兔毛等农副产品实行合同制，使农村经济突破了以产品经济为特征的计划经济模式，开始走上"有计划商品经济"轨道。同时，通过对较大部分农产品价格、广建交易市场、引进市场机制、实行贸工农一体化、产销一条龙等多种流通环节上的改革，使从事商品经济的专业户、新型经济联合体大量涌现，农业经济商品率不断提高。1985 年，余姚建有交易市场 71 个，成交额突破 1 亿元，分别是 1978 年的 2.3 倍和 1020 倍。1981 年，社员商品性手工业产值开始作为统计项出现在邵家丘村分配统计年报中。是年，邵家丘村商品性

---

[1]　顾益康、陈东凌：《从乡土经济向市场经济的历史跨越——浙江农村改革开放二十年回顾与展望》，《浙江经济》，1998 年第 10 期。

手工业产值为 15400 元，占当年村总收入的 6%，其中缝纫产品产值 3300 元，竹木制品产值 1400 元，棉纺产品产值 4500 元，金属制品加工修理业产值 1200 元，其他工业等 5000 元。[①] 访谈中了解到，20 世纪 80 年代末，已经有邵家丘村民开始走南闯北，将本地生产的商品推销至省外，将省外的生产物资引至村里，形成了早期的供销网络。

二、大力调整农村产业结构，推动乡镇（村办）企业迅猛发展

一方面，鼓励发展多种经营方式，冲破长期以来"粮棉为纲"思想的束缚，推进农业产业结构调整和优化，农林牧渔业得到全面发展。另一方面，从事工商业等非农生产活动的农民数量不断增多，乡镇企业不断发展。在邵家丘村农业总产值构成中，1991 年与 1978 年相比，种植业比重下降 18%，牧、渔业分别上升了 6% 和 2.7%，承包田向种田能手、专业户集中。邵家丘村在这一时期涌现出了菜类加工企业家——陈庆尧。同时受兰海村、梅园村影响，邵家丘村种植葡萄的农户不断增加。由此，传统单一粮植棉模式得到改变，转向以粮、棉为主，全面发展工、商、副业及多种经营模式。同时，资金、劳动力、土地等资源要素在农村积极流动，一大批农村富余劳动力脱离农业劳动，放下锄头铁耙，纷纷"洗脚上田"，走南闯北，转向第二、第三产业就业创业，"万元户"不断涌现。

与此同时，一些以当地资源为主，从事与农业生产有关的服务和加工的乡镇（村办）企业快速发展，主要包括小加工厂、小水泥厂、小农药厂、小化肥厂、小农机厂等。到 1987 年底，农村工业劳动力已占劳动力总数的 32%，从事第二、第三产业的劳动力占比达到了近 43%（详见表 5）。据资料显示，1989 年邵家丘村的总收入为 155.54 万元，其中，乡镇（村办）企业利民厂贡献金额 0.89 万元，家电厂贡献金额 0.46 万元，集合厂贡献金额 0.44 万元，砖瓦厂贡献金额 0.29 万元，服务厂贡献金额 0.28 万元，合计上交 2.36 万元。[②]

表 5　1986—1991 年邵家丘村劳动力从业分布统计

年份	劳动力总数（人）	农业		工业	
		人口数（人）	比重	人口数（人）	比重
1986	855	574	67.13%	260	30.41%
1987	798	457	57.27%	259	32.46%

① 参见《农业统计年报 1981 年》（邵家丘村）。
② 参见《农业统计年报 1989 年》（邵家丘村）。

续表

年份	劳动力总数（人）	农业		工业	
		人口数（人）	比重	人口数（人）	比重
1988	834	497	59.59%	245	29.38%
1989	892	596	66.82%	190	21.30%
1990	910	597	65.60%	205	22.53%
1991	905	537	59.34%	263	29.06%

数据来源：《农业统计年报》（邵家丘村1986—1991年）。

通过这一时期的改革，邵家丘村民获得了农产品处置权和更大的自由择业空间，市场机制逐渐被引入农业和农村经济中，村经济实现了从农业单一结构向"农、工、商、运、建"多的综合发展，为邵家丘村经济由计划经济体制全面向社会主义市场经济体制过渡奠定了坚实的基础。

第二章　发展（1992—2002）：乡村工业起步

　　1992 年初，邓小平同志南方谈话总结了改革开放十多年来的经验教训，提出通过市场经济发展中国特色社会主义道路。浙江紧紧抓住机遇，加快改革开放的步伐，全面实行市场化改革，经济发展、工业化水平取得了巨大进步。以浙江地区生产总值（GDP）来衡量，1978 年全省生产总值仅为 123.72 亿元，仅占全国生产总值的 3.39%，排位较为靠后，浙江当年工业化率为 43.3%，低于全国平均水平 47.9%，可见浙江工业化发展起步平台较低。到 1991 年，全省生产总值上升到 1089.33 亿元，占全国生产总值比重提高到 5%。1978—1991 年，浙江 GDP 年平均增长率 13%，其中第二产业生产总值年均增长 17.2%，第一产业生产总值年均增长 5.6%，这一期间浙江经济持续较快增长一定程度上是由工业化水平的提高所决定的。[①] 邵家丘村也遵循了这一发展轨迹，1992 年至 2002 年十年间，是其工业化起步和飞速发展的时期。

第一节　市场经济深化改革助推乡村工业化

　　改革开放以来，建立社会主义市场经济一直是贯穿浙江农村改革的一条主线。经过十多年市场化改革，20 世纪 90 年代初期，余姚农产品市场体系初步建立，农业和农村经济步入了新的发展阶段。在生产方面，农业生产效率和综合生产能

[①]　参见胡阳：《浙江工业化、农业化和城镇现代化同步发展的机制与路径研究》，中共浙江省委党校 2013 年硕士研究生学位论文。

力得到较大提高；在农产品供给方面，计划经济手段已经被市场经济取代。除粮食供给外，已经全面确立依靠市场机制配置农产品资源和调节供求的方式。这一切都为邵家丘村工业化发展奠定了坚实基础。而随着市场经济改革的深化——区域块状经济的逐渐形成、第二轮土地承包改革、乡镇企业产权改革等，又进一步加快了邵家丘村工业化发展的步伐。

一、区域块状经济带动专业村发展

1999 年，宁波市已有初具规模的特色块状经济 100 块，其中慈溪 25 块，余姚 21 块，鄞县 15 块，宁海 11 块，象山 9 块，奉化 6 块，北仑 5 块。1997 年全市块状经济实现产值 220 亿元，从业人员近 30 万人。块状经济规模较大的有：鄞县、奉化的服装特色块状经济；余姚的"中国塑料城"，陆埠孙家村"江南水暖城"，马渚、低塘脱排油烟机特色块状经济；慈溪周巷"中国食品城"，附海、新浦小家电产品业；鄞县蔺草制品业；象山石浦海水产品养殖加工业；宁海铝制品加工业；北仑郭巨灯具业等 12 块。这些特色块状经济的产品远销全国各地，有的还打入国际市场。[①]特色块状经济对邵家丘村工业发展产生了巨大的带动作用，分布在广大农村的块状经济，催生了产、供、销一条龙产生模式，促进了生产的联合化，从而推动着一个个产业链的形成。统与分的结合，使分散农户成为无形工厂，增强了市场竞争力。以打火机的生产为例，生产打火机需要 10 多种配件和 10 多道工艺，将其分散到农户经营，既为农户提供了巨大的潜在市场，确保了生产的销售渠道，同时通过将生产从分散独立向分工协作发展，也提高了劳动生产率、降低了生产成本。通过这种形式，邵家丘村形成了一个个以特色块状经济为上游、以零部件加工为主的手工业作坊。在此基础上，至 2000 年，邵家丘村以制造业为特色，已初步形成了家用电器、纸箱制造、制笔零件、车辆配件、模具制造等支柱产业。

二、第二轮土地承包改革加速生产要素流通

第一轮土地承包改革完成后，邵家丘村继续调整农业生产结构，发展农民专业合作组织，推进土地适度规模经营，大力推广农业先进适应技术和优质新品种，推进农业机械化，促进农业生产经营体制与市场经济对接。

---

① 谢嘉禄、郁军：《宁波市块状经济发展的现状及对策》，《宁波党政论坛》，1998 年第 3 期。

（一）稳定土地承包权、搞活土地经营权

从 1995 年开始，邵家丘村开展了第二轮土地承包，将承包期延长至 30 年。在新一轮承包中"明确土地所有权、稳定承包权、搞活经营权"，按照自愿、依法、有偿原则，积极推进土地流转，稳定现有规模经营面积和承包大户，维护承包合同的严肃性，大户承包合同未到期，不能随意收回其土地经营权。1999 年 8 月 27 日，邵家丘村召开户主（社员代表）会议，就第二轮土地承包方案进行审议。内容包括：第二轮土地承包采取小调整后延长土地承包期的办法；土地承包权分配到户采取按人口均包办法；承包合同起止日期 1995 年 7 月 30 日至 2025 年 9 月 20 日，承包期为 30 年。同时，明确土地承包合同的发包方是村经济合作社，土地承包合同的管理机构是镇经管站，并且进一步规范了土地承包合同和转包合同的格式和条款，明确发包方和承包方的责、权，以及农户承包集体土地必须承担的义务。

与之相应，为支持个体、私营经济发展，依法使用土地，1994 年 1 月，余姚市政府制订《余姚市个体工商户私营业建设用地管理暂行办法》，"办法"规定：取得工商经营执照的个体工商户、私营企业，经营工业、商贸需要使用土地，面积在 600 平方米以下的可通过有偿划拨取得土地使用权。有偿划拨土地的使用年限是工业每次为 5 年，商贸业每次为 3 年。有偿划拨土地的使用费收取标准，按照地价变动情况和地理位置，分一、二、三类地区进行确定。土地使用权可以继承，但不得进行转让、抵押。使用期满后，需要继续使用的，应续办用地手续。

（二）农业人口逐步向工业、服务业人口转移

1995 年，邵家丘村大农业收入（种植业、林业、牧业、采集捕猎业、渔业）740.8 万元，同比增长 59.48%；工业收入 851 万元，同比增长 89.53%。至 2000 年，大农业收入为 1395 万元，同比增长 201%；工副业收入 12850 万元，同比增长 1914%。1999 年（第二轮土地承包改革完成的当年），邵家丘村粮食作物播种面积 1142 亩，平均亩产 496 斤。其中，春粮播种面积 382 亩，亩产 466 斤：含小麦 280 亩，亩产 500 斤；大麦 42 亩，亩产 400 斤；蚕豆 60 亩，亩产 380 斤。秋粮 760 亩，亩产 510 斤，其中夏秋玉米 350 亩，亩产 250 斤；夏秋大豆 280 亩，亩产 400 斤；夏秋杂豆 50 亩，亩产 400 斤；夏秋番薯 80 亩，亩产 2000 斤。1999 年，邵家丘村的经济作物种类大幅度增加。棉花播种面积 745 亩，亩产 180 斤；油菜

籽播种面积 50 亩，亩产 300 斤；花生 100 亩，亩产 500 斤；芝麻 20 亩，亩产 300 斤。此外，甘蔗 80 亩，亩产 32000 斤；榨菜 1250 亩，亩产 8400 斤；其他蔬菜 900 亩，亩产 7000 斤；水果 50 亩，亩产 4000 斤。

随着劳动生产力的提高，邵家丘村大量农业剩余劳动力不断向第二产业、第三产业转移。第一产业从业人员占比从 1992 年的 53.48% 减少到 2002 年的 49.95%。第二产业从业人员占比从 1992 年的 35.08% 增加到 2002 年的 37.77%。第三产业发展趋势良好，本阶段吸纳的就业人员数量均保持在 10% 左右，占比在 1996 年达到 12.8%，产业结构发生了明显的变化，第一产业人口比例进一步下降，2002 年第二、第三产业人口占比已超过第一产业人口占比（详见表 6）。

表 6　1992—2002 年邵家丘村三产人口数及其占比

年份	劳动力（人）	第一产业人口（人）	第一产业人口占比	第二产业人口（人）	第二产业人口占比	第三产业					
						人口总数（人）	人口占比	渔业人口（人）	建筑业人口（人）	交通运输业人口（人）	商业饮食业人口（人）
1992	935	500	53.48%	328	35.08%	99	10.59%	3	50	5	11
1993	927	524	56.53%	265	28.59%	93	10.03%	3	48	7	10
1994	936	546	58.33%	267	28.53%	74	7.9%	3	51	11	9
1995	975	504	51.69%	256	26.26%	81	8.3%	3	55	13	10
1996	945	553	58.52%	217	22.96%	121	12.8%		60	11	15
1997	935	571	61.07%	210	22.46%	94	10.05%	3	62	12	17
1998	960	551	57.40%	273	28.44%	99	10.31%	3	64	14	18
1999	957	542	56.64%	275	28.74%	114	11.91%	2	64	18	30
2000	950	/	/	234	24.63%	117	12.32%	/	65	19	18
2001	2255	1187	52.64%	807	35.79%	237	10.51%	3	120	40	49
2002	2208	1103	49.95%	834	37.77%	254	11.5%	3	125	48	52

数据来源：《农业统计年报》（邵家丘村 1992—2002 年），其中 2001 年，由于原邵家丘、沈家丘、哑潭等 3 个自然村合并成邵家丘村，因此，2001 年人口数出现了较大增长。

三、乡镇企业制度创新促进乡村工业化进程

相较于城市国有、集体企业，乡镇企业市场观念较强，在市场机制下更富有活力和创新意识。同时，由于较少受到传统计划体制的约束，乡镇企业包袱轻，

机制也更为灵活，因而在 20 世纪 80 年代市场化改革浪潮中，乡镇企业迅速发展起来并对农村经济发展产生了重要的推动作用。家庭联产承包责任制大大解放了农村生产力，把一大批农村劳动力从土地里解放了出来。为妥善解决和合理安排我国农村的剩余劳动力，乡镇企业开拓了一条广阔的新路子。乡镇企业的发展不仅极大地推动了乡村城镇化进程，也加速了市场化进程。

但与此同时，乡镇企业产权不清、政企不分、体制不顺、机制不活、管理不善等问题也逐步暴露出来。在总结经验与教训的基础上，浙江省委、省政府对市场经济条件下的乡镇企业所有制成分和形式问题逐步取得一系列认识：在企业所有制性质上，突破了乡、村两级集体办企业的单一模式，由原来的两个轮子（社办、队办）改变为四个轮子（乡办、村办、联户办、户办）同时发展，确定由生产力客观要求决定的多层次、多成分、多形式的乡镇企业所有制格局，从单一的集体所有制向多种所有制混合经营发展；在所有制结构的认识上，也突破了单一的公有观念，确立了以多种经济成分共同发展的思想，明确规定了乡、村集体和联户、个体一起上，为焕发企业新的生机和活力提供制度、组织保证。

1993 年 6 月，余姚市委、市政府审时度势，按照建立现代企业制度的要求，采取联合、兼并、收购、控股、参股等多种方式，分类推进股份合作制改革，促进了生产要素向优势企业、优势产品集聚，乡镇企业实现了低成本扩张，进入飞速发展的黄金时期。到 1997 年底，乡镇企业基本完成转制，60% 的企业办理了土地有偿出让手续，95% 的转制企业办理了工商登记变更。到 1998 年底，乡镇企业发展到 1.5 万余家，工业产值 360 亿元，占全市工业总产值的 91%，是 1978 年的 250 倍，形成"十分天下有其九"的发展格局。这一时期，也是邵家丘村乡镇企业快速发展的时期。1994 年，村办企业工业产值达 710 万元。1998 年，仅乡镇集体企业就达到 273 个（详见表 7）。

表 7　1986—1998 年邵家丘村乡镇集体工业企业数量

年份	乡镇办工业企业 / 个	村办工业企业 / 个	村以下办工业企业 / 个	乡镇集体工业企业 / 个
1986	98	159	\	257
1987	99	153	7	259
1988	105	125	15	245
1989	98	75	17	190

续表

年份	乡镇办工业企业/个	村办工业企业/个	村以下办工业企业/个	乡镇集体工业企企业/个
1990	100	80	25	205
1991	105	130	28	263
1992	110	170	48	328
1993	100	130	35	265
1994	70	85	112	267
1995	\	\	\	
1996	\	18	\	
1997	15	50	145	210
1998	18	120	135	273

数据来源：《农业统计年报》（邵家丘村 1986—1998 年）。

第二节　个私经济兴起

20 世纪 90 年代开始，邵家丘村民又进一步解放思想，从当地实际出发，以家庭为基础大力兴办个体、私营企业。他们顶住各方面的压力，以坚韧不拔的毅力坚持走自己的路，很快富了起来，并赢得了发展主动权。在推动邵家丘村非农化和走向富裕的过程中，个体、私营经济不断壮大且发挥着日益重要的作用。以家庭手工业为代表的个体、私营企业，作为市场经济的微观主体，在生产制造、搞活流通等方面都扮演着不可替代的角色。正是有众多这样活跃的经济个体，从而使市场经济迅速发展，邵家丘村由此也迈上了工业化发展的新台阶。

一、萌芽

改革开放初期，乡镇企业大多是集体所有制这种单一的经济组织形式。在农村家庭联产承包责任制逐步确立后，大批农村剩余劳动力从农业生产中被解放出来，其中一部分有开拓创新意识的农民较早创办企业、经商，家庭手工业、个体工商户、农民合伙企业组织等个体经济形式开始出现。乡镇、乡村两级办企业的旧框被突破，个体企业、部分社员联营的合作企业以及其他形式的合作企业有了发展空间。由此，单一的集体所有制被户办、村办、乡办、联户办、中外合资合作办企业等不同所有制经济组织形式共存的格局所取代。

集体企业承包制虽然在短期内刺激了企业经营管理，在效益上有所提升。但从长远来看，因产权制度的障碍难以消除，企业在日趋激烈的市场竞争中弊端日显。20 世纪 90 年代初，邵家丘村的村办集体企业衰势渐显。从 1994 年到 1997 年，村办工业产值连年下降，从 1994 年的 710 万元下降到 1997 年的 136 万元，下降比率达到 422%。与之相反，个体企业的工业产值则不断上升。1992 年，村办工业产值为 448 万元，个体联户办工业产值为 230 万元，比例为 1.95∶1；1994 年村办工业产值为 710 万元，个体联户办工业产值为 535 万元，比例为 1.33∶1，其中，个体联户办工业产值增长了 133%。

在此过程中，许多原村办集体企业的经营管理者、技术与销售人员，借助在村办企业工作多年的经营管理经验、技术及信息渠道，成为邵家丘村第一批个体、私营企业主。例如：原担任村集体企业会计的黄宝康，就是在 20 世纪 90 年代初开始下海，利用积蓄投资创办包装厂，企业在 20 世纪 90 年代得到了较快发展。新生五金冲件厂的厂长姚鹤飞，也是 20 世纪 80 年代末创业的领军人物……这些邵家丘村的第一批"下海者"，思想解放、闯劲十足、踏实肯干，成为最早的个体、私营业主。

二、发展时期

20 世纪 90 年代中期，邵家丘村个体、私营经济进入快速发展时期。1996 年，全村家庭经营企业数已达 199 个。这些企业初期均是家庭工业和小作坊，在市场经济的推动下，激烈竞争加速其发展壮大，产品销路也越来越宽，由原来主要供应熟识的少数几个小客户和周边附近的小市场转向大客商、大市场，并逐步将产品推向国内乃至国际市场。这一时期，邵家丘村个体、私营经济兴起，在农业发展方面，参与劳动的人数有了明显增长，同时养猪户、养牛户、养羊户、养禽户等农村副业的规模也有了明显提升；在农业增长显著的同时，村中还有大量的人口参与到了新型产业之中，建筑业、交通运输业、仓储业及邮电通讯业、批发和零售业、餐饮业以及其他非农产业都获得了一定的发展。在这一时期，邵家丘村的个体、私营经济迅速发展，主要具有以下特点或者优势：

一是由办厂能手带动，示范作用明显。邵家丘村的众多创业者中，涌现出了一批优秀的领跑者。其中陈根龙、邵峥、钱加灿等人创办的企业规模较大，他们已成为村办厂企业中的领军人物。陈根龙的宁波龙富健康产业有限公司，厂址在马渚马槽头村，总投入资金 1000 万美元，厂区占地 9.8 万平方米，建筑面积 7.8 万平方米，年产值 3.5 亿元。邵峥的宁波瑞成包装材料有限公司，厂址在梁辉工业区，总投入资金 3000 万美元，建筑面积 10 万平方米，主要从事食品包装、膜品材料制作，年产值人民币 15 亿元。钱加灿的嘉荣电子电器有限公司，总投入资金人民币 1000 万元，厂区就在邵家丘村，占地 1 万平方米，建筑面积 0.75 万平方米，从事家用电器漏电保护器材的生产，年产值人民币 1.3 亿元；新厂区在临山工业区，投入资金人民币 8000 万元，厂房面积 3 万平方米，现有员工 268 名。沈利军的浙江鸿通机械科技有限公司，厂址在湖堤村湖北路口，总投入人民币 8000 万元，厂区面积 3.5 万平方米，主要从事汽车零部件、园林机械等，年产值人民币 1.2 亿元。这些企业不仅成为村中人模仿和追赶的对象，而且在先进技术、销售信息、筹集资金、采购渠道等方面为其他经营者提供了切实的帮助。成立于 1996 年的江南葡萄农庄，是宁波市最大的葡萄绿色农产品基地，同年创建国家无公害基地并通过了省绿色品牌认证。沈如峰作为江南葡萄农庄的"庄主"，是远近闻名的种植能手。他不仅自己钻研种植技术，而且聘请了高校专家作为企业顾问，免费向村里其他农户提供技术帮助。

二是发展初期注重原始资本积累，讲求适度规模经营。邵家丘村个体、私营业主在创业初期便具有较强的自我积累意识。相当一部分企业在完成原始资本积累后，有了更大的自主决策空间和自主发展能力，与此同时，在经营扩张方面，普遍倾向于适度规模经营，从而减少对银行的依赖，增强抵御市场经济风险的能力。在访谈中我们了解到，邵家丘村个体、私营业主基本都对银行借贷持保守态度。如有的受访者表示，企业创业初期，当企业获得收益时，并没有用于买房买车，而是用于企业建设和扩大再生产；在企业发展过程中，一般不会盲目扩大生产，而是量力而行，不会考虑向银行贷款负债经营。这被视为其企业成功的一条经验。还有受访者特意提到，邻村有很多人向银行贷款，有的因为贪图享乐，将贷款用于个人消费而破产；有的则盲目扩大企业规模负债经营，后来因为负债规模太大，超出其偿还能力，导致陷入还债泥潭，最终企业被拖垮。大部分受访者都表示个人一般不会盲目扩张，不愿意借债经营。这也和村主任对当地个体、私营业主的评价相印证，他认为："村民普遍比较保守，不愿意向银行借贷，将借债视为一种负担和不光荣的事情。"

三是大多从家庭企业或小作坊起步。邵家丘村虽然涌现出产值上亿元的企业，但是这些大企业大多数是从一些家庭小企业或小作坊起步。这些小微企业的年产值大多在十几万到百万元之间，雇佣工人数量在十几人左右。例如，王兴和是金鼎冲件厂的厂长，他的企业从家庭小作坊开始，经过夫妻俩艰苦创业，现已经拥有一定的规模。傅健康是余姚市康瑞祥五金厂的厂长，从1997年家庭作坊开始，经过艰苦创业，现已经有不小规模，企业产品直销广州等地。王新祥是向东五金厂厂长，最初亦从家庭作坊做起，以常人难以想象的毅力，独自闯荡市场，推销产品、扩大知名度。潘小根是余姚市中信印业有限公司总经理，他通过开发新产品、强化管理，提出以市场为导向，加快产品结构调整、产品开发和人才培养，为中信印业有限公司赢得了更大的发展前景。

第三章　成熟（2003—2011）：
工业发展型农村经济模式的确立

　　工业发展型农村经济模式或者乡村工业化，是指"以发展工业作为农村经济发展的突破口和主要动力的经济发展模式"[①]。它从中国国情出发，对世界工业化、城市化的传统形态作了革命性变革，即以"离土不离乡"的农村工业化推动农村城镇化，其典型代表包括"温州模式""苏南模式""珠三角模式"等。经过近三十年市场化改革，邵家丘村逐渐走上了一条工业发展型的农村经济发展道路。家庭联产承包责任制不仅提高了农业效率，更重要的是激发了市场的活力，为社会主义市场经济发展提供了必要的基础。如果说家庭联产承包责任制解决了人们"吃不饱"的问题，那么社会主义市场经济改革则解决了人们"富起来"的问题。邵家丘村村民抓住改革机遇，积极投身于市场化大潮，从家庭企业和小作坊起步，较早完成了原始资本积累，成为较早"富起来"的一批人，进而找到了适合自身发展的、独特的工业发展型农村经济模式。

第一节　邵家丘村乡村工业化的特点

　　有学者指出，我国的乡村工业化是在传统二元结构体制的历史条件下启动和发展起来的，是我国在特定历史时期的一种特殊的工业化形式。它从"农村经济蜕化出来"，与"三农"问题密切相关，是一种广义的工业化，即指工业、服务业

[①]　黄中伟：《工业发展型农村经济发展模式——以浙江为例》，《老区建设》，2004 年第 5 期。

通过自身的变革与发展，占据农村经济的主导地位，又包括实现农业现代化。[①] 工业发展型农村经济模式一般具有以下特征：一是工业发展和城镇建设资金来源主要靠自身资金积累，而不是由中央政府通过国家计划予以安排；二是劳动力的非农化就业及其向城镇的聚集主要是通过市场机制自发进行，并在广大城镇积淀了大量"外来人口"。[②]

随着社会主义市场改革的不断深化，21 世纪初，邵家丘村的企业达到了百余家，业务范围主要包括五金制造（52 家）、塑料制造（45 家）、文具及笔芯制造（10 家）、包装及纸箱生产（5 家）、模具生产（4 家）等（详见表 8）。在这一时期，工业发展型农村经济模式在邵家丘村已经基本确立，并呈现以下四方面特征。

表 8　邵家丘村主要企业及主营业务统计

序号	企业名称	主营业务
1	余姚市文达灯具厂	灯具配件、五金件、塑料件的制造、加工
2	余姚市临山镇金鼎冲件厂	五金冲件、塑料及胶木制品的制造、加工
3	余姚市美翔电器厂	电器配件、冲件的制造、加工
4	余姚市临山乐达冷风机厂	冷风机的制造、加工
5	余姚市临山建康五金厂	葡萄钢棚配件的制造、加工
6	余姚市超聪文具厂	文具、五金件、塑料制品制造、加工
7	余姚市临山镇利明塑料模具厂	五金、塑料制品的制造、加工
8	余姚市临山镇洪升电器厂	电器配件、五金件、塑料制品的制造、加工
9	临山镇邵家丘村哑潭 8 区 28 号	电器配件、电源线、插头插座、五金件的制造、加工
10	余姚市贝珩塑料电器厂	塑料件、电器配件、五金件、橡塑制品的制造、加工
11	余姚市中信印业有限公司	彩印食品包装袋的制造、加工
12	余姚市临山镇柏明五金厂	五金件冲件的制造、加工
13	余姚市博昊电器厂	家用电器及配件、五金件、塑料件的制造、加工

① 张燕辖：《农村工业化模式演变与城镇化路径选择》，《经济问题探索》，2007 年第 7 期。
② 杨云彦等：《乡村工业嬗变与"自下而上"城镇化》，《广东社会科学》，2000 年第 1 期。

续表

序号	企业名称	主营业务
14	余姚市美欣电器有限公司	高低压电器、电子元器件、家用电器配件的制造、加工
15	余姚市临山莹萍冷风机厂	冷风机及配件的制造、加工
16	余姚市临山镇腾烨电器厂	电器配件、五金件及塑料制品的制造、加工
17	余姚市梦豪五金制品厂	五金制品、塑料件的制造、加工
18	余姚市庆尧酱菜厂	酱腌菜制造、加工
19	余姚市石开塑料厂	塑料制品、五金件的制造、加工
20	余姚市临山鹏派五金厂	五金冲件的制造、加工
21	余姚市迈可电器厂	汽车电器、家用电器、塑料件的制造、加工
22	余姚市临山镇新生五金冲件厂	五金冲件、塑料的制品制造、加工
23	余姚市恒特金属制品厂	金属制品、塑料制品、笔的制造、加工
24	余姚市滕达塑料厂	塑料件、塑料藤带的制造、加工
25	余姚市临山康瑞祥五金厂	五金件的制造、加工
26	余姚市巨康五金厂	五金件、塑料制品的制造、加工
27	余姚市国庆五金厂	五金件的制造、加工
28	余姚市临山新浩塑料厂	塑料制品、五金件、模具制造、加工
29	余姚市拓创机械厂	机械设备及配件、五金件、塑料制品、模具的制造、加工
30	余姚市恒发车业配件厂	汽车配件、摩托车配件、紧固件的制造、加工
31	余姚市埃派特工具厂	五金工具、塑料件、文具用品、铅笔芯的制造、加工
32	余姚市宗旺五金抛光厂	五金件的抛光、加工
33	余姚市海琪五金厂	五金件、塑料制品的制造、加工
34	余姚市晨晓五金厂	五金件的制造、加工
35	余姚市临山镇民威五金厂	五金件、冲件的制造、加工
36	余姚市临山宣宇五金厂	五金件、塑料制品、电源线的制造、加工

续表

序号	企业名称	主营业务
37	宁波市妙发建材有限公司	建筑材料批发、新材料研发、水性涂料、粘胶剂乳胶漆的调配、加工
38	余姚市临山镇江惠五金冲件厂	五金件、冲件、塑料制品的加工
39	余姚市电控电器三厂	漏电保护器的制造、加工
40	余姚市洁琼塑料文具厂	塑料制品、五金件、笔件的制造、加工
41	余姚市伟盛通信电机有限公司	电机、通信配件、塑料制品、五金件、装潢配件的制造、加工
42	余姚市小峰塑料厂	塑料制品的制造、加工
43	余姚市临山烨超五金厂	五金件、塑料件的制造、加工
44	余姚市庆波五金厂	五金件的制造、加工
45	姚市临山镇振兴五金塑料冲件厂	五金冲件、塑料制品及喷塑的加工
46	余姚市溢奇汽配有限公司	汽车配件、冲件、五金件、塑料件的制造、加工
47	余姚市康嘉纸塑彩印厂	软包装印刷、纸箱印刷
48	余姚市临山镇德丰塑料厂	塑料件、塑钢配件、五金件的制造、加工
49	余姚市临山陈华五金厂	五金件、模具的制造、加工
50	余姚市丽民榨菜厂	酱腌菜的生产、加工
51	余姚市临山镇财军制笔厂	笔、五金件、塑料制品、文具及配件及玩具的制造、加工
52	余姚市创睿五金厂	模具制造、加工
53	余姚市金锋丝网印刷厂	丝网印刷、五金件、塑料件的制造、加工
54	余姚市光逸照明电器厂	照明电器的制造、加工
55	余姚市兰海纸箱厂	包装印刷品、塑料配件的制造、加工
56	余姚市锐新日用工艺品厂	日用工艺品、塑料制品、金属制品的制造、加工
57	余姚市新良好笔件厂	笔件、五金件、塑料件的制造、加工
58	余姚市临山镇钱江五金电器厂	五金件、冲件、塑料配件、胶木件的制造、加工

续表

序号	企业名称	主营业务
59	余姚市临山镇洪亚制笔厂	笔的制造、加工
60	余姚市临山镇凯文五金厂	五金件、金属件的制造、加工
61	余姚市忠良橡胶厂	橡胶制造、加工
62	余姚市博创不锈钢制品有限公司	不锈钢制品、五金制品、塑料制品、工艺礼品的制造、加工
63	宁波市丰兰车业有限公司	非机动车配件、五金件、塑料制品的制造、加工
64	余姚市丰科金属制品厂	金属管件、五金件的制造、加工
65	余姚市梵达五金冲件厂	五金冲件、电器配件、塑料制品、模具的制造、加工
67	余姚市临山镇新奇五金冲件厂	五金冲件、制笔零件的制造、加工
68	余姚市焕利文具厂	文具、塑料制品、五金件、电器配件的制造、加工
69	余姚市久诚包装材料厂	塑料袋、五金件、塑料制品的制造、加工
70	余姚市龙腾文具有限公司	文具、塑料制品、笔、五金件、电子电器配件的制造、加工
71	余姚市世优工量具厂	五金工量具及配件、塑料制品的制造、加工
72	余姚市临山镇飞达胶带厂	白板胶带、五金件的制造、加工
73	余姚市英达制笔厂	笔、五金件、冲件、塑料制品的制造、加工
74	余姚市添宝制笔厂	笔、五金件、塑料制品的制造、加工
75	余姚市临山镇王杰五金厂	五金件、冲件的制造、加工
76	余姚市嘉荣电子电器有限公司	低压电器、家用电器配件、集成电路、印制电路板、电子元器件的制造、加工
77	余姚市临山王利江食品商店	食品、烟、酒、饮料零售
78	余姚市临山沈江利食品商店	食品、烟、酒、饮料零售
79	余姚市子琳鞋厂	鞋的制造、加工
80	余姚市安山家具厂	藤制家具的制造、加工

一、"自下而上"的动力机制

传统计划经济体制下工业化的发展主要由国家计划来推动，有关研究将工业发展型农村经济模式总结为"自下而上"的工业化。这种"自下而上"的工业化，表面上是以乡村工业为形式，通过市场导向机制，实现资金、劳动力等生产要素向非农产业和城镇的集聚；而更深层的动力则是通过市场力量实现的生产要素的集中过程，正是在这一点上，其成为不同于计划经济体制下"自上而下"工业化传统模式的新模式。浙江经济的发展离不开体制改革的破局。在打破僵化的体制改革中，浙江可以说是急先锋。市场化改革先人一拍、快人一步，使浙江赢得了发展先机，充满了发展活力。"不论成分重发展，不限比例看效益""国家、集体、个人一起上，乡办、村办、联办、户办四个轮子一起转"。

有学者根据乡村工业化发展力量的不同，将其分为技术种子型、市场需求诱导型、专业市场带动型、企业繁殖型和能人创新型等五种类型。[①] 邵家丘村的发展则涵盖以下四种类型：

一是技术种子型。所谓"种子"是指农村地区在历史发展过程中已经形成的传统技术（一般是民间工艺或手艺）。当"种子"发芽的条件出现时，种子开始发芽、成长，最终成为推动农村工业发展的基本动力。如邵家丘村五金加工制造产业，人民公社化时期，邵家丘村曾创办过五金、螺丝等小型企业，特别是邵家丘村的三个大队在六大队联办的五金厂曾有过一段辉煌时期，涌现出了以八级技工师傅姚文先为代表的一批掌握先进技术的工人。改革开放后，政府鼓励农民创办企业，有了政策和技术，20世纪80年代开始，邵家丘村五金加工作坊企业如雨后春笋般出现，并不断地发展。

二是市场需求诱导型。它指随着人们消费需求的变化，出现新的消费品需求，农民及时抓住市场机遇，进入该产品的生产、制作中，从而使农村工业发展起来的发展模式。因为发展工业必须以市场需求为基础，市场需求诱导工业发展模式普遍存在于各种发展类型中。如随着人们生活水平的提高，对厨房用具等塑料制品的需求不断增加，由于当时市场空间很大，因此短时间内就出现了大量塑料制品生产企业，并形成了一个规模巨大的企业集群，这成为邵家丘村的一个特色经济。

---

① 黄中伟：《工业发展型农村经济发展模式——以浙江为例》，《老区建设》，2004年第5期。

三是专业市场带动型。它指专业市场周边的农村地区，以专业市场为依托、发展工业的一种发展模式。这种类型的分布面最广，带动力量最大。如随着义乌小商品市场的形成，带动了邵家丘村文具、打火机等产品的生产。

四是企业繁殖型。它主要是指原来存在一个或几个企业，由于技术扩散，或某些生产环节外包，大量农民掌握了产品生产技术和经营门道，引发相同类型企业繁殖，促进了农村工业的发展。如在访谈中我们了解到，一家大型饮料企业在当地立足后，邵家丘村许多包装箱企业作为其生产环节中的一环，从而发展起来。

二、"工业占绝对优势"的产业结构

乔根森模型是美国经济学家戴尔·乔根森在新古典主义框架下探讨工业增长与农业发展关系的理论模型，他认为农业剩余是农业劳动力转移的前提，是工业扩张和经济增长的决定性因素。农业剩余为零时，不存在农业劳动力转移；农业剩余大于零时，才有可能形成农业剩余劳动力转移到工业部门；农业剩余规模越大、增速越快，农业劳动力的转移规模和速度也相应增加，两者同方向变动。邵家丘村的发展也验证了这一理论。2003年，邵家丘村第二产业收入占比达到了89.69%，第一产业收入占比仅为5.69%，二者比例为15.75∶1；2005年，第二产业收入占比甚至达到90.89%（详见表9）。从收入来看，第二产业已经取代第一产业，成为邵家丘村最主要的收入来源。从三个产业的从业人数来看，2003年，邵家丘村第二产业人口占比为50.43%，第一产业人口占比为33.76%，而到2011年，这一比例已下降到24.81%（详见表10）。

与第三产业相比，第二产业占据了绝对优势。2003年，邵家丘村第三产业收入占比为4.25%，第二产业与第三产业的比例为21.12∶1；2009年，第三产业收入占比有了明显提高，为7.84%，比上一年增长81.48%，第二、第三产业的收入差距仍然明显，二者比例为10.82∶1（详见表9）。从从业人数来看，2003年，邵家丘村第三产业人口占比为9%，第二、第三产业的人口比例为5.6∶1。随后，第三产业人口数量虽然有所增长，2010年增长至10.89%，但第二、第三产业的人口比并未有明显改变，为5.22∶1（详见表10）。

表 9　2003—2011 年邵家丘村"三产"收入统计

年份	总收入（万元）	第一产业收入（种植业、林业、牧业、采集捕猎业、渔业）（万元）	第一产业收入占比	第二产业收入（家庭工业产品收入）（万元）	第二产业收入占比	第三产业					
						总收入（万元）	占比	建筑业收入（万元）	交通运输业收入（万元）	商业饮食业收入（万元）	服务业收入（万元）
2003	38148	2172	5.69%	34214	89.69%	1620	4.25%	640	350	630	112
2004	43617	2286	5.24%	34128	78.24%	1495	3.43%	625	240	550	80
2005	49522	2701	5.45%	45011	90.89%	1725	3.48%	635	275	680	135
2006	56692	3060	5.4%	50872	89.73%	2310	4.07%	990	505	690	125
2007	62436	3309	5.3%	56102	89.86%	2595	4.16%	1120	695	670	110
2008	66081	4076	6.17%	58740	88.9%	2855	4.32%	1350	705	680	120
2009	69211	4665	6.74%	58710	84.83%	5428	7.84%	2553	1248	1371	256
2010	74510	5040	6.76%	61678	82.78%	7333	9.84%	3445	1685	1865	338
2011	77557	5493	7.08%	61858	79.76%	9616	12.4%	4530	2190	2446	450

数据来源：《农村经济收入分配和效益统计表》（邵家丘村 2003—2011 年）。

表 10　2003—2011 年邵家丘村三产人口数及其占比

年份	劳动力（人）	第一产业人口（人）	第一产业人口占比	第二产业人口（人）	第二产业人口占比	第三产业					
						人口总数（人）	人口占比	渔业人口（人）	建筑业人口（人）	交通运输业人口（人）	商业饮食业人口（人）
2003	2112	713	33.76%	1065	50.43%	192	9%	3	128	50	11
2004	1785	621	34.79%	896	50.20%	183	10.25%		125	48	10
2005	1932	416	21.53%	1230	63.66%	191	9.89%	4	128	50	9
2006	2037	520	25.53%	1230	60.38%	189	9.3%	4	120	55	10
2007	2018	496	24.58%	1231	61.00%	184	9.12%	4	115	50	15
2008	1887	505	26.76%	1118	59.25%	184	9.75%	4	115	48	17
2009	2075	478	23.04%	1181	56.92%	209	10.07%	4	133	52	18
2010	2085	460	22.06%	1185	56.83%	227	10.89%	4	135	58	30
2011	1858	461	24.81%								

数据来源：《农业统计年报》（邵家丘村 2003—2011 年）。

三、"民富村弱"的所有制经济差异

虽然同为工业发展型农村经济模式，相较于苏南模式，浙江个体、私营经济更为活跃，集体经济相对弱化。邵家丘村在这一方面表现得尤为突出。以集体经济形式存在的村社企业是乡镇企业的最初发展阶段。在邵家丘村，市场经济的发展并没有增强这些村社企业的竞争力，使其发展壮大，反而进一步暴露了村社企业在和个体、私营经济竞争时的种种弊端和不适应，从而加速了村社企业被个体、私营经济所取代。在错过了最初发展阶段之后，集体经济形式在邵家丘村便一直处于萎缩的状态。

四、"离土不离乡"的治理格局

邵家丘村的发展模式以及由此演化而成的治理格局，是中国在 20 世纪 80 年代到 90 年代所大力提倡的"离土不离乡"的乡村工业化道路，即以维持现行土地制度和户口制度为基础，大力发展工业，从而走出一条现代化的新路。改革开放为农村工业发展提供了空间，打破了城市办工业、农村办农业的传统格局，使中国工业走上了农村工业与城市工业化并存的二元工业化轨道，并且以"离土不离乡"的乡村工业化推动农村城镇化。乡村工业的发展，使邵家丘村的农村剩余人口没有出现从农村到城市的大规模的空间转移，而是通过从第一产业向第二产业的产业转移，把人口吸附于当地，没有出现人口大量流失的现象。与此同时，还出现了一定程度的人口逆流现象，即吸引了外省劳动力（主要是云南、贵州、广西等南方省份）来到村里，邵家丘村成为劳动力输入地区。

第二节　工业化推进邵家丘村的新农村建设

当代中国乡村工业的崛起不仅仅具有推动经济增长的意义，同时具有深刻的社会意义。在邵家丘村，乡镇工业的兴起极大地推动了村庄面貌的变化。乡村基础设施、文化素质、精神风貌、生活方式都发生着重要变化。这在一定程度上加快了邵家丘村的现代化步伐。这一时期，以统筹城乡发展、全面推进社会主义新农村建设为标志，按照"三个代表"和科学发展观的要求，贯彻落实浙江省委"八八战略"，协调城乡关系、工农关系，逐步建立以工促农长效机制，不断探索破解"三农"发展的制约因素，邵家丘村的改革发展走上了坚实的第三步，农业农村迎来第三次深刻变革。

一、工业化助推乡村物质文明提升，共建"美丽乡村·幸福家园"

随着村民收入的提高，村民的物质生活条件得到了极大改善。据不完全统计，全村村民的私家汽车已超过 500 辆。20 世纪 90 年代，一座座楼房拔地而起，后造的优于先造的，造型越来越优美，宏伟壮丽。如今邵家丘村的江边、河边、公路旁小楼林立，庭院内绿树红花。进入邵家丘村村民住宅，电视、电脑、冰箱、空调一应俱全。

与此同时，邵家丘村积极探索以"村企结对""村企互动"为主要载体的新农村建设长效机制，先后成立了村级商会、村工会联合会、村青年创业联谊会等组织，充分发挥"三会"的桥梁作用，积极引导企业致力于村内公共设施建设。在村党总支的号召下，村企业不断为乡村发展注入资金，用于支持农村道路硬化等各项新农村建设事业。

2004 年 10 月，在村党总支主要负责人倡议下，邵建苗、钱加灿等企业家捐资 80 万元、村民集资 23 万元、镇政府资助 25 万元，用于村庄主干道路的硬化。后来，又逐渐把村民住宅同乡主干道的路、田间原有的路硬化。如今，家家门前通公路。2006 年至 2008 年，邵家丘村把本村境内四塘江上的两座危桥拆除重建，西边的一座桥宽 3 米，仍称兰海大桥；东边的一座桥宽 10 米，是连接邵家丘、沈家丘并直通哑潭的主要枢纽，名曰"邵家丘连心桥"。同时，把四塘江（本村境内的一段）、兰海西直江（高兰公路以北的一段）、沈家丘中心河、邵家丘中心河、邵直江（本村境内的一段）及其支流均用石块和混凝土修砌。这样，河岸坚实整洁，流水顺畅。河道清理，责任到人。在河边、路旁栽了樟树，樟树之间栽着低矮的小种树。现在樟树的树干直径已超过 30 厘米，树冠庞大，枝繁叶茂，遮风挡雨，走在路上有心旷神怡之感。树丛中均匀地排布着路灯杆，每到夜晚路灯发出亮光，引来爱好健身的男女跑步、竞走。

江南葡萄农庄紧挨 329 复线，农庄前百余米的公路两旁是一排木结构的宣传画长廊。长廊两侧陈列着一幅幅美丽多彩的画卷。进入长廊犹如品尝了优质葡萄的美味，犹如体会到邵家丘村村民的精神风貌。进入长廊，你或许会驻足留影，或许会留恋忘返。新建的村行政大楼矗立于邵家丘中心河东岸，大楼前有大广场，广场东是公园，紧挨公园南有一舞台。公园的西边是篮球场。大楼的西面河上有一座木结构的拱形小桥，过了小桥是一排南北向的木结构长廊，紧靠长廊的是小广场。夜晚，两个广场上聚集了男女老少，有打球的、跳舞的、做操的、休闲散步的，欢声笑语，幸福和谐。

二、工业化助推乡村精神文明进步，焕发乡村文明新气象

习近平总书记指出："实施乡村振兴战略要物质文明和精神文明一起抓，特别要注重提升农民精神风貌。"针对村级集体经济来源相对缺乏的情况，邵家丘村提出了"共同关注，携手发展"的思路，充分发挥村干部的带动作用和凝聚力，通过村企结对、村企议事厅等模式，来弥补新农村建设资金短缺、人员不足的短板。这些私营企业主不仅是发家致富的带头人，也是精神文明建设的先行者。

一是建立村企议事厅。2009年，邵家丘村广泛发动企业，成立了由58家会员企业组成的"美丽乡村参议会"，累计募集资金880余万元。每年召开两次会议，会上不仅听取企业主对富村强村的建议，而且参会企业主会针对村里的各项民生工程提供实实在在的资源支持。陈根龙是宁波龙富健康产业有限公司的董事长，虽然他的公司已经搬离邵家丘村，但他致富不忘回报家乡，积极参与扶贫帮困、慈善捐助等社会公益活动。同时，作为村"美丽乡村"共建参议会会员之一，他带头为村"美丽乡村"建设出谋划策。汪伟锋，踏实肯干，经过努力打拼，自己的小厂发展得有模有样。夫妻俩平日里尊老爱幼，一家人其乐融融，作为"美丽乡村"共建参议会的年轻一员，他总是全力支持村的各项事业发展，积极献计献策。作为一名党员，王国军时刻以党员的标准严格要求自己，乐于奉献，热心公益，常年坚持无偿献血，作为"美丽乡村"共建参议会的成员之一，他一直关心村里的各项规划，尽自己所能，为村里的事业献出一份力量，用自己的行动，践行着一个党员的承诺。杭宝莲，余姚市电器电控三厂厂长，作为"美丽乡村"共建参议会成员，在党员面前讲奉献，在群众面前做表率；企业发展壮大的过程中，不忘回报社会，在支援集体公益事业中一马当先，积极为社会担责、为政府分忧，先后安排村里富余劳动力进厂就业，带领群众共同致富。

二是成立"一家亲"自治小组。在邵家丘村，有这样一个团体——"一家亲"自治小组。通过建立网格前哨支部，打破原有村民小组格局，每15—30户村民为一个网格，现全村共启用"网格长"30名。并在网格基础上设立党小组，共设立30个党小组，在区域网格上设立党支部，共设置8个党支部，2个企业支部，实现网格党建全覆盖，构建横向到边、纵向到底、覆盖全面的党组织体系，切实解

决了管理服务"空窗"现象，实现服务群众"零距离"，最终达到"小事不出网格、难事不出村"的效果。30位"网格长"大多是由女能手、女企业家担任，她们工作认真负责、一丝不苟，她们热心于各项公益事业，不求回报，主动帮助并配合村级各项工作的开展，大到宣传村中心工作，小到帮忙换电灯泡，"说给群众听，做给群众看，带着群众做"，充分发挥"网格长"的大能量。

三是营造企业热心公益氛围。2010年开始，王新祥、王新外、陈根龙、黄宝康、潘小根、樊建芳、钱加灿、邵建苗、高成荣等每年带头捐款2万元成立"道德基金"，为村里70岁以上老人发红包，为单亲儿童结对助学。其余企业家也每年自发捐款捐物，造福乡亲。至2018年，全村累计收到捐款860余万元。每年中秋节前后，村里文艺演出时，70岁以上老人便能得到200至5000元不等的慰问金。热心公益的民营企业家还有很多，樊利峰是余姚丰科金属制品厂厂长，夫妻俩从接管企业以来，企业从小到大、兴旺发展。在家庭中敬老爱小，对公益事业带头捐款，对困难群众积极扶持，在邻里之间团结友爱，企业合法经营、诚实守信，作为一名年轻的企业家，他致富不忘集体。何建良是一位热心公益、充满正能量的企业家，更是一位优秀的共产党员，同时邵家丘村第三党支部书记，他坚持"致富思源、富而思进"，以公益慈善事业为己任，时刻不忘回报社会，关心村里各项事务的开展。王兴和是金鼎冲件厂的厂长，从家庭小作坊开始，夫妻俩经过几年的艰苦创业，企业现已经有了不小的规模。作为一名党员，发家致富之后，他们不忘回馈社会，对村里的各项事业都无比支持，捐款、捐物不落人后，赢得了村民的一致好评。伟盛机电通讯有限公司是邵家丘村一个规模不大的公司，但总经理高成荣及其妻子有较强的奉献意识，在得知村里"美丽乡村"建设需要较大投入的时候，作为党员的他主动捐款。平时夫妻二人热心村里的公益事业，乐于助人，从点滴小事做起，遵纪守法，一家人在村里留下了好口碑。樊金良，邵家丘村一个普通企业家，他非常热衷于各项公益事业，主动扶贫济困，还不忘关心社会上的困难群体，并及时向他们伸出援助之手。同时，他非常支持村里的各项工作，为建设美丽乡村贡献自己的力量。

第四章　重构（2012—2018）：
邵家丘村乡村工业发展模式转型

在社会主义市场经济浪潮的推动下，邵家丘村人抓住了机遇，在每个改革的关键节点上都做出了正确选择，找到了一条适合自身发展的道路，成为率先富裕起来的一批人。然而，如何才能使农村摆脱贫穷并使之富裕并不是一个一劳永逸的问题。随着我国社会主义市场经济体制的建立，乡村工业发展的市场环境、政策环境、体制环境都发生了明显的变化，乡村工业化道路与发展初期相比，不论在所有制关系、区域分布还是在产业构成方面都发生了很大的变化。投资主体多元化、产业结构逐步优化升级、企业布局趋于集中、产品科技含量和附加值不断提高、企业竞争力不断增强等一系列引人注目的变化，推动了我国农村工业化向更高级的形态演进。在后工业化时代，是否能尽快实现乡村工业模式的转型、做出正确的发展路径选择不仅决定着邵家丘村的兴衰，同时也是中国在实现农村现代化道路上必须解决的问题。

第一节　乡村振兴战略下邵家丘村经济发展的新举措

2012年以来，余姚以习近平新时代中国特色社会主义思想为指导，坚持重中之重、优先发展抓"三农"，坚持城乡融合、共兴共享谋振兴，坚持凝心聚力、创新奋进创示范，按照产业兴旺、生态宜居、乡风文明、治理有效、生活富裕的总要求，全面构建城乡融合发展体系，全面推进城乡空间形态优化重塑，全力构筑富民强村现代经济体系，全域建设生态宜居乐游美丽余姚，全域营造文明和谐平安幸福生活，奋力开创城乡全面融合、乡村全面振兴新局面。

邵家丘村以打造村庄整治升级、推进美丽乡村建设为标志，围绕农业更强、农村更美、农民更富和让农民平等参与现代化进程、公平分享现代化成果，深化农业供给侧结构性改革以及农村产权制度、土地制度和金融制度改革，促进新型工业化、城镇化、信息化和农业现代化"四化"同步协调发展，构建城乡地位平等、开放互通、互补互促、共同进步的社会经济发展一体化新格局。邵家丘村改革走上了坚实的第四步，农业农村迎来第四次深刻变革。主要改革和措施有：

一是推进美丽乡村建设。2011年开始，余姚坚持把建设美丽乡村作为新型城镇化的有机组成部分、提升新农村建设水平的有力抓手和加快生态文明建设的有效载体。围绕浙江省委省政府"四美三宜二园"美丽乡村建设的总体要求，邵家丘村以"美丽乡村·幸福家园"建设为契机，结合"三改一拆""四边三化""五水共治""三居工程"和"五洁四序三美"、全民共建"美丽家园"等专项行动，优化村庄空间布局，发展生态产业，推进农村生活污水治理和农村生活垃圾分类处理。2018年，根据《中共临山镇委员会、临山镇人民政府关于印发〈临山镇农村生活垃圾分类处理专项工作实施方案〉的通知》（临委〔2018〕41号）、《临山镇人民政府关于印发农村环境卫生常态化管理机制的实施意见》（临政〔2018〕10号）等文件精神，邵家丘村在原来农村生活垃圾分类处理的基础上，按要求做好垃圾分类工作。同时，有计划、有步骤地推进美丽乡村"五村一线"（创建小康村、培育中心村、提升老区村、打造特色村、精品村和建设精品线）、美丽乡村示范村镇和美丽乡村示范风景线建设。其间，产生了以江南葡萄农庄为代表的集餐饮服务、农业生态观光、垂钓休闲为一体的休闲乐园。

二是开展村经济合作社股份合作制改革。2014年10月，村经济合作社股份制改革工作全面展开。在村两委、村民代表会议通过实施股份制改革决议后，专门成立了由村党支部书记任组长，村委会主任、党总支委员任副组长的股份制改革工作领导小组。在核实资产和界定成员身份时，采用"集体资产清单化、股权设置份额化"的工作方式，并经多次村民代表大会认定、公示，最终将股权界定对象分为15种社员、4种非社员（仅限于本次股改股权享受）股东。2014年11月26日，邵家丘村股份经济合作社第一届股东代表大会第一次会议暨成立大会召开，第一届股东代表由原村经济合作社社员代表直接过渡产生，会上表决通过了《邵家丘村股份经济合作社章程》，最终确定本次股改共有股东2875人，总股份

28750 股。股东情况共分三大类：社员股东、非社员股东（仅限于本次股改股权享受）和不予享受对象。本次股改只设单一的人口股，采用"生不增，死不减"静态管理。与此同时，邵家丘村率先以葡萄种植这一特色产业为切口，开始探索农业产业化经营模式，即通过农业龙头企业带动农户，形成组织化、规模化生产。江南葡萄农庄占地 270 亩，是宁波市最大的葡萄绿色农产品基地，同时通过浙江省绿色品牌认证。以江南葡萄农庄为龙头，把农户生产与公司加工、销售、技术培训等联合起来，但公司与农户产权各自独立。通过这种方式，提高农户抗生产经营风险和市场谈判能力，葡萄的种植规模也不断扩大。2018 年，葡萄种植规模达到 500 亩，总户数 105 户，平均每亩收入 1.8 万元。

三是推进农村土地承包经营权确权登记颁证。2016 年 6 月 30 日，余姚市委市政府出台《关于做好农村土地承包经营权确权登记颁证工作的实施意见》，要求在 2018 年完成扫尾工作。邵家丘村落实上级要求，开展土地承包合同鉴证和土地承包合同建档管理工作。第一，强化土地公有制观念。本村的土地，包括计税承包地、海涂地、含塘江滩、道路场地都为集体所有。承包户只有使用权，没有所有权。土地的管理、调整由村集体掌握，个人不得私下处理和拒绝村集体的管理。第二，明确土地有偿使用原则。土地承包金按镇政府规定应在十一月底前交清，九月底前交清的适当优惠，逾期要加息收交，无特殊天灾人祸不得拖欠。海涂地提倡适度规模经营承包，其承包金村民小组可以用作公益事业开支。第三，规定不得侵占宅基地。擅自掘路塞沟、筑坝、取土要追究责任，要求恢复原状，否则要作经济、行政的处理。在建房规划区，不准挖掘泥洞，如影响房屋间距排列，不但要责令填满，还要补偿经济损失。建房必须年初提出申请登记，经上级土管部门批准公布。应服从规划地点，建前协调好宅基地，依法办好建房许可。第四，明确承包土地允许转包，但要向村集体办理转包手续，私下转包的，一切责任要承包户承担。

蓝图已绘，关键在落实！在前述举措之后，邵家丘村还根据当地产业发展战略，依据自身特点及优势，因地制宜对村庄发展进行了谋划。

一是打造邵家丘村特色旅游景观线路。对村内进行绿化布局，打造"复线进口—葡萄长廊—江南葡萄农庄—党建长廊—道德长廊—文化广场—道德楼—花海"的精品景观线路。依托当地的特色农业和历史文化，打造特色旅游景观。

二是建造果蔬交易市场。临山有"江南葡萄沟"的美誉，邵家丘村更是拥有广泛的葡萄种植产业。但总体来看，很多农户缺乏一个正规且管理有序的交易渠道。邵家丘村将建造果蔬交易市场提上建设日程，将为当地的葡萄销售打造良好的场所。

三是建造农贸市场。临山北片（兰海村、梅园村、邵家丘村）日常的农产品贸易主要依靠兰海市场，由于当地正在规划新的交通路线，邵家丘村设想在延伸线边上建造农贸市场，一来解决高兰公路的交通压力，二来能使周边三个村落共享生活和贸易的便利。

四是出租原文化宫平房。由于国家重点工程的建设，现有的办公楼要拆除复耕，导致整个文化广场地块出现闲置的状况，邵家丘村计划在原文化宫平房的基础上加高，然后出租给有厂房需求的企业，从而增加村集体的经济收入。

第二节 邵家丘村乡村工业化模式面临的挑战

一、农业现代化发展不充分，产业分布不均衡

乡村工业化是在传统二元结构体制的历史条件下启动和发展起来的，这是我国在特定历史时期的一种特殊的工业化形式。它从“农村经济蜕化出来”，与“三农”问题密切相关，是一种广义的工业化，即指工业、服务业通过自身的变革与发展，占据农村经济的主导地位，又包括实现农业现代化。①

但在邵家丘村，农业和工业更多体现为一种“挤压”关系，而未形成真正的互补和相互促进。农业发展仅仅体现在量的增长（劳动生产率的提高），而并未实现质的突破（向现代化的转型）。以榨菜经营为例，虽然榨菜是邵家丘村的一种主要经济作物，但是从种植业向加工业发展的榨菜产业化升级并未在邵家丘村形成，其榨菜生产一直处于初级阶段。由此导致邵家丘村的榨菜生产在整个产业链中处于低端，在激烈的市场竞争中获利空间被不断压缩，直至面临退出市场的危险。而且由于收益不高，近年来，邵家丘村的榨菜生产和投入越来越少，从而形成了恶性循环。

除了农业发展的不充分，邵家丘村的第三产业也未得到充分发展。对于乡村工业化是否有利于推动工业化、城市化进程，有专家认为大力推进农村第三产业

---

① 张燕韡：《农村工业化模式演变与城镇化路径选择》，《经济问题探索》，2007年第7期。

的快速发展是实现城乡一体化的关键环节。工业化作为城镇化最直接、最基本的动力，其完成了城镇的量态扩张，但在向后工业化时代转变的阶段必须使城镇化的质量得到提高，而此则有赖于第三产业能持续且高效地提供后续助力。[①] 但是，一直以来，邵家丘村的产业结构呈现出一家独大的局面，20 世纪 90 年代以前，是以第一产业占据绝大部分份额；20 世纪 90 年代中期，在经历了短暂的第一产业和第二产业均衡分布之后，第二产业便一直占据绝对优势；至于第三产业则一直总量不足、发展相对滞后。第三产业结构难以完全适应农村经济进一步发展的需要。在邵家丘村，第三产业主要集中于一些传统的、初级的餐饮服务业和交通运输业上，而技术信息咨询、科技服务、金融服务等对于农业、工业现代化发展十分急需的领域则发展严重不足，有的甚至处于空白状态。

二、乡村工业面临资源、环境束缚和加快转型升级的双重压力

一方面，市场化改革日益深化，经济发展进入结构调整时期，面对生产能力的相对过剩，市场供求关系发生明显变化，加之国际市场竞争日趋激烈等一系列新变化，邵家丘村乡村工业原有的生产经营模式开始出现问题，主要表现在以下三个方面：一是增长幅度明显回落、企业效益持续下降、出口创汇增长幅度减缓；二是从工业结构来看，传统产业所占比重畸高，新兴产业和产品所占比重畸低；三是产品档次低，产品结构调整滞后于市场需求结构的矛盾相当突出。邵家丘村的工业产品生产主要集中于五金、配件等初级产品，附加值高的机电、精细化工等产品极少甚至没有。因此，工业生产转型升级的需求十分迫切，需要提高产品质量和科技创新能力，调整产品结构，转变生产经营方式。

另一方面，乡村工业发展面临资源、环境等一系列限制。其中，最突出的矛盾集中在工业用地不足。在农村，土地是最为重要和稀缺的资源。在实施家庭联产承包责任制时，土地更多是作为农民的一种基本生存资料和社会保障，而并没有将其作为一种发展的经济要素，因而绝大多数地区的土地是"按人分配"（追求公平原则），而不是追求更有效率的"按劳分配"。邵家丘村的土地承包制度也是选择"按人分配"原则，并且采用了更为严格的"生不增、死不减"模式（详见表11）。这种模式对邵家丘村乡村工业的进一步发展带来了限制。访谈中在谈及当前

---

① 何光耀、钱洪明：《服务业托起未来——苏州农村第三产业发展的调查与思考》，《江苏农村经济》，2000 年第 3 期。

表 11　家庭联产承包责任制操作形式 [1]

类型	主要方式	典型地区
大稳定，小调整	随着人口的变化，土地的分配亦随之变化	中等发达地区
生不增、死不减	除 1984 年调整外，不进行农地调整	贵州省湄潭县
两田制	两田分为"口粮田"和"承包田"，通过招租的形式来模拟市场的土地交易	山东省平度市
温州模式	农地租赁（私人化市场交易）	浙江省温州市
苏南模式	机械化集体耕作	苏南地区
土地股份制	每个农户拥有一定的集体农地的股份	广东省佛山市南海区

　　企业发展障碍时，几乎所有企业家都提到了发展用地的问题。最初个体、私营规模较小，一般利用自家居住的房屋，通过"住工两用"，便可以解决工业用地的问题。后来，由于对工业用地的需求不断增加，于是个体、私营业主一般通过对个人住宅改造搭建的方式来解决这一问题。走访发现，目前村里几乎大部分个体、私营业主都采取这种方式。然而，目前这种私自搭建的方式在合法性、环境污染、消防安全隐患等方面都存在问题，拆与不拆之间，村干部和经营者往往陷于两难境地。同时，随着生产规模的扩大，这种私自搭建的方式也已难以满足工业进一步发展的需要。于是，一些规模较大的企业陆续迁出村子，落户到周边产业园区；但更多的小微企业面对产业园区的高门槛和管理费用往往"心有不舍"，因此只能继续留在村里，控制生产规模，同时随时等待厂房因违建而被拆除的命运。

三、公私经济发展不均衡，乡村现代化进程受阻

　　虽然邵家丘村于 2014 年开始实施村经济合作社股份合作制改革，但是由于运行时间不长，以及传统经济运行模式的惯性，总体上村集体经济仍较为薄弱。因此，不仅限制了村民收入的增长，更重要的是阻碍了乡村现代化的进程。一方面，由于村级积累薄弱，基础设施不够完善。新农村建设基础设施配套资金大多要靠地方财政投入，而镇村两级财力有限，虽然上一级政府的财政拨款部分解决了基

---

[1]　许庆：《家庭联产承包责任制的变迁、特点及改革方向》，《世界经济文汇》，2008 年第 1 期。

础设施建设投入不足的问题，但相较于村庄基础设施建设与维护所需的庞大资金，其仍然捉襟见肘。再者，村干部积极发动企业家群体参与到公益事业当中，但是更多仍靠个人动员、个人魅力，因而在公共事业建设中仍缺乏持续、长效的资金筹集和保障机制。另一方面，外来人口流入以及人口老龄化问题，加重了乡村治理负担，同时乡村振兴的治理目标还对村两委提出了更高的治理要求，但是与之不相匹配的是，由于村集体经济薄弱，村委会在人员、资源等调配上更多依靠的是领导的个人魅力，而缺乏有效、制度化的激励工具。

第三节　新型乡村工业道路的路径选择

曾有学者以山西原平市屯瓦村为分析对象，讲述了一个国家或地区发生急剧社会变迁过程中有些位于农村地区的"工业村"转型为当地工业中心，亦有一些"工业村"不仅没有成功转型，相反因企业不断从村里迁出而"工业村"重返农业村。[①] 虽然这仅是个案分析，但是提示我们，乡村工业化道路漫长而曲折。邵家丘村无疑率先走上了乡村工业化的道路，但是这并非一条一成不变、一劳永逸的道路。从邵家丘村的发展过程可以看到，乡村工业化在由初级形态向高级形态的演进中，自身存在的问题日益暴露。在市场化改革日益深化，经济发展进入结构调整的新时代，需要"预备不虞"，尽早谋划，尽快做好乡村工业化道路转型的路径选择。

一是在坚持巩固民营经济的同时，深化村经济合作社股份制改革。在资源开发、资产经营、产业服务、项目招引、联合开发等方面，制定切实可行的措施，促进农村集体资产资源的经营权或所有权、农村土地承包经营权、农村集体建设用地使用权等价值实现最大化。积极探索建立农村集体产权交易市场平台，逐步将集体资产股权等依法可交易的产权纳入市场交易范围，充分调动集体经济经营积极性。

二是在坚持家庭联产承包责任制政策的长期性、稳定性的同时，推动土地的市场化流转。精准、灵活把握适用土地承包的相关政策。进一步完善土地使用权的内容，使农民获得真正意义上的土地使用权，并能从中获益。积极争取上级部门支持，建立邵家丘村小微企业生产园区，缓解工业用地压力。

---

① 参见胡必亮：《工业化与新农村——山西屯瓦村个案研究》，山西经济出版社，1996年。

　　三是在家庭经营的基础上，引导农民走向新的合作。以葡萄种植为试点，探索成立村民合作社，从种植、销售等环节为农民提供技术服务和指导，在充分尊重农民自主权的基础上，弥补家庭经营生产分散、技术落后、市场信息不对称等缺陷。

　　四是推动农业产业化，促进第一、第二、第三产业融合。着力推动农业产业化发展，促进第一、第二、第三产业融合。结合当地农业资源优势，增加优质绿色农产品供给，通过打造精品品牌、建立专业农产品市场，加快农业产业化步伐。同时，积极培育农业技术服务、农产品供销等第三产业，为农产品生产技术、信息、人员等提供保障。

生

活

篇

各美其美　美美与共

中国村庄发展

　　因围涂迁入的邵家丘村先民主要通过租种地主土地生活，受土地规模限制，家庭人口也被限定在一定的范围内，据文献推算每户平均人口 3—5 人。他们在家庭生活、伦理观念、风俗人情方面，都与其主要迁出地绍兴一带相似，又因移民社会特性，村落家族宗法观念淡薄，没有历史包袱，这也使得邵家丘村形成了友爱诚信、团结协作、自力更生的良好氛围。随着时代发展，邵家丘村民在婚姻、生活、教育等方面也出现了新气象，在城区买房居住、在村里工作成为一种选择，女性在家庭、社会中的角色越来越重要，外来务工人员带来了跨省域婚姻家庭，且离婚率有增多之势，年轻人外流成为制约村里继续发展的重要因素。党的十八大以来，邵家丘村党支部将道德立村作为核心，设立道德银行，实行德者有得，开启了新时代农村的新生活。

第一章　家庭生活

　　凡是关注、了解中国历史的人，都会深切地感受到家庭、家族在中国社会、文化结构中的重要地位和作用。费孝通是较早利用人类学理论来分析中国家庭概念的学者。他在《江村经济》中指出："家庭这个名词，人类学家普遍使用时，是指一个包括父母及未成年子女的生育单位。中国人所说的家，基本上也是一个家庭，但是它包括的子女有时甚至是成年或已婚的子女。有时，它还包括一些远房的父系亲属。"[1] 同时，他指出，如果儿子结婚后并不分家出去，那么这就是一个扩大的家庭。所谓家族，可以理解为"以家庭为基础的，是指同一个男性祖先的子孙，虽然已经分居、异财、各爨，成了许多个体家庭，但是还世代相聚在一起（比如共住一个村落之中），按照一定的规范，以血缘关系为纽带结合成为一种特殊的社组织形式"[2]。古书中，常把家族直接称为族、宗，家庭成员称为族人、宗人等。

　　对于中国这样一个有着发达农业文明的国家来说，历史上基于血缘、婚姻和生育而建立起来家族是农业社会最基层的构成单位。可以说：

　　家族是中国最基本的社会单位……就所有的家族而言，它们共同成为社会的基础；就单个家族与政府的关系而言，它是政府治下的一个社会单位，犹如保甲是政府治下的一个行政单位一样；就家族与家族的关系而言，每个家族只是众多家族中的一个，每个家族都处于其他家族包围之中，这些家族有的与它有亲缘关系，有的与它没有任何关系；这一切，决定了每个家族只有解决好对内关系和对外

---

[1]　费孝通：《江村经济》，商务印书馆，2001年，第41页。
[2]　徐扬杰：《中国家族制度史》，武汉大学出版社，2012年，第4页。

关系，才能较好地维护本家族的生存。[1]

不过，历史资料和学术研究早就表明，这种大家庭的家族制并不能完全代表中国传统乡土社会的基层组织形式，家族的形成和发展都需要一定的条件。在一些贫困地区，或者历史上经常发生天灾人祸的地区，或者商贸发达、流动人口比较大，或者移民地区，都缺乏产生具有一定规模的家族的土壤。如费孝通所调查的江苏开弦弓村，就是一个位于太湖流域的富饶之地，既有优越的自然地理条件以发展农业，也因便利的水陆交通网发展起了家庭手工缫丝业。费孝通统计，这个村多是以一对已婚夫妻为核心的家庭模式，每个家庭平均人口为 4 人。因围涂移民而形成的邵家丘村，在不到两个世纪的历史河流中繁衍生息，形成了 57 个姓氏 800 户左右的村庄规模，未有一姓发展成为大族或名门望族。费孝通所言的开弦弓村的家庭模式也适用于邵家丘村，家庭、户构成了村落的细小单元，村民的家族宗法观念淡薄，没有历史包袱，这也使得邵家丘村形成了友爱诚信、团结协作、自力更生的良好氛围。

第一节　家庭

元代王祯《农书》云："涂田，濒海之地，潮水所拥沙泥积焉，上有咸草丛生，初种水稗，斥卤既尽，可为稼田，边海筑壁或树立椿橛以抵潮汛，其稼收比常倍利。"余姚围涂造田的历史非常悠久，最早可追溯到北宋庆历七年（1047）余姚县令谢景初组织围筑大古塘云柯至上林段，长 28000 尺[2]；元、明之际，地方主政官员多次组织围涂。从宋代开始，多有外地移民迁入余姚至海塘涂地务农。明弘治二年（1489），绍兴府推官周进隆筑塘以界灶户，规定塘北永为灶户是业，制盐；塘南军民共用，开发农业。明嘉靖三十九年（1560），两浙盐政不举，派鄢懋卿来浙整顿盐务，柳条分丁，定下子母传沙之规，即塘内的叫"母沙"，塘北的叫"子沙"，沿海滩涂直到海底，皆归丁主，盐民向丁主租地或购地，涂老地淡以后，丁主围塘，原所经营之盐地，不论其祖先有无购买，概须无偿归丁堂收回种植。乾嘉年间，绍兴贫民大批来盐场制盐，丁主与灶民争地之事不断出现，甚至械斗。[3]

① 　杨知勇：《家族主义与中国文化》，云南大学出版社，2000 年，第 3 页。
② 　余姚市地方志编纂委员会编：《余姚市志》，浙江人民出版社，1993 年，第 9 页。
③ 　参见朱金林整理：《三北围涂》，载唐廷文主编：《回首五十年》，宁波出版社，1999 年，第 110-111 页。

今邵家丘村各姓祖先大约也于这一时期，从绍兴南汇、孙端、马山等地自发迁徙而来，但是村庄并没有关于移民的详细的迁出地、人员信息等相关的文献资料。

迁徙而来的邵家丘先民，在这片滩涂聚居地从事近海捕捞、晒盐、种植棉花、大小麦等经济作物。随着海涂不断向北延伸，闻讯迁徙而来的移民越来越多，他们围垦的土地日益扩展，也与当地的邵姓地主、沈姓地主之间产生过征地纠纷。一直到新中国成立之前，邵家丘村民多租种地主的土地。因为土地规模的限制，邵家丘村的家庭人口也被限定在一定的范围内。根据1993年出版的《余姚市志》中的统计数据，从1949年到1987年，余姚的家庭平均每户平均人口数在3.02—4.57人之间浮动 ①，即每户平均3—5人。按照人类学、民族学关于家庭类型的划分，邵家丘村的家庭模式多属于以一对夫妻为中心的"核心家庭"和费孝通所说的"扩大的家庭"。"核心家庭"较为普遍，家里兄弟多的，结婚成家后各立门户，成为一个个"核心家庭"。如原村委办公室主任高狄均，他生于1958年，是家里长子，还有三个弟弟，都分别分得了宅基地并盖了自己的房子，组建了自己的家庭。

根据走访得知，如今的邵家丘村，还有不少四世同堂的"扩大的家庭"。如邵家丘2区的一户杭姓人家，就是一个四世同堂的大家庭。杭姓夫妻与奶奶、爸妈、弟弟和弟媳住在一起，祖父已去世多年，女儿出生后，这个家庭便升级为四世同堂。因为人口太多，老房子不够住，杭姓长子便在临近的泗门镇购买商品房，白天在邵家丘家办工厂工作，晚上便回泗门。最近几年，有不少邵家丘人在村外，为自己或者孩子购买商品房。不少人也都和杭家一样，白天在村里工作，晚上或休闲时间则在城里居住，邵家丘逐渐成为他们的工作之地。据《临山志》（未刊稿）载，邵家丘村民以前主要居住在草房中，一直延续到20世纪70年代末瓦房的出现。长年累月，磨练出许多盖草房的能手。沈家丘的沈阿土、周张炎、周张顺、杨焕乔等，他们能把盖上去的麦杆按得如刀切一般平整，有棱有角，不易被风吹起，在邵家丘村内外有名。随着建筑技术和理念的发展，以及村民的日渐富裕，20世纪80年代起，新式的砖瓦房在邵家丘开始取代草房（见图14），20世纪90年代则兴起了2到3层的楼房，外观多以当时流行的马赛克为装饰（见图15）；21世纪以来，邵家丘新盖的房屋堪称"豪华别墅"（见图16），在房型设计和装潢方面更为讲究。这些不同时期的房子，见证了邵家丘村的发展。

---

① 余姚市地方志编纂委员会编：《余姚市志》，浙江人民出版社，1993年，第161–162页。

图 14　邵家丘村 20 世纪 80 年代的房子

图 15　邵家丘村 20 世纪 90 年代的房子

图 16　邵家丘村新式民居

邵家丘先民虽然是因围涂迁入，但迁出地基本都在绍兴一带，因此，他们的家庭生活习惯、伦理观念、风俗人情等方面也有一定的相似性，都是由同一个文化圈的乡土社会迁入的。而迁入地也同属宁绍平原地域，所以大体上也都属于一个文化地缘圈。迁徙而来的先民所组成的是新社群，在礼俗方面也没有太多的社会约束和历史包袱，所以邵家丘村的家庭、婚丧等方面与临山镇其他村并无特别之处。这从村庄的通婚圈也能反映出来。根据走访得知，过去邵家丘村民主要是与村外人员通婚，范围在临近的黄家埠镇，直线距离 5 公里左右，再远就是绍兴上虞一带，直线距离 25 公里左右。在这个通婚圈内，人们的家庭生活、文化习俗等方面高度相似。但是，邵家丘小村、沈家丘小村、哑潭小村三个自然村之间通婚的不是很多。

这一带，婚前男女可以退婚，主要涉及聘礼退还问题。如女方提出，则要退还礼金；男方提出，女方退与不退皆可；男方若因发现女方生活作风问题而提出，女方要退还礼金；见面礼一般可以不退。改革开放后，邵家丘因有村办企业，以及种植榨菜、葡萄等经济作物，相对来说经济条件比纯粮食种植地区的农民要富裕一些。20 世纪 80 年代初，结婚彩礼大概有两三千元，没有其他的物件，女方要带柜子、家具等嫁妆过来，也没有金银首饰、器物之类的。亲朋好友、村民的礼金份子钱在十块上下。现在结婚，礼金水涨船高，开办企业的家庭可以出到三四十万，一般家庭也要二十万，女方陪嫁也多，如果是大企业家，也有给女儿陪嫁房子、汽车、现金和黄金的，礼金从五百元到八百元不等。现在的酒席也比较讲究，如果有 20 桌左右的亲朋，大概要几万块不等。生养孩子方面，余姚市计划生育和优生优育开展得都比较早，20 世纪 80 年代计划生育成为国策后，执行力度也比较严格，只有头胎是女儿才能在间隔五年之后生育二胎。据村民讲，邵家丘人不管生儿生女，一定要想尽各种办法生两个孩子。

因为缺乏历史资料，很难了解古代邵家丘人的家庭中，工作分工是否也如古代农耕社会中男耕女织的分工一样，但是至少可以想象的是刚刚迁来的围涂造田的先民家庭，女性很可能也是以完成家庭内家务为主。采访村里 20 世纪 50 年代、60 年代、70 年代出生的人，可以得知男性仍比较习惯于"男主外女主内"，他们对男性做家务等事情难以接受，而村里同年龄阶段的女性也持这种观点。因之可以追溯，邵家丘村的家庭分工在历史上应是男耕女织的传统家庭格局，男性是家庭的中心，也是家庭经济的主要来源。不过，随着邵家丘村越来越多的个体私营企业的出现、女性受教育程度的普遍提高，以及整个社会性别分工的进步与发展，女性在家庭中的角色也越来越重要，夫妻关系亦非常和睦。

以村干部为例，大部分男性村干部家里的企业或手工作坊一般交由妻子打理，这一块也是他们家庭最主要的经济来源。如此他们可以专心村务，工作之余负责一部分销售工作。村民的经济生产中，不管是办企业还是务农，女性都起到了非常关键的作用，并和男性一起成为家庭经济收入的主要来源，不少女性还成为村里优秀的女企业家。比如，全村30名"网格长"中，女性有24名，占比达80%，而且这些女性"网格长"均系企业家。1980年之后出生的女性，在家庭角色、家庭权益等方面，更显示出与上一代人不同的趋势。她们更加注重自己事业的发展，在家庭中更有话语权，而同年龄阶段的男性比他们的祖辈、父辈更多地参与了家务，特别是在抚养孩子方面，夫妻关系更注重情感与尊重。

近年来，邵家丘村跨省域婚姻家庭的离婚率有逐渐升高的趋势。截至2018年12月底，邵家丘村14岁以下的单亲家庭的孩子就有34个。据了解，这些离婚的人家，女方主要是贵州一带过来打工的外地人口；夫妻双方都是本地的家庭，特别是比较富裕的家庭，离婚的非常少。20世纪90年代，包括邵家丘村在内的余姚市各种民办企业开始发展，有些贵州、云南一带的外来人口便来到了邵家丘村务工，有些女性在村里结婚落户后，又陆续介绍自己的老乡过来务工，进而找对象结婚落户。还有很少一部分人，在老家有家庭和子女，也没有离婚，但过来务工时嫁给了本村经济比较困难、在当地娶不到老婆的人。离婚的主要原因，一方面是家庭条件稍微差一点，另一方面是家庭琐事，因出轨而离婚的情况并不多见。女方在离婚后多会获得一部分经济补偿而离开村里，男方一般过一段时间也会再婚。

邵家丘村党总支、村委会非常重视单亲家庭孩子的心理健康和教育问题，专门成立"单亲留守儿童基金"，并为单亲孩子寻找有爱心的女性结成帮扶妈妈，定期组织单亲孩子进行各种亲子活动，为孩子提供购买必需品的资金，保证这些孩子能够在一个充满爱的环境中健康成长，实现了"幼吾幼以及人之幼"的中华传统美德。

与家庭生活密切相关的还有丧葬，家庭成员的去世是家庭格局发生变化的动因，丧葬礼俗观念也是家庭生活的一个缩影。中国自古就非常重视丧葬礼俗，特别是统治阶层，非常注重通过丧葬礼仪的规范以及践行，实现其稳定的统治。根据三礼（《周礼》《仪礼》《礼记》）记载，早在春秋战国时期，中国就已经形成了程序繁琐、等级森严的规范化丧葬礼仪。在一定程度上可以说，丧葬礼仪是古代统治阶层意识形态的集中体现，如对中国影响深远的宗法制，就是以《仪礼》书中的《丧服》经传作为依据的。浙江省社会科学院徐吉军研究员认为，中国古代的丧葬礼仪具有联系与强化血缘和亲族关系、重视与推崇敬爱先人的孝道观念、强调社会教化和文化积淀等三种最基本的社会功用。[①] 是否遵守丧葬礼俗也是最能判断古人是否"孝"的标准，也成为中国的道德规范，正如孔子曰："事死如事生，事亡如事存，孝之至也。"沿袭了千年之久的丁忧制[②] 不仅是一种丧葬礼仪，也是一种职官管理制度，除非政权遇到重大事情，特别是战事等紧急情况，皇帝可以"金革夺情"起复丁忧官员。乡土社会虽然在丧葬规格、规模方面无法与上层社会或统治阶层相比，礼仪制度又受地方民俗、宗教信仰等多重因素影响，衍生出具有地方特色的丧葬习俗来，但是丧葬的基本程式和核心的道德观念是极为一致的。因此，当我们接触到其他地方的丧葬习俗时，虽然不熟悉各种流程，但是每一步骤的象征意义、禁忌等，几乎都可以没有障碍地理解。

根据文献资料和一些口述资料，可以得知，新中国成立前，邵家丘村人对待死亡的观念和丧葬礼俗，与临近的临海、泗门等地并无特殊之处，均有详细的步骤、礼节（具体论述详见本书"文化篇"）。新中国成立以后，发生了一些变化。1996 年殡葬改革之前，本村坟地一般都是在自家房子后面的地里，均系棺材土葬。1996 年 10 月 1 日《宁波市殡葬管理条例》（2003 年 1 月 1 日废止）实施，按照新规定，邵家丘村启动了殡葬改革，主要是推行火葬和公墓。与一些地区政府推行殡葬改革进程缓慢、居民反对者甚众乃至无法推进不同，根据村干部和部分受访村民回忆，邵家丘村一带推行殡葬改革相对比较顺利，没有遇到过多阻力。大家认为政府推行殡葬改革是好事情，比较支持，镇上有集中的公墓，大家都会选择把亡人火化后葬到公墓里，房子后院的老坟也都迁到山里或者公墓里。

葬礼流程和周邻村庄相似，不过一些较为传统的习俗仍保留其中。一位受访村民的二伯刚刚过世不久，她家人商量买公墓，公墓价格相差较大，而价格差主

---

① 徐吉军：《中国丧葬史》，武汉大学出版社，2012 年，第 3-4 页。

② 丧制名，又叫居丧、守孝、丁艰或丁家艰，原指遇到父母丧事，子女按礼持丧三年。丁忧期间不得行婚嫁之事，不预吉庆之典，后来多指官员居丧，即官员遭父母或其他尊长之丧，必须暂离公职，回籍守丧三年，其间停止升转，停给俸禄，然仍准算历俸，待守制期满，重新出来任职。参见盖志芳、黄继红：《以孝管官：孝与古代丁忧制度》，中国国际广播出版社，2014 年，第 3 页。

要体现在公墓风水的好坏上。她的二婶不想给子女增加负担，也为方便子女、亲戚扫墓，最后买了一块价值 2 万、地理位置比较方便，但是所谓风水一般的公墓，最后还找了民间风水先生确定了下葬时间。而对死者的各种纪念，如头七、周年等，也是维系家庭及扩大家庭关系的关键点。

第二节　养老继承

敬老养老、孝敬老人，是中国社会道德伦理的核心内容之一。《礼记·礼运篇》云："大道之行也，天下为公，选贤与能，讲信修睦。故人不独亲其亲，不独子其子，使老有所终，壮有所用，幼有所长，矜、寡、孤、独、废疾者皆有所养，男有分，女有归。"孔子认为，敬是孝的本质。子游问孝，子曰："今之孝者，是谓能养。至于犬马，皆能有养；不敬，何以别乎？"故我们常将"孝""敬"连用，专门用来要求、衡量人们敬老养老的"孝敬"也成为中华文明中最重要的行为规范之一。古代"各种节日、典礼或皇帝认为有必要的时候，赐予老人以布帛、粟米、酒肉，表达普天同乐的喜庆和显示对老人的关怀照顾"①，也通常会给老人如减免赋役、刑律优免等各种优待，"举孝廉"在相当长的时期内成为官员选拔的标准和途径。

家庭养老基本上构成了中国养老、敬老的主要传统模式，"养儿防老"也成为一种普遍的社会心态和社会习俗。对一般家庭、家族而言，与养老密切相关的便是继承制度，尤其是财产继承制度。继承者的身份，如嫡庶、嗣养、赘婿等，对继承有很大的影响，特别是女性在财产继承中受到了很大的限制。上海社会科学院程维荣研究员指出，男子垄断继承与女子在财产领域参与继承存在很大矛盾，"由于宗祧继承与封建伦理纲常的支配，古代女子在家庭中地位低下，她们在财产继承方面的权利也受到严格的限制。唐宋以后，女子继承的现象比较普遍，妻女往往可以分得份额不同的遗产。女子继承权与家庭中男子继承权并存，必然在财产分割的数额上发生利益冲突"②。但是更通行的做法是，出嫁的女儿不享有娘家的财产继承权。这种民间习惯在今天仍然根深蒂固。

邵家丘村也主要采用家庭养老模式，大家都会赡养自己的老人，子女们都会

---

① 谢元鲁、王定璋：《中国古代敬老养老风俗》，陕西人民出版社，1994 年，第 38 页。
② 程维荣：《中国继承制度史》，东方出版中心，2006 年，第 6 页。

给老人生活费用，还有的带父母外出旅游，较少因赡养老人而发生冲突，老人与儿孙辈的家庭关系比较亲和。老人只要身体健康，也多数会从事一些力所能及的劳动。大部分老人都会在房前屋后的自留地里种些蔬菜，还有一些老人会参与一些有报酬的公共事务，尤其涉及婚丧嫁娶等事宜。这样他们既有事情做，以发挥"余热"，又能获得一定报酬，再加上子女给的费用和国家养老金，生活过得有滋有味。

村里有很多长寿老人，他们过得都很幸福、很满足。相对来说，老人卧床不起是家庭养老最麻烦的事情。在邵家丘村，一旦家里有老人卧床不起，主要靠子女之间协商、轮流照顾，请保姆或者送到养老院的都比较少。雇佣保姆的费用比较高，除非经济条件特别好的家庭，一般家庭都很难承担这笔开销，所以请保姆照顾老人的家庭不多。送养老院的也不多，除了附近现代化标准的养老院比较少，还有一个重要原因就是人们在观念上还难以接受把老人送到养老院，当然老人也会因离亲人比较远而不愿意去。一旦有人发生了不赡养老人的问题，村里、邻里的强大舆论会形成比较有力的社会压力，促使子女改变。

邵家丘村党总支和村委会在养老、敬老方面发挥了非常好的示范作用，以春风化雨般的力量，推动村民不仅关爱敬养自己的老人，也关爱村里其他家庭的老人。2009年，在村党总支的号召下，村党员干部率先捐资，同时发动村里的10家企业共同出资20万元，设立道德基金，在每年中秋、重阳和春节三个传统节日，以年龄为标准，向全村70岁以上老人赠送慰问金和慰问品，以此弘扬敬老、尊老、爱老的美德，让老年人晚年幸福。比如春节期间，道德基金向70岁至74岁的老人每人发200元红包，向75岁至90岁的老人每人发500元红包，向90岁至99岁的老人每人发3000元红包，百岁老人发5000元红包。另外，中秋节向老人发月饼，重阳节再发红包，80岁以上的老人过生日，赠送一个蛋糕。同时，鼓励孩子们从压岁钱中捐出一点钱（上限200元）来给老人发红包，从小培养孩子们的敬老之心。

为了更好地照顾村里的残疾孤寡老人，2008年，在村党总支的倡议下，村里投资60万元建造了占地3.2亩、建筑面积为650平方米、共22间居室的余姚全市第一个村级养老院——"幸福居家养老院"，将村里需要照顾的高龄老人以及享受政府低保金的空巢老人、残疾老人集中赡养。村里专门成立了居家养老幸福院志愿者服务队，服务内容涵盖医疗保健、文化娱乐、权益保护等，并定期上门为老人服务。村里的共产党员林福宝老人成为养老院唯一一名工作人员。每天，她除了要为老人买菜、做饭、喂药、洗衣、擦屎擦尿等，还要做好房间、庭院的打扫工作。回家她还要照顾一个残疾儿子和两个孙女。林福宝老人的无私奉献获得了社会的广泛赞誉和高度认可，获得 2019 年"宁波好人"的称号。[①] 村养老院还成为村志愿者的实践基地，它连同"道德爱心基金"一起，成为践行中国自古以来的"老吾老以及人之老"的传统美德的实践载体。

不论古今中外，继承不仅仅是法律层面的问题，更是社会与家庭层面的重要问题，它与家庭、婚姻、养老之间有千丝万缕的联系。中国古代继承，笼统地说，主要是遵循《唐律疏议》的规定，按照父系传嗣单系继承，当然在实际生活中，也补充了女性继承的一些条件，但在绝大多数情况下，女性并不是继承的主体。1949 年以前，邵家丘村在父辈财产的分配和继承方面，仍然以父系为主，出嫁的女儿无继承权。

新中国成立之初，我国尚未制定继承法，公民遗产继承仍然根据血缘关系为标准，而且"传男不传女"。随着国家建设的进步，公民家庭的财产承载量开始增加，人们对财产继承的认识也发生了变化，传统继承方式弊端日显。1985 年 10月 1 日，《中华人民共和国继承法》实施，较好地保护了公民将私有财产合法继承给子女和其他亲属的权利。即便如此，邵家丘村也和全国其他农村地区一样，出嫁女儿仍然不继承父辈财产、地产，这里面除了涉及民间习惯，还有"养儿防老"的传统养老方式，受儿子赡养老人的现实情况，以及"嫁出去的女儿是客人"等观念的影响，邵家丘村出嫁的女儿也较少主张继承权。但是随着时代发展，不少父辈仍会给女儿一笔财产，或者女儿出嫁时会给较多陪嫁作为补偿，女儿则在父母养老中参与度也越来越高。不过在走访中得知，即便是父母给了出嫁女儿一些财产，她们也会不拿或者仅少拿一些，除非她们没有兄弟。

第三节　生活方式变迁

村落是中国传统生活方式保存最多、最丰富的地方，是中国传统文化的自然载体，是中国社会最广泛、最深厚的基础。[②] 中国的乡村生活方式与中国传统文化

---

① 胡建东：《林福宝：老人们就是我的亲人》，《余姚日报》2019 年 3 月 8 日 6 版。
② 曹锦清：《黄河边的中国》，上海文艺出版社，2000 年，第 418 页。

的各个结构要素息息相关，是形塑中华民族文化品格的重要力量。往深处说，乡村，由古至今，承载着大多数中国人对田野牧歌般生活的想象、向往与追求，作为一个文学符号，它是中国人的精神载体和精神归宿。正如陶渊明"少无适俗韵，性本爱丘山""种豆南山下，草盛豆苗稀""采菊东篱下，悠然见南山"等诗句所描绘的，它写尽了士人归隐田园后的精神上的安适、洒脱；孟浩然"故人具鸡黍，邀我至田家。绿树村边合，青山郭外斜"写出了士人眼中的田园之乐；近现代的武侠小说中，退隐江湖、回归田园也是一众武林人士心中的归处。但是，从历史上看，乡村并非一直是祥和安静之地，由小农经济支撑的乡村，历来遭受剥削，农民的生活非常艰难，《国风·魏风·硕鼠》中"硕鼠硕鼠，无食我黍"唱出了数千年来农民遭受剥削的愤怒和无奈；李绅"四海无闲田，农夫犹饿死"道出了农民的不幸与悲惨。中国古代乡村，也在这种写情与写实的交错中发展延续着。

以农耕经济、小农经济为特征的古代社会，自给自足的生产方式很大程度上决定了乡村生活的方方面面，这种相对稳定、较少变化的生活方式直到近代西方列强的坚船利炮敲开中国大门，"莽莽欧风卷亚雨"，在不知不觉中改变人们的日行起居之际，才迎来了较大的转变。华东师范大学陈旭麓先生在《近代中国社会的新陈代谢》一书中，曾引用大量地方史志、文人日记等文献来说明包括农村在内的中国社会生活方式和生活内容的变化：洋火、洋车、洋油、洋灯、洋布等悉数进入寻常百姓之家；靠近上海一带的农村，开始种植上海最需要的蔬菜种类；男女进入工厂做工，女性因经济收入的改善而获得一定程度的自由，等等。①

宁波地区特别是余姚地区，与上海隔杭州湾相望，近代以来，受上海经济发展的影响，余姚一带不少人都前往上海，在人口流动和经济发展的过程中，余姚一带农村的生活方式也随着时代的变化而变迁。新中国成立后，在计划经济体制下，余姚一带的农村包括邵家丘村，农村生活方式与全国其他地方的农村并未有太大的差别。改革开放之后，余姚一带的个体私营经济开始发展，农业种植也转向以市场为导向，以种植经济作物为主，生活方式在点滴中发生着变化。

改革开放后，邵家丘村一部分村民在务农的同时，也从事一些小商品生意，如腌制榨菜到余姚、上虞等地的集市售卖；一部分村民直接从事个体、私营企业经营，如塑料厂、五金厂等。经济状况的改善，直接影响村民的生活方式。首先体现在建造房屋方面。盖房是农民生活中的一件大事，以前邵家丘村房屋主要以

---

① 陈旭麓：《近代中国社会的新陈代谢》，生活·读书·新知三联书店，2017 年，第 201-202 页。

草房为主，20 世纪 80 年代到 20 世纪 90 年代，砖房、楼房成为村里主要的建筑形式，一些讲究的村民还用当时非常流行的马赛克瓷砖装饰外墙；21 世纪以来，大家又开始建造更为讲究的"别墅房屋"，村民也愿意花钱请专业的设计师对房屋进行整体装修设计。20 世纪 90 年代以来，村里不少家庭都安装了座机电话，实现了"楼上楼下，电视电话"的生活。2011 年，根据余姚市广电局统一安排，邵家丘村作为临山镇全面推开有线电视数字化整体转换的第一村，总共改装有线电视用户 565 户。

解放前，迁徙而来的人们在建筑住宅时，先挖坑挑土填宅基，所以他们的房前或屋后便形成了大小、长短不一的池塘，海里人称池塘为"汪"。"汪"里的水则用来饮用或灌溉。公社化时期，每个自然村在村中心均挖了一个"卫生汪"，如沈家丘的圆形"卫生汪"，直径达 20 米，边缘围有竹篱笆，里面的水只供饮用。1986 年，临山镇建成自来水厂，20 世纪 90 年代邵家丘村通自来水，"卫生汪"停用。后来村里平整土地时，把该填的"汪"填了，不该填的便修成了沟渠。据《余姚市志》记载，1994 年，余姚市开始实施姚西北水改工程。建渚山水厂，原水为四明湖库水，工程总投资近亿元，设计规模日供水 5.1 万吨。到 2007 年底，投入资金 1.2 亿元，新建村级供水站 210 个，对城郊农村和姚西北两个区片，实施农村地区"一户一表"改造（涉及 15.3 万户城乡居民）和镇级管网改造。2015 年，余姚市人民政府办公室印发《余姚市姚西北地区自来水"一户一表"改造工程（农村二次改水）实施方案的通知》。为了保障邵家丘村民正常使用自来水，改善全体村民生活用水质量，根据市政府安排，邵家丘村党总支、村委会将此事列入为民办实事的重要内容，在全村范围内开展改造工程。为此，村内专门召开村民代表大会，提请村民代表大会讨论，与会代表全部同意村里改造方案（见图 17）。于是，邵家丘村与余姚市第二自来水厂签订改造协议，协议内容包括按需水量安装新型管材；水表安装至用户围墙外，水表采用螺旋式水表；水表井采用复合表井，表井内铺满黄沙；水表前后安装防盗铜阀；村内按要求设置消防栓、排污阀；水费袋安装等。

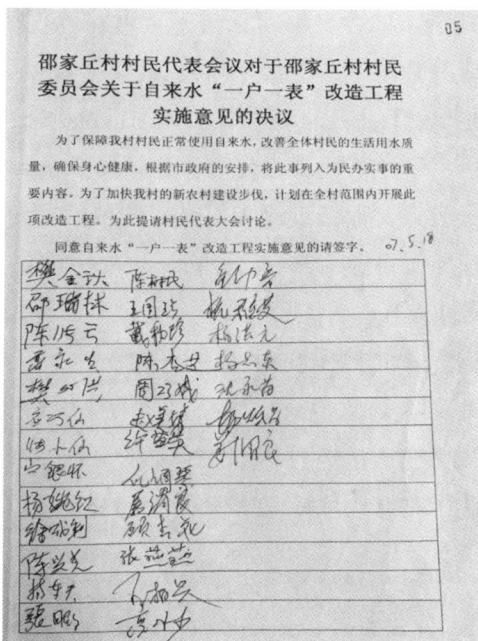

图 17　邵家丘村民代表会议关于"一户一表"改造工程实施意见的决议

　　道路是农村生产生活和发展的重要推手。过去，很多农村地区都是土路，一旦遇到雨雪天气，道路就泥泞不堪，难以通行。因此，道路硬化是农村发展至关重要的工作。解放前，临山这一带的海边没有像样的道路，海塘（堤坝）上面可以走人，这叫塘路。塘路大多是东西向的。邵家丘村西南的黄家埠是个小集镇，起初每逢单日（农历）聚市，邵家丘村民大多往黄家埠进行农副产品交易、加工，于是走出了南北向的路。东边孟家路，南起黄家埠镇孟家村，北至四塘江，全长950 米。西边邵直路，南起黄家埠邵家村西，顺邵直江北下，穿越本村 550 米。中间邵家路，南起邵家村，北至四塘江，连四塘江北的牛直路至解放塘，全长约4000 米。那时所谓的路，高低与旁边的田地差不多，宽也不过一米。干旱时路面被晒得像一层灰，久雨时泥泞不堪难行走。1969 年，护塘抢险危急，光用船运石来不及，海塘公社从干墩山塘至解放塘修筑了一条机耕路，增加手拉车运石。农民们有了手拉车，把村内的主干道拓宽并铺上了石沙。20 世纪 80 年代，高（高桥）兰（兰海）公路通车，此路也是石沙路。高兰公路在四塘江北，距四塘江约 400米，从西向东横穿本村 800 米。直到 20 世纪末，邵家丘村才开始道路硬化。

　　2004 年起，邵家丘村党总支把筹措资金实施村庄主干道道路硬化工程作为年度重大工程持续予以推进。如今，邵家丘村主干道路硬化率达到100%，次干道路硬化率达95%，道路两旁基本实现常年绿化。同时，村里非常重视疏通村内主要河道，对主要流道进行砌石，清理道路，治理河道两旁乱摊、乱搭、乱建现象，积极开展环境综合整治，建立环境卫生保洁队伍，每天清扫主干道路，全面推广垃圾桶装化以及垃圾分类等，保洁员每天定时清理垃圾。为常态化动员全体村民参与村庄环境卫生治理工作，做到"环境卫生，人人有责"，邵家丘村一方面建章立制，建立健全村民房前屋后"三包"责任制，另一方面坚决消灭露天粪缸与简易厕所，村庄卫生户厕普及率达到100%，同时还对漏水严重的管道进行了全面改造。此外根据临山镇民政办实施的惠民工程所获得10万元补助资金，邵家丘村三套班子商拟，村民代表大会表决通过，对329复线至樊建峰厂前、邵家丘二队至黄家埠路段的道路安装了路灯，总计8米杆路灯35盏；还对部分主要路段进行了路灯改造，安装改造了2米杆路灯145盏，优化了村民出行的条件。

第二章　教育与外来人口

第一节　教育与村落人才

邵家丘先民系迁徙而来，村落历史短，而且以种地务农为主，因此，读书人并不多，历史上也没有出现过比较知名的文人墨客或者科举士子。新中国成立之前，邵家丘村读书人并不多。据资料记载，1946 年左右，沈家丘小村村民杨东来家有一所私塾，两间一披草房，有一位徐先生在这里讲学，有 6 名学生。后来学生增加到 11 名，学堂就转移到陈加炳家，草舍三间一披，又请来一名黄先生讲学。彼时，哑潭小村陈姓聚居的陈家，也办了一所私塾，取名为陈家小学，共有 4 间草舍，10 多名学生，聘请了两名先生，分别是夏先生和戚先生。邵家丘小村也有一所私塾，在兰海桥西南王家，有 3 间草舍，8 名学生，有一位邵先生在此地教书。

新中国成立后，邵家丘村本村有了自己的小学。据 60 多岁的村民高狄均回忆，他在本村上小学时，有三间属大队集体所有的草屋作为教室，有两名本村的老师，一、二、三年级各在一个教室，每个班也有三十多个学生。一个老师上完这个班的课，再交换着上另外一个班的课。当时老师不用种地，也没有工资，就在大队里拿工分。小学毕业之后，学生可以选择就读兰海乡兰海中学。大部分人初中毕业就回家务农，一小部分人升入高中。高狄均进入慈溪县"五七"大学（后改为浙江省慈溪锦堂师范学校）学习，他的爱人当时进入泗门高中学习。当时升学采用分配制，学校定额招收兰海乡学生，兰海乡根据大队的大小再分配，大队大的人多一点，大队小的人少一点。具体人选主要由老师推荐，老师也一般会推荐成绩好的学生继续求学。当时和高狄均一起读初中的同学有十四五名，最终只有 5 个人继续升学，其中 4 人去了泗门高中，他去了"五七"大学。1977 年恢复高考，高狄均落榜，便回村作了生产队会计。

改革开放后，邵家丘村孩子接受教育的人数大幅度提升，但是因为经济条件的限制，一些子女较多的家庭，有限的资源主要集中给男孩，女孩还要带弟弟或妹妹，帮家里干活，因此，读书机会比男孩少。20世纪90年代以后，这种现象已不复存在，特别是当下，和全国绝大多数父母一样，邵家丘村人非常重视子女教育，也都希望孩子能考上好大学。临山镇既有配套的公立幼儿园和中小学，又有私立的幼儿园和中小学。如果家庭条件允许，家长会让孩子上价格不菲的私立学校；也有家长为了让孩子获得更好的教育资源，把孩子送到上虞、余姚甚至杭州等地读书。至于本村外来务工人员的子女，可以在临山镇志远学校就读，当然也可以在镇公立中学就读。此外，由于临山北片（兰海村、梅园村、邵家丘村）仅有一家民办幼儿园，且四塘江北岸的学龄儿童不能在临山镇中心幼儿园就读，邵家丘村计划建造新的幼儿园以方便周边的学龄儿童入园，解决就学困难问题。

在提倡终身学习的今天，邵家丘村民的教育培训也有所进展。村干部可以进入余姚党校"农村行政管理大专班"接受三年的周末大专班学习。参加过大专班学习的村干部们普遍认为，这种系统教育确实可以提高村干部的知识和思考能力，但课程在涉农问题的专业性与针对性方面的效果不是特别明显。他们更希望参加国家政策解读、村庄发展案例分析、农村管理等相关培训课程。村干部们的工作经验，主要靠村班子集体"传帮带"以及个人摸索。此外，针对村民生产生活的专门培训教育，也不间断地在村里开展。如按季节及时举办种植科技培训班，为葡萄种植专业户不定期邀请专家来村里传授技术，现场指导；邀请瑜伽老师定期在村文化大礼堂开设瑜伽健身课；开设内容涉及中小学生课业辅导、安全知识讲座、公益实践、传统文化讲座等内容的假日学校，经常邀请国内知名学者专家给学生和学生家长开设讲座，利用远程教育开设暑期儿童安全教育讲座，如防溺水讲座等，深受家长欢迎。

邵家丘村的村民，特别是年轻一代人的受教育程度，与几十年前相比有了大幅提高，而且也涌现出了一大批的能人、人才，他们并成为邵家丘村这些年发展的带头力量，但从长远看，人才瓶颈制约仍是邵家丘村实现乡村振兴的最大短板。邵家丘村在外读大学的年轻人，毕业后几乎没有几个愿意回到村里工作或者创业。以村干部为例，2013年至今，邵家丘村曾有两名大学生村官，这两人的工作责任心和业务能力，都深受村委和村民的称赞、认可，但目前两人均已离职，或考取公务员，或到杭州。目前邵家丘村的村干部中，仅有三名具有大学学历的年轻干部，且均系本村人。绝大部分的高学历年轻人都是在余姚、宁波、杭州、上海等地生活、就业或创业。在交谈中，邵家丘村的父母们，也多希望子女能考入公务员系统或事业单位，也希望子女可以回村里居住，但是不愿意他们回村里工作。就当下形势而言，邵家丘村干部队伍储备不足、后继乏人，此现象并不是孤例，值得警惕。

村干部是实施乡村振兴战略的领头羊，是中国基层治理的核心力量，所以有"村民富不富，关键看支部；村子强不强，要看领头羊"之说。邵家丘村从薄弱村、帮扶村发展到今天的幸福村、文明村，关键在于村党总支、村委会的带头作用。但是目前村班子成员中，关键职位的干部年龄偏大，有的即将退休，年轻干部只有三名，而且也没有其他人愿意参与村委工作。村班子成员曾先后物色过几个年轻人，谈过话，也做过工作，但是对方都不同意。村干部后继乏人的原因，既有职业发展方面的顾虑，又有收入方面的差距，还有工作方面的压力。一方面，村干部虽称为"干部"，但却不属于国家公务员序列，职业发展前景和提升空间有限，远远不能满足年轻人对提级入编的期待；另一方面，经济收入不高，村干部年收入2万元到6万元不等，年长的村干部对此收入尚算满意，但年轻的村干部却普遍认为此收入基本上不够用。如一名村干部就表示，他决定新的一年要在镇上开一家洗车行以维持家庭正常运作。另外，村干部工作繁杂琐细，凡事皆需要亲历亲为，而且不少工作任务都有考核目标，还要承担问责追责的压力，这导致村干部的工作压力非常大，甚至还对家庭生活产生了影响；同时，由于疏解压力的途径有限，村干部遇到心理情绪波动，主要靠村班子同仁和向朋友倾诉来排解。

村企业、家庭式作坊与余姚产业发展状况类似，多以传统五金、塑料加工等制造业为主，村里几乎没有回村创业的年轻人，也没有新兴产业。邵家丘村的农业，特别是葡萄和榨菜种植业，目前附加值比较单一，从业者多为过去务农的中年人，村庄拓展特色农业的能力有限，亟需一批具有专业知识技能和眼界开阔的年轻从业者，但同样后继乏人。即使有年轻人参与，也仅是利用社交传媒平台（如抖音、微信等）帮父辈生产的农产品作一些宣传推广工作。与上述情况类似的还有邵家丘村个私企业、家庭式作坊的接班问题。通过在村里走访中得知，不少邵家丘村的个私企业或家庭作坊主要由夫妻或者其中一方经营，但子女参与进来以及子女准备接班的情况并不多。目前，只有几家产值在千万元以上的大型公司的子女较多地参与了父辈公司的经营管理，这些公司产值比较大，运作比较成熟，绝大多数个私企业家并不支持子女回来帮忙，他们普遍认为小规模的加工行业比较累，受市场影响比较大，行业风险比较高，他们不愿意子女受这种"罪"，而教师、公务员则是他们最理想的就业方向，为此他们不少人给子女在余姚市区或者临近的泗门镇购买了商品房。当然，也有些父母让子女回工厂帮忙或者准备让子女接班，但这仅仅是因子女实在没有其他出路时的保底选择。实际上，子女也不愿意回到父母的工厂上班，不愿意过父母这样的生活，如果大学毕业后没有找到理想工作，他们通常会在杭州等地"闯荡"几年再说。

第二节　外来务工者与水库移民

1978 年以来，伴随着市场化改革的不断深入，劳动力作为生产要素与其他生产要素组合渐多，并且日益成为成为城市发展的一部分。[1]"大批流动人口从劳动生产率低的农业部门转移到劳动生产率高的工业部门，填补了城市劳动力结构性短缺，优化了劳动力市场配置，提高了整体劳动生产率，为我国经济大国和制造业强国地位的形成奠定了基础，特别是劳动密集型制造业成为吸纳流动人口就业的第一大户。中国成为世界制造业大国，'中国制造'为全球瞩目，流动人口无疑是最坚实的支撑。"[2] 就北京、上海、广州、深圳 4 个一线城市而言，大量不同层次的流动人口为城市提供了充足的人力资源，保证了城市的繁荣发展。但一临近年关，昔日车水马龙的都市，就会因大量外地人员返乡而变得空荡。近年来，一些省会城市，如西安、成都、武汉、杭州，都加大了对人才引进的力度，放宽了落户条件。人力资料的充沛与否，决定了城市未来的发展。像福建石狮、广东东莞这些外贸出口加工型城市，一旦出现用工荒，直接会影响企业效益。所以，争夺劳动力成为地方企业发展的首要任务。

宁波经济产业的快速发展，吸引了大量流动人口。根据第六次全国人口普查数据，2010 年宁波流动人口占到了常驻人口的 30%。作为宁波私营企业发展的一个缩影，邵家丘村个私企业的发展，也有外来务工人员的贡献。邵家丘村企业数量多，用工需求量大，从 20 世纪 90 年代起，就有云南、贵州一带的务工者来这

---

[1]　殷京生：《城市、城市发展与城市流动人口》，《天府新论》，2003 年第 1 期。
[2]　王培安：《把握新时代人口流动趋势 推动流动人口研究繁荣发展》，《人口研究》，2019 年第 2 期。

里打工。如今，每年保持在三四百人的规模，接近邵家丘村户籍人口数的七分之一。2003 年，邵家丘村外出劳动力人口数为 10 人，外来务工人员为 60 人；2018 年，邵家丘村外出劳动力人口数上涨至 52 名，村庄外来人口 400 多人；相较而言，邵家丘村的人口一直呈流入趋势，而这些外来务工者的到来，给企业带来了充足劳动力，保证了劳动密集型小型加工厂的运作。同时，大量的外来流动人口也给村庄生活带来了变化。比如对流动人口的管理和服务就是一新挑战，不过近几年镇里开始统一管理外来流动人口，这减轻了村领导班子的工作压力。

人口的流入势必增加对住房的需求，有些村民房子后面有空地的，就盖起一排平房，以每月每间 200 元左右的价格租给外来务工者，也有村民把闲置老房子租给外来务工者。为此，临山镇和邵家丘村还专门出台了有关流动人口租房等方面的管理制度。一些规模比较大的企业，为了留住外来员工，专门设有工友宿舍。其中，还有一些女性外来务工者在村里打工期间嫁到本村。但是，近年这些家庭离婚的较多，而且离婚后一些女性离开了邵家丘村，留下了一些单亲家庭的孩子，为此，村里专门成立了互助组和基金来帮助这些单亲孩子健康成长。

邵家丘村的企业业务多以硬塑、包装、加工为主，一般而言，此类企业必须拥有技术娴熟的工人方能保证生产正常进行。如果工人的流动性较大，势必对村里这些个私企业的生产经营造成不利影响，因此，雇主和员工之间必须形成一种良好的雇佣关系。为留住熟练工人，雇主尽量在各方面都努力让员工满意，尽力培养员工对企业的忠诚度和认可度，以期形成相对稳定的雇佣关系。据了解，邵家丘村工人月薪一般在 3000 元到 6000 元不等，按时上下班，通常工厂会提供午餐。规模比较大的企业还会和临山镇的中小学协商，以确保本企业外来员工的子女可以在镇公立学校就读。此外，临山镇也有专门招收流动人口子女的学校——临山镇志远学校可供选择。

每逢重要节假日，企业老板还要给工人发红包。春节是最考验雇主和员工关系的日子。有些老板会采取差额激励的措施吸引工人早日回厂，比如过年不回家一直工作的工人，老板会给予一定数额的奖励红包；大年初三左右回来的，每天给予 300 元补助；大年初五回来的，给予 200 元补助，等等。以至于村里有企业老板开玩笑说，其实他们不是老板，而是给工人打工的，工人才是他们的老板。

滩坑水电站是浙江省委省政府提出的"五大百亿"工程中"百亿帮扶致富"的一项重要工程，其中涉及水库移民 5 万余人。移民是非常伟大、了不起的，他们顾大家、舍小家，为了工程的顺利开展，永久地搬离祖祖辈辈生活的家园，与自己熟悉的父老乡亲天各一方。2005—2006 年，邵家丘村接受安置了丽水青田滩坑水库移民 8 户 30 人。搬迁至邵家丘村的移民中，有潘姓、徐姓、陈姓、留姓、杨姓、吴姓等姓氏。其中，最年长者为 1938 年出生的杨攀桂，其次为他的妻子，1944 年出生的叶松花。按照政策，安置到余姚的移民，享受当地村民（社员）同等待遇。生产用地面积同等于安置村人均耕地面积，生活用地按余姚市政府政策规定——按照农村村民个人建房用地有关规定，1988 年 3 月开始宅基地按小户、中户、大户安排，实行限额审批，每人 20 平方米。使用耕地，小户（3 人以下）不超过 75 平方米，中户（4—5 人）不超过 110 平方米，大户（6 人以上）不超过 125 平方米。

为了在最短时间内安置好移民，保障移民生产、生活的有序过渡，使其尽快融入成为新邵家丘人，邵家丘村党总支、村委会多次召开会议，制定详细的移民安置制度、流程。根据上级政策，邵家丘村召开了村民代表大会，一致通过在哑潭村片四组，按照规定划拨宅基地给 8 户移民，同时按照人均 0.75 亩的全村人均耕地标准，将村属海涂 74 丘划分给移民（见图 18）。村领导班子成员有人专门负责具体推进移民安置，协助做好建房、发展生产等服务。2006 年 10 月，移民进行余姚市农村土地承包经营权证登记，2007 年 11 月份权证发放完毕（登记表见图 19）。

在邵家丘村党总支、村委会、村民的热情关怀和照顾下，新来移民很快适应了在邵家丘村的生活。其中，中青年仍然"循旧例"在意大利等地从商务工，老人在家，移民第一代的子女也陆续在邵家丘村出生，如今他们已经融入了邵家丘村，在这里安居乐业，杨康年还当选为邵家丘村的"网格长"。

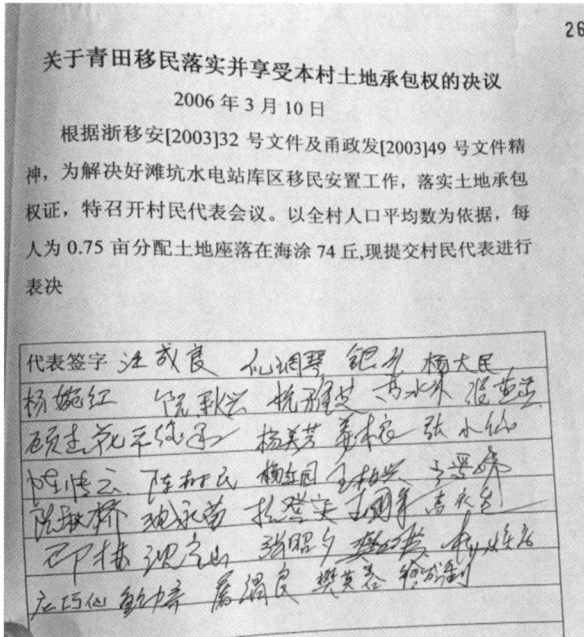

图 18 邵家丘村民代表大会关于移民落实和享受本村土地承包权的决议

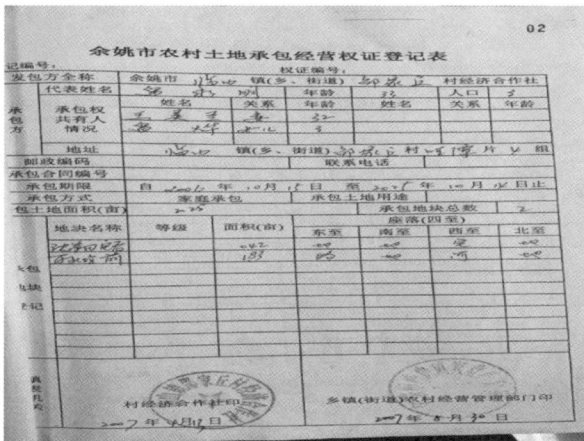

图 19 移民土地承包经营证登记表

第三节　村民流动与分化

改革开放 40 余年来，邵家丘村集体经济和当地企业发展取得巨大成就的同时，农村社会变迁的复杂和剧烈程度也受到当地镇政府的关注。在这一历史性社会巨变进程中，当地诸多社会问题接踵而来，有些甚至成为影响社会结构和城乡关系改善的重大问题，其中最为明显的即是农村人口流动与分化现象。据统计，至 2018 年底，邵家丘村共有村民 844 户，农村人口数为 2595 人，其中男性 1266 人，女性 1329 人，0—17 岁 279 人，18—34 岁 562 人，35—59 岁 1019 人，60 岁及以上 735 人。表 12 显示了邵家丘村人口流动情况。

表 12　邵家丘村流动人口情况（1984—2018）

年份	迁入人口（人）	迁出人口（人）
1984	5	1
1988	15	6
1989	13	7
1999	24	13
2000	2	4
2001	10	17
2002	5	22
2008	10	3
2015	3	5
2018	5	15

由上表可知，邵家丘村农村劳动力流动和分化虽迟缓，但从迁出人口数来看，可以推测该村人口流动的家庭分化趋势已很明显，家庭化流动具有"迁业"流动特点，是透视社会变迁的窗口。[1] 这对探讨农村人口迁移及未来城镇化发展具有重要意义。究其原因，作为有目的、有意识的社会行动者，农村流动人口的行动选择都有相应的目标和动因，总体来看，其行动动因来自个体和环境两个方面，即内在动因和外在动因。[2] 流动的内在原因在于自卑与补偿心理；外在原因在于对所处环境的认知和经验性感受，以及交通和网络通讯技术在环境改变方面的深刻影响。

---

① 林金树：《晚明社会变迁与农村人口流动》，《中国文化研究》，2004 年第 1 期。
② 刘军奎：《人口流动导引的家庭代价及发展省思——基于陇东南 Q 村的个案考察》，《中国农业大学学报》（社会科学版），2019 年第 1 期。

习近平总书记指出，"要把乡村振兴战略这篇大文章做好，必须走城乡融合发展之路。我们一开始就没有提城市化，而是提城镇化，目的就是促进城乡融合。要向改革要动力，加快建立健全城乡融合发展体制机制和政策体系。要健全多元投入保障机制，增加对农业农村基础设施建设投入，加快城乡基础设施互联互通，推动人才、土地、资本等要素在城乡间双向流动"[①]。那么，如何营造城乡人口双向流动的问题便摆在村领导班子面前，必须贯彻落实乡村振兴战略，充分发挥乡村优势，积极吸引人才投入乡村建设。

表 13　女性劳动力人口变化（1999—2018）

年份	女性劳动力人口数量（人）
1999	450
2000	470
2002	1105
2008	921
2018	1036

与此同时，从人口劳动力分化的角度来看，女性劳动力人口波动增长，从表13 可知，女性劳动力在邵家丘村作用显著。从访谈中也可知，邵家丘村妇女积极参与农村治理和经济建设，组织参与程度高。这从邵家丘村的治理载体——女性"网格长"的比例之高可见一斑。随着新经济时代的到来，新的生产方式和生活方式的出现，为女性创建事业带来了更多的机遇，女性企业家在邵家丘村经济中扮演着不可或缺的重要角色，她们促进了当地经济的发展，极大地提高女性自身的社会和经济地位，缓解了就业压力。可以说，她们在经商上叱咤风云，雷厉风行，在家庭生活中也扮演不可或缺的角色；她们顽强坚韧，巾帼不让须眉，凭借自身实力在市场竞争中赢得一席之地，撑起了"半边天"。

---

① 习近平：《把乡村振兴战略作为新时代"三农"工作总抓手》，《求是》，2019 年第 11 期。

第三章　新时代农村新生活

　　农村是中国的基础，家庭是农村的基础。党的十八大以来，习近平总书记高度重视家庭建设问题，在许多场合作出一系列重要论述。在 2015 年春节团拜会上，习近平总书记指出："家庭是社会的基本细胞，是人生的第一所学校。不论时代发生多大变化，不论生活格局发生多大变化，我们都要重视家庭建设，注重家庭、注重家教、注重家风，紧密结合培育和弘扬社会主义核心价值观，发扬光大中华民族传统家庭美德，促进家庭和睦，促进亲人相亲相爱，促进下一代健康成长，促进老年人老有所养，使千千万万个家庭成为国家发展、民族进步、社会和谐的重要基点。"[1] 党的十九大报告专门提出开展"家庭美德"建设，将"家庭"提升到了更高层面。

　　邵家丘村党总支善于在大局下想问题、做工作，自 2005 年以来，一以贯之以党建引领切实加强基层党建工作，特别是党的十八大以来，又将党建引领与乡村振兴深度契合，突出基层党组织战斗堡垒和先锋模范作用；根据发展现状和需要，以家庭为工作切入点，分类有序推进乡村振兴，探索出一条党建引领、立足家庭的乡村生活新范式。

第一节　户村和美

　　2015 年，根据各级党委、政府推进"美丽家园"创建行动的部署安排，邵家丘村启动"美丽家园"创建行动。村党总支、村委会高度重视创建活动，专门成

---

① 习近平：《在 2015 年春节团拜会上的讲话》，《人民日报》2015 年 2 月 18 日 2 版。

立创建工作领导小组，村党总支书记任组长，村委会主任、村党总支副书记（党群书记）为副组长，村三套班子成员以及各村民小组组长为组员。创建小组希望以家庭为抓手，借助创建活动，进一步增强全村的凝聚力。村里先后召开了村党总支会议、三套班子会议，统一班子成员思想，结合建党94周年党员大会，召开"美丽家园"创建动员大会，向全体党员、村民代表宣传创建"美丽家园"的重要性。

经过科学论证与征求村民意见，邵家丘村确立了以"做特民居、做美村庄、做优环境、做强产业"为重点，突出区域特色，从所处区位、村落传统、主导产业等角度着手，把"美丽家园"创建与村庄规划、产业发展规划、土地利用规划、文化活动规划、道德立村建设规划等相衔接，突出"一村一品""一户一景""一路一色""一河一韵"建设主题，实现"村在林中、房在院中、人在绿中、和谐共生"。2015年7月25日，邵家丘村与本村企业嘉荣电子有限公司举办了村企共建美丽家园广场舞比赛，以此作为村企共建美丽家园的启动仪式。

"美丽家园"创建工作实施过程中，邵家丘村充分发挥党员干部的积极性和主动性，以此带动全体村民参与其中。第一，他们向全体村民及外来务工人员发放倡议书近1000余份，要求全体村民"清洁庭院，从我做起，人人行动，倡导新风，身体力行，主动参与，敢于监督，共同关注"。第二，结合村干部入户走访，对每户庭院提出整改意见，并拍好2张照片，即整改前后对比照片；填好三张表格，即庭院存在的问题、整改意见、整改结果。第三，签订"门前三包责任书"。与800余户农户及200多户出租房主及企业签订"门前三包责任书"，要求他们及时清除房前屋后垃圾，禁止私建乱搭、乱涂、乱贴，并要求有序堆放物品，同时还要在空地中植树栽果种花。第四，结合每星期两次的下村巡查工作，加大对道路、水源、田园以及单位清洁的监管力度，做到道路路面、公共绿地保洁及时到位。第五，结合邵家丘村道德基金的设立，在每户道德积分评定基础上，通过村民代表大会、党员大会及其他形式，评选出邵家丘村"十佳"见义勇为好榜样、敬业奉献好党员、乐善好施好乡贤等，对其隆重表彰。利用村民小组长、妇女联络员及党员，收集身边好人好事，对重大的好人好事由道德基金奖励；同时，每做一件好人好事，还会送上道德基金茶杯一只。此外，邵家丘村还设立了美丽庭院奖，通过创建、整改，对全村30%以上约250户农户，利用道德基金给予奖励。第六，培育文化队伍。利用文化大礼堂、文化大舞台及送戏下乡等活动，以村文化艺术周为龙头，以村两支铜管乐队、舞蹈队等业余文艺团队为骨干，开展一些列农村"种文化"活动。

"美丽家园"创建活动，不仅推动"道路清扫工考核细则""公厕清扫工考核细则"等制度落地，实现村级垃圾治理的常态化和制度化，而且还明显提升了村民的卫生意识和村落整体环境，更有效锻炼了邵家丘村党组织的动员能力和工作能力，进一步加强了村民对邵家丘村党组织的信任。

2017年，在邵家丘村党总支推动下，围绕"全国文明村"的创建要求，为了调动党员、群众参与义务劳动的积极性，确定每年6月23日为村"党员家园日"，12月23日为村"全民家园日"。在党建旗帜引领下，邵家丘村党总支通过"家园日"活动，增强了大家的主人翁意识，提升了组织力和凝聚力。之所以要发起这项活动，主要是因为村里保洁人员少，劳动强度大。虽然"美丽家园"创建工作已经较好提升了村民家庭环境卫生，但村民维护公共卫生的意识并不是特别强，而且公共环境卫生还存在一些死角，随意倾倒、丢弃垃圾现象时有发生。整体看，邵家丘村的环境卫生还可以，但从细节看，问题还是较多。邵家丘村辖邵家丘片、沈家丘片和哑潭片，区域面积4平方公里，辖区内陆路河道、住宅与部分耕地相间分布，小道纵横其中，村保洁人员主要负责主干道环境卫生，而田间地头、公共绿化带等琐碎地方的卫生由于长期缺乏专人打扫，不是特别干净整洁，因而形成了一些脏乱差地带。村党总支也注意到了这种情况，经常会协调几名党员义务清扫或临时雇佣小工清扫，但收效甚微，因为清扫之后还是会有人习惯性往这些地方丢倒垃圾。为了改变这种状态，村党总支结合"美丽家园"创建工作中发动党员干部和群众义务清扫的经验，提出开展"家园日"活动的理念，希望邵家丘村民通过亲身感受、亲自打扫，提升公共卫生意识和爱护、维护邵家丘环境的责任意识。

"家园日"活动一年两次，6月23日为"党员家园日"，主要针对的是村里全体党员。这一天早上，全体党员必须参加义务劳动，党总支委员更要带头参加，发挥模范作用，即便是在外地的党员，也要服从党总支决议，在"家园日"这天要到场参加劳动。如原村办公室主任高狄均退休后，居住在杭州女儿家帮女儿带孩子，但每年6月22日，他一定会从杭州回到邵家丘村老家，以便第二天参加"家园日"义务劳动。在"党员家园日"的基础上，邵家丘村党总支趁热打铁，又在12月23日发起"全民家园日"。这一天，除了全体党员必须参加外，每户家庭也要派出一位成员作为义工参加活动。

"全民家园日"的义务劳动是一般早上七点左右开始，大家通常会早到。届时党员干部和群众三五人一组，拿着铁锹、扫把、铲子等农用工具，在各自的责任区域内开展义务劳动，在田间地头清沟渠、扫垃圾。参加活动的党员和群众都表示，参加这样的义务劳动很光荣，希望能够长期坚持下去，只有大家一起出力，讲文明、爱卫生，村庄环境才会好起来、"亮"起来、"美"起来。①

通过"家园日"活动，把大家召集在一起为村里义务劳动，营造了非常亲和、融洽的氛围。利用这个时机，义务劳动结束以后，村党总支、村委会选择一个比较宽敞的庭院来召开户长会议。大家围坐在一起开会，村干部向大家汇报上一阶段的工作的开展情况，以及接下来工作的重心，并对村民传达需要他们配合的工作内容；同时，参会的村民也会利用这个场合向村党总支、村委提出意见和建议。大家都非常喜欢这个场合，用他们的话说，"就跟原来二三十年前开会一样的，感觉很亲切"。

近年来，邵家丘村党员老龄化现象较明显，外出党员人数增多，为了加强对这部分党员的组织管理，同时增强年轻党员密切联系群众的能力，邵家丘村党总支发起党员联系户的工作。其中外出党员和老党员主要以联系、管理自家为主；居家的年轻党员联系周边农户，一般1个党员要联系7—8户；村民也可以自愿选择自己信赖的党员，反之党员也可以选择自己熟悉的村民。选择后，党员主动签订承诺书，村党总支向其发放党员联系户手册，同时在党员家门口挂上联系户的牌子。党员每个月联系普通村民一次，联系孤寡老人两次，并在自己的党员联系户手册上填写走访日记，发现重大事项、重大疾病等第一时间向村里汇报。

第二节　道德立村

乡村在中国历史发展中扮演着最为关键的角色。中华民族是根源于乡村社会的民族，费孝通指出，"从基层上看去，中国社会是乡土性的"②。因为土地和农耕的关系，大部分中国人生活在一个生于斯长于斯的地方，除非面临巨大的变故、天灾人祸或政令，囿于土地的中国人代代相续，形成了一个没有陌生人的"熟人

---

① 朱煜菲：《邵家丘村"全民家园日"让村庄更美丽》，《余姚日报》2018年12月28日2版。
② 费孝通：《乡土中国》，生活·读书·新知三联书店，1985年，第1页。

社会"。在此基础之上，衍生出的知识技术、社会规范、风俗传统、道德伦理等乡村文化，构成了中华文明的基础、中华文化的基因，乡村成为中华文明基因的载体，也是中国人的精神家园。在由传统农业社会向工业化社会转型的过程中，农村成为城市工业化发展最重要的依托，也正是在工业化过程中，传统农村开始凋敝、衰败。从历史发展来看，"乡村兴则中国兴，乡村衰则中国衰"，党的十九大正式提出了乡村振兴战略，不仅仅是乡村本身发展的战略，也是关系到中国未来之发展、关乎中华民族伟大复兴中国梦的重大战略。"从工业化、城市化潮流看，确实存在一个'无懈可击'的逻辑，这就是中国乡村将在城市化、工业化过程中走向被解构与终结的命运。当我们按照整个所谓'时代潮流逻辑'来设计与推进中国城镇化时，不能忘记，还有另一个有着古老文明的乡村，也需要我们去关注。这就是当代中国的乡村文明。在一个有着五千年乡村文明历史的国度中进行城镇化，这是现代城市逻辑必须考虑的一个重要问题。"① 邵家丘村党总支结合本村实际，通过党建引领，发挥道德牵引作用，在新时代发展乡村新文化。

在村党总支带领下，邵家丘村以中华民族传统美德为本源，以社会主义核心价值观为核心，弘扬新时代社会主义道德文化，立治有体，着力探索道德立村的落脚点和发力点。

邵家丘村首先从营造道德文化的宣传氛围入手，突出道德文化宣传普及的重要性和宣传教育的长效性、常态化。村党总支充分利用村公共空间、房屋墙体等，喷绘社会主义核心价值观、传统美德词汇、中国特色绘画，建设道德楼（见图3.1），并且将"相爱成家，忠实固家"等通俗易懂的语句印刻在村道德文化广场内的人文景观石上，让村民在潜移默化中感受到道德的熏陶。此外，邵家丘村还创新载体，积极组织评选道德楷模，通过评选活动和楷模事迹宣传等，让道德文化进一步"内化于心"。邵家丘村坚持每年评选、表彰优秀村民和家庭，如十佳文明户、十佳党员、十佳道德标兵、十佳公益奉献带头人、十佳巾帼志愿者、十佳先锋志愿者等，通过全方位"德育"工作，社会主义核心价值观、新时代道德文明理念等深入民心，可以说，"道德'正能量'正推动着该村村民将文明崇德观念转化为自觉追求和行动实践"②。

---

① 张孝德：《乡村遇工业文明衰，逢生态文明兴》，载温铁军、张孝德主编《乡村振兴十人谈——乡村振兴战略深度解读》，江西教育出版社，2018年，第28页。
② 钱雯：《邵家丘村：让"道德之花"开满大地让"文明乡风"吹遍全村》，《余姚日报》2014年9月17日11版。

2014 年，邵家丘村整合"困难群众帮扶基金""单亲留守儿童基金""老年爱心基金"等多个帮扶基金。基金主要来自本村企业家捐款，截至 2018 年 12 月，累计捐款超过 860 余万元，基金主要发挥帮扶作用，积极构筑特困年老、单亲等弱势群体的帮扶机制，也用于村公共服务，表彰乡村里涌现出来的好人好事。村居家养老照料服务中心，每年所需的 10 万元费用，全部来自村内一位企业家的爱心捐赠。在党总支的带领下，大家都热心敬老公益事业，形成了弘扬道德新风、建设文明富裕家园的公益文化。

第三节　学习聚心

不可否认，传统中国农村除了在农忙时节充实忙碌外，每年还有不少闲暇时间，除非有庙会、节日、庆典或红白事，农民大部分闲暇时间都很单调，八卦、赌博似乎是仅可能有的打发闲暇时间的选择。当然，部分地区的村民借助民间艺术来冲淡闲暇日子的单调乏味，如东北地区，冬季时间长，大雪满地，人们长时间闲暇在家，并形象地称之为"猫冬"，此时节，"二人转"成为人们排忧解闷的最佳选择。晚清美国来华传教士明恩溥观察中国乡村生活时写道："除了最忙碌的季节外，我们在每个中国村庄都能见到成群的男人聚集在小庙这样的乡村公共场所，冬天在太阳下，夏天是在荫凉里，坐在几根树段上交谈。即使在隆冬时节，他们也会挤在一起，以求温暖和亲密，他们整天的聊啊聊，直到吃饭时才散去。从前、现在和以后的天气状况、集市行情、小道消息，尤其是最新官司的细节都构成了这类无休无止闲谈的经和纬。"[①] 即使在 20 世纪 90 年代和 21 世纪初，这种现象仍然会出现在不少农村的公共场合，当然闲谈主角多是老人。

1936 年，费孝通初访江苏开弦弓村，通过实地调查发现，"中国农村的基本问题就是农民吃饭穿衣的问题，内忧外患使他们难以维持最低生活水平，陷入不足温饱的极端贫困境地"[②]。数据显示，进入 21 世纪，中国共产党领导下的中国农民，处于数千年历史上收入增长最快、生产生活条件最好、社会保障最健全的时期，故贺雪峰指出："中国绝大多数农民也许正是在这个时期才第一次真正彻底地解决了温饱问题，有了基本的社会保障，从肩挑人扛的重体力劳动中解放出来，

① ［美］明恩溥：《西方视野里的中国形象：中国乡村生活》，午晴、唐军译，时事出版社，1998 年，第 308 页。
② 费孝通：《农村、小城镇、区域发展——我的社区研究历程的再回顾》，《北京大学学报》，1995 年第 2 期。

有了较多的闲暇时间。"[1] 富裕起来的农民如何度过闲暇时间？这也是费孝通关心的问题。贺雪峰通过列举有关农村的一些报道，他认为当代一些农村存在着"人情泛滥、彩礼横行、无序竞争、道德崩塌、老年人自杀率高、离婚率高、不理性消费、刁民崛起"等社会失序现象，因此他认为："当前农村存在的主要问题不是农民收入太低，劳动太重，而是消费不合理，闲暇无意义，是社会关系的失衡，是基本价值的失准，是文化的失调。"[2] 如何让富裕农民的闲暇时间有意义，应当是重建乡村文化，推动乡村振兴的重要任务。邵家丘村党总支、村委会深谙此道，早早谋划布局，充分利用农民闲暇时间开展各种学习活动，努力打造学习型乡村，并取得了良好的效果。

邵家丘村修建了占地 6000 平方米的文体广场，内设图书室、数字电影放映厅、乒乓球室、篮球场、门球场、健身场等设施场所，为村民开展业余文体活动提供了平台。邵家丘村还积极与临山镇对接"科技下乡"活动，邀请农业科技领域专家来村里讲座，为农民讲授先进、实用的农业科学技术；常态化邀请余姚市委党校、临山镇党员干部来村讲授党课，传达和阐释上级精神，积极开展党员学习教育活动，此外，村党总支成员也主动为村党员讲授党课、解疑释惑。邵家丘村开展农村党员干部远程教育学习培训之际，还善于寓教于乐，开设瑜伽班等健身课程，专门聘请教练在固定时间来村授课，丰富群众的文体生活。

农业是基础，种植业是农业主体。作为邵家丘村的主要经济产业，葡萄种植业备受村党总支、村委会的重视。村领导班子不仅注意引导葡萄种植大户走合作化道路，而且还有意识地培养葡萄种植能人，发挥其示范效应，以点带面，打响邵家丘村葡萄的品牌。比如江南葡萄农庄庄主沈如峰，2005 年沈如峰弃商从农，在邵家丘村流转 250 亩土地，创办江南葡萄农庄，并投入资金 250 万元，引进先进的水、肥、药一体化应用设施，实现了葡萄种植过程中节水节肥、省工省力、减轻病害、高效增产、绿色环保的目标，他目前已成为邵家丘村的葡萄种植专家。2015 年，中国农学会葡萄分会、中国灌溉网、中国水肥网在云南红河州建水县举行联合主办以"倡导水肥、美丽中国"为主题的水肥一体化技术应用巡回讲座，沈如峰作为 10 名演讲嘉宾中唯一一位种植"土专家"代表应邀参加讲课，并作了题为"水肥一体化科学应用助力葡萄优质高产"的科技讲座，受到与会专家学者和听

---

① 贺雪峰：《乡村建设的重点是文化建设》，《广西大学学报》（哲学社会科学版），2017 年第 4 期。
② 贺雪峰：《乡村建设的重点是文化建设》，《广西大学学报》（哲学社会科学版），2017 年第 4 期。

课者的一致好评。

　　经过几年的探索与坚持，邵家丘村村民形成了热爱学习、主动学习、广泛学习的良好氛围，有力地促进了本村的精神文明建设。特别需要指出的是，在良好学习氛围的影响下，一部分群众开始思考新时代乡村人际往来关系，他们认为近邻好友互帮互助，真诚往来难能可贵，开始淡化"物质要求"，在寿诞、乔迁或子女婚嫁等重要事情上，好友出席庆典但取消彼此"份子钱"，移风易俗。整体上看，邵家丘村着力打造的学习型乡村，有助于提升农民终身学习的意识，提升村民的综合素养与生活品质，提升了村民对乡村的认同感和归属感，也为村民积极主动的重塑乡村文化提供了智力支持。

第四章 公共服务

农村良好的公共服务既能满足农民基本的生产生活需求，又有利于宜居宜业的美丽乡村建设和农业现代化，改善农村人居环境，同时还具有服务人、培育人和吸引人的功能，高质量的农村公共服务是乡村振兴的重要物质保障。

第一节 村庄基础设施

符合农村需要的基础设施建设，是乡村振兴战略的物质基础，对促进农业和农村现代化建设、发展农村经济具有重要的作用。1994 年，世界银行发布的《世界发展报告》聚焦为发展提供基础设施，指出乡村地区的基础设施服务明显少于城市，城市人口在饮用水、取水和电力方面获得的基础设施服务要明显好于农村人口。《2004 年世界发展报告》聚焦贫困人口，认为贫困人口难以获得有效的公共服务，在偏远农村获得服务所需要的费用可能要高得多。《2006 年世界发展报告》聚焦发展与质量问题，其关注到部分群体由于缺乏可负担的基础设施服务，其生活与市场和服务隔绝，进而导致经济机会的减少。这些都说明了农村和贫困人口的基础设施供给短缺，这是普遍存在的世界性难题。[1] 但是，邵家丘村在道路修建、河道改造以及房屋修建等方面着力补齐了村庄基础设施短板。

一、道路修建

"要想富，先修路。"邵家丘村两委深谙此道，以修建村庄道路为抓手，着力

---

[1] 范昕墨：《乡村振兴战略背景下的农村基础设施建设——基于公共经济学的视角》，《改革与战略》，2018 年第 9 期。

推进村庄基础设施建设。具体而言，邵家丘村的道路建设大致经历了以下阶段：

20世纪80年代，邵家丘村的交通道路基本为土路。对于村民来说，出行极为不便，多通过田埂穿行。尤其是降雨天气，道路十分泥泞难行，极不利于村民的生产生活。20世纪90年代，邵家丘村开始对道路进行改造，以砂石铺路，村民形象地称之为"机耕道"。由此，村民交通出行问题得到了较为明显的改善。

1999年，邵家丘村开始实施道路硬化工程，在村中铺设水泥路。村党总支努力向各方筹措了130万元资金，完成了邵家丘南北—东西主干道的水泥铺装。建设过程中，提前预留了较宽道路的路基，为以后道路扩宽和修建工程打下基础。

2005年，余姚市颁布网络公路建设政策，邵家丘村的道路水泥铺设和拓宽纳入市政工程，村落道路有了实质性的改善。2018年，余姚市实施网络公路升级工程建设。邵家丘村紧紧抓住发展机遇，在全村开始铺设沥青公路，也被称为"白盖黑"工程。"白盖黑"工程在2018年完成3.4公里，按照计划，邵家丘村将于2021年完成村内道路柏油沥青化改造。

二、河道改造

邵家丘村依水而建，早年建房挖坑挑土又在房前屋后形成诸多"汪"（即池塘），杂乱不一。为整体提升村容村貌，疏通水道，2007年，邵家丘村开始河道砌石、河堤修建工作，到2012年完成，并与其他村落相连接，总修建河堤水道7600米。在桥梁建设方面，哑潭建设桥梁共5座（原只有1座），沈家村建设桥梁2座，邵家丘村建设桥梁共7座（原只有2座）。其中主干道桥梁于2007年修建，由于其连接了哑潭和邵家丘村，被村民称为"连心桥"。

在河道改造提升过程中，有一条河道砌石非常关键，河道大约575米，连接黄家埠高桥江和四塘江，是临山镇重要排水通道之一，同时临近的道路也是村民的重要出行通道；但由于河道尚未砌石，既影响其排灌功能的运转，也为附近村民出行带来了诸多不便，因此，对于河道的改造和道路的拓宽势在必行。邵家丘村运用多方资源筹集建设资金，其中市财政补助40万元，村民自筹1.4万元，村集体经济出资4.6万元，将河道单面砌石575米，将道路拓宽至4米，长度拓展至430米，并在道路两侧种植绿色植被，美化环境。河道砌石大大促进了排灌系统的运营，对农业生产和增收均起到了较好的作用。并且对河道和道路的改造以及绿化种植等建设也大大改善了当地村民的居住环境。

总体来看，邵家丘村的河道及道路绿化建设值得充分肯定。在决策方面，这一方案充分考虑了民众的意见和政策的可行性。村两委班子和村民达成了有效共识，并充分考虑了村民的需求。从效用方面来看，这一工程改善了排灌系统，大大促进了农业生产和增收，方便了民众的出行，有效地改善了村民的居住环境。

三、房屋改造

在农村，房子是农民尤为看重的东西，很多农民奋斗一生就是为了能在农村盖一座漂亮的大房子。20 世纪 80 年代以前，邵家丘村以土坯茅草房为主，村民居住条件不好。从 20 世纪 80 年代初开始，村民开始修建木质立柱和横梁为框架的砖瓦房，以 3 间平房的形式居多。而修建房屋主要是以村民亲友相互帮助自建的方式完成。自 20 世纪 90 年代邵家丘村开设工厂和经济作物种植后，村民的收入得到了显著提高，部分经济条件较好的村民，开始自建砖混结构的 2—3 层的小楼。21 世纪以来，设计科学、装修考究的现代化的独体小别墅成为村民盖房的主要形式。

第二节　医疗与社会保障

农村社会保障包含医疗、养老、社会救济、社会救助、最低生活保障等内容，但就其普遍性意义上来说，医疗和养老是首当其冲要解决的问题。[①]就邵家丘村而言，村两委抓住社会主义新农村建设与乡村振兴战略给农村公共事业带来的机遇，充分考虑村民的实际需求，以医疗与养老为切入口，逐步完善了村庄的社会保障。

一、医疗

邵家丘村的医疗建设大致经历了从赤脚医生到村民自发医疗服务的发展过程。20 世纪 60 年代，以女共产党员戚月凤（阿凤阿婆）为代表的第一代赤脚医生，成为当时邵家丘村医疗事业的重要力量。虽然医疗条件简陋，甚至有时要在家中为村民看病，但在当时为村民提供了最基本的医疗救助。20 世纪 80 年代，以杨大苗为代表的第二代乡村医生出现。杨大苗是原镇卫生所的医生，后来回村帮助村民看病，并在家开设诊所。第二代村医较之于以往的赤脚医生，其基本的医疗

---

① 肖建华：《我国农村社会保障制度完善的政策选择——基于养老、医疗制度的分析》，《现代经济探讨》，2007 年第 11 期。

能力有明显提高。

2003 年，为提高农民健康水平，加快统筹城乡发展，宁波市政府印发《关于建立新型农村合作医疗制度的指导意见》，提出同步建设农民大病统筹、医疗救助、农村社区卫生服务三大体系。[①] 在 9 月至 11 月的试点之后，余姚于 2003 年 12 月进入全面实施阶段。邵家丘村借此契机，2004 年在全村迅速推广新型农村合作医疗制度。根据村庄实际，邵家丘村新农合政策规定，每月 1 档 730 元、2 档 450 元。村内共 30 个低保户，主要为孤寡老人，这些村民因病返贫，每月 500 元由村内集体经济集资。如今，邵家丘村更是将互联网技术与本村医疗保障相结合，村干部可以通过微信了解村民的基本医疗信息，并及时为村民提供所需要的帮助。村内提供基本的医疗设施和身体检测设备，使村民可以及时地检查身体，把握自己的健康状况。村中还定期安排医学专家坐诊，对村民进行诊断。

二、社会保障

新中国成立后的相当长时期内，我国农村的社会保障基本处于空白状态，农民保障主要的载体为土地和家庭。邵家丘村亦是如此。但随着社会经济的发展，两种主要载体的保障能力也在发生改变。改革开放特别是党的十六大以来，各地认真贯彻中央统筹城乡经济社会发展的重大战略部署，不断深化农村社会保障制度改革创新，积极推进农村社会保障体系建设，取得了较为明显的成效。一方面，针对农村中无劳动能力、无生活来源、无法定赡养抚养义务人或虽有法定赡养抚养义务人，但无赡养抚养能力的老年人、残疾人和未成年人（即"五保户"），按照政策，实行集中供养和分散供养相结合的方式，根据五保对象意愿，可吸收"五保户"进入村居家养老幸福院集中赡养；实行分散赡养的，由村集体经济组织、受委托的抚养人和五保对象三方签订五保供养协议。

---

① 陈健尔、高巍、蔡强：《宁波市新型农村合作医疗制度实施进展报告》，《中国农村卫生事业管理》，2005 年第 4 期。

文化篇

文以化人 德以润心

中国村庄发展

随着时代变迁，邵家丘村的文化习俗也在不断发展变化，其趋势与中国大部分地区基本一致，如饮食方面，老一辈村民喜食各种腌菜、霉菜，年轻人则喜好新鲜蔬菜；在信仰方面，过去村民保留着对自然与神灵的敬畏与崇拜，现在这种信仰日渐式微。邵家丘村高度重视文体队伍建设，成立戏曲队、铜管乐队、舞蹈队等文体团队，投入资金建立文化礼堂、阅览室、道德馆、欢乐大舞台等一系列文体设施，不断丰富村民文体生活。同时，秉持"老吾老以及人之老，幼吾幼以及人之幼"的传统道德理念，分类施策照顾"老弱"两类特殊群众，开展新时代家风家训与村规民约活动，坚持"道德立村"，始终以道德为出发点和基础，维系村民之间的情感，并强调在公共领域中的德性以及对"善"的认知与追求。

随着时代的发展，邵家丘村的文化也经历着巨大的变迁，而其背后，则是深刻的社会巨变。这一社会巨变旷古未有，它根源于封闭了数千年的中国从被动到主动拥抱世界文明，根源于从传统农业文明进入工业文明，从更本质的角度来说，也与全人类都面临着的复杂现代性息息相关。根据学者分析，现代性包括以下内涵，例如工业化、都市化、政治等领域的普遍参与、世俗化，例如宗教的衰落以及社会分工的精细。[1] 现代性无疑给人们带来了许多好处，例如人们寿命普遍延长，人们享受着巨大且丰富的物质生活。然而，现代性也带来了许多问题，例如心灵与道德的危机，共同价值观的丢失，人们如同漂泊的浮萍，不再有家园感，而是充斥着孤独感。特别是对于村庄来说，它本来就与传统价值观紧紧相连，却又要面临着现代性的冲击，这种反差感与断裂性远远超出城市。

毫无疑问，每个人都有权利享受现代性所带来的成果。要求人们走回传统，抛弃物质上的成果而去单纯追求精神上的充实，这只能是妄谈。但是，人们也不能只是坐视现代性所带来的负面效应。邵家丘村的个案实践，当然不能说是为现代性所带来的负面问题提供了解决问题的钥匙，甚至村集体也并没有在理论上认识到现代性的高度，但是通过考察邵家丘村文化习俗的演变与当代文化建设，至少能从中窥探到，在现代性的大背景下，作为身处时代漩涡之中的村庄如何去应对。这些举措的成效，从目前来看，确实有正面效果，邵家丘村的这些实践与举措值得记录。本篇以时代变迁与社会变化为背景，阐述邵家丘村文化习俗的演变以及村庄如何应对现代性所带来的诸多问题。

---

[1]　金耀基：《从传统到现代》，时报文化出版企业有限公司，1993年，第131—136页。

第一章 村庄文化习俗演变

文化习俗涉及生活方方面面，包括饮食、宗教信仰、传统节日以及婚姻，等等。考察文化习俗的演变，能够更深刻地发现其背后的社会变迁与时代发展；不仅如此，文化习俗往往还与村民们的精神世界息息相关。考察文化习俗的变迁，也能深刻考察村民们共同的精神家园，了解村民们拥有的共同体意识与共同的价值观。

第一节 饮食

民以食为天。对于中国人来说，饮食不仅仅是生理上的需求与味蕾上的享受，它已经与传统、文化、乡愁，与每个人的精神世界紧密地联系在一起。邵家丘村所在的余姚市，历史上长期属于绍兴府，如今隶属宁波市，同杭州市地理上也相近。因此，余姚菜兼具绍兴菜、宁波菜与杭州菜特色，被认为既有水乡风味，又有泥土风味，"选料时鲜，制作精细，色彩艳丽，味道鲜美，品种繁多，营养讲究"①。邵家丘村的饮食也同样体现出这样的特点。但随着时代变迁，现代人的生活节奏越来越快，人们已经无法把太多时间用在制作饮食上，因此，很多传统样式的饮食已经消失不见。

一、主食与点心

邵家丘村村民长期以大米为主食。传统上，村民所吃的大米主要是早米，也叫糙米。糙米是稻谷脱壳后不加工或较少加工所获得的全谷粒米，从营养角度来说，糙米较多地实现了稻谷全营养保留，但口感较为一般。不过，早些年村民吃

---

① 余姚市政协文史资料委员会编：《姚江风情》，中华书局，2001年，第304页。

糙米，不是在于其营养好，而是因为糙米涨性好、出饭率高。但即使如此，在经济不发达的时代，糙米也不够吃。计划经济时代，一个月粮票只有三十斤左右。因此，除了米饭以外，村民们会吃"麦细饭"。所谓"麦细饭"是大麦用机器碾成细粒之后煮成的饭。这种"麦细饭"看起来晶莹闪光，形似珍珠，但口感其实很差。另一种代替米饭的是番薯干。制作番薯干，需要将番薯剥皮，隔水蒸透蒸熟，冷却后，切成大小均匀的小块，然后摆放在一个大盘子中，在户外有阳光的地方暴晒数日而成。

改革开放以来，随着经济发展，人民的生活水平也日益提高，现在不仅没有人吃麦细饭，连番薯干也吃得少了，甚至口感欠佳的糙米也少人问津。在 20 世纪 90 年代之后，村民的主食以晚米晚稻为主。

邵家丘村比较典型的点心叫"麦黄"。所谓"麦黄"，就是将面粉和水混合后放在油锅里炸出来的一种食品，但这种点心现在已经很少见了。

二、菜肴

早些年，邵家丘村村民主要吃黄芽菜和大白菜。除了常吃的蔬菜，其他能见到的蔬菜还包括鲜豌豆、嫩丝瓜、茄子、蒲子、黄瓜、鲜大豆、嫩六谷、小白菜、大头菜、青菜、蒿菜、菠菜、卷心菜、芹菜、冬瓜、韭菜、荠菜、甜菜、苋菜、芥菜、黄芽菜、芋艿、茨菇、萝卜、青南瓜、茭白、花生、家园笋等。在没有冰箱的年代，菜的保存主要靠腌制。通常做米饭时，锅下面是饭，而在锅上面支一个架子，架子上蒸一些腌制的菜。因此，有"人情长淡淡，腌菜长下饭"的俗语。邵家丘村曾经广泛种植棉花，改革开放后，村民们一度种起榨菜，这在一定程度上丰富了村民的饮食结构。除了外销以外，村民常常将榨菜腌制起来食用。

村庄附近多河流，因此，鱼类也是村民经常能吃到的食物，主要以鲫鱼、鲢鱼、鳙鱼（胖头鱼）、草鱼四类淡水鱼为主，也包括乌鳢、盎刺、鲶鱼、泥鳅、黄鳝，甚至螺蛳、螃蟹等。早些年，村民都是自己到河里打鱼吃，如果运气好，抓到的鱼吃不完，同样会把它们腌制起来。

除了腌制食品，村民还喜食各种"霉"和"糟"类的食品。例如霉干菜、霉千张、霉豆腐以及糟鸡、糟肉等。村民也会将黄豆放霉之后，在太阳下暴晒，做成酱，供自己食用。

尽管现在的经济条件已大大提高，随时随地都能买到新鲜菜，而且随着冰箱的普及，自家保存菜的条件也大大提高，但是老一辈村民仍然喜食各种腌菜、霉菜等。但是，年轻人认为这类食品并不健康，不仅致癌风险高，而且高盐量还会带来高血压的风险，因此吃得已经比较少了。

三、酒类

邵家丘村村民有饮酒传统，他们一般喝黄酒，也有烧酒，多是用当地糯米土酿而成。杨梅成熟时，很多村民也会将吃不完的杨梅泡到烧酒中，制作杨梅酒。20 世纪 60 年代，因为粮食较为紧张，酒是稀缺物品，也不能经常喝到；20 世纪 70 年代以后，酒类产品供应多了起来，村民可以比较方便地买到酒。经济条件好的村民，通常去村上的酒铺一坛一坛地买黄酒；条件一般的，则在需要时去酒铺打个三五斤。

如今，酒的种类越来越多，除了传统黄酒、烧酒以及杨梅酒，还有瓶装的白酒、葡萄酒与啤酒等。不过，尽管酒的种类越来越多，但多数年轻人与老一辈不同，对酒并不特别热衷，通常只在红白两事以及各种节庆日时才会饮酒。在红白两事和节庆日上，桌上主要摆放的是瓶装白酒，条件好的还会再放上一瓶葡萄酒，黄酒已经很少了。

第二节　信仰

根据《余姚市志》记载，余姚市内宗教主要是佛教、基督教与天主教。佛教是传统宗教，但规模并不大，截至 2010 年，共有佛教寺院 17 处，僧尼共计 53 人。[①] 和中国大多数基层特别是农村一样，尽管信教群众数量不多，但传统上，很多人保留着对自然与神灵的敬畏与崇拜。这种感情带有原始朴素的万物有灵的色彩。邵家丘村也是如此。不过随着社会的发展，人们科学知识的提升，以及邵家丘村党总支的引领示范作用，这种对自然、神灵的崇拜逐渐消失。

一、传统信仰

传统上，邵家丘村村民有着朴素的超验信仰，和其他地区的汉民族一样，具有兼收杂糅的信仰特征。无论是佛教、道教还是其他传统民间信仰里的神灵，他

---

① 余姚市政协文史资料委员会编：《姚江风情》，中华书局，2001 年，第 304 页。

们统称为"菩萨"。村里以前有新庵庙、娘娘庙等。村民需要造房子开土时，会拜"土地神"，他们称之为"土地菩萨"。长期以来，村民普遍对"菩萨"都有敬畏心态，遇事常求"菩萨"保佑，遇灾也常去庙里求"菩萨"帮助渡过难关。

除了对传统神灵普遍敬畏，还有一些村民的信仰特别虔诚，因此也会有特别的行为。通常，特别虔诚的信仰者都是要吃素的，如果吃肉，就会破了戒，可能会触怒神灵，给自己招来麻烦。在"菩萨"生日或者其他重要的日子那天，他们则要去寺庙念佛上香。根据《临山镇镇志》的记载，对不同菩萨，需要去上香的日子也不相同，例如农历二月十九是观音圣诞，农历二月十五则为释迦牟尼涅槃日，农历四月初四乃文殊圣诞，农历四月初八则是释迦牟尼圣诞，农历九月十九观音大士出家日，农历十一月十七阿弥托佛圣诞。对于这些日子，信仰虔诚的村民都牢记在心。

此外，过去村民们还会组织各种佛会。例如每两个月举行一次庚申会，逢闰年举行一次灶山会，每年三月初一进行持续九天的太阳会，每年八月十五酉时举行太阴会，甚至还有 12 个生肖不同的人举行十二生肖佛会。举行佛会时，需要八仙桌一张，用来摆放素菜、水果、糕点等供品。[①] 但这些传统现在已经基本销声匿迹了。除了"菩萨"重要日子，每年农历七月半，信仰虔诚的村民还会办斋饭。据说七月半斋饭是供给饿鬼的，以免他们抢自己祖先的食物。过年的时候，很多村民也会办斋饭，还会摆放贡品、念佛念经并烧香。

二、基督新教信仰

基督新教自 1867 年传入余姚，截至 2010 年有一万余名信徒。天主教尽管传入的时间更早，但信徒则相对较少，截至 2010 年只有数百人。[②] 根据《临山镇镇志》记载，基督新教于 1880 年开始在临山设堂，至于它何时传入邵家丘村，已不可考。既然 1880 年就已经在临山设堂，故应该至少在中华人民共和国成立之前已经影响到了邵家丘村。1949 年之前，地方基督新教组织常常受到外国传教士操控，而民众们只是单纯地苦于生活的艰难，需要精神上的安慰。自爱国教会成立，中国的基督新教走上了自治、自养与自传的道路。

改革开放后，"宗教信仰自由"得到落实，村民们信教自由和不信教自由等方面也有了切实保障。一般而言，普通民众选择某种宗教信仰，多数带有功能主义、

---

① 《临山镇镇志》（未刊稿）

② 余姚市志编纂委员会编：《余姚市志（1988—2010）》，浙江人民出版社，2015 年，第 1105—1107 页。

目的论倾向。根据田野调查，只要基层党组织工作有力，为民尽心尽力服务，该村或社区信教的群众就比较少。邵家丘村情况就是如此，信仰基督新教的村民仅是少数。不过，尽管一些习俗不同，不信教的村民和信教的村民一直能友好相处，对彼此保有基本尊重。

三、信仰习俗的现状

不像西方的一神教，中国传统信仰没有严格的宗教规则，更多的是对自然与神灵的敬畏与崇拜，是一种原始与朴素的感情。但与西方宗教相似，它们都表现为神秘性、神圣性以及强烈的魅惑力。然而，现代性意味着人们凭借自身的理性，通过现代科学以及对知识的追求来获得解放，无论是传统信仰，抑或是西方式的一神教，它们都是站在理性与现代科学的另一面，在现代性滚滚车轮之下，它们都卷入了世俗化的大潮之中，宗教逐渐蜕变为民众个人选择的事情。

改革开放后，邵家丘的年轻人已经很少信仰某种宗教，更少出现那种特别虔诚的信徒。尤其对于具体流程和内容，并不十分清楚。他们参与这些活动，更多是抱着纪念祖先、参与集体生活的态度，而非出于对神灵的信仰。这些情况的出现，既与国民科学素养的普遍提高有关，也与全世界处于"祛魅"时代宗教世俗化的大背景有关。

第三节　传统节日

传统节日是民众生活智慧、生命意识的集中反映，是集体长期创造积累的文化样式，既是古代信仰物化形态的一种遗留，又是具有自我调节机制的生活节奏，更是民众精神信仰、审美情趣、伦理关系与消费习惯集中与传承的文化空间。[①]

农历正月初一是一年的第一天。早晨起床，村民通常要穿上新衣服，以示新年新气象之意。大年初一还有谢天地的传统，也即向各路菩萨、各方神祇说一些吉利话。临山镇有些地方有"年初一，不吃稀"的习俗[②]，但邵家丘的村民没有这样的禁忌，最多只是大年三十的时候，把饭多烧一些，以示年年有余之意。此外，邵家丘村还有正月初一去坟头祭祀的传统，通常还要在坟前点蜡烛、烧香并放

---

① 王釜屾：《传统节日列为法定假日的文化意义与传承发展——以春节、清明、端午、中秋等四大传统节日为例》，《浙江学刊》，2010 年第 4 期。
② 《临山镇镇志》（未刊稿）

爆竹。

传统上，每年农历正月十四夜里，许多村民手里会举着火把到田里。这种火把制法很简单，通常就是把柴草绑在竹棍上，然后把柴草点燃。据说，这样的行为能烧死田里的蝗虫卵，从而保证当年有一个好收成。有歌谣曰："正月十四照蝗虫，照得天空亮堂堂。人家地头纯是虫，阿拉地头呒蝗虫；人家萝卜像屙虫，阿拉萝卜像斗桶；人家油菜像芥菜，阿拉油菜像镬盖；人像棉花像香梗，阿拉棉花像灯笼。"[1] 但这一习俗现在已经不存在了。

邵家丘村在元宵节会有挂花灯的传统，也吃汤圆。旧社会，一些富人甚至还会在元宵节时请来戏剧班搭台唱戏，有时候一唱就是三天三夜。但现在元宵节已经没有过去热闹了。

和中国大多数地区一样，清明节，邵家丘村的村民会去扫墓，扫墓内容则比较简单，通常就是添点土、锄下草。清明节，村民还会做艾团，炒苜蓿吃。旧时清明节，还有浸稻子的传统。一些村民会将杨柳枝插在缸里，据说这一做法会使得稻谷的种子早发芽，并健康生长。这一天还有吃芽豆的风俗，寓意稻谷的芽也像芽豆的芽一样坚强。这些都体现了村民对丰收的美好期盼。有民谣曰："清明插杨柳，下世做娘舅。清明吃艾果，一年不闯祸。清明炒苜蓿，吃了明眼目。"[2] 此外，由于邵家丘村长期种植棉花，因此清明节还有"除臭花娘"的习俗。所谓"臭花娘"，其实是一种对棉花生长不利的害虫。有民谣曰："清明送花娘，送到大海洋。海洋远千里，永不来我乡。"[3] 但这些传统现在几乎销声匿迹了。

端午节，村民会挂艾青和柳条，以防邪气。端午当天的菜肴讲究吃"五黄六白"，所谓"五黄"，是指雄黄酒、黄瓜、蛋黄、黄鳝以及黄蛤蟹；而所谓"六白"，即豆腐、茭白、小白菜、白条鱼、白斩鸡以及白切肉。[4] 传统上，端午节当天，村民们还要用雄黄在纸上倒写一个"蛇"字然后贴在墙上，据说可以"驱五毒"。另外，在邵家丘村，端午节这天，毛脚女婿（即新女婿）要去看望丈人。在过去，毛脚女婿去看望丈人的时候，礼物是不可少的，同时也很有讲究。除了鸡、鹅、肉、鱼，还要带乌馒头。但现在这一习俗已经不存在了。尽管如今端午节这天毛脚女婿仍然要登门看望丈人，但所带的礼品多是香烟和白酒。

---

[1]　鲁永平、杨鹏飞：《姚江民间歌谣和谚语》，浙江古籍出版社，2012年，第15页。
[2]　钱百治、金振海：《余姚民间歌谣》，自印本，2012年，第56页。
[3]　鲁永平、杨鹏飞：《姚江民间歌谣和谚语》，浙江古籍出版社，2012年，第15页。
[4]　三休：《端午习俗》，载《余姚文史资料（临山专辑）》第14辑，1996年，第80页。

立夏当日，村民们要称人重量，并且忌坐门槛，据说可以免疰夏。所谓"疰夏"，是中医病证名，即"因暑湿之气外侵，困阻脾胃，或暑热耗伤正气，脾失健运所致。以夏季倦怠嗜卧、低热、纳差为主要表现的时行热性病"①，其实就是一种中暑的症状。夏至这天，村民们有吃面条的习俗，谓"端五馄饨夏至面，吃之像牛一样健"②。

农历六月六，一般都是在"梅雨季"之后而进入"伏天"。由于是日经常天气炎热，太阳光强烈，村民们会利用这一天，把经过"梅雨季"而可能发霉的衣服拿出来暴晒，故有"六月六，晒红绿"之说。"红绿"即指衣服。"六月六，晒红绿"的传统现在已经逐渐见不到了，但村民们在"梅雨季"之后遇到晴朗的天气晒衣服，仍然是很常见的。

七月七本是传统"乞巧节"，但在邵家丘村，流行着"七月七，吃新鸡"的风俗。所谓"新鸡"，一般指童子鸡。

中秋节这天，除了传统吃月饼、赏月外，在邵家丘村，女婿要带上礼品拜访丈人。通常"老女婿"带的礼品会随意一些，而"新女婿"带的礼品要往往要精心挑选。

每年农历腊月二十三是传统"小年"，这一天村民要祭灶神。在邵家丘村的方言里，"灶神"被称作"灶净菩萨"。祭品通常有年糕、粽子等。腊月二十四，村民则要掸尘。

除夕，除了传统的贴春联或门神、放爆竹、给小孩子们发压岁钱，家里还要办斋饭。在老一辈村民那里，除夕这一天还要祭神谢年，感谢各路菩萨、各方神祇在这一年来对家族的庇护。祭神谢年之后，还要祭祖，以感谢祖先保佑。通常举行祭拜仪式的时候，家里大堂要放上八仙桌，桌上的南面放着点着的两根蜡烛和三根香。祭品除了传统鸡鸭鱼肉，还必须有"三茶六酒"，即桌子上摆放九个杯子，其中三杯茶，六杯酒。"三茶六酒"要在桌子的东、西、北三个方向。而祭拜一般要朝向北面。

在过去，过年放爆竹的时间并没有太多讲究，但近年来，由于开工厂办企业的村民越来越多，他们开始迷信起来，过年放爆竹的时间往往要先"问"一下菩萨。除夕当天，村里的商店一般下午三点就关门了，村民们要早早回家准备过年的饭菜。一般到了初三以后，商店才会逐步开门营业。

① 朱文锋：《中医内科疾病诊疗常规》，湖南科学技术出版社，1999年，第109—110页。
② 余姚市志编纂委员会编：《余姚市志（1988—2010）》，浙江人民出版社，2015年，第1105页。

第四节　婚丧

婚丧习俗是中国文化中重要的礼仪活动，是传统文化的基础内容，也是构建民族文化认同的重要方面。[①] 就农村地区而言，婚丧习俗不但可以反映当地的民情风俗，还蕴含了丰富的文化意象与文化内涵。

一、婚姻习俗

和中国很多地区一样，在邵家丘村，结婚的日子通常要由算命先生算过才能决定。而接新娘的时间，一般是下午 1 点至 3 点。接完新娘，就开始拜堂。先是拜公堂、拜祖宗，然后是拜长辈。长辈通常都要给新人发红包，叫"拜见钱"。过去，为了表达对新人"百年好合"的美好祝愿，彩礼通常需要"圆件"，例如铜盘、梳头盘、竹编箩、马桶、洗衣服的盆等。当然除了"圆件"，彩礼还包括钱。过去，村里结婚仪式的规矩、步骤非常多，很讲究。余姚市非遗办沈信标采访了邵家丘村王文宝（1933—2008）老人，详细了解过这一带的婚俗。

根据王文宝老人讲，新娘上轿前先要换鞋，换好后不能落地，要直接由兄弟抱上轿，意为不能把娘家带到夫家；新娘口中含一颗硬糖，既表示甜蜜，也防新娘讲话。新娘上轿后，迎亲轿夫用短杠抬起轿，在女方堂前顺转三转再倒转三转，然后用长杠换掉短杠抬轿出门，女方母亲要坐在房内马桶箱上，边哭边教导女儿："乖囡呀，侬抬到夫家要好好做人，要尊重大人、和睦姑叔，要勤俭持家啊……"亲邻此时都会相劝，这时女方母亲就不再哭泣。迎亲队伍一般是两面对锣开道，后面是梅花和粗十番，然后是新娘的轿子，轿旁跟一堕民嫂，专门拿新娘马桶（俗称"子孙桶"）。队伍到达男方家时，鼓乐齐鸣，男方有两个帮工拿着五只麻袋，袋口朝内，铺在轿前，新娘在堕民嫂的搀扶下下轿，走在麻袋上，麻袋依次向前铺递，直列堂前，此意为传宗接代，代代相传。拜堂前，堂前华桌下要放置一面小石磨，磨上放秤、小镜子、辐撑（织布工具）、斗等物件，斗内放一小撮棉花籽（表示"开花结果"）。华桌前放两张八仙桌，南北相连。上放八盆茶果及龙凤花烛。成亲时，新娘立在堂前西边，新郎立在东边，司仪站在八仙案旁，

---

① 张瑞清：《近代历史教科书对传统婚丧习俗的叙述与中华民族文化认同》，《课程·教材·教法》，2018年第 11 期。

宣告"结婚典礼开始"，并主持拜天地之礼。之后由私塾先生或长辈读"祝文"。祝文格式通常是固定的：

"维，××年，岁在××，择于×月×日吉时良辰，宜男×××年已弱冠，淑女×××待字闺中，受父母之命，媒约之言，遵周公之礼，结百年好合……鸳鸯比翼，鸾凤和鸣，鼓琴鼓瑟，宜室宜家，夫唱妇随，百年偕老。"

中间是尊敬长辈、孝顺公婆、恪守妇道之类的警句。读毕，司仪即高喊："新郎新娘送入洞房"，继而鼓乐齐鸣，鞭炮震天，儿女双全的男性长辈手捧龙凤烛台在前引导，新郎、新娘脚踏麻袋，依次走进新房。至此婚礼始告一段落，以后就忙于办婚宴和接新舅爷。

因家贫，定亲后无法下聘办酒，男方可以与媒人、婚家约定好"抢亲"。新郎找两个帮手，抬着一顶青衣轿，停在女方屋外偏僻地方，随后两帮手挟着"包袱布"跟着新郎到女方家，新郎打招呼之际，要用手在新娘衣角处拉一下，暗示帮手认准新娘，得到暗示后帮手立即用包袱布蒙住新娘的头，反背到停轿处，塞进轿内，抬起就走。个别新娘也有反抗的，背的时候乱抓乱踢，这时另一帮手就拿出剪刀剪断新娘的裤腰带，新娘双手忙于护腰不能乱抓，抢亲者便顺利地将新娘背到轿内。新郎见轿已起身，随即溜走。女方母亲见女儿被抢走，要赶到门口假意骂男方几句，或叫几个亲友假意追赶一阵，主要是叫左邻右舍听见，大家面子上能过得去。

娇子抬到男方家后，就拜堂成亲，过程比较简单，只有两支大红蜡烛点燃，几个自家屋里人，还有几个帮手、媒人、堕民嫂。青衣轿一到，堕民嫂就用一块红布盖住新娘的头，搀到堂前，由媒人主持拜天地，随后由堕民嫂和媒人拿红烛送入洞房。第二天，与其他新婚夫妻一样，新人带上几个"包头"到女方家"双回门"，顺便道歉。除"抢亲"之外，家贫者还有"调亲配"（两家儿女互相娶嫁）、"姑表配"、"等郎配"（童养媳）、"倒插门"以及较少见的"孵床佬"（公婆为守寡儿媳招夫）等。婚前，男女可以退婚，主要涉及聘礼退还问题，如女方提出退婚，则要退还礼金；男方提出退婚，女方退与不退皆可。男方若因发现女方生活作风问题而提出退婚，女方要退还礼金；见面礼一般可以不退。

随着时代变迁，婚姻习俗也发生了巨大变化。例如结婚彩礼，20世纪70年代，一般是两三百元。这在当时已经是很大一笔钱了。而到了20世纪90年代，彩礼金额就开始上万了，现在12万8千元或者18万也都习以为常。除了钱，如今还要求金项链、金戒指等。一些女孩子也会要求男方有房有车。再如婚宴，"文化大革命"期间，婚宴是被禁止的。当时，结婚流程只有拜堂。改革开放后，随着人们生活水平的提高，婚宴也开始有铺张浪费的倾向，一般人家的婚宴会有十二三桌，甚至二十桌以上的也有。但党的十八大以来，党员干部的婚礼得到了规范和限制，大操大办和铺张浪费的风气在一定程度上被遏制。

除此之外，婚姻习俗最大的变化是很多繁琐的传统仪式越来越简化，例如读祝文仪程已逐渐消失，拜天地后直接入洞房，而拜天地的流程也日趋简单。

二、葬礼习俗

古代余姚民间十分重视身后之事，有生前提前准备后事的习俗。人到了一定年龄，都要为自己准备故后的穿戴、住处，即寿衣、寿材、寿坟。据《姚江风情》记载，余姚人做寿衣必须用土布、丝绸做料子，不能用洋布和缎子，忌用毛料、皮料，以免来世变为长毛畜牲；颜色忌讳纯黑、深黑色；寿衣的衣袖一定要做得长，能将手指完全遮盖住。女性死后要戴一顶帽前钉着一颗球子的深色帽，意喻在阴间仍可以见到光明。死者用的枕头上绣着太阳和公鸡，意喻死者在阴间仍可知晓日夜。寿鞋上要绣上荷花。寿材，即棺材，与中国很多地区一样，棺材谐音"官"与"财"，因此余姚人也视棺材为吉利之物。所以，做寿材是一件喜事，必须选择吉日，做好后涂上漆，在固定位置存放，制作寿材的工钱由已出嫁的女儿支付。生前做寿坟也是余姚丧葬习俗的一大特色。人们普遍认为，坟墓是逝者的安身之处，犹如活人的房屋，故做坟与造房子一样开支也不小。也有死后子女再给建坟的，或者夫妻双方一方去世的，要建一墓两穴或多穴（多妻者）的夫妻合葬墓。

据邵家丘村俞庆寿老人讲述，过去邵家丘人建寿坟非常讲究，有一整套仪式、程序。首先是看风水、选墓地和方向方位，一般由风水先生根据当事人本人和子孙的生日时辰及五行排定。其次是选开土日子，既可以请风水先生，也可请算命先生，还可以根据当事人本人和子孙生日时辰及五行排定。再次是开土，要提前准备好香烛、纸块、元宝、炮仗等用品；开土前要请上地神，要准备好两个盆子，一盆盛米和茶叶，一盆盛六种素菜，将盆放在一面竹筛上；开土时，点燃香烛后，一个人拿着竹筛向东、南、西、北、中（代表金、木、水、火、土）五方撒米撒茶、烧纸钱，一个人拿着锄头每个方向掘一下地，完毕后就放炮仗，开土完成。

接着就是建坟穴，一般用砖或者石头。然后是请土地神，经佛要放在灯笼里。最后就是进穴，要准备一块青砖，两面磨滑，用朱砂写"勒令"二字，并画一个八卦，放于坟顶头壁面，青砖两旁分别放一盆油、一盆水，至此，寿坟建造完毕。

具体丧礼过程有摊板头（停尸）、报丧、奔丧。人死后，家人还必须为亡人设神堂，神堂必须设在住房正堂偏右角上方，又称"祖先堂"。神堂内必须放置一块木板灵位，正面写着逝者（祖先）姓名，如"亡灵×××之位"，左下方写"孝男（女）×××立"，反面写着逝者生卒年月日时，以此永远纪念祖宗并保佑子孙后代富贵荣华。拜放灵位时，要点香烛行叩拜礼，香烛自行燃尽，逢年过节及死者生日忌辰，子女都要在神堂前点香烛叩拜。随着时代变迁，丧葬礼俗也日趋简单化，大多数繁琐流程已经消失。

总之，邵家丘村的传统文化民俗，既有姚北以及临山镇的整体特色，也有自己的特点。一方面，传统文化的维系能够增强村民对村集体的认同，并以此为基础，增强村民的凝聚力。在现代性的大背景下，如何保护、传承优良传统文化民俗，是一个既严峻又有意义的问题。另一方面，一些文化民俗走向衰落，例如传统信仰，它的衰落与现代性本质上对理性、对现代科技的追求息息相关。面对传统信仰的衰落，人们所能做的不过是记录下它的点点滴滴，以为历史之凭证，以供后人之研究，但却无法使其复兴，因为现代性的大车轮是无人可以抵挡的。毋庸置疑，数千年来，传统信仰蕴藉着人们的心灵，在村庄更是如此。如何在传统信仰衰落之后，在现代这样一个对物质生活突出强调的时代里，让村民们的心灵依然有所寄托，同样是一个既严峻又有意义的问题。下一章"村庄文化现代传承与建设"中即试图探讨邵家丘村在这方面的探索与实践。

第二章　村庄文化现代传承与建设

现代性让人们享受到了富裕物质生活的同时，也带来了诸如心灵空虚、道德危机、共同价值观缺失等严峻问题。随着时代的变迁，村庄传统文化自身面临着危机。无疑，传统文化习俗具有重要功能，它们维系着村民对村庄的认同，承载着村民的心灵世界，它们是村民道德与共同价值观的基础，它们给村民厚重的家园感，让他们不再感觉自己是漂泊的浮萍。因此，如何传承好传统文化习俗，是摆在村庄面前的一项重要课题。然而，现代性的滚滚车轮注定使得一些传统文化习俗不复存在，任何努力也都无济于事。因此，如何在某些特定的传统文化习俗已注定衰落的前提下，通过一系列现代文化建设，填补那些传统文化习俗原本所承担的功能，就成为一个更加艰难但又很有意义的任务。在这一时代大背景之下，邵家丘村可能显得十分微小，但村庄的一些探索与实践，依然具有一定意义。

第一节　文体文化

文体文化是村庄文化灵动而又富有活力的组成部分，它能够使村庄呈现勃勃生机，同时也能够促进村民身心健康发展。但文体文化的意义还不仅在于此。通过广泛地参与各项文体活动，村民能够增进对村庄的认同，并由此铸牢共同家园的信念。在传统认同因素逐渐衰落的大背景下，文体文化在这方面的重要意义日渐突显。

一、文体队伍

文体活动，队伍建设是基础。邵家丘村高度重视文体队伍建设，陆续建立了戏曲队、铜管乐队、舞蹈队等一系列文体团队。这些队伍的日常排练与各类演出，不仅使得村民业余生活更加多姿多彩；同时，也以一种潜移默化、润物细声的文化使得村民远离低俗，丰富了他们的精神世界，增强了对邵家丘村这个大集体的认同感与自豪感。参与这些文艺团队的村民更是拥有了充实、有趣的业余生活。

文体队伍既有文艺团队，也有体育团队。如果说文艺团队更多吸引的是女性村民，那么体育团队则更受男性村民青睐。除了文艺团队，邵家丘村还建立了一系列体育团队，例如乒乓球队、篮球队、象棋队等。这些团队定期举办活动，并设置一些奖励，吸引村民参加。邵家丘村村委会办公地，就有一块篮球场，村民经常业余时间来这里打篮球。因为篮球场设施一流，甚至还经常会吸引邻村人参加。参与这些体育团队，不仅丰富了村民的业余生活，更重要的是身体和大脑都得到了锻炼，对于村民享受健康的生活具有重要意义（见表14）。

表14　邵家丘村主要文艺、体育团队一览

序号	团队名称	组建年份
1	邵家丘村象棋队	2007
2	邵家丘村乒乓球队	2007
3	邵家丘村篮球队	2007
4	邵家丘村拔河队	2007
5	邵家丘村铜管乐队	2012
6	邵家丘村姐妹花铜管乐队	2014
7	邵家丘村巾帼舞蹈队	2015
8	邵家丘村佳木斯健身操队	2015
9	邵家丘村巾帼旗袍秀队	2017
10	邵家丘村巾帼瑜伽健身队	2017

二、文体活动

邵家丘村通过开展一系列内容丰富、形式多样的文艺活动，丰富了村民的业余生活，提升了村民的精神风貌，深受村民喜爱。以近三年为例，2016年，邵家丘村举行"舞动嘉荣"——村企结对职工广场舞比赛暨美丽家园活动开幕仪式、浙江美术馆送文化进邵家丘村道德馆等文化活动，并组织村民参加镇篮球赛和镇全民运动会；2017 年，邵家丘村举办村职工趣味运动会、文化志愿者包粽子比赛、戏曲纳凉晚会、数字电影进村等文化活动，同时组织村民参加余姚市第十五届运动会大众部落羽毛球比赛等活动。2018 年，邵家丘村开展了"一人一艺"艺术普及、培训等文化活动。

很多文体活动因时制宜，颇具特色。考虑到炎热夏季，村民有去户外纳凉的习惯，村里举办戏曲纳凉晚会，极大地丰富了村民文化生活。例如在 2017 年 8 月 18 日举行的戏曲纳凉晚会上，有越剧《双珠凤》选段《兴冲冲奉命把花送》、《沙漠王子》选段《叹月》、《梁祝》选段《十八相送》等，也有姚剧《兰花女》选段《桂花言语似水刀》、《大发财》等，甚至还有歌曲《铁血丹心》《一路上有你》等。这些精选的越剧、姚剧和歌曲都是村民喜闻乐见的，而演唱者也多是本村村民，这就更增加了村民的兴趣与参与度。除了夏季有戏曲纳凉晚会，春季有"红五活动"，秋季有"幸福和谐邵家丘文化艺术周"活动，冬季则有"农民春晚"。很多活动都上演村民自编自演的节目，既丰富多彩，又热闹喜庆。

热爱文艺活动的村民除了在本村进行表演外，还常常走出去。例如，2016 年 10 月 5 日，邵家丘村舞蹈队走进横塘村表演《独一无二》；2018 年 8 月 16 日，村巾帼旗袍秀队赴杏山村展开了一场精彩表演。这些"文化走亲"既向其他村的村民展现了邵家丘村村民积极向上的精神风貌，也以文化为纽带促进了不同区域间的文化交流互动。

三、文体设施

文体队伍的建设与文体活动的开展都依赖于健全的文体设施。农村文体设施是农村公共文化服务的主阵地，也是展现新时代农民风采的窗口。对此，邵家丘村投入资金，建立起诸如文化礼堂、阅览室、道德馆、欢乐大舞台等一系列文体设施。

（一）文化礼堂

2013 年，浙江率先打造集思想道德建设、文体娱乐、知识普及于一体的农村文化综合体——文化礼堂，整合各种文化资源，全面提升农村文化建设的质量和水平，重构乡村文化空间。2015 年，邵家丘村文化礼堂建成。作为农村文化服务综合体，文化礼堂是村民学习党的方针政策、接受技能培训以及进行各种文体活动的重要场所。当然，在某种意义上，它又不仅仅承载着学习、培训与文体活动的功能，而更关注村民精神层面的提高、心灵世界的充实，它能够潜移默化地发挥教育、感化和认同的积极作用。因此，文化礼堂更是弘扬主流价值，传承优秀传统文化的重要阵地，也是巩固农村思想文化阵地的重要保障。

（二）图书阅览室

根据邵家丘村档案馆的资料显示，邵家丘村图书阅览室藏书四千余本，而且都有分门别类的整理，其中比较多的分别是"政治与军事类"906本、"中国文学类"564本、"育儿保健类"214本、"国外文学类"183本、"现代文学小说类"229本，这些类别的书籍，正是村民日常最需要的，充分满足了村民的精神和文化需要。

（三）道德馆

"道德馆"是2015年由邵家丘村党总支、村委会投资50万元兴建，2016年投入使用，是浙江第一家村级"道德馆"，也是文化礼堂的二期工程。邵家丘村"道德馆"以"弘扬社会主义核心价值观、促进社会公民道德建设、培育廉洁文明社会氛围"为宗旨，分为"道德之源、崇德之路、爱家之德、立人之品、敬业之道、乐善之行"等六大主题，以"固定展板""视频展播"和"道德讲堂"等方式运作，其中固定展板设"好家风""好民风""好村风"和"讲道德""尊道德""守道德"六个主题展区，系统讲述了邵家丘村道德传承的起源和发展历程，收录全村优秀好人好事。"道德馆"通过科技手段与本土元素相结合，生动展现了本土精神风貌，为全村上下形成"做好人有好报、讲道德有回报"的良好氛围起到了积极的作用。同时，"道德馆"通过突出道德建设，充分展现村史传统、民风民俗、成就业绩、先进典范，把道德建设的基本内容形象化、具体化，引导村民主动成为道德的传播者、践行者。[①]

（四）欢乐大舞台

"欢乐大舞台"位于村委会办公所在地的广场，除了宽敞的舞台，还有一块巨大的电子显示屏。村里的各种晚会、表彰活动等，都在"欢乐大舞台"举行。因为设施齐全，设备先进，除了本村活动，还吸引了很多外地的活动在此举行。例如在2013年七夕，余慈戏迷戏曲协会、临山镇文化站、邵家丘村共同携手在邵家丘村"欢乐大舞台"举行了六县市戏迷戏曲纳凉晚会。当天晚上，邵家丘村"欢乐大

---

① 陆银辉：《农村文化礼堂建设的价值探寻：从空间聚合到精神融合》，《余姚日报》2017年8月6日2版。

舞台"灯火通明，掌声雷动，来自杭州、台州、新昌、上虞、余姚、慈溪等地的
50 多名戏迷相聚在这里，共同举行"相约七夕"戏曲纳凉晚会。[①]

第二节　人文关怀

所谓"人文关怀"，即充分肯定人的价值与尊严，并从多方面、多层次关心人
的需求——不仅关心人的物质层面需求，也关心人的精神层面需求。在邵家丘村，
人文关怀是道德文化的重要组成部分，它能够起到良好示范作用，且潜移默化中
促进全村道德水平的提升。同时，人文关怀也能够促进村庄共同体的健康成长。
邵家丘村党总支秉持"老吾老以及人之老，幼吾幼以及人之幼"的传统道德理念，
突出重点、抓住两头，瞄准村庄共同体"老弱"两类特殊群众，分类施策。

一、关怀少年儿童

少年儿童代表着希望与未来。如何关心、关爱少年儿童，让他们能有一个愉
快、充实的课余生活，在一个健康、积极、充满朝气的环境中茁壮成长，无疑是
一件非常有意义的事情。2012 年，邵家丘村在临山镇率先创办"假日学校"。本着
"孩子开心、家长放心、社会安心"的宗旨，通过提供一系列丰富多彩、形式多样
的教育服务，不断丰富未成年人的假日生活。邵家丘村"假日学校"成为加强农村
未成年人思想道德建设的有效载体。它主要有以下特点[②]：

第一，积极利用暑假时间。对于孩子们来说，暑假时间往往比较空闲，而家
长又时常忙于工作，无法照顾。因此，一些孩子沉迷网吧，甚至打架斗殴；还有
一些孩子在户外玩耍，特别是玩水戏水，安全隐患大。所以，充实孩子们漫长的
暑假生活，让他们度过一段舒适、快乐、上进的假期，并在思想道德、文化知识、
安全意识等方面都得到进步和提高，同时又保障自身安全，避免参与危害自身或
社会安全的事件。因此，邵家丘村利用暑假时间举办"假日学校"，辅导对象是辖
区内小学一至六年级的学生。"假日学校"的地点设在村文化宫，里面配备有篮球

---

① 《六县市戏迷在邵家丘村举行戏曲纳凉晚会》，"余姚新闻网"，http://yynews.cnnb.com.cn/system/2013/08/16/010705597.
shtml，访问日期：2019-11-03。
② 本部分参考了《邵家丘村关工委假日学校工作情况汇报》，2016 年，邵家丘村档案馆藏；《2016 年"春泥计划"
实施工作情况简介》，2016 年，邵家丘村档案馆藏；《余姚市关工委假日学校工作手册——邵家丘村"春泥计划"
时期学习班》，2016 年，邵家丘村档案馆藏；《春泥计划创新案例申报材料》，2013 年，邵家丘村档案馆藏；《邵
家丘村创建余姚市"六好"村关工委主要事迹》，2013 年，邵家丘村档案馆藏；《邵家丘村 2014 年关工委"假
日学校"课程表》，2014 年，邵家丘村档案馆藏；《邵家丘村春泥计划各类活动》，2014 年，邵家丘村档案馆藏。

场、健身室、图书室、乒乓球室，能为孩子提供良好的教学环境。暑假期间，学校空调全程开放，并为孩子们提供小点心、矿泉水以及各类防暑药品。所有费用都由邵家丘村党总支全力保障。据《余姚日报》报道，一开始，很多家长并不放心，还不愿意把孩子们送到学校。但随着"假日学校"取得了积极效果，的的确确为孩子们提供了一个欢乐、充实与安全的暑假，现在越来越多的家长一到暑假都争先恐后地把孩子送到学校。[1]

第二，课程设置多样、合理。"假日学校"不仅是平时学习课程的延伸，更重要的是，在暑假这段宝贵时间里提升孩子们的综合素质与整体能力，使他们在道德、法律、科技、艺术、手工等各方面都得到提高，使他们在艺术修养、兴趣爱好、语言能力、身体素质、习惯养成等方面都得到进步。因此，邵家丘村"假日学校"的课程设置很有针对性，既丰富又合理，且形式多样。除日常暑假作业辅导外，还包括传统文化教育——感恩教育，动手能力训练——树叶贴画、魔术气球制作[2]；甚至还有寓教于乐的知识抢答、开发智力的棋类比赛、丰富文化生活的电影观看以及重视身体健康的篮球、排球、羽毛球比赛等。

第三，重视法治、道德与安全教育。"假日学校"不仅让孩子学到了知识，丰富了课余生活，还让他们接受了法治与道德教育。未成年人朝气蓬勃，好奇心强，但也容易冲动。因此，"假日学校"定期安排法治课，用浅显易懂的语言和身边案例，让孩子们学法、知法、懂法、守法。道德教育方面，既有"青少年行为规范和行为习惯养成"主题讲座，还经常性地组织孩子们去慰问村老年公寓里的老人，帮助老年人打扫卫生、和老年人一起谈心聊天。这一活动既能丰富老年人的生活，又能够让孩子们深刻认识到中华传统美德"孝"的重要意义，在他们小的时候就将"孝"的种子埋在心底，潜移默化地提升孩子们的道德素养。此外，"假日学校"高度重视安全教育，例如经常性地组织开展"校园安全预防""游泳安全"等课程或讲座，引导孩子们从小就树立安全意识，切实提高他们的自我保护和紧急避险能力。

第四，师资队伍稳定且质量高。"假日学校"的老师是家长普遍关注的问题，将孩子们送到学校，都希望教育孩子的老师是好老师。在这方面，邵家丘村精心谋划，统筹布局。一方面，巧妙利用好暑期回乡大学生这一资源，建立"大学生志愿服务队"。这些志愿者都是邵家丘村的村民，后来通过高考进入大学。他们视

---

[1]　苗志瑜：《邵家丘村假日学校又开始啦》，《余姚日报》2015年7月17日5版。

[2]　苗志瑜：《志愿老师下乡来，魔术气球乐孩子》，《余姚日报》2014年8月5日5版。

野开阔，同时又熟悉村情，了解孩子们的特点。2014 年 7 月 25 日，《余姚日报》就报道了就读于绍兴越秀外国语学院英语专业的陈梦烨同学利用暑假回乡时间义务支教，为孩子们辅导英语知识的事迹。[①] 另一方面，充分用好退休教师的优质资源。退休教师时间充裕，经验丰富，深谙教学特点与规律。例如村 70 多岁的小学退休教师胡金灿，就长期在"假日学校"担任老师。除了书本知识，他还教授手工制作、书法、绘画等。因为其贡献突出，胡金灿老师还被评为"邵家丘村好人"，他的照片和事迹被挂在村"道德长廊"，里面写道："说起胡老师给孩子们上课的原因，胡金灿说：'我退休在家比较空闲，而且我也习惯了给孩子们上课，能在有生之年为邵家丘再尽点绵薄之力，能多教点孩子就多教点孩子。' 胡老师上课耐心仔细，每年暑假，村里举办暑假班都有好多小朋友报名参加，因为村暑假班里有一个人人敬佩、人人称赞、人人放心的老教师。"胡老师还曾说："我想一直教下去，把我的知识传授给孩子们，教书这个职业是我一辈子的选择，每当村里人喊我一声'胡老师'，我就感觉到教学这个工作赋予我神圣的力量，使我获得尊重。"[②]

大到一个国家，小到一个村，都应关注少年儿童的健康成长，因为孩子们代表一个共同体的未来与希望。只要孩子们能够茁壮成长，一个共同体就会不断繁荣与进步。反之，如果忽视了对孩子们的教育，急功近利，那么一个共同体的衰落也就不远了。在这方面，邵家丘村人具有明确的意识与高度的责任感。首先，邵家丘村积极丰富孩子们的业余时间特别是暑期时间，"文明其精神，野蛮其体魄"。其次，邵家丘村又巧妙利用暑期回乡大学生以及退休老教师的资源优势，合理安排他们服务村民。大学生志愿者们为师资队伍注入了新鲜血液，使得暑假课程更加生动、活泼和有趣，让小学生们在学到知识的同时，也陶冶了情操，增强了艺术审美能力。退休老教师也老有所为，同时也以他们丰富的经验为"假日学校"做出贡献。最后，"假日学校"活动丰富，形式多样，除了常规的语文、数学、英语、安全知识、道德法律、心理健康等，还有美术书法、手工制作、缤纷童歌、棋类比赛、八一建军节文艺表演等文化艺术类拓展课程和活动，能够满足孩子们的需要。

邵家丘村开展的"假日学校"切实做到了"孩子开心、家长称心与社会安心"，

---

① 张凯：《暑假回乡支教的陈梦烨：希望帮助孩子创造美好未来》，《余姚日报》2014 年 7 月 25 日 5 版。
② 《胡金灿：为村里的文化事业奉献余热》，"余姚新闻网"，http://yynews.cnnb.com.cn/system/2015/11/26/011310124.shtml，访问日期：2019-11-09。

这一实践与经验是非常宝贵的。特别在当下，农村留守或单亲儿童较多，如何帮助他们保护自身安全，同时也避免他们走向不健康的道路，都是需要全社会关注的问题。邵家丘村的探索与实践为解决这一问题开拓了一条卓有成效的道路，值得所有关心农村未成年人教育，特别是留守儿童问题的人的关注与学习。

二、关怀老年人

如果说少年儿童代表着希望与未来，关心少年儿童，会让一个共同体不断繁荣与进步，那么对老年人的关爱与照顾，则反映出一个共同体的文明与道德。一个不关心少年儿童的共同体是没有前途的，而一个忽视老年人的共同体则是没有道德底线的。没有道德底线的共同体，也注定不会有光明的前途。因此，关心少年儿童与老年人，是一个共同体健康发展的双翼，缺一不可。哪一个方面出现偏失，都会影响到一个共同体的正常发展。

习近平总书记指出，人口老龄化是世界性问题，对人类社会产生的影响是深刻持久的。我国是世界上人口老龄化程度比较高的国家之一，老年人口数量最多，老龄化速度最快，应对人口老龄化任务最重。[1]邵家丘村 60 岁以上老人已有 740人，占村庄总人口的 28.79%，早已步入老龄化。[2]因此，邵家丘村应对人口老龄化的任务比较重。村两委积极谋划，细心准备，推出了一系列举措，收到了良好成效，既让本村的老年人感受到了温暖与爱心，也为其他村的敬老爱老提供了丰富而宝贵的经验，并由此促进了全村道德水平的提高，增强了村民对邵家丘村的认同。

第一，连接少年儿童与老年人的心灵。每年春节，小朋友都能拿到压岁钱。这些压岁钱该怎么花？很多小朋友把这些压岁钱交给了大人，而另一些小朋友则用压岁钱买了零食、玩具等。如何能让这笔压岁钱花得更加有意义呢？在邵家丘村，过年期间，村党总支书记在向全村父老乡亲拜年的同时，都会呼吁村民动员自己的小孩为村"孝德基金"捐款（金额限制在 10 元至 200 元之间）。金额不多，实际上小朋友每年收到的压岁钱都比这个数字多得多，但让小朋友拿出压岁钱的一小部分捐到"孝德基金"，能让他们通过具体实践从小就认识到中华传统美德"孝"的重要意义。当然，捐钱还只是第一步，仅仅捐钱，对于"孝"还不能有

---

① 王建军：《深入学习领会习近平总书记关于老龄工作重要论述 加快发展新时代老龄事业和产业》，《时事报告》（党委中心组学习），2019 年第 4 期。

② 梁海艳：《中国老龄化的判定标准》，《中国老年学杂志》，2018 年第 9 期。

全面而深刻的认识。小朋友在春节期间捐钱之后，村里会组织专人带小朋友去 70 岁以上老年人家里，把他们的一点心意亲自送到爷爷奶奶的手中。根据要求，小朋友在每家每户拜访时间不能少于半小时，主要是和爷爷奶奶聊天，关心他们有什么需求，询问他们有什么地方需要帮助。一方面，小朋友通过参加这样的活动，能够对"孝"有着更加直观的认识，让他们从小就能够自觉做到"以孝立身"；另一方面，老年人也通过这样的活动得到了心灵安慰，因为他们平时最需要的就是关爱，需要别人特别是年轻人的看望。这样一个小举措，就能有效连接小朋友与老年人的心灵，既让小朋友接受了"孝道"教育，也充实了老年人的生活，可谓一举两得。邵家丘村让小朋友切身参与到敬老爱老的活动中去，直观地去感受具有民族特色、时代特征的孝亲敬老文化，这无疑是一个非常有意义的举措，值得所有关心"敬老爱老"问题的人们的关注。

第二，定期看望慰问老年人。首先，中节秋时村里组织专人给 70 岁以上老年人送月饼。其次，重阳节时邵家丘村会召开"七十佳表彰"暨"老年爱心基金"发放仪式，为全村所有 70 岁以上老人发放红包作为慰问金。重阳节举办的"七十佳表彰"暨"老年爱心基金"发放仪式是邵家丘村关爱老人各项举措的集中体现，每年在村文化广场举行，有数百人参加，颇具规模。最后，在老年人过生日的时候，村里会送去生日蛋糕。这样的举措不仅能够使得老年人感受到村集体的关心与温暖，而且也能够使他们更加珍惜身体，科学合理规划日常生活，提高自身健康。另外，对于去世的老人，村里也会组织专人送去花圈，以表示哀思与追悼。

第三，提供有效的医疗服务。医疗服务对于老年人来说至关重要，邵家丘村一直努力在能力范围内为老年人提供优质医疗服务。两个村卫生服务站专门为老年人设立医疗服务咨询窗口，村医杨大苗每周拿出一天时间专门赴老年人家中为他们测量血压。[①] 同时，针对糖尿病高发等问题，邵家丘村还成立了糖尿病患者俱乐部，每月邀请临山镇中心卫生院医生为患者上课。此外，邵家丘村每年组织 60 周岁以上老人体检，内容包括血糖、肝功能、B 超和心电图等，帮助老年人及早发现身体隐患，防患于未然，从而有效提高全村老年人的生命质量和生活质量，促进健康老龄化。[②]

第四，建立村养老幸福院和提供针对老年人的就餐送餐服务。习近平同志曾

---

① 苗志瑜：《临山镇邵家丘村乡村医生义务为村民量血压十五年》，《余姚日报》2016 年 2 月 3 日 5 版。
② 《优化养老服务体系，构建幸福美丽乡村》，2015 年，邵家丘村档案馆藏。

经强调:"构建居家为基础、社区为依托、机构为补充、医养相结合的养老服务体系,更好满足老年人养老服务需求。"[①]2008 年,邵家丘村投资近 80 万元,在四塘江边新建老年公寓 22 间,成立养老幸福院。养老幸福院占地面积大、设施齐全、环境与卫生良好,改善了全村孤寡老人的居住条件,村里安排专人或志愿者照料、慰问和打扫,尽最大努力解决需要帮助的老人在生活方面存在的问题。此外,邵家丘村还定期邀请余姚姚剧团、越剧团来村里为老年人表演节目,丰富他们的文化生活。[②]在一些重要节日,邵家丘村也积极开展活动,关爱养老幸福院里的老年人。志愿者、村民、文化队等群体或组织,也经常以各种形式关爱养老院里的老人。

基于"为政府担责、替儿女尽孝、为老人分忧"的工作理念,目前邵家丘村老年幸福院已经成为余姚市最具规模、最具特色、最为规范的首家村级专业化养老公寓。另一方面,为了方便老年人就餐,邵家丘村专门建立老年食堂。每餐供餐标准为 6 元,包括一荤一素和一份米饭,如果是糖尿病人,食物上则给予特殊关照。对于"五保户",用餐则免费。对于 80 周岁以上以及最低生活保障家庭中 60 周岁以上的老人,餐费则由个人和村集体各承担一半。[③]有需要的老年村民既可以去老年食堂就餐,食堂也可以送餐到家。老年食堂的设立有效地解决了部分老年人吃饭难的问题。

人口老龄化是全世界普遍存在的问题。习近平同志指出:"我们要在不断发展的基础上尽量把促进社会公平正义的事情做好,既尽力而为,又量力而行,努力使全体人民在学有所教、劳有所得、病有所医、老有所养、住有所居上持续取得新进展。"[④]邵家丘村在解决老龄问题探索出来的方法、总结出来的经验是一笔宝贵的财富,值得所有关心老龄问题的人的探讨与借鉴。更重要的是,对老年人的关心与照顾不止是解决老龄化的问题,它还具有更加重要且深刻的意义。因为对老年人的关心与照顾,可以有效地增强中年人、青年人乃至少年儿童对村集体的认同,会使他们强烈认识到村集体是在为大家服务的,将来如果自己老无所依,同样能够感受到村集体的温暖。认同的增强意味着村民与村集体之间的矛盾大大

① 《习近平在中共中央政治局第三十二次集体学习时强调:党委领导政府主导社会参与全民行动　推动老龄事业全面协调可持续发展》,《人民日报》2016 年 5 月 29 日 1 版。
② 《优化养老服务体系,构建幸福美丽乡村》,2015 年,邵家丘村档案馆藏。
③ 《居家养老服务照料中心服务协议》,2015 年,邵家丘村档案馆藏;《关于邵家丘村老年食堂提供就餐、送餐服务的告知书》,2015 年,邵家丘村档案馆藏。
④ 习近平:《切实把思想统一到党的十八届三中全会精神上来》,《人民日报》2014 年 1 月 1 日 2 版。

减少，村集体的各项工作也能够顺利开展。因此，对老年人的关心与照顾，不仅是解决老龄化的问题，它对于促进村庄共同体的健康发展，促进人与人之间的和谐相处都具有重要的作用。

第三节　道德建设

邵家丘村坚持"道德立村"，在弘扬社会主义核心价值观、促进社会公民道德建设、培育廉洁文明社会氛围的实践中，深刻认识到"制度问题更带有根本性、全局性、稳定性、长期性"，因此，依托"道德银行"试点的先行优势，着力建立健全制度建设，既形成了可复制、可推广的经验，又进一步巩固了道德建设成果。

一、设立"道德档案"评定"道德积分"

"道德档案"是指通过制定科学的评议标准，将基本行为规范和公序良俗纳入评价标准，并建立道德评议队伍，从而广泛开展道德评议工作。道德评议以"一户一档"为原则，通过"自评领会道德标准""组评发现道德模范""公示树立道德标杆"等形式，在全村所有村民中推行道德评议，其评定标准包括"遵纪守法、行为文明""热心公益、支持发展""诚实守信、勤劳致富""家庭和睦、邻里团结"等多个方面，根据实际情况加分或减分。例如未参与各级组织的各类志愿服务和教育文体活动，酌情扣1—2分；家庭成员如发生聚众赌博、打架斗殴的，酌情扣3—5分；没有诚实守信开展生产经营活动，有销售假冒伪劣产品现象的，酌情扣3—5分；获得"好村民"等荣誉称号的，酌情加1—4分；被评为市级及以上诚信经营户、诚信企业的，酌情加1—3分；积极带动、帮助周边群众解决就业创业等问题以及获得表彰的，酌情加1—3分等。

总得来说，"遵纪守法、行为文明"方面共计36分，"热心公益、支持发展"方面14分，"诚实守信、勤劳致富"方面30分，"家庭和睦、邻里团结"方面20分，共计100分。这些分值的设计和分布能够反映乡村社会的特点。"道德积分"的评定程序规范且公开透明，评定结果得到群众认可。邵家丘村还将"道德积分"作为评选村"十佳党员""十佳文明户""十佳志愿者""十佳美丽庭院"等"十佳"荣誉的主要依据。由于乡村是典型的熟人社会，相比城市，村民更看重周围其他村民对自己的评价，因此，每一个村民都会重视自己的"道德积分"。

对于"道德积分"，严格按照真实公正、注重实效以及方便群众监督的原则执行公示制度，确保公开内容真实可靠，方便群众知情和监督。同时，对"道德积分"的公示，也能达到引导良好社会风气的作用。公示地点统筹线上线下，既有线上微信公众号"美丽邵家丘"、网格微信群，又有线下公示橱窗，方便村民及时了解有关信息，公示时间一般为 5 至 10 天。对于群众有异议的，道德积分管理领导小组还会根据群众反映进行核实和评审。

二、宁波第一家"道德银行"

"道德银行"依托"道德档案"与"道德积分"，对提出贷款申请、道德积分达到规定分数的农户，经镇道德积分管理领导小组和创业贷款评审委员会审核后，就可以发放贷款。传统上，村民遇到资金问题，向银行贷款非常困难。因为农村房屋没有私人产权，银行一般不认可，而找人担保又需要人情，特别是涉及钱的事情，并不容易。"道德银行"以"文明作担保、诚信作抵押"为原则，将"道德"与"信贷"创造性地结合在一起，把看不见、摸不着的道德资本变成有形的财富资本，提高了村民的道德观念，激发了村民遵纪守法、诚实守信的意识，全面而深刻地推动了全村的道德建设。

2012 年 6 月 30 日，余姚市"道德银行"首批创业信用贷款发放仪式在邵家丘村举行，邵家丘村 7 位村民获得共计 100 万元的创业信用贷款。村民何建良一向拥有良好的道德素质，在村民中颇有好评。2013 年，他的生意因遇到一些问题而急需用钱。万般无奈下，他想到了"道德银行"，没想到很轻松地贷款 20 万元，缓解了燃眉之急。2018 年，因为有着较高的道德积分，何建良的贷款额度提高为 50 万元。[①]

对于申请贷款的村民，如果存在特定的违反道德行为，会被一票否决。除了"道德积分"低于 90 分，还包括三年内具有生产、销售假冒伪劣产品及不正当竞争等不良记录者，三年内存在偷税、漏税等违法记录者以及六年内有刑事处罚记录或三年内有治安处罚记录者等情形。之所以这样规定，还是因为"道德银行"的创业贷款要以引领良好社会道德风尚为前提，要督促村民自觉遵纪守法，不做违反道德的事情。

邵家丘村的"道德银行"实践颇受肯定。2018 年，时任中共浙江省委主要领

---

① 曾毅、干杉杉：《宁波余姚："道德银行"让德者有得》，《光明日报》2018 年 12 月 27 日 16 版。

导以及宁波市委主要领导批示要求余姚进一步深化"道德银行"建设，把"道德银行"推广到宁波乃至浙江各地。省内外一些知名学者也对道德银行颇感兴趣。中国人民大学毛寿龙教授认为："在社会转型期，政府对道德风尚的引领显得成为重要。余姚市临山镇邵家丘村'道德银行'是政府主导建立的道德绩效和奖励平台，既解决了农民贷款难，帮助农民实现了口袋富裕，又弘扬了向善的力量，鼓励农民脑袋富有，可谓一举两得。"[①] 全国道德主题教育委员会副主任魏良鹏评论道："将道德积分纳入行业信用体系在全国鲜有，余姚市临山镇邵家丘村设立'道德银行'，既弘扬了文明，又通过贷款帮助'精神富有'的人实现了'物质富裕'，有很强的推广价值。"[②] 中国社会科学院农村发展研究所研究员杜晓山认为："以道德积分作为放贷审核依据，实质上是信用贷款的一种延伸，在民风淳朴、注重村规民约的地区，农户们更加看重周围村民的评价，因此道德评价较高的农户发生恶意欠款及违约的可能性较低。"[③] 邵家丘村的成功经验使得道德银行在余姚全市得到推广，收到了良好的效果，成为余姚的一张"金名片"。特别是在 2013 年 1 月 31 日晚上，央视《新闻联播》节目以"余姚：诚信抵押'道德银行'可获贷款"为题，以 1 分 15 秒的长度讲述余姚"道德银行"，进一步扩大了"道德银行"的影响力。

"储进去的是道德，取出来的是财富。"当"道德银行"在邵家丘村实施之后，村民的文明意识与道德水平不断提高，好人好事不断涌现。"道德银行"在邵家丘村萌生，不是偶然的，而是必然的。它是邵家丘村长期强调"道德立村，志存高远"精神的结晶。作为"道德银行"的破冰启航地，邵家丘村在实践中不断探索具体方法和完善相关制度，通过规范"道德积分"评定标准、完善道德积分公示制度、严控信贷发放程序，不仅营造了全村人人遵纪守法、人人注重道德修养的氛围，极大地提高了全村的道德水平，更为全市、全省乃至全国农村道德建设提供了一种行之有效的思路和弥足珍贵的经验。

三、道德评议庭

邵家丘村在村文化宫、党员电化教育点等处设立"道德评议庭"，定期对村民敬老、爱老行为进行宣传和表彰，同时对一些有违孝道的村民个人及其行为，也

---

① 《宁波"道德银行"让精神富有者实现口袋富裕》，http://hbjswm.gov.cn/syjj/dfcz/201212/t20121217_987895.shtml，访问时间：2020-4-2。
② 《余姚108个"好人家庭"从"道德银行"贷到款》，《宁波日报》2012 年 11 月 13 日。
③ 《好人果然有好报，余姚农户以德贷款》，《浙江日报》2012 年 8 月 22 日第 3 版。

及时开展批评教育。设立"道德评议庭"，公开表彰先进，可以起到激励作用；对于一些在孝敬老人方面有欠缺的人提出批评，也可以使他们及时认识到错误，把矛盾化解在萌芽状态，从而促进全村健康发展，提升全村道德水平。

四、"道德馆"和"道德公园"

邵家丘村"道德馆"是全省第一家村级"道德馆"，它的主要作用是展示道德典型，弘扬道德风尚。"道德馆"主要有"道德风尚引领区""道德银行展示区"以及"好人好事亮榜区"三个方面的内容展陈。这些展陈内容充实，同时又形象生动。除了固定展陈，"道德馆"还设立道德讲堂，定期开展道德培训。通过一系列活动，全村村民能够更多地接受道德教育，全面提升村民的道德素质，激发村民向道德模范与先进典型学习的动力，进而在全村营造崇德向善的优良氛围。

同时，邵家丘村还建成了面积达 3000 平米的道德公园（见图 20）。公园内有道德石、道德墙，同时还打造了一条 300 多米长的道德文化长廊。长廊两边以图文并茂的形式，向村民展示道德名言警句、村各类道德楷模事例等，使村民在日常生活中潜移默化地接受道德教育，激发他们学习道德楷模的动力。

图 20　邵家丘村道德长廊

五、道德基金

邱家丘村先后成立了村"老年爱心基金""单亲留守儿童基金""困难群众帮扶基金""好人好事奖励基金"等。同时，通过整合其他一些基金，邵家丘村还成立村"道德基金"，并增设"道德风尚奖"，专门奖励涌现出来的道德楷模。

"道德基金"的资金来源都来自邵家丘村企业家的捐款。这些企业家热爱公益，造福乡梓。企业家的捐款有三万五万的，但更多的是在万元以下，一方面，这与邵家丘村的企业主要以中小型企业为主有关，他们虽然资金有限，但热衷公益事业；另一方面，众多的企业家之所以愿意慷慨解囊，也正是因为认同邵家丘村这个大集体，特别是认同邵家丘村"道德立村"的宗旨，说明邵家丘村道德建设成绩斐然。

第四节　新时代家风家训与村规民约

一种价值观要真正发挥作用，必须融入社会生活，让人们在实践中感知它、领悟它。家风家训与村规民约，与村民日常生活紧密相连，由近及远、"推己及人"，进而为价值观的塑造提供了现实基础。新时代乡风文明建设的落实，要因地制宜，从家风家训与村规民约出发。

一、新时代家风家训

家风是家庭中不可或缺的一部分。好的家风不仅能够营造良好的家庭氛围，提高家庭成员的道德水平，也能够在全社会起到模范带头作用，优化全社会的风气。邵家丘村始终坚持"道德立村"，践行"倡道德新风，建和谐家庭"，因此，全村涌现出很多在道德上具有模范带头作用的家庭。其中，比较典型的是王新祥家庭。王新祥家有父亲、妻子、儿子、儿媳和孙女，是一个六口人的大家庭。王新祥和妻子严冬梅都是共产党员，20 年前就办起了家庭工厂，目前年产值已达 1000 万元。尽管经济条件好，但夫妻并没有放松对自己的要求，而是不断学习新知识、新技能，努力把企业办得更好。多年来，他们夫妻二人在生活上相互关心，在工作上互相鼓励，共同进步。与此同时，夫妻俩也始终坚持"孝"这一中华民族的传统美德，一直能做到贤惠孝顺、敬老爱老。在教育孩子上，王新祥和严冬梅夫妻俩则率先垂范，作孩子的楷模。儿子不仅自幼懂事听话，也普遍得到了周围邻居的称赞。另外，王新祥与严冬梅夫妻俩也关爱他人，奉献真情。村里成立"道德爱心基金"，王新祥带头捐款，到目前为止，一共捐款20余万元。平时周围朋友或四邻有什么困难，王新祥也慷慨解囊。王新祥家庭成为邵家丘村"道德立村"的楷模与典范。

家训是家风的浓缩与结晶。好的家训同样能够营造良好的家庭氛围，提高家庭成员整体的素养与道德水平。坚持"道德立村"的邵家丘村同样涌现出一批好的家训。例如，樊建芳家庭家训："美不美，乡中水；亲不亲，故乡人"；高成荣家庭家训："乡党和而争讼息，夫妇和而家道兴"；黄宝康家庭家训："每事宽一分，方积多分福"；邵建功家庭家训："待人要宽和，世事要练达"；陈根龙家庭家训："治家舍节俭，别无可经营"；王新祥家庭家训："人而无信，百事皆虚"；王新外家庭家训："真心实作，无不可图之功"；钱加灿家庭家训："责人之心责己，爱己之心爱人"；潘小根家庭家训："一粥一饭，当思来之不易；半丝半缕，恒念物力维艰"；沈海军家庭家训："许人一物，千金不移。"[1]

好的家风与家训会成就好的家庭，好的家庭也自然会成就好的社会——一个人人向善、热衷公益、追求德性的社会。邵家丘村涌现的一批具有好家风、好家训的模范家庭，不仅对于个人、家庭具有重要意义，也会带动整个社会风气向更好的方向发展。

二、新时代村规民约

村规民约是村民自治的基础，是村民为了维护本村社会秩序、社会公德、社会公序以及村风民俗而进行自我管理、自我服务、自我教育、自我监督的规范。现行的《邵家丘村村规民约》（以下简称《村规民约》）共有八章，依次是总则、婚姻家庭、邻里关系、美丽家园、平安建设、民主参与、奖惩措施以及附则，一共31条。主要有如下一些特点：

第一，高度重视构建和谐婚姻家庭关系与邻里关系。《村规民约》的章节分布，突显了婚姻家庭与邻里关系在乡村治理与村民自治中的重要性。因为婚姻家庭与邻里关系往往是农村最容易产生矛盾的地方，稍有不慎，就有可能影响到乡村社会秩序与公序良俗。在婚姻家庭、邻里关系两章中，《村规民约》明确提出构建和谐婚姻家庭关系的总原则是"遵循婚姻自由、男女平等、尊老爱幼原则，共

---

[1] 相关家风事迹与家训依据村"道德馆"的相关介绍。

建团结和睦的家庭关系"；而构建和谐邻里关系总原则是"坚持互尊互爱、互帮互助、互让互谅，共建和谐融洽的邻里关系"。将婚姻家庭与邻里关系这两章安排在总则之后，表明村民对这两个领域的高度重视，也说明村民希望以《村规民约》为手段，加强自我管理、自我教育与自我监督，创造稳定、和谐与积极向上的婚姻家庭关系与邻里关系。

第二，注重女性权益保障。过去，农村女性权益往往得不到有效保障，特别是征地或拆迁补偿款问题、农村股份制改革分配问题、继承问题、再婚问题等，农村的舆论常常不利于女性。这主要是因为村民受一些不良传统思想的影响，有时候会将女性作为丈夫的附庸来看待，无法真正做到以男女平等为原则来思考问题。然而，现代社会要求以平等原则对待每一个人，在生活的方方面面都要保障每一个人的合法权益，因此，必须摒弃上述腐朽观点。《村规民约》的一个重要作用就是引导正确社会风气，以一种润物细无声的方式，改变一些旧的、歧视女性的陈腐思想，将男女平等的观点深入每一个人的内心世界，在行动上强调保障每一个人应有的权利。因此，《村规民约》第四条规定："依法保障妇女在征地、拆迁和农村股份制改革中应享受的权利。"第七条又进一步规定："丧偶女子有继承遗产和携子女再婚的权利，任何人不得剥夺已婚女子的合法继承权。"尽管《村规民约》不具有强制力，更多只是一种道德约束与规劝，但正是这种"春风化雨"方式，才能更好地实现乡村善治。

第三，既提倡用协商办法解决矛盾纠纷，又保障村民依法行使诉讼与信访的权利。中共中央强调，要坚持把非诉讼纠纷解决机制放在前面。过于依赖诉讼方式解决农村纠纷往往会有一些不利影响，因为农村是一个熟人社会，通过诉讼解决纠纷，不仅耗时长、花费多，而且容易影响村民之间的关系，造成一些不稳定因素。此外，由于法律往往过于刚性，法官很多时候很难完全考虑到农村社会的风俗习惯、价值观念等，因此，村民对于法院裁判有时候也有抵触心理。而灵活的协商、调解等非诉讼纠纷的解决方式，不仅有利于乡村的和谐与稳定，尽可能将矛盾化解在萌芽状态，而且由于协商、调解的指导者或主持者对乡村风俗习惯、价值观念更加熟悉，也更容易取得村民信赖。因此，《村规民约》第二十四条专门规定："提倡用协商办法解决各种矛盾纠纷，协商不成功的，可申请到村、乡镇调委会调解。"

第四，《村规民约》规范严谨，不与宪法、法律法规以及国家政策相抵触。

《中华人民共和国村民委员会组织法》第二十七条第二款规定，"村民自治章程、村规民约以及村民会议或者村民代表会议的决定不得与宪法、法律、法规和国家的政策相抵触，不得有侵犯村民的人身权利、民主权利和合法财产权利的内容。"然而现实中，个别村由于法治意识淡薄，其制定的村规民约与法律相抵触。例如禁止上访，规定村民如果有上访情形，将予以罚款。凡此种种，不仅直接或间接地侵犯了村民的合法权益，也与法律相冲突。然而，《村规民约》却不存在与法律相违背的情形，这反映了邵家丘村干部和村民都有着较高的法治意识与依法治村的观念。例如，前述乡村在解决纠纷过程中强调协商与调解的重要性。然而在现实中，个别乡村却走向极端，对于村民依法行使诉讼权特别是上访进行阻挠，甚至在村规民约中予以规定，这就明显与法律、法规相违背。《村规民约》不仅没有禁止依法进行的诉讼与上访，反而明确指出"也可依法向人民法院起诉"。对于较为敏感的上访问题，《村规民约》所禁止的是"无理信访、越级信访和集体上访"，要求村民"依法理性表达利益诉求""不得闹事滋事、扰乱社会秩序"。这样的规定既不与法律法规相冲突，保障了村民依法享有的诉讼和上访权利，同时又对于一些非法的、可能影响社会秩序的上访行为予以告诫。此外，个别村在村规民约中罗列的村民一些不良行为后，规定的惩罚措施里常常包括罚款，这实际上是与国家法律相违背的，因为村委会并没有罚款的权力。对于这一问题，《村规民约》有着明确的法治观念和依法治村意识，其第二十九条惩罚措施是这样规定的："凡违反本村规民约的，经村两委联席会议商议后，由村民委员会对行为人酌情作出批评教育、公示通报、责成赔礼道歉、写出悔改书、恢复原状或赔偿损失、取消村发放的各类福利（老年爱心基金、单亲留守儿童关爱基金、困难群众帮扶基金等）等相应处理决定。情节严重的，报有关部门依法依规处理。"这样的规定合情、合理、合法，既不与国家的法律相冲突，同时也能对违反村规民约的村民起到一定的告诫和警示作用。

第五节　结语与启示

现代社会的发展，在极大地丰富物质世界、以理性与科技帮助人们摆脱迷信与愚昧的同时，也带来了诸如心灵与道德危机、共同价值观缺失等一系列问题，人们如同孤立的原子，充斥着无根感与孤独感。邵家丘村村集体当然不能说具有理论认知的高度，但邵家丘村作为个案实践，对如何回应这些问题，具有一定的思考。

实际上，邵家丘村的种种实践，无论是文体文化的发展、道德文化的建设以及村规民约的制定，一言以蔽之，即在于以道德为出发点和基础，维系村民之间的情感，并强调在公共领域中的德性以及对"善"的认知与追求。上到一个国家，下到一个村庄，其维系与凝聚都要靠特定的情感，而村庄作为一个小共同体，一个典型的熟人社会，这种情感对于村庄的健康发展尤为重要。有学者在谈及这种情感对于"社区"（community）的重要性时说："首先，社群要有所有成员共同分享的目的，像是追求真善美或实现真正的正义。其次，社群成员之间要有情谊。情谊并不是私人交友之感情，而是公共领域中的重要德性，它最主要的涵义是朋友间对于什么是'善'有一个共同的认知，然后彼此砥砺扶助，以促进此共善并激发对方之美德实践为友情之表现。"①

邵家丘村对文体文化、道德文化与村规民约的高度重视，不仅使村民之间能够做到互相帮助、互相扶持，全村整体的道德水平和素养得到了极大的提高，心灵世界也有了寄托，更重要的是，村民对集体的认同感也得到了加强。认同感的加强，使村民们热心公益，愿意为集体做出更大的贡献；同时，村民与村集体之间的矛盾也大大减少，村集体的各项工作也能够得到顺利的开展，从而更好地造福全体村民。这是一个互相促进的过程。而邵家丘村正是在这样一种良性互动的过程中，不得取得进步。

---

① 江宜桦：《自由主义、民族主义与国家认同》，扬智文化事业股份有限公司，1998年，第80页。

治

理

篇

党建引领　四治融合

中国村庄发展

并村至今，邵家丘村结合实际，以"党建引领、干部示范、党员带头、构建和谐邵家丘"为纲领，以察民情、畅民意、解民忧、聚民心、塑民风的"五民"工作法为抓手，用"一支笔、一张表、一个信封、一瓶胶水"，推动党员干部自觉履职尽责，把村民需求放在最高位置，按部实施、循序渐进，初步形成了法治、德治、自治、智治"四治"融合的治理局面，创造性设立"可存可取"的道德银行，发挥社会主义道德优势，走出了一条"用价值观凝聚共识、用党建涵育三风、用道德滋润人心"的乡村治理之路，为乡村发展打造了一个生产发展、生活富裕、生态优良、环境优美的外部环境，彻底将一个过去的"三多村"（欠账多、上访多、官司多）转变成为一个崇德向善、人人奉献的新时代的新农村。

　　2001 年 4 月，三村并村之后，曾经的邵家丘村是临山最大的问题村，村干部与村民之间矛盾冲突多，村民之间利益纠纷多，村级基础设施差，人心涣散。为改变这一现状，村党总支喊出了"村民的事就是自己的事""干部带党员、党员带村民、一级做给一级看"的口号，带领党员和村民齐心协力谋发展。村干部们进村入户，听取群众心声，并致力于基础设施的建设完善。在此基础上，如何改善乡风、民风、村风和家风，凝聚群众力量共同致富、共同建设美丽和谐的邵家丘村成了邵家丘村发展中的最大问题。2012 年 6 月 30 日，邵家丘村作为余姚市道德银行试点村，道德银行的第一批信贷奖励在邵家丘村发放，同时，也拉开了邵家丘村以道德立村，助推好村风好民风养成的序幕，开启了培育"文明乡风、良好家风、淳朴民风"的新时代。

　　在社会治理方面，邵家丘村走出了一条生产发展、生活富裕，生态优良，环境优美的发展道路，先后获得浙江省文明村、浙江省卫生村、浙江省绿化示范村、浙江省美丽乡村特色精品村、宁波市全面小康建设示范村、宁波市生态村等荣誉，诚信友善蔚然成风。其中，村党总支书记曾荣获浙江省千名好书记、浙江省美丽村庄建设突出贡献奖、"浙江好人"、"最美宁波人"，尤其是 2018 年荣获全国农业劳动模范、2019 年荣获第六届宁波市道德模范，成为余姚市推动道德立村的代表性人物。2019 年 1 月，宁波市司法局、宁波市综治办命名首批"宁波市三治融合村（社区）"，余姚市 28 个村（社区）榜上有名，邵家丘村光荣入选。[①] 2020 年 11 月，邵家丘村成功获评第六届全国文明村。

———————

① 余姚新闻网：《我市 28 个村（社区）成宁波首批三治融合村（社区）》，http://yynews.cnnb.com.cn/system/2019/01/04/011948553.shtml。

第一章 乡村治理结构

第一节 村庄治理机构及职能沿革（并村前）

一、哑潭村党组织、村民委员会（大队）（表15）

表15 并村前（1953.4—2001.4）

职务	姓名	任职时间	职务	姓名	任职时间
党支部书记	平德泉	1953.4—1968.12	村主任或大队长	王文宝	1954.4—1958.12
	杨焕昌	1969.1—1972.4		沈根荣	1959.1—1963.3
	平德泉	1972.5—1975.12		杨焕昌	1963.4—1968.12
	王文才	1976.1—1984.3		王文宝	1969.1—1973.3
	潘均铨	1984.4—1990.12		杨焕昌	1973.4—1984.3
	陈尧根	1991.1—1995.3		高敖成	1984.4—1996.5
	高敖成	1995.3—2001.4		苗开忠	1996.5—2001.4

二、沈家丘村党组织、村民委员会（大队）（表16）

表16 并村前（1957.3—2001.4）

职务	姓名	任职时间	职务	姓名	任职时间
党支部书记	沈雪来	1957.3—1963.12	村主任或大队长		
	沈来法	1964.1—1967.5		沈根荣	1957.3—1959.12
	沈根荣	1967.6—1978.4		宜焕敖	1960.1—1974.12
	许永章	1978.5—1990.9		沈炳土	1975.1—1990.9
	沈炳土	1990.10—1993.4		陈忠淼	1990.10—1996.9
	杨百泉	1993.5—1997.2		陈树民	1996.6—1999.6
	陈树民	1997.2—2001.4		王孝联	1996.7—2001.4

三、邵家丘村党组织、村民委员会（大队）（表17）

表 17 并村前（1958.1—2001.4）

职务	姓名	任职时间	职务	姓名	任职时间
党支部书记	范水根	1958.1—1963.12	村主任或大队长	叶夫生	1958.1—1968.12
	阮志祥	1964.1—1969.12		阮志祥	1969.1—1977.9
	叶夫生	1970.1—1977.3		徐成钊	1977.10—1982.4
	阮志祥	1977.4—1985.4		杭成新	1982.5—1996.5
	王小章	1985.4—1994.6		姜渭良	1996.5—2001.4
	杭成新	1994.7—2000.4			
	黄宝康	2000.4—2001.4			

第二节 村庄治理机构及职能沿革（并村后）

一、邵家丘村党组织、村民委员会（大队）

2001 年 4 月 20 日中共临山镇委员会临委［2001］18 号文件：

潘均铨同志任临山镇邵家丘村党总支书记

傅爱芝同志任临山镇邵家丘村党总支副书记

高敖成同志任临山镇邵家丘村党总支副书记

陈如明同志任临山镇邵家丘村党总支委员

姜渭良同志任临山镇邵家丘村党总支委员

2001 年 4 月 20 日临山镇人民政府临政［2001］21 号文件：

潘均铨同志任邵家丘村社务工作领导小组组长

姜渭良同志任邵家丘村社务工作领导小组副组长

2002 年 8 月 7 日临山镇人民政府临政［2002］55 号文件：

潘均铨同志任邵家丘村经济合作社管理委员会社长

高敖成同志任邵家丘村经济合作社管理委员会委员

王孝联同志任邵家丘村经济合作社管理委员会委员

高狄均同志任邵家丘村经济合作社管理委员会委员

2004 年 11 月 11 日中共临山镇委员会临委［2004］88 号文件：

黄宝康同志任临山镇邵家丘村党总支书记

姜渭良同志任临山镇邵家丘村党总支委员

傅爱芝同志任临山镇邵家丘村党总支委员

2005 年 4 月 25 日临山镇人民政府临政［2005］24 号文件：

姜渭良同志当选邵家丘村村民委员会主任

钟建文同志当选邵家丘村村民委员会委员

王孝联同志当选邵家丘村村民委员会委员

2005 年 5 月 23 日中共临山镇委员会临委［2005］44 号文件：

黄宝康同志任邵家丘村经济合作社管理委员会社长

高敖成同志任邵家丘村经济合作社管理委员会委员

高狄均同志任邵家丘村经济合作社管理委员会委员

姜海军同志任邵家丘村经济合作社管理委员会委员

2005 年 6 月 30 日中共临山镇委员会临委［2005］59 号文件：

姜渭良同志任临山镇邵家丘村党总支副书记

傅爱芝同志任临山镇邵家丘村党总支副书记

2007 年 12 月 26 日中共临山镇委员会临委［2007］74 号文件：

黄宝康同志任临山镇邵家丘村党总支书记

姜渭良同志任临山镇邵家丘村党总支委员

傅爱芝同志任临山镇邵家丘村党总支委员

2008 年 5 月 5 日临山镇人民政府临政［2008］39 号文件：

姜渭良同志当选邵家丘村村民委员会主任

钟建文同志当选邵家丘村村民委员会委员

王孝联同志当选邵家丘村村民委员会委员

2008 年 5 月 5 日，中共临山镇委员会临委〔2008〕41 号文件：

黄宝康同志任邵家丘村经济合作社管理委员会社长

姜海军同志任邵家丘村经济合作社管理委员会委员

高狄均同志任邵家丘村经济合作社管理委员会委员

2010 年 12 月 1 日，中共临山镇委员会临委〔2010〕89 号文件：

黄宝康同志任临山镇邵家丘村党总支书记

钟建文同志任临山镇邵家丘村党总支委员

姜海军同志任临山镇邵家丘村党总支委员

应狄锋同志任临山镇邵家丘村党总支委员

2011 年 3 月 23 日，临山镇人民政府临政〔2011〕29 号文件：

姜渭良同志当选邵家丘村村民委员会主任

陈秀娟同志当选邵家丘村村民委员会委员

王孝联同志当选邵家丘村村民委员会委员

2011 年 4 月 1 日，中共临山镇委员会临委〔2011〕39 号文件：

黄宝康同志任临山镇邵家丘村经济合作社社长

姜海军同志任邵家丘村经济合作社副社长

高狄均同志任邵家丘村经济合作社管理委员会委员

二、临山镇邵家丘村并村后党组织、村民委员会、社管会班子成员一览表（表18）

表18　邵家丘村并村后党组织、村民委员会、社管会班子成员一览表（2001.5—2012.9）

职务	姓名	任职时间
党总支部书记	潘均铨	2001.4—2004.10
	黄宝康	2004.11—至今
党总支副书记	傅爱芝	2001.4—2010.12
	高敖成	2001.4—2002.4
	姜渭良	2002.4—2010.11
	钟建文	2010.12—至今
党总支委员	陈树民	2001.4—2002.4
	姜渭良	2001.4—2010.12
	高敖成	2002.4—2004.10
	王孝联	2002.4—2004.10
	姜海军	2010.12—至今
	应狄锋	2010.12—至今
村民委员会主任	姜渭良	2002.5—至今
村民委员会委员	高狄均	2002.5—2005.5
	钟建文	2002.5—2011.4
	姜海军	2002.5—2005.5
	王孝联	2002.5—至今
	陈秀娟	2011.4—至今
社管会社长	潘均铨	2001.4—2004.10
	黄宝康	2004.11—至今
社管会副社长	高敖成	2002.4—2004.10
	姜海军	2011.4—至今
社管会成员	王孝联	2002.8—2005.5
	高狄均	2002.8—至今
	姜海军	2005.5—2011.4
	高敖成	2005.5—2008.5

三、临山镇邵家丘村村干部任期一览表（表 19）

表 19　邵家丘村并村后村干部任期一览表（2010—2020）

姓名	职务	岗位职责	任期时间
黄宝康	党总支书记 经济合作社社长	负责全面工作	2010.12—2013.11
姜渭良	村委会主任	负责村务工作	2011.4—2014.3
钟建文	党总支委员、党群书记	负责党群、纪检等	2010.12—2013.11
姜海军	党总支委员、农业社长、民兵连长	主管农业、民兵	2010.12—2013.11
应狄锋	党总支委员、村主任助理	负责共青团工作	2010.12—2013.11
王孝联	村委委员、治调主任	负责治保调解环境卫生工作	2011.4—2014.3
高狄均	社管会委员、办公室主任	负责财务、办公室工作	2011.4—2013.3
陈秀娟	村委委员、妇女主任	负责妇女、计生工作兼出纳	2011.4—2014.3
姓名	职务	岗位职责	任期时间
黄宝康	党总支书记 经济合作社社长	负责全面工作	2013.12 至今
姜海军	村委会主任	负责村务工作	2014.4 至今
钟建文	党总支委员、党群书记	负责党群、纪检等	2014.12—2017.3
王清	党总支委员、党群书记	负责党群、纪检等	2017.4—2019.12
姚剑	治调主任、民兵连长	负责治保调解、民兵	2013.12—2018.5
陈维桥	治调主任、民兵连长	负责治保调解、民兵	2018.6 至今
樊金秋	生产合作社副社长	负责生产合作社工作	2014.4 至今
高狄均	社管会委员、办公室主任	负责财务、办公室工作	2013.4—2017.3
应文君	办公室主任	负责办公室工作	2017.4 至今
陈秀娟	村委委员、妇联主席、出纳	负责妇女、计生工作兼出纳	2014.4 至今

第二章　乡村治理运行机制

当前，加快推进乡村治理体系和治理能力现代化是实施乡村振兴战略的重要任务。习近平同志在浙江工作期间，对乡村治理进行了深入思考和积极探索，系统提出了"以发展强村""靠建设美村""抓反哺富村""促改革活村""讲文明兴村""建法治安村""强班子带村"的乡村治理重要理念。[①] 十多年来，浙江省委省政府坚定不移地走习近平同志指引的乡村治理路子，坚持发展"枫桥经验"，推动浙江乡村治理走在前列。正是在这些原则的指导下，邵家丘村逐步探索出了独具特色的村级社会治理模式，走出了一条"用价值观凝聚共识、用党建涵育三风、用道德滋润人心"的村庄治理的"四治"融合道路。

第一节　党建引领：健全治理体系

2004年11月，并村后的邵家丘村新一届党总支选举换届完成，村班子成员全身心扑在村庄建设上，有决心吃苦在前、聚焦实事谋发展，出现了一支吃苦在前、诚心为群众办事的干部队伍，走出了强村发展之路。[②] 十年前，村民打分评议达到"优秀"的村干部仅三分之一，2018年上升至76.9%，增长了40%多。而所有改变的根源都在邵家丘村党总支重视基层党建工作，从制度建设、班子建设、党员队伍建设到"党建＋"工作路径的推广，从始至终坚持党领导一

---

① 中共浙江省委、浙江省人民政府：《构建共建共治共享的乡村治理新格局》，《农民日报》2019年6月11日2版。
② 建文、谢敏军：《"三治"融合，铺就乡村振兴大道——记余姚市临山镇邵家丘村党总支书记黄宝康》，《宁波日报》2019年8月30日2版。

切、服务群众谋发展。[①]

一、基层党建

（一）班子和制度建设

2004 年，新班子上任伊始，面临的是邵家丘村"一穷二白"的面貌，资金要谋划、队伍要重整、人心要稳定，因此，新一届村领导集体先从村班子和制度建设入手，以制度约束村干部。村班子成员相互约定：24 小时开机、每月一次例会、零招待开支；四个不允许（不允许班子成员勾心斗角、不允许将个人矛盾带到班子里、不允许班子商量的问题传向社会、不允许把商量的问题带到会后）；每星期村干部两次下村巡查，一线发现问题、一线解决问题，不能现场解决的，拍下照片记录好，事后给出解决的办法。[②]

制度建设是班子建设的前提。新班子成员因地制宜创造了很多适合本村实际的制度，如村民反馈登记制度，要求村干部对村民反映的每件事必须登记在册并落实专人处理；设立村民议事会，村民参与村务管理、监督，改变过去村干部"一言堂"的局面，村干部要一起通过"村民议事会"商量解决；村里大事小事、急事难事的处理要让村民满意。这些举措从根本上密切了干部和群众的联系，充分实现了"干部当得好不好、群众都看在眼里"。其他一些比较有创新性的治理制度还有：

进村入户制度。针对村民不认识新班子人员这一现象，村党总支带领全体班子走农户，与村民面对面交流，既解决了村民不认识新干部的问题，又让村干部自我加压，与村民走得更近、更亲。邵家丘村 805 户家庭电子档案，就是在村党总支委员和村干部花费 6 个月时间挨家挨户上门摸清情况后建立的。在邵家丘村，每户家庭都有一个电子档案，内容包括户主姓名、家庭成员、门牌号、职业、政治面貌、联系电话、年收入、厂房面积、土地承包与流转情况、社保情况以及家庭拥有大型财产情况（如轿车等）。这份电子档案通过 WPS 软件，导入每位村干部的手机中，不仅让村干部对村情民情了然于胸，还为邵家丘村后来"道德银行"的试点成功奠定了信息与数据基础。

下村巡查制度。2005 年开始，由村长或党支部书记带领 5 名村干部实行每周

---

① 《"三治"融合 铺就乡村振兴大道》，http://life.eastmoney.com/a/201908301222141585.html。
② 陈朝霞、谢敏军、苗志瑜：《"宝康书记"连起了村民"一家亲"》：《宁波日报》2015 年 11 月 18 日 4 版。

二下村巡查，进农户、走企业，走遍全村角角落落，检查内容为环境卫生、河道保洁、绿化、违章建筑等，一经发现问题，立即当场解决，践行"干部在一线工作、问题在一线发现、办法在一线产生、矛盾在一线解决、经验在一线总结"的工作理念，锤炼了干部作风，密切了干群关系。

提前介入制度。提前介入制度的推出，主要是出于 2010 年两兄弟在建围墙时因发生土地纠纷导致人身伤害事故的警醒。事件发生后，村里就推出了提前介入制度。当村干部发现村民之间有矛盾发生时，必须提前介入，村民在旧房改造、新建围墙基放置前，村干部须提前对该户面积进行丈量，同时做好左邻右舍的思想工作，减少因宅基地引发的纠纷，把矛盾化解在萌芽状态。

工程现场管理制度。美丽乡村建设中，村班子成员在村党总支带领下，严格把好质量关，实行村干部现场管理、跟踪制度。一旦出现施工问题或因施工引发的村民与施工之间纠纷，村干部可以第一时间发现问题、解决问题。

美丽乡村共建参议会制度。美丽乡村共建参议会是具有统战性质的基层社会组织。为了更好凝聚乡贤力量、展示乡贤风采、汇聚乡贤智慧、发挥乡贤作用，助推邵家丘村幸福美丽乡村建设，早在 2010 年，邵家丘村就成立了乡贤理事会，并建立了以乡贤理事会成员为主的美丽乡村建设参议会，让乡贤们在推进美丽乡村建设、加强农村基层治理、奉献爱心、帮困扶贫等方面大展身手。邵家丘村实施生活污水纳管工程时，征用土地、拆迁房屋、迁移果树和农作物等，涉及农户 53 户，乡贤们带头表示支持，并积极做好相关村民的思想工作，推动了工程顺利实施。[①]

村民需求调查制度。自 2013 年开始，每年进行一次村民需求调查工作，"网格长"会带上"村民需求调查表"，送到每户村民家中，村民根据各自需求填写。2018 年，共收到有需求的调查表 178 份。村民提出的需求由村党总支书记一一回复并列出解决清单，做到"件件有答复，件件有落实"，再由"网格长"将回复表送到村民手中。具体如：2016 年年底，40% 的村民提出清理三面光渠道的要求，2017 年，邵家丘村将之列入计划，争取项目，共计投入 15 万元，对全村所有河道进行清理；2018 年年底，36% 的村民提出应将部分田头路硬化，2018—2019 年期间，争取"一事一议"和移民工程项目，落实了田头路的拓宽和硬化。

村干部民主测评制度。村干部工作的好坏（主要分为优秀、合格、基本合格、

---

① 胡建东：《发挥乡贤作用 建设幸福乡村》，《余姚日报》2019 年 11 月 28 日 2 版。

不合格以及存在的主要问题），由村民进行评议，每两年进行一次。"网格长"带上在职村干部的测评表、一瓶胶水、一个信封、一支笔，由全体村民民主测评，实行不记名制，测评和选举一样严格，第二天由"网格长"带上票箱将测评表收回。民主测评主要评议村干部的思想道德、为民服务的工作态度，以便村干部改进工作，更好地为民服务。

二、党员队伍

邵家丘村的党组织和党员队伍，按照"全员建档，分类服务，推进新形势下农村服务型党组织建设"的指导思想，对标"党建引领，干部示范，党员带头，道德立村，构建和谐邵家丘，以党员、村民代表、网格长和工会商会来服务，尤其要关爱特困、低保、老人、单亲留守儿童和残疾人及普通百姓等"工作目标来建设。

设立前哨支部。村党总支下设2个企业支部，8个前哨支部，157名党员，30个党小组。早在2016年，邵家丘村就将全村4平方公里795户村民，划分成30个网格，每个网格都配备了"网格长"，由此网格取代了村民小组，"网格长"也成为村民小组组长。30名"网格长"基本都是党员，其中有24名企业主、6名种植大户，这群人在村庄治理中发挥了重要作用。他们都是村里的能人，又是义务劳动，在村民中威望很高。[1]不仅如此，邵家丘村还按区域建立了8个前哨党支部和2个企业党支部，全村党员都与村民结对，日常事务、村民矛盾，通过这些网格和党支部，都能第一时间解决。

党员活动常态化。每月23日是党员活动日，各支部组织党员交流学习，或开展一系列义务劳动或志愿活动。每年6月23日、12月23日分别是邵家丘村"党员家园日"和"全民家园日"。2019年6月23日，全村156名党员中，参加义务劳动的有143名，其中带病上阵的有8名、派家属代劳的有29人，13名不能到场的党员都送来了请假条，讲清不能参加的理由，真正体现党员在行动、在带头、在示范。邵家丘村在"党员家园日"取得巨大成功的基础上，又发起"全民家园日"，以党建带群建，开展村民义务劳动，参加的村民超过八成。

党员积分考核。邵家丘村在"道德积分"评定的基础上，对每位党员进行季度

---

[1]　梁国瑞：《宁波代表团两位村书记交流治村心得——乡村振兴，走好"善治"之路》，《浙江日报》2018年1月30日6版。

积分考核，制定党员积分考评标准，加强对优秀党员的义务履行规定，提升党员的先锋模范作用，充分体现党员的先进性。对得分末位的党员，村党总支书记将对其进行谈话教育。

党员联系户上牌。邵家丘村党员目前老龄化严重，60 岁以上党员 47 名，70 岁以上党员 37 名，80 岁以上党员 10 名，部队转入党员 13 名，大学转入党员 19 名，外出党员 20 名。企业支部党员 8 名，总党员 157 名，党员真正能发挥作用的只有一半。"开展两学一做"工作中，党员联系户重新排摸，党员与农户双向选择，实行党员联系户上牌制。牌子上设有党员姓名、联系方式、一句话承诺及联系户，一般联系 7—8 户，规定联系户每月专访一次，对孤寡老人、特困户每月走访 2 次，并要有记录，发挥党员联系群众的作用。

加强外出党员管理。党群书记建有党员群，主要通过党员群推送学习资料、发送活动通知等，方便外出党员获得学习资料、了解支部活动信息等；外出党员回家要及时向党组织报到，密切外出党员和村里的联系，方便外出党员及时了解村情和参与村里的活动。

第二节　网格治理：提升治理效能

邵家丘村党总支在党员联户结对的基础上，结合网格化管理的村情，创新推出"微网格"治理模式，将服务延伸至村民家门口。2016 年，在村班子的带领下，全村 795 户村民划分为 30 个"微网格"（与线下的全村 30 个网格同步），选出人头熟和情况明的村民代表、党员骨干义务担任"网格长"，收集村民的大小事，有突发事件第一时间上报处理（图 21）。网格上设立党支部，构建覆盖全面的党组织体系，最终达到"小事不出网格、难事不出村"。30 个"微网格"还组建了 30 个微信群，村班子成员作出承诺：村民在群里反映的事，村里两个小时内有回音，24 小时内解决好。

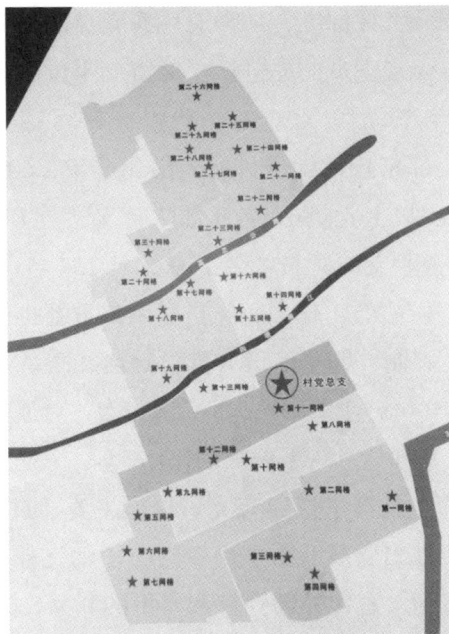

图 21　邵家丘村网格划分示意图

一、网格化管理和"网格长"队伍建设

（一）网格化管理

为了充分满足当前农村社会日常管理和服务的需求，邵家丘村作为网格化服务试点村，积极推行网格化服务管理模式，将全村按区域分设 30 个网格，分别由一名"网格长"负责下情上传、上情下达，全面提升社会管理水平。

网格化服务管理的突出优势，就是将整个村庄的管理工作分解细化，化整为零，建立起全民参与的工作大格局。"网格长"除了要每天做好"日常巡查、人到格中去、在网格中察民情、访民意、解民忧、促和谐"外，更要成为发现、受理、处置、协调、报告的第一人。"网格长"作为管家，在管理内容方面更是涉及了环卫、计生、综治、城建、社保等各条专线，有些"网格长"甚至兼职成为老年村民的服务员，帮他们协调解决生活中碰到的问题。

（二）队伍建设

2016 年 9 月，邵家丘村正式落实推广网格管理制度，打破原有的村民小组格局，每 20—30 户村民为一个网格。目前全村共有"网格长" 30 名，"网格长"由网格内农户推选产生，其中党员 10 人，平均年龄 48.6 岁，以点带面进行管理，主要负责解决门前"三包"、环境整治、邻里纠纷、重大疾病、突发事件、低保户申请、自然灾害人员转移、孤寡老人看望等问题。每月 25 日晚召开"网格长"例会，交流各网格内的大小事情。为了不断提高"网格长"的素质和能力，村里还对"网格长"有计划地开展政策法规、业务知识、职业道德等方面的专题培训，并积极组织"网格长"外出考察，学习先进经验。

（三）作用显著

在邵家丘村，如遇有发生重大疾病的家庭，"网格长"往往带头出资、出力，为他们在本网格内募捐，类似事例在各个网格并不鲜见。不少"网格长"义务帮助网格内村民时并不张扬，村干部也不知情，很多都是后续走访村民时才得知，邵家丘村的民风可见一斑。除了送温暖，每年 12 月 23 日"全民家园日"，"网格长"队伍也以网格为单位，发动每户出一义工参加义务劳动，在长效、常态保洁环境机制基础上激发村民自觉参与志愿服务、维护环境卫生。活动结束后开户长会议、开展村民说事。2018 年，795 户农户中参加的人数达到 1045 人。"网格长"队伍也总是以志愿者的身份帮助弱势群体，参与美丽乡村建设。

二、网格化管理多维创新

（一）党员网格板凳会

邵家丘村党总支在"两学一做"活动中推出党员网格板凳会，定期或不定期召开会议，旨在把基层党员通过网格形式"串"在一起，与村民"连"成一片。党员网格板凳会，不是一人在台上讲、一群人在台下听，而是党员和村民代表围坐在一起，共同商量村里的发展大事，谁谈都可以，什么都可以谈，怎么谈都可以，目的在于达成共识。对会议内容和群众反映的问题均详细记录，能解决的现场解决；现场解决不了的，向群众说明原因，并作出承诺；村里解决不了的，整理上报镇党委政府协调解决。[①]

（二）"一网双联"

"一网双联"是指邵家丘村实行的网格制度和党员联户双向选择制度。2016 年

---

① 苗志瑜：《商村情 谋发展 解难题——邵家丘村推出党员网格板凳会倾听民意》，《余姚日报》2016 年 8 月 5 日 2 版。

年初，邵家丘村将全村划分为 30 个网格，每个网格内有 20—30 户村民，由网格内的村民自发选出党性修养高、群众威信高的党员作为"网格长"。"网格长"和村班子共同建立了一个微信群，村中不管何时何地发生什么事情，该区域的网格长都要第一时间处理，并向村班子汇报。大到车祸意外，小到邻里纠纷，都能被及时发现、妥善解决，许多矛盾也被消除在萌芽状态，网格管理由此渗透到了村民的日常生活中，党员作用体现在大小村事上。

第三节　智治："互联网 + 村民说事"

一、"互联网 +"创新农村社会治理

顺应互联网及智能化发展潮流，邵家丘村以"摸着石头过河"的探索精神，充分利用微信公众号、微信群、手机办公软件等现代科技，为基层治理提供了源自基层本身的智慧和力量。

（一）"美丽邵家丘"微信公众号

2015 年，邵家丘村以村股份经济合作社名义开设"美丽邵家丘"微信公众号（见图 22），并以此为载体，每月公开村级财务信息，细化至各类发票、领款凭证等原始票据和村资产相关实物照片等，村民可以随时查询、监督，有疑问处可留言询问，也可当面质询。自微信公开财务以来，无一起村干部乱报销、乱开支、乱浪费的投诉发生，群众对村干部的满意度不断提升。同时，依托"美丽邵家丘"微信公众号，邵家丘村又相继上线村民之家、温馨服务等功能。村民之家功能区，"村情大家谈"让村民有了一个网上发声的渠道，"美丽随手拍"则动员村民参与到村庄治理工作中，一旦发现村庄脏乱差现象，随手一拍上传至此，村干部可以及时处理。温馨服务功能区，村干部电话、村庄各类办事指南等通通上线，便于村民随时查看。

图 22　邵家丘村微信公众号

（二）村民电子信息档案

在 2010 年对村民基本信息大调查的基础上，村干部采集整理了全村 805 户村民的信息，其中包括职业、收入、资产、社保等各项内容，汇总制作成了一份电子档案，每一名村干部签订保密协议后，在手机上安装电子软件，不管是日常办公还是下村巡查，随时随地都能查阅到村民信息，便于开展各项工作。近来为适应村庄的新发展，村干部又将本村的党员联系户、危房户、残疾人、低保户、底边家庭等特殊群体信息，汇总整理好导入手机。例如，2019 年 8 月"利奇马"台风登陆之际，邵家丘村干部用一个手机，就在半小时内转移群众 45 户 83 人。

（三）"网格长"交流群

村干部和 30 位"网格长"建有交流群。"网格长"随时反映网格内发生的大小事情，如谁家老人生病住院、哪条路上路灯不亮、什么路段出现车祸、谁与谁在吵架闹矛盾等，这些看似一件一件小事，但却是发生在老百姓生活中实实在在的事，而且村庄的大事往往由小事引发。2018 年，一网格出现了一起患有间歇性精神病的 28 岁青年殴打 70 多岁老阿婆的事件，"网格长"第一时间发送上来。村主要领导看到信息后，第一时间赶到现场，搞清了事情的来龙去脉：70 多岁阿婆拿着 5000 元去还钱，看到户主不在，也知道他儿子有间歇性精神问题，转身就走。

而在这个时候，青年抓住阿婆不放，认为阿婆看不起他，一言不合还动手打了阿婆。阿婆儿子知道情况后，就去打青年出气。青年的父亲刚好在梅园村做泥工，有人电话告知他儿子被人打了，他回家拿着泥刀要为儿子出气。就这样，两家闹到要动手动刀的地步。村干部及时赶到后立即劝下，让两家人坐下来好好说事，最终将矛盾化解，实现了"小事不出网格，大事不出村"。

（四）村民交流群

30 位"网格长"以群主身份建立 30 个村民交流群。村民交流群中村党总支书记、村长、村党群书记、片长、"网格长"都是群成员，真正实现村民与村干部零距离。村两委公开承诺，"对村民诉求，须在 2 小时内回应、24 小时内答复"，真正做到村民有事，村干部第一时间知晓、第一时间到场、第一时间处理。如 2019 年 8 月 6 日，邵家丘村生活污水纳管施工中，施工队误将村民陈彩娟的葡萄地出水管挖破。眼看葡萄就要受损，陈彩娟早上 6 点 45 分在村民微信群上发送求助信息，农业社长樊金秋看到后第一时间赶到现场，叫上挖机，于 7 点 30 分将出口疏通，1 个小时内解决了问题。2019 年以来，通过微信群反映解决的大小事件已达 130 余件，村民满意率达 100%。①

（五）孝德基金捐助平台

为了进一步弘扬传统美德，加强农村精神文明建设，形成孝亲敬老的良好社会风尚。2018 年春节前夕，村党总支决定成立"孝德基金"，发动全村小朋友捐出压岁钱，金额在 1 元至 200 元之间，为村里因病致贫、卧病在床的老人送去关爱。村党总支除夕当天特地写了一份倡议书，通过村微信公众号、"网格长"微信群等渠道向全体村民宣传，并专门开设一个捐款微信号（微信号：SJQJDJJ，邵家丘村孝德基金）。村民们积极响应，除夕晚上到次日凌晨，共有 86 名小朋友通过微信红包、微信转账的方式捐款，总额达 1 万余元。

二、开放村民说事，推动说议评制度落地落实

邵家丘村充分释放"村民说事"制度的活力（流程见图 23），开创基层社会治理新局面。"村民说事"首要在于"说"。邵家丘村除利用现有的 8 个党员家庭教育点作为说事点外，还积极搭建村民说事平台，努力拓宽说事渠道。

---

① 叶枝利：《推行"三微工作法" 完善乡村治理体系——余姚市邵家丘村以党建引领基层社会治理的实践与启示》，《宁波通讯》，2019 年第 23 期。

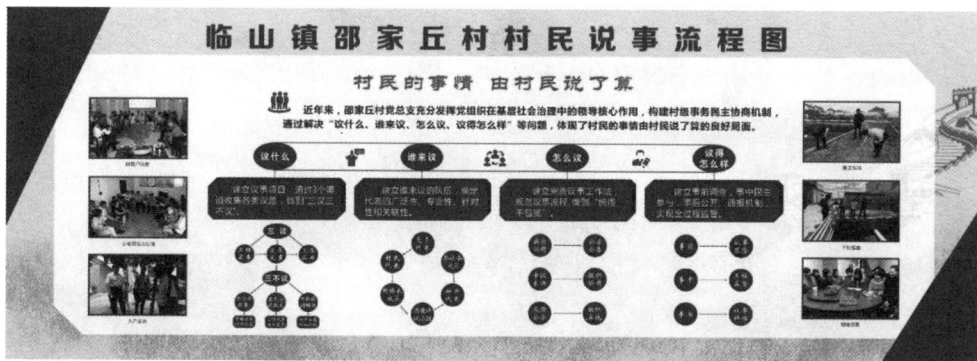

图 23　邵家丘村村民说事流程图

（一）户长会议

邵家丘村轮流在各网格举行户长会议，面对面倾听群众呼声和需求，解答群众疑惑，群众提出的问题由村干部当场答复，就像开一场"新闻发布会"。每月 25 日，该村还要举行一次"网格长"会议，30 名"网格长"将平时收集的村情民意集中汇报，村三套班子商议解决办法，并给"网格长"布置下月工作任务。

（二）广纳民情民意

为广纳民情民意，邵家丘村开通"美丽邵家丘"微信公众号，用户超过 1000 人，通过"我有话说""村情大家谈"等栏目广纳民意，引导村民参与村务党务管理，调动村民参与决策、监督的积极性；设立村民代表、"网格长"、党员、妇女代表、美丽乡村共建参议会等 5 个工作微信群，全体村干部都加入这些微信群，环境卫生、公共设施、邻里纠纷，村民看到的、听到的、想到的任何事情，任何时候都可以在微信群里说一说，村干部都会及时予以答复或解决。

（三）拓宽说事载体

邵家丘村还有一个重要说事载体，就是每年一次的村民需求调查，调查表发放至每户。如调查中，曾有村民抱着凑热闹的心态，在"村民需求调查表"上填写了更换垃圾桶的要求。没想到村里认真将他的意见进行了分析。1 个月后，村里真把全村的垃圾桶进行更换，还加了栅栏进行美化。

三、"三张测评表"听民意看实绩

2014 年底开始，邵家丘村面向全体村民，开展"村民的需求是什么""群众对党员干部工作满意度是多少""道德积分评定情况如何"三项测评工作，并委托"网格长"将测评表——发放至每户家庭，待村民填写好之后再统一收回至村委会，开展商讨、评定和考核。

"村民需求调查表"主要征求村民的意见和建议，为之后各项工作开展提供依据；"村党员干部群众满意度测评表"是让村民给党员干部打分；"道德积分表"是让村民对自己一年的表现进行自评，在每季度道德积分执行小组考评的基础上，村民考评得分达到 90 分以上，就有资格申请"道德银行"的贷款。

三项测评工作开展以来，邵家丘村共收到村民各种意见、建议 800 条，圆满解决 750 条，解决率达 94%。三项测评表中，"村党员干部群众满意度测评表"承上启下，既是"村民需求调查表"落实情况的反馈，又是推行"道德积分表"的有力保障。在"村党员干部群众满意度测评表"测评中，每户家庭通过不记名方式对村干部的思想道德、为民服务、工作态度等进行评议。2019 年测评中，村书记优秀票达到 90%，村主任优秀票达到 87%，其他村干部的优秀票都在 75% 以上，充分体现了村民对村干部的认可和满意。

四、全力打造清廉村庄

财务、村务透明公开是打造清廉村庄的必要途径，邵家丘村在这方面做得非常出色。除了"线下"在村办公场所利用村务公开栏或文化广场"欢乐大舞台"显示屏公开党务、村务、财务等信息，邵家丘村还与时俱进，利用在微信平台开设"美丽邵家丘"微信公众号，每月公开村级财务信息，细化至各类发票、领款凭证等原始票据和村资产相关实物照片等，村民可以随时查询、监督；公开的各类单据均加盖村理财监督小组审核同意的印章，确保公开信息的真实性。

村干部的清正廉洁赢得了本村企业家的信任。邵家丘村有百余户经营企业的村民，依托"美丽乡村共建参议会"，他们积极捐款捐物支持村里建设。近年来，村企业主先后捐款 860 余万元，设立村老年爱心基金、单亲留守儿童基金，成立困难群众服务站，解决了村里一个又一个难题。为什么企业家肯捐钱？一方面在于村干部的清正廉洁，另一方面在于村里特别强调企业家捐助的各项资金账目的透明，年初有计划、年底有公示，从不滥用钱款，没有暗箱操作，村民能切切实实看到钱的去向。①

---

① 陈朝霞、谢敏军、苗志瑜：《"宝康书记"连起了村民"一家亲"》，《宁波日报》2015 年 11 月 18 日 4 版。

第四节　德治：发挥制度优势

十多年来，邵家丘村为了提升村民道德修养，坚持思想先行、教育为先，以文化人；通过全方位德育工作，社会主义核心价值观、文明理念深入民心，道德正能量正推动着村民将文明崇德观念转化为自觉追求和行动实践。具体而言，邵家丘村道德治村的制度化实践主要包括"道德立村"（见图24）、"道德基金"、"道德银行"等。

图24　邵家丘村村口的"道德立村"宣传墙

一、道德立村

2008年，邵家丘村有了可用资金，村党总支想到的第一件事是造敬老院，用准备建村办公楼的60万元造了敬老院。占地3.2亩、有22间居室的敬老院建好后，村党总支成员亲自开车把老人接到敬老院，还隔三岔五往敬老院跑。每年春节、重阳节等节日，村干部都会给老人送来糕点和红包，过生日还有生日蛋糕。2011年起，邵家丘村10位企业家，自发成立"老年爱心基金"，每年拿出20万元向村里70岁以上老人发红包。同时，针对村里单亲（留守）儿童比较多的情况，在村党总支的提议下，从2011年开始，村里专门邀请大学生为单亲家庭儿童办起了暑期班。村里的一位退休教师主动"扔掉"家庭补习班，当起了村暑期班的义务教员。①

"小德川流，大德敦化。"邵家丘村党总支分类施策，瞄准"一老一少"，以帮扶弱势群体为牵引，用道德的力量把村民的心凝聚在一起，2019 年 9 月村歌《德润邵家丘》的发布，即是对邵家丘近 20 年"以德立村聚合力"的真实写照。

二、道德基金

2014 年，在"以德立村"前期探索的基础上，邵家丘村整合困难群众帮扶基金、单亲留守儿童基金、老年爱心基金等多个帮扶基金项目，新成立"道德基金"，专项用于村里的各项公益事业。截至 2018 年底，已收到企业捐款 860 余万元。同时，"百善孝为先"，从 2018 年除夕开始，为进一步弘扬传统美德，加强农村精神文明建设，形成孝亲敬老的良好社会风尚，在村"道德基金"基础上成立"孝德基金"。

"孝德基金"捐款额度限于 1 元至 200 元，目的在于瞄准"下一代"，动员全村孩子自愿捐出压岁钱，给卧病在床、住院的老人带去关心、关爱，潜移默化中帮儿童扣好人生"尊老敬老爱老助老"的第一粒扣子。

三、道德银行

从 2012 年开始，余姚市委宣传部、文明办和余姚农村商业银行在充分调研的基础上，在临山镇邵家丘村试点开展"道德银行"建设，以信用抵押最高可贷款 50 万元。"道德银行"最突出的特点是以道德评价为切入口，把道德指数和信贷规模结合起来，让无形的道德可量化、可触摸。因此，建立一套科学公正的道德评议体系是确保这项制度取得实效的关键。②

邵家丘村结合实际，专门制订了操作性很强的道德评议实施办法，确保道德评议有据可循、有章可依，让碎片化、抽象化的道德打分清清楚楚、一目了然。其中，"道德积分"是一关键载体。"道德积分"总分值为 100 分，细分为"遵纪守法、行为文明"、"热心公益、支持发展"、"诚实守信、勤劳致富"、"家庭和睦、邻里团结"四大板块十五条规则，"道德积分"达到 80 分的，就能成为"道德银行"的客户。

---

① 陈朝霞、朱和风、张伟方：《一位村支书的德治箴言》，《宁波日报》2015 年 11 月 13 日 1 版。
② 奚明：《创新文明实践载体 推进公民道德建设》，《浙江日报》2019 年 8 月 15 日 8 版。

邵家丘村根据"道德银行"建设的要求，成立了由村党总支书记为组长，村党总支委员为组员的村道德评议领导小组，下设由村三套班子及村民小组长等组成的道德积分管理办公室，以及由各自然村负责人、村民小组长、村民代表等组成的道德积分管理执行小组。道德积分管理执行小组负责收集本自然村农户的家庭积分信息、文字资料后，提交道德积分管理办公室，进行统计汇总，检查核实本村农户的道德积分。①

邵家丘村采用日常积分和评审积分相结合的方式，对全村"道德积分档案"进行管理。每月由道德积分管理执行小组将每户农户的各项情况整理、反馈至道德积分管理办公室，并由办公室汇总后提交"道德评议庭"商量、评定，最终确定农户本月积分情况，录入"道德积分档案"，从而保障道德积分的每月动态管理。具体材料主要有两份：一份是邵家丘村村民情况登记表，上面记录着村民个人和家庭的基本情况；另一份则是邵家丘村道德积分评定表（见表20）。

"道德积分"之所以能在邵家丘村率先开展，主要是村里已有前期准备，村干部在走访村民过程中形成的以农户家庭为单位的村民电子档案，其中明确记录了村民的家庭成员基本信息、生产生活状况以及资产情况，这为后来的村民"道德积分档案"夯实了基础。"道德积分"评定过程公平、公开、公正，对道德积分符合标准，并且列入各类先进评比候选对象或需向"道德银行"申请创业贷款的农户家庭，其道德积分情况每季度会在"道德宣传栏"中公示，接受群众监督评议。截至2018年，全村已有26家农户通过"道德银行"积分贷款500余万元，全部用于生产发展，无一例逾期、违约等不诚信事件发生。

---

① 《道德积分成为邵家丘村农户"文明名片"》，中国宁波网，2012年8月24日，http://news.cnnb.com.cn/system/2012/07/27/007398109_01.shtml。

表 20 临山镇邵家丘村道德积分评定表

农户家庭名称 　　　　　　　详细住址

项目	标准内容	分值	得分											
			1	2	3	4	5	6	7	8	9	10	11	12
遵纪守法行为文明（36分）	自觉维护村庄环境秩序、庭院内外环境整洁。如有乱搭乱建、乱堆乱放、乱吊乱挂等情况的，每类酌情扣1—2分。	6												
	自觉做到移风易俗，不参与封建迷信活动。出现念群佛等现象的，酌情扣2—5分；做到"婚事新办、丧事简办、神事不办"的，每类酌情加1—2分。	5												
	自觉做到见义勇为、助人为乐、拾金不昧。未做到的，视情况酌情扣2—3分；受到市级及以上表彰或被市级及以上新闻媒体宣传报道的，酌情加1—3分。	5												
	积极参与各级组织开展的各项活动。未参与的，酌情扣1—2分；组织发动群众参与的，酌情加1—2分。	4												
	家庭成员遵纪守法。如发生聚众赌博、打架斗殴等的，每类酌情扣3—5分。	10												
	遵守计划生育政策、道路交通安全法等。如有违反的，每类酌情扣2—3分。	6												
热心公益支持发展（14分）	积极参与扶贫帮困、慈善捐助等社会公益活动。未做到的，酌情扣2—3分；积极参与并长期坚持的，酌情加2—3分。	6												
	积极参与各级组织的各类志愿服务和教育文体活动等。未参与的，酌情扣1—2分；积极组织参与的，酌情加1—2分。	4												
	主动配合村开展各项工作，以各种方式支持村庄建设发展。未配合的，酌情扣2—4分。	4												

续表

项目	标准内容	分值	得分											
			1	2	3	4	5	6	7	8	9	10	11	12
诚实守信勤劳致富（30分）	爱岗敬业，勤劳致富，并积极带动、帮助周边群众解决就业、创业等。未做到的，酌情扣1—2分；获得市级及以上表彰的酌情加1—3分。	6												
	诚实守信地开展生产经营活动。有生产和销售假冒伪劣产品现象的，酌情扣3—5分；被评为市级及以上诚信经营户、诚信企业等的，酌情加1—3分。	8												
	按规定按时足额交纳税费。如有偷漏税现象的，酌情扣2—4分。	6												
	在银行信贷中，无违约记录，无冒名贷款或改变道德银行信贷用途等情况。存在相关的情况的，酌情扣3—6分。	10												
家庭和睦邻里团结（20分）	家庭成员和睦相处、互敬互爱。如存在不赡养老人、抚养子女的，酌情扣2—4分；获得"好婆婆""好媳妇""好村民"等荣誉称号的，酌情加1—4分。	8												
	邻里之间互相帮助、相互关爱，得到村民群众一致认可。如发生邻里纠纷的，酌情扣2—4分；获得"好邻里"等荣誉称号的，酌情加1—4分。	6												
	积极参与文明户等创建活动。如获得"文明户""清洁户"等荣誉称号的，酌情加1—4分。	6												
道德积分管理执行小组评定意见（每月评定一次）														
道德积分管理办公室评定意见（每季度评定一次）														
道德积分管理领导小组评定意见（每季度评定一次）														

注：四个项目累计加分最多不超过10分，超过10分的，以10分计。

评定月份（季度）＿＿＿＿＿＿＿　　　评定时间＿＿＿＿＿＿＿

第三章　村庄治理经验

　　大到一个国家，小到一个村庄，都是在人民的实践创造中凝聚发展合力。综观邵家丘村的蝶变过程，没有花费大资金，也没有落地大工程，都是在党建引领下，一点一滴处理"以人民为中心"的微小事，如坚持多年的村民民主评议村干部和村民需求公开征集，用"一支笔、一张表、一个信封、一瓶胶水"，推动党员干部自觉履职尽责，把村民需求放在最高位置，由此促成了邵家丘村崇德向善、人人奉献的村风村貌，为发展提供了良好的外部环境。可以说，邵家丘村走出了一条从"用价值观凝聚共识、用党建涵育三风（即文明乡风、良好家风、淳朴民风）、用道德滋润人心"的村庄"四治"融合的治理道路。

第一节　"五民"自治经

　　2005 年以来，邵家丘村结合实际，始终坚持以人民为中心，以"党建引领、干部示范、党员带头，构建和谐邵家丘"为目标，创新总结出治村的核心理念——"五民"自治经，即"察民情、畅民意、解民忧、聚民心、塑民风"，并以之为抓手，循序渐进，逐渐摸索出了一条具有鲜明邵家丘特色的治村理村经验，在村庄治理中深刻践行党的宗旨理念和社会主义核心价值观。

一、俯首躬行，点滴之间察民情

　　一是一份随身档案，手中有卷。邵家丘村采集和梳理了全村 805 户村民的包括"家庭成员、职业、收入、资产、社保"等各项内容的民情信息，汇总制成家庭电子档案，每一名村干部在签订保密协议后，在手机上安装电子办公软件，不管是日常办公还是下村巡查，随时随地都能查阅村民的信息，便于开展各项工作。

二是两次固定下村，脚底有泥。为了做好"泥腿子"干部，村里规定每一位村干部每周至少下村巡查两次以上，走出办公室，沉下身走进民心，体察民情，对重点工程、中心工作的推进情况进行实地考察和监督，面对面听取村民的意见和建议。

三是三张调查表格，心里有数。每年年底，村班子会向全体村民发放"道德积分自评表""村民需求征集表""村干部测评表"三张表格。"道德积分自评表"用于确定每位村民一年的道德积分值；"村民需求征集表"回收后由村党总支书记回复，随后转交给分管干部办结，并将有共性、代表性的问题列入本年度村级重点项目；"村干部测评表"能够直观的反映村民对村干部的满意度；在近三年的测评中，村民对所有村干部的满意率均保持在 70% 以上。

二、家长里短，随时随地畅民意

一是村民说事畅快谈。自"村民说事"推行以来，邵家丘村围绕"说、议、办、评"四个环节认真做好落实工作，在村委会办公室、党员教育活动点、文化礼堂等处设立村民说事点 12 个，开展说事会 140 余次，共计收到各类问题 500 余个。每年年终，邵家丘村都会分 8 个片区召开村民说事"升级版"——户长会议，会上通报本年度的工作总结、报告新一年的工作计划，并听取群众的意见与建议。

二是微信群里随时说。邵家丘村先后建立了党员群、"网格长"交流群、村民代表交流群、网格村民交流群、妇女代表等近 40 个微信群，有 1300 多位村民参与，成员已覆盖全村每户家庭。而且规定每个微信群至少有一名村干部负责，确保在第一时间将村民的知情权、建议权和监督权落实、落细、落严。

三是支部大会民主论。严格落实党员组织生活日制度，定期在前哨支部党员大会上开展民主生活会，同时确保每位村干部轮流参加各前哨支部会议，接受全体党员评议，记录党员对村级事务、村干部作风等各方面的建议和意见，并加以落实。

三、走街串巷，千方百计解民忧

一是干部快速解。建立"网格长—片长—村干部"三级联动制度，村民在微信群、微信公众号等渠道反映的问题，村干部须在 2 小时内回应、24 小时内办结或答复。目前，通过微信群得以解决的大小事件已达 130 余件。

二是村企结对建。邵家丘村积极联系发动企业参与村庄建设，2009 年，率先成立"美丽乡村参议会"，每年召开两次村企共建座谈会，共商富村、强村之策，会员企业主动认领和提供资源支持村各项民生实事工程。截至目前，共有 58 家会员企业，累计募集资金 880 余万元。

三是村民自主判。做好对重大民生实事、重点工程等事项的通报表决制度，通过党员大会、"网格长"例会、村民大会等渠道公开征求意见，并以绝大多数意见的一致为准执行。同时，不断加强村民监督权，村里所有项目都保证至少有一名村干部现场管理、一名村民代表到场监督，最大限度实现"村里的事，让村民说了算"。

四是志愿服务帮。整合党员志愿者、青年志愿者、巾帼志愿者等 480 余人，成立邵家丘村"一家亲"志愿服务总队，定期开展美丽家园、垃圾分类、平安建设、台风灾害天气巡查等志愿活动。

四、创新机制，左邻右舍聚民心

一是以"微网格"加强邻里情。建立网格前哨支部，打破原有村民小组格局，每 15—30 户村民为一个网格，现全村共有"网格长"30 名；在网格基础上设立党小组，共设立 30 个党小组；在区域网格上设立党支部，共设置 8 个党支部，2 个企业支部，实现网格党建全覆盖，构建"横向到边、纵向到底、覆盖全面"的党组织体系，切实解决了管理服务"空窗"现象，实现服务群众"零距离"，最终达到"小事不出网格、难事不出村"的效果。

二是"新联户"贴近党群心。采用党员联户双向选择的方法，让村民自愿选择自己信赖的党员，反之党员也可以选择熟悉的村民，用友情、亲情、邻里情将党员和村民联系起来。除年老体弱或外出情况外，每个党员都联系了 7—8 户村民，双向选择完成后，党员主动签订承诺书，每个月联系普通村民一次，联系孤寡老人两次，并在自己的党员联系户手册上填写走访日记，发现重大事项、重大疾病等第一时间向村里汇报。

三是"家园日"凝聚百姓力。在党员组织生活日制度的基础上，邵家丘村又将每年 12 月 23 日定为邵家丘村"全民家园日"，围绕当年党委政府的中心工作或是村级重点项目，召集全村村民进行义务劳动。

五、德者有得，"道德银行"塑民风

一是"道德建档"全覆盖。对全村所有家庭建立"道德积分档案"，通过自评、联评、市定三个步骤，最终确定道德积分以及市、镇好人名额，让每家每户都在道德银行开设"道德账户"，实现道德积分"一户一档"全覆盖和"动态管理"实时化。

二是"低息贷款"促发展。村民依据道德积分向"道德银行"申请创业贷款时，银行按照无抵押、无担保、低利率的标准向农户发放贷款，并在一年内采取"一次核定、随用随贷、余额控制、周转使用"的原则，大大降低了农户的融资成本。截至目前，已有 26 家农户通过道德银行积分贷款 580 余万元，全部用于发展，无逾期、违约等不诚信事件发生，不仅促进了村民增产增收，更发挥了"道德积分"的示范效应。

三是"好人好报"强引领。将道德积分作为评选村"十佳党员""十佳文明户""十佳志愿者""十佳美丽庭院"等 7 个"十佳"荣誉的主要依据，并公开进行表彰。村民做好事经核实后，公开奖励"道德杯" 1 个，目前最多一户家庭拥有 7 个"道德杯"。道德银行建设使邵家丘村形成"做好人有回报、讲道德有回报"的崇德向善氛围。积极推进"道德林"计划，由每位党员和好人认领"道德树"，目前已建成约 50 亩地的道德之林。

第二节　党建涵育新时代"三风"

推进农村治理现代化，必须始终坚持村党组织的领导。邵家丘村地处余姚西北角，无交通、工业、商贸及其他资源等优势，新上任的村党总支一班人面对人心涣散的"烂摊子"，没有寻找客观理由、得过且过，而是直面问题，喊出了"干部带党员、党员带村民、一级做给一级看"的口号，用"村庄的事由村民说了算"，将党员、普通村民紧密团结到党组织周围，使党组织的核心带头作用得到了充分发挥。

一、党建涵育文明乡风

村党总支以"党员组织生活日"为牵引，依托党建涵育文明乡风。邵家丘村党总支把"党员组织生活日"活动作为党员强党性、明宗旨的一项政治任务，并使

之形成制度，每月 23 日前后为"党员组织生活日"，一月一主题加以推进。同时，以"党员组织生活日"活动为圆心围绕四个方面，联动村民开展活动，营造文明乡风好氛围。如围绕"内强素质"，组织学习教育，抓好党员党性观念、主体意识、能力素质三项教育；围绕"外树形象"，深入服务群众，开展结对帮扶、目标承诺、志愿服务三大行动；围绕"激发活力"，推进党务公开，切实做到党组织活动计划公开、内容公开、过程公开；围绕"民主议事"，服务村庄发展，突出讨论工作重点、解决问题疑点、引导监督三方面，防止把活动简单化为清扫垃圾、打扫卫生等志愿服务形式，保证"党员组织生活日"活动取得切实成效。

二、党建涵育良好家风

邵家丘村老年爱心基金会成立于 2011 年 8 月，由王兴怀、钱加灿、陈根龙等 10 位村企业家共同捐款成立，基金会每年分别为村里 70 周岁和 75 周岁以上老人派发"敬老红包"，并发放单亲留守儿童慰问金。随着"道德立村"观念深入人心，越来越多的爱心人士加入到这支队伍中。邵家丘村老年爱心基金会专款专用，并根据捐款企业家的承诺，将发放"敬老红包"的传统一直坚持下去。2016 年 8 月 19 日，总投资 250 万元、建筑面积 500 平方米的全省第一家村级"道德馆"在邵家丘村落成。"道德馆"不仅是邵家丘村道德建设成果的展示平台，也是邵家丘村"以德立村"、共谋发展的有效载体。"道德馆"以"弘扬社会主义核心价值观、促进社会公民道德建设、培育廉洁文明社会氛围"为宗旨，系统讲述了该村道德传承的起源和发展历程，收录了全村优秀好人好事 60 件。这些先进人物和日常涌现出的好人好事成为引导和激励村民向善向好的标杆。

三、党建涵育淳朴民风

2016 年年初，邵家丘村将全村划分为 30 个网格，每个网格内有 20—30 户村民，由网格内的村民自发选出党性修养好、群众威信高的党员作为"网格长"。"网格长"和村班子共同建立了一个微信群，村中不管何时何地发生什么事情，该区域的网格长都要第一时间处理，并向村班子进行汇报。大到车祸意外，小到邻里纠纷，都能被及时发现、妥善解决，许多矛盾也被消除在萌芽状态，网格管理由此渗透到了邵家丘村村民的日常生活中，党员作用体现在村内大小事上。

第三节　德润人心

习近平总书记指出，精神的力量是无穷的，道德的力量也是无穷的。想要充分发挥德治的制度优势，当前在推进农村治理现代化过程中，必须始终坚持社会治理办法的灵活创新。从客观实际出发，不教条、不本本、不机械、不折腾，坚持走符合邵家丘村实际的社会治理创新之路，如创造性设立"可存可取"的道德银行之后，又建立"道德杯"制度，使之成为村民荣誉的象征。邵家丘村从道德立村、道德基金到道德银行的治理道路，走出了一条发挥社会主义道德优势，用道德滋润人心的乡村治理之路。

一、道德立村起步

为了提升村民道德修养，邵家丘村坚持思想先行、教育为先、以文化人。通过全方位、立体化的"德育"工作，让社会主义核心价值观、文明理念等深入民心，道德"正能量"正推动着村民将文明崇德观念转化为自觉追求和行动实践。为激励村民守法诚信向善，巩固"道德立村"成果，村里广泛营造道德氛围，强调道德教育的长效性、常态化。一方面，在村文化宫外墙印绘道德三字经，另一方面，相继建立"道德楼"、道德公园等"一馆一园"，并将"相爱成家，忠实固家"等通俗易懂的传统道德教诲印刻在景观石上，摆置在村道德文化广场内，图文并茂，营造了浓厚的文明崇德氛围，潜移默化影响着村民的道德素养。同时，创造性设立"可存可取"的道德银行后，考虑到毕竟只有少数村民有贷款需求，又建立"道德杯"制度，即对好人好事奖励一个日常所用的杯子，并使之成为村民荣誉的象征。由此，邵家丘村"道德高尚心灵美、文化丰富生活美、社会和谐乡风美"的"三美乡村"新形象逐渐清晰。

二、道德基金润化

邵家丘村因地制宜，建立健全以道德基金为核心的救助体系。2014 年 8 月，邵家丘村整合困难群众帮扶基金、单亲留守儿童关爱基金、老年爱心基金等多个帮扶基金项目，积极构筑特困、年老、单亲等弱势群体的帮扶机制，完善社会救助体系，确保社会弱势群体难有所助，引领道德风尚。近年来，邵家丘村共收到村民捐款 940 万元，用于关爱老弱病残特殊家庭，道德之风在邵家丘村不断传扬。

此外，基金善款还主要用于辅助村级困难群众服务站的运营，对特困家庭、贫困老人实行一年一度的经济补助。在帮扶对象选定过程中，"道德积分"被作为参考的主要因素。除此之外，"道德基金"还将用于表彰奖励邵家丘村涌现出来的好人好事，激励普通群众的"凡人善举"，引导形成人人争当好人、争做好事的良好社会氛围。

三、道德银行规范

2012年5月，邵家丘村试点"道德银行"，倡导"文明作担保、诚信作抵押"理念。村领导班子细化道德积分评比标准。道德积分是审核农户"道德银行"创业信用贷款的申请标准之一。有资金需求的农户可以用道德积分向当地农村合作银行申请"免担保、低利率"的专项信用贷款。截至目前，已有162家农户通过道德银行积分贷款1032万元，全部用于再发展，无逾期、违约等不诚信事件发生，不仅促进了村民增产增收，更发挥了"道德积分"的示范效应。[①]"道德银行"推行以后，村风民风有了极大改变，最突出的一方面就是村里好人好事明显比以前多了，现在村里把每件好人好事都进行登记，核实后，公开奖励"道德杯"一个，2019年累计发出"道德杯"67个。"道德银行"以及相伴的道德积分的推行，让邵家丘村形成了人人争做好事的良好氛围。在邵家丘村，村民们各司其职，合力勾画着一幅产业兴旺、生态宜居、乡风文明、治理有效、生活富裕的乡村振兴宏图。

总之，邵家丘村的治理实践走出了一条从"用价值观凝聚共识、用党建涵育三风（即文明乡风、良好家风、淳朴民风）、用道德滋润人心"的村庄治理道路。当前，全国人民正在为实现中华民族伟大复兴的中国梦而奋斗，按照党中央提出的培育和践行社会主义核心价值观的要求，要高度重视和切实加强道德建设，推进社会公德、职业道德、家庭美德、个人品德教育，倡导爱国、敬业、诚信、友善等基本道德规范，培育知荣辱、讲正气、作奉献、促和谐的良好风尚。

---

① 叶枝利：《推行"三微工作法" 完善乡村治理体系——余姚市邵家丘村以党建引领基层社会治理的实践与启示》，《宁波通讯》，2019年第23期。

专

题

篇

溯源初心　迭代理想

中国村庄发展

村　　　域　　　　城　　　市

第一章 擘绘红色引领绿色发展"时代画卷"
——临山新时代高质量发展之路

临山镇位于余姚市西北部，地处宁绍平原中心地域，是浙江省历史文化名镇。临山镇东距宁波市区 95 公里，西距杭州市区 105 公里；329 国道和 329 复线东西向穿境而过，水陆交通便捷。[①] 同时，南临四明山余脉，北濒杭州湾，东与泗门镇接壤，西邻黄家埠镇，呈南山北海中平原的地貌特征，境内河道纵横、湖泊众多。作为"东南巨镇"[②]，临山镇历史悠久，最早可追溯到东汉时期，唐、宋、元时史称庙山；至明洪武二十年，朝廷为抵御倭寇侵扰在此筑城建卫，临山卫是浙东著名的"三卫"（临山卫、观海卫、镇海卫）之一。目前，临山镇下辖湖堤、汝东、临山、临城、临浦、临海、临南、兰海、梅园、邵家丘等 10 个行政村及凤麟 1 个居委会，全镇总户数 13191 户，人口数 3.89 万，外来人口有 1.55 万人，总人口数 5.44 万。

作为传统农业强镇以及姚北经济重镇，临山镇工农业经济发达，已形成制笔、电子电器、LED 灯具、园林机械、机械制造、农产品种养及深加工等优势产业，"临山制笔"、"味香园"葡萄、"国泰"榨菜、"神农"畜禽、"来宝"香干等品牌享誉全国。党的十八大以来，临山镇党委、政府不断挖掘爱国主义教育资源，坚持红色引领高质量发展，深化爱国主义教育研究和爱国主义精神阐释，利用好、发扬好、传承好临山"红色资源"，讲好"红色通道"新定位，讲好临山千年爱国主义传统，把爱国之情融入改革发展的伟大事业之中。[③]

---

① 周央京、任炎尧：《临山：穿梭于古朴与繁华 千年古卫城的华美转身》，《宁波通讯》，2014 年第 6 期。
② 语出自《临山卫志》所引王梅溪《三赋》言："我临山之为会稽东土，东西联姚虞二邑之疆，径直而垣夷，南北坐龟凤两山之岗，蜿蜒而秀拔。夏盖雄峙乎兑庚，东山绵亘于巽己，真天造之寰区，东南之巨镇。"
③ 实际上，临山镇践行红色引领绿色发展之路，也契合了中共余姚市委提出的"坚持走红色引领绿色发展之路"的施政理念。只不过，余姚市委提出的绿色发展更多指向"三农发展"，而临山镇的绿色发展的内涵与外延更加多维。关于余姚市委的相关施政理念可参考中共余姚市委：《余姚：坚持走红色引领绿色发展之路》，《政策瞭望》，2019 年第 4 期。

第一节　临山"红色资源"辨识与溯源

"落其实者思其树，饮其流者怀其源。"概念是逻辑思考的起点。目前学术界，包括党和政府的文件中，出现了许多与"红色资源"相关的概念，如红色文化、红色旅游资源、革命历史文化资源、红色文物、革命历史文化遗产、红色文化遗产等，这些概念提出的出发点都是为了开展爱国主义和革命传统教育，但它们各自使用的频率不同，存在混用甚至滥用的现象。① 因而，定位"红色资源"的要点就是如何限定"红色"的含义。②

"红色"原意为一种颜色。在《辞海》中，红色除了象征吉庆、欢乐和吉祥，还具有以下六种注释：（1）共产主义的；（2）与中国共产党有关的；（3）革命的；（4）"左"的政治的；（5）强烈信仰的；（6）新民主主义时期的。③ 从符号学角度而言，"红色"具有强烈的政治意指作用，是革命的象征符号。"红色"这一符号的能指，指向的是"革命"这一含义，与自由、解放、翻身、新生、救国、独立等意涵相互关联，因此红色就成为革命的表征。④ "红色资源"作为中华民族精神和时代精神的有机组成部分，是对中华传统文化的继承，是不同时期文化时代性、创新性的展现。⑤ 因此，理解并合理界定"红色资源"的范畴应在其形成过程、功能实践中予以审视。

中华民族具有以爱国主义为核心，以团结统一、勤劳勇敢、自强不息、厚德载物为根本特征的民族精神，在中国共产党领导的革命、建设和改革的伟大实践中，这种民族精神进一步升华为以马克思主义为指导，以崇高的爱国主义、坚定的政治信仰、无私的奉献精神、革命的英雄主义等为支柱的观念体系。以这种观念体系为价值核心的文化体系就构成了"红色文化"，而承载这些"红色文化"的物质总和就形成了"红色资源"。由此可见，"红色资源"是由精神内核和物质载体构成的"红色文化"统一体，是民族精神和时代精神相结合的产物。⑥ 更进一步说，"红色资源"随着实践的发展而不断地发展着、丰富着，不同时期形成的"红色资

---

① 陶璐、胡松：《"红色资源"相关概念的辨析》，《江西科技师范学院学报》，2012 年第 2 期。
② 肖发生：《定位与提升："红色资源"的再认识》，《井冈山学院学报（哲学社会科学）》，2009 年第 1 期。
③ 辞海编纂委员会：《辞海》，上海辞书出版社，1979 年，第 1686 页。
④ 魏本权：《从革命文化到红色文化：一项概念史的研究与分析》，《井冈山大学学报（社会科学版）》，2012 年第 1 期。
⑤ 曾薇：《红色资源与社会主义核心价值观的内在统一》，《中国社会科学报》2015 年 3 月 13 日第 B03 版。
⑥ 李实：《准确认识"红色资源"的丰富内涵》，《政工学刊》，2005 年第 12 期。

源"与其时代使命是紧密联系在一起的，因而其内涵亦各有侧重。然而有一条主线与"红色资源"的发展相始终，那就是爱国主义精神。[1] 爱国主义精神是"红色资源"的精髓，是不同时期形成的红色文化的共同点，沉淀着深厚的历史内容和现实内容。爱国主义虽然是一个历史范畴，不同的历史时期有着不尽相同的具体内容，但爱国主义始终是中华民族坚定团结在一起的精神力量。[2] 换言之，中国革命、建设、改革的每一步，中国红色文化的每一次发展，都是爱国主义精神开出的灿烂花朵。[3] 具体到临山镇而言，追溯其"红色资源"的发展历史，在前述的概念框架之下，就是以明洪武二十年（1387）临山筑城建卫以来始终激昂的爱国主义主旋律为牵引，并不断推演张开，把爱国之情融入人民创造历史的伟大奋斗之中。

一、时代激荡 爱国初心

"爱国，是人世间最深层、最持久的情感，是一个人立德之源、立功之本。孙中山先生说，做人最大的事情，'就是要知道怎么样爱国'。我们常讲，做人要有气节、要有人格。气节也好，人格也好，爱国是第一位的。我们是中华儿女，要了解中华民族历史，秉承中华文化基因，有民族自豪感和文化自信心。"[4] 历史上，倭患曾是明代最大的外患，而就倭患的严重程度、抗倭的激烈程度而言，则以浙江沿海为最。[5] 以激烈程度来分，明代浙江沿海抗倭斗争大致有三个时期[6]：第一时期，自洪武至正德（1368—1521）时期。这个时期，抗倭以防御、安抚为主，同时兼施剿灭。第二时期，嘉靖期间（1522—1566）。这个时期是倭患空前严重时期。史载："自鲁迄粤，海疆糜沸，江浙受祸尤酷。"这种岌岌可危的局面引起了明廷的重视，由此，抗倭斗争进入积极反击阶段。嘉靖四十一年（1562）基本平定浙江倭患。第三时期，自隆庆至崇祯（1567—1614）。此时大规模的倭寇侵扰已基本平息，仅剩零星倭寇不断骚扰。由于倭寇大势已去，浙江海防因而又重新得到修饬，故"倭寇出没"已"不至为患"。

纵览浙江沿海抗倭斗争史，临山镇的抗倭斗争勃兴于第一时期，此时筑城建

① 李倩：《红色文化资源：概念辨析、形成条件与发展历程》，《武夷学院学报（哲学社会科学版）》，2016 年第 11 期。
② 乐承耀：《浙东抗日根据地的历史经验及现实意义》，《宁波日报》2015 年 7 月 21 日 A7 版。
③ 刘润为：《红色文化：中国人的精神脊梁》，《红旗文稿》，2013 年第 18 期。
④ 习近平：《在北京大学师生座谈会上的讲话》，《人民日报》2018 年 5 月 3 日第 2 版。
⑤ 郑慧日：《试论浙江沿海抗倭之久烈》，《台州师专学报（哲学社会科学版）》，1997 年第 2 期。
⑥ 相关论述具体参考郑慧日：《试论浙江沿海抗倭之久烈》以及徐楠主编：《临山名人》，中国文史出版社，2014 年。

卫防倭，《临山卫志》记载称："明洪武二十年，信国公汤和议于余姚上虞之西北建置卫所巡司以备日本。"临山的抗倭斗争扬名于第二时期，是明代抗倭名将戚继光拉开抗倭大戏序幕的重要地理节点。浙江沿海抗倭斗争规模之大、战绩之丰也是整个明代抗倭史上少有的，其中戚继光功绩卓著。[①] 解放军报社原副总编辑魏艾民将军撰文强调："在鸦片战争之前近三百年，即从 1555 年至 1567 年，戚继光平息中华民族史上最早的一次严重外患，他的业绩和鲜明的爱国主义思想，对在这以后近一百年即 1661 年郑成功一举收复台湾的爱国主义壮举和 1840 年鸦片战争后爱国主义的大发展，无疑产生了积极影响。"[②] 嘉靖年间，戚继光由山东调任浙江御倭前线，出任浙江都司参将，镇守宁、绍、台三府。《（万历）绍兴府志》载："嘉靖三十一年添设参将一员，驻临山。三十五年，移总兵官驻定海，而参将驻临山，专统陆兵。临观总为浙江六总之一。"彼时为倭寇最猖獗时期，彼地又为倭患最严重地区。戚继光署守临山卫期间，先后取得了龙山所战役（1556）和岑港、乌牛之战（1558）的胜利，不仅扭转了浙东的战局，而且草拟《任临观请创立兵营公移》《练兵议》《议练义乌兵》等，训练了一支能征善战的"戚家军"，使浙江抗倭局势一改前貌。[③] 同时，以戚继光莅浙后在临山的辉煌抗倭成绩为承继，戚继光随后被任命为台、金、严等处地方参将，开始独镇一面，并为后续的浙江抗倭斗争取得彻底胜利以及闽、广抗倭斗争的胜利奠定了基础。[④] 当然，除戚继光，在临山抗击倭寇的还有俞大猷、卢镗等人。[⑤]

　　按照列宁的论述，爱国主义就是"千百年来巩固起来的对自己的祖国的一种最深厚的情感"[⑥]。当然，爱国和爱国主义并不是抽象的，而是具体和务实的。浙东海岸线长，战略位置重要，历来战争频繁，简言之，在长期抗倭斗争中所表现的爱国主义思想，就是爱领土。领土是国之为国的根本，国民生存生活的物质依托，一旦失去了领土，国民就失去了生存繁衍的基本条件。明代浙江沿海抗倭之胜利，是勇于牺牲的中华民族先烈，用斗争与生命标注的是爱国主义的精神高度，撑起的是中华民族不屈的脊梁，培养了民族浩然正气。

---

① 郑慧日：《试论浙江沿海抗倭之久烈》，《台州师专学报（哲学社会科学版）》，1997 年第 2 期。
② 魏艾民：《爱国主义传统永放光彩——范中义〈戚继光评传〉评介》，《政工学刊》，1998 年第 10 期。
③ 相关资料郑慧日：《试论浙江沿海抗倭之久烈》，徐楠主编：《临山名人》，中国文史出版社，2014 年，以及张鑫昌、谭奇伦：《抗倭斗争中的戚继光》，《思想战线》，1987 年第 1 期。
④ 蔡俊士：《戚继光在浙江台州抗倭斗争述论》，《杭州大学学报（哲学社会科学版）》，1991 年第 2 期。
⑤ 相关事迹参考徐楠主编：《临山名人》，中国文史出版社，2014 年，第 98—111 页。
⑥ 陈先义：《用爱国主义精神滋养民族浩然之气》，《解放军报》2015 年 10 月 1 日第 4 版。

二、历史抉择　牢记使命

爱国主义作为一种"红色资源"①，是一个动态变化的历史范畴，在不同时期具有不同的内容和表现形式。这正如毛泽东所说："爱国主义的具体内容，看在什么样的历史条件之下来决定。"②鸦片战争以前的封建社会，爱国主义主要是同改革弊政、治国安邦、反对分裂，反抗压迫等相联系，中华民族精神表现为革旧立新的勇敢精神、胸怀天下的仁爱精神、维护统一的团结精神、抗击外敌的牺牲精神。近代以来，爱国主义集中展现为反抗帝国主义的蹂躏，保卫中国的主权和领土完整，推翻封建主义和资本主义的剥削压迫。中华民族精神则相应地升华出救亡图存、抵御外侮的斗争精神，百折不挠、艰苦奋斗的革命精神。③更进一步说，近代以来的历史已经告诉我们，我国的爱国主义始终围绕着实现民族富强、人民幸福而发展，最终汇流于中国特色社会主义，而且历史也告诉我们，爱国与爱社会主义是有机统一的。④因此，溯源临山近代以来的爱国主义资源，既要继承好爱国主义的优良传统，又要融入不同时期的时代风貌。

20 世纪 20 年代至 30 年代，临山地区出现此起彼伏的棉农抗预税、向地主借粮、查封地主谷仓、绑押恶霸游街等斗争，⑤既继承了中共余姚县委筹划的姚北暴动之革命火种，又增强了斗争本领，深化了斗争实践，为面对以后的抗战打下了坚实基础。在中国革命史上，临山人民素以光荣的革命传统和不屈不挠的斗争精神而著称。尤其是在新民主主义革命时期，临山地区作为全国十九块抗日根据地之一的浙东抗日根据地和解放战争时期南方七大游击区之一的浙东游击区的重要组成部分，在中华民族的奋斗史册上增添了不朽的一页。

1941 年 5 月—9 月，中共浦东工委根据党中央、毛泽东和华中局的指示，决定在沪杭甬三角地区开辟新的战略区、创立浙东根据地的指示，浦东抗日武装700 余人分批横渡钱塘江，抵达庵东、黄家埠、临山、泗门等地，以"苏鲁战区淞沪游击队暂编第三纵队"（简称"暂三纵"）的名义活动。这支部队成为后来新四

① 张泰城、张玉莲：《红色资源研究综述》，《井冈山大学学报（社会科学版）》，2013 年第 6 期。
② 《毛泽东选集》第 2 卷，人民出版社，1991 年，第 520 页。
③ 温静：《论爱国主义在中华民族精神中的核心地位》，《马克思主义研究》，2016 年第 2 期。
④ 辛向阳：《习近平爱国主义思想探析》，《中共杭州市委党校学报》，2016 年第 1 期。
⑤ 临山早期革命史，可参见方元文主编：《余姚革命根据地》，浙江古籍出版社，2011 年；以及中共余姚黄家埠镇十六户村总支部委员会、余姚黄家埠镇十六户村村民委员会、《红色十六户》编纂委员会编《红色十六户》，内部资料。

军浙东抗日游击纵队建制的基础。[①] 浦东武装在浙东初步站住脚跟以后，部队遵照毛主席关于"尽可能迅速地并有步骤有计划地将一切可能控制的区域控制在我们手中，独立自主地扩大军队，建立政权，设立财政机关，征收抗日捐税，设立经济机关，发展农工商业，开办各种学校，大批培养干部"[②] 的指示，着手开始做敌后人民抗日政权的建设工作。在地方党支部的支持下，"暂三纵"在临山等地设立办事处，初步执行政权机关的任务，成为后来浙东抗日民主政权的雏型。至此，我军在浙东敌后开辟"三北"游击根据地。[③]

"三北"（余姚北、慈溪北、镇海北）地区，东西长 200 里，南北长 60 余里，既是沿海富庶平原，又是邻近上海、南京等全国经济、政治的中心，兼水、陆、内外交通之便。[④] 临山地处"三北"地区，北濒杭州湾，东接姚东，可达慈北；西邻虞北，直抵曹娥江，南面马渚越过杭甬公路（原系铁路，现仍恢复为铁路），渡江可直上四明山，此地地理位置重要，物产丰富。[⑤] 临山附近渡口众多，"三北"游击根据地的成功开辟，依托其地理优势，建立了一条深入敌后的"红色通道"，沟通了苏北、浦东、浙东之间党和部队的联系，人员、武器、物资、经费、情报信息等不断由此地传递，在抗日战争乃至随后的解放战争中发挥了重要作用。[⑥]

1942 年 7 月，中共浙东区委成立，随即对浙东地区重新划分地区和县界。余姚以姚江为界，划为余上、姚虞两县，并相继成立县委。其中，余上县下辖虞北（崧厦）、临山、中和（周巷）、马渚四个区，张光任县委书记，周明（又名朱加铭）为副书记，办事处设在临山。[⑦] 其间，由于时逢第一次反顽自卫战争，故而余上办事处的建立相对延迟。[⑧] 同时，第一次反顽自卫战争，与顽敌主力忠义救国军第 1 支队艾庆璋部的战斗主要集中在临山黄家埠、上塘、谢家塘等地。[⑨] 第一次反顽自卫战争历时半个多月，消灭顽军艾庆璋部大半，取得了巨大胜利，保卫了"三北"

① 金普森：《浙东抗日根据地的创建》，《杭州大学学报（哲学社会科学版）》，1985 年第 3 期。
② 《毛泽东选集》第 2 卷，人民出版社，1991 年，第 754 页。
③ 杨福茂、金步声、吕树本：《浙东革命根据地斗争概要》，《杭州大学学报（哲学社会科学版）》，1977 年第 3 期。
④ 劳云展：《浙东抗日根据地创建的战略依据和斗争策略》，《宁波师院学报（社会科学版）》，1990 年第 1 期。
⑤ 佘先、寿静涛、张明等：《坚持—发展—解放：回忆解放战争中余上县党的工作情况（1945 年 10 月—1949 年 5 月）》，《余姚党史资料》，1987 年第 38—39 期。
⑥ 刘享云回忆，毛英、张志坚整理：《浙东游击纵队》，浙江人民出版社，1987 年，第 11—12 页；另外参考林家春：《"红色通道"永留史册》，《铁流》（28），解放军出版社，2015 年，第 258—264 页。
⑦ 张光：《余上的抗日游击战争概况》，《余姚党史资料》，1983 年第 11 期。
⑧ 方元文主编：《余姚革命根据地》，浙江古籍出版社，2011 年，第 63 页。
⑨ 刘享云回忆，毛英、张志坚整理：《浙东游击纵队》，浙江人民出版社，1987 年，第 56—73 页。

根据地，锻炼了部队，发展了武装，是我党开辟浙东敌后抗日根据地的关键性一仗。[①]

当时，鉴于"三北"地区相对独立，且大多是平原，不利于游击作战和战斗实力的保存，1942 年 9 月，中共浙东区委和三北游击司令部领导召开会议，作出巩固与坚持"三北"地区，建立四明、会稽两块山地游击根据地的战略决策。由此，以"三北"地区为承继与支援，浙东的抗日中心逐渐从"三北"地区转移到四明地区，而以余姚梁弄为中心的四明山根据地，后来发展成为抗战后期中共浙东抗日根据地的核心地区。[②]1943 年，第二次反顽自卫战争时期，处于浙东抗战中心区域的四明山地区自然成了日、伪、顽进攻的重点地区。其间，中共浙东区委按照"坚持四明，巩固三北，分散游击，向敌后发展"的总方针，浙东游击纵队司政机关及主力避开强敌，北渡姚江，回到"三北"地区，化险为夷，转危为安，保存和壮大了力量。[③] 彼时，临山地区已有党员 70 余人，并筹建余上县政府，整训、调整了财经人员，以征粮为主，有力保障了部队用粮。[④] 此外，抗战期间，临山城内"义成商行"曾是三北城工委的秘密机关，负责为"三北"地区和浙东区委提供情报、分化敌阵（如加速伪余姚县保安团整编）、掩护同志等工作。[⑤]

1945 年 8 月，日本宣布无条件投降。按照《国共双方代表会谈纪要》（即《双十协定》）以及中国共产党主动撤出位于广东、浙江、苏南、皖南、皖中、湖南、湖北、河南（豫北不在内）等八个解放区的承诺，根据党中央指示，10 月 1 日，浙东游击纵队和党政军机关开始分两路北撤。其中一路，由司令员何克希率领纵队司令部及第四、第五支队，第二旅、三北自卫总队、金萧支队等一万人左右，分批从临山渡杭州湾经澉浦北撤。[⑥]

1945 年 10 月，浙东党政军人员北撤后，余姚仍为余上、南山两县（前述姚虞县委曾先后改称为姚慈县委、姚南县委和南山县委，相继由田坪、俞震任县委

① 杨福茂、金步声、吕树本：《浙东革命根据地斗争概要》，《杭州大学学报（哲学社会科学版）》，1977年第 3 期。
② 吴敏超：《浙东抗日根据地统战工作再研究》，《中共党史研究》，2018 年第 9 期。
③ 吴敏超：《浙东抗日根据地统战工作再研究》，《中共党史研究》，2018 年第 9 期；以及张如腾：《浙东区党组织：敌后抗日的中流砥柱》，http://yynews.cnnb.com.cn/system/2015/05/27/011203441.shtml，最后访问时间：2019 年 10 月 1 日。
④ 张光：《余上的抗日游击战争概况》，《余姚党史资料》，1983 年第 11 期。
⑤ 《"义成商行"始末》，载余姚市政协文史资料委员会，余姚市政协临山委员小组：《余姚文史资料第 14 辑（临山专辑）》，内部资料，第 137—141 页。
⑥ 杨福茂、金步声、吕树本：《浙东革命根据地斗争概要（续完）》，《杭州大学学报（哲学社会科学版）》1978 年第 1 期；另外可参考《何克希将军》，内部资料，第 103—114 页。

书记，朱之光任县委办公室主任、县长）。按照浙东区党委的指示，"三北"地区的各级党组织全部转入地下活动，取消党委制，建立特派员制。余上县由项耿任特派员，肖贻、寿静涛任副特派员。当时余上县下属临山、马渚、崧厦、周巷、浒山、庵东六个区。其中，临山区特派员为张钧，副特派员为谢松林。区以下则不设特派员，由区特派员直接与原支部书记单线联系。[①]

解放战争期间，临山一直是姚北地区党坚持斗争的主要区域。一方面，临山祠堂丘（施锦槐家）、邵家丘（马三老伯家）等地，既是时任余上县党务副特派员寿静涛的隐蔽点，又是我党余上地区地下活动的中心点之一；[②]另一方面，1947年左右，浙东游击纵队袭击临山镇和发动四海乡反击战，日益扩大了我党的政治影响，不断提高了人民群众对敌人斗争的信心，而随之重建余上县办事处，并利用国民党乡村政权，建立共产党控制的"两面派"政权，更是有力保护了共产党的基层组织和群众的活动。[③]这里值得特别指出的是，1946年5月，黄明出任余上县特派员，与寿静涛一起开始了地下党组织的恢复、建立与发展工作。经过一段时期的工作，以临山、周巷、马渚三个中心区党员联系的恢复与巩固为基点，全县45个农村支部均恢复了党的活动；同时根据地下活动的需要，先后建立了各区的秘密联络点，代号分别为"先施公司"（临山联络点）、"新新公司"（周巷联络点）、"永安公司"（马渚联络点）、"大新公司"（崧厦联络点），迅速打开了工作局面。[④]当然，革命事业在迅速发展的同时，不少革命先辈也为之牺牲。1948年8月11日，地下党员，时任兰塘乡副乡长的马章炎就因为叛徒出卖而英勇就义于兰塘北邵家丘西塘角。1958年1月，毛泽东主席为马章炎签发光荣纪念证；1985年

[①]　余先、寿静涛、张明等：《坚持—发展—解放：回忆解放战争中余上县党的工作情况（1945年10月—1949年5月）》，《余姚党史资料》，1987年第38—39期；另参考《战斗的岁月：项耿同志革命回忆录》，宁波出版社，2009年，第21—28页。

[②]　具体可参考寿静涛：《坚持在余上》，《余姚党史资料》，1988年第45期；余先、寿静涛、张明、陈旭、雷行、陆建平、章钦：《坚持—发展—解放：回忆解放战争中余上县党的工作情况（1945年10月—1949年5月）》，《余姚党史资料》，1987年第38—39期；以及中共余姚黄家埠镇十六户村总支部委员会、余姚黄家埠镇十六户村村民委员会、《红色十六户》编纂委员会编：《红色十六户》，内部资料。此外，邵家丘村也是革命烈士马章炎的英勇就义之处。

[③]　虽然姚北的广大地区又重新成为人民武装游击活动的主要地区，但是，余上地区由于当时客观条件的限制，还不能公开建立自己的乡、村政权，而只能建立"两面派"和革命的"两面派"政权。具体论述可参见余先：《坚持—发展—解放：回忆解放战争中余上县党的工作情况（1945年10月—1949年5月）》，以及杨福茂、金步声、吕树本：《浙东革命根据地斗争概要（续完）》，《杭州大学学报（哲学社会科学版）》，1978年第1期。

[④]　胡建电：《甘洒热血写春秋——纪念黄明烈士诞生七十五周年》，《中共宁波市委党校学报》，2000年第3期；以及方元文主编：《余姚革命根据地》，浙江古籍出版社，2011年。

4 月，民政部为之颁发革命烈士证明书。[①]

1948 年，共产党领导的上海浦东游击队张凡部和为共产党所掌握的南汇县伪自卫大队储贵彬部，由于敌人迅速增兵加强对浦东地区的控制，处境日益困难。共产党为支持浙东游击战争的开展，决定留下少数精干武装坚持外，将这两支部队 300 余人，于 1948 年 5 月 14 日至 15 日，由浦东南汇小沽港渡口，南渡杭州湾，在临山十六户登陆后到达四明山，有力支援了四明山的武装斗争。[②]

三、鉴古知今 红色通道

"在硝烟四起的烽火岁月里，杭州湾，曾是一万多名新四军战士南来北往的'红色通道'。"[③] 而坐拥 2.9 公里海岸线，位于杭州湾南岸的临山，自然是这条"红色通道"的重要组成部分。浙东抗日根据地当时包括四明（今宁波）、会稽（今绍兴）、"三北"和浦东四个地区，它们位于杭州湾两岸，沪杭甬之间。[④] 临山当时归属余上县，处于余姚、上虞两县的北部，北濒杭州湾，面对四明山，地处沿海平原，是浙东抗日根据地的重要组成部分，也是新四军浙东游击纵队的主要活动区域。[⑤] 当时，浙东游击纵队按照"坚持三北，开辟四明"的方针，依托"三北"地区濒海的区位优势，连通了上海、浦东和浙东"三北"，苏北、胶东和浙东"三北"等地间的海上联系，建立了一条由鲜血凝结起来的"红色通道"，并见证了抗日战争时期浦东人民与浙东人民之间的血肉联系。[⑥]1985 年 7 月 23 日，宁波市人民政府《关于同意划定梁弄等六十二个乡镇为革命老根据地的批复》（市政发〔1985〕191 号），明确临山为抗日战争时期革命根据地。

综上所述，概览临山革命史，从明代抗倭前线，到近代新民主主义革命浙东革命根据地的开创、发展与重建，临山地区的功能主要体现为承继作用，承上启

① 寿静涛：《征途琐事——浙东敌后斗争回忆录（连载）》，载绍兴市政协文史资料委员会编：《绍兴文史资料》（第 16 辑），内部资料，2002 年；以及严雷、李洁：《赤色枣园——地下党员马章炎的革命人生》，《今日镇海》2011 年 6 月 30 日第 A5 版。

② 林家春：《"红色通道"永留史册》，《铁流》（28），解放军出版社，2015 年，第 258—264 页；杨福茂、金步声、吕树本：《浙东革命根据地斗争概要（续完）》，《杭州大学学报（哲学社会科学版）》，1978 年第 1 期；李臻颖、杨鹏飞：《光荣历史 璀璨今朝——记余姚市黄家埠镇十六户村》，《宁波通讯》，2009 年第 12 期；以及中共余姚黄家埠镇十六户村总支部委员会、余姚黄家埠镇十六户村村民委员会、《红色十六户》编纂委员会编：《红色十六户》，内部资料，第 88—96 页。

③ 俞强：《杭州湾的红色记忆（三首）——献给中国共产党建党九十周年》，《诗刊》，2011 年第 14 期。

④ 翁梯敏：《浅谈浙东抗日根据地的历史贡献》，《党史文苑》，2016 年第 4 期。

⑤ 余先、寿静涛、张明等：《坚持—发展—解放：回忆解放战争中余上县党的工作情况（1945 年 10 月—1949 年 5 月）》，《余姚党史资料》，1987 年第 38—39 期。

⑥ 林家春：《"红色通道"永留史册》，《铁流》（28），解放军出版社，2015 年，第 258—264 页；林颖：《从浦东到浙东 66 年红色记忆》，《铁流》（24），解放军出版社，2013 年，第 304—312 页。

下、贯穿左右、沟通两岸（杭州湾两侧的上海、浙江等地），是"红色通道"的重要组成部分，孕育着丰富的爱国主义资源。其一，倭患是明代最大的外患，而就倭患的严重、抗倭的激烈而言，以浙江沿海为最。明代浙江沿海乃是有明一代抗倭斗争最重要的区域。但也正是以浙江沿海倭患的基本平定为承继（或契机），至嘉靖四十四年（1565）东南沿海的倭寇基本肃清。[①] 其二，抗日战争期间，临山作为中国共产党在"三北"地区的主要活动区域，既在 1941 年迎来了党领导的浦东抗日武装——后来新四军浙东抗日游击纵队建制的基础，又是 1945 年浙东游击纵队北撤的主要通道，一进一出，见证了浙东抗日根据地的历史。此外，作为"红色通道"，临山以其濒海优势，依托众多港口，不仅连通了浦东与浙东，而且作为党在"三北"地区的主要活动区域，临山亦是以余姚梁弄为中心的四明山根据地的重要依托地、立足点。第二次反顽自卫战争期间，浙东游击纵队司政机关及主力避开强敌，北渡姚江，回到"三北"地区，转危为安，即是例证。其三，解放战争期间，作为国民党统治的核心区域，国民党重兵控制整个浙东地区，反复进行"清乡""清剿"等行动。在党组织坚持隐蔽、恢复建立期间，余上党的各级组织一直依托临山等基本区，建立隐蔽点与联络点，积极开展工作。特别是 1948 年 5 月，浦东部队登陆临山十六户，更是这条以临山为重要组成部分的"红色通道"作用的体现。按照上海浦东新四军研究会副秘书长林家春同志的说法，"这条红色通道的建立有其历史和地理的特殊性"，"浦东人民和浙东人民为红色通道的建立做出了不可磨灭的贡献，他们的功绩将永留史册"。[②]

　　时代在不断发展变化，党和人民的事业要与时俱进，必须把红色资源利用好。党的十八大以来，临山镇党委、政府着力破解"如何把红色资源转化为党建优势"这一课题，因地制宜，立足临山实际，坚持立足中国共产党革命精神谱系，深入挖掘提炼临山红色资源的思想内涵和时代价值。一方面，按照习近平同志提出的"要充分利用我国改革发展的伟大成就、重大历史事件纪念活动、爱国主义教育基地、中华民族传统节庆、国家公祭仪式等来增强人民的爱国主义情怀和意识"的要求，加强对以爱国主义为代表的重大历史事件等红色资源的研究阐释，顺应了浙江开放强省之定位，契合了宁波"一带一路"开放之路全方位互联互通与大通道之战略，又符合镇情实际，与时俱进。丰富临山红色资源新内涵，拓展红色资源

①　郑慧日：《试论浙江沿海抗倭之久烈》，《台州师专学报（社会科学版）》，1997 年第 2 期。
②　林家春：《"红色通道"永留史册》，《铁流》（28），解放军出版社，2015 年，第 258—264 页。

新维度，顺势导入临山"红色通道"新定位，顺应人民要发展、要创新、要美好生活的历史要求，讲好临山开放、融通、创新的故事。另一方面，习近平同志在主持中央政治局第二十九次集体学习时指出："实现中华民族伟大复兴的中国梦，是当代中国爱国主义的鲜明主题。"作为爱国主义精神最坚定的弘扬者和实践者，临山镇党委、政府以创新发展理念为基本遵循，紧扣社会主要矛盾变化，将爱国主义与党建工作统一于新时代中国特色社会主义的伟大事业之中，始终坚持以人民为中心，努力满足人民日益增长的美好生活需要，既大力推动高质量发展，抢抓新机遇、构建新格局，又在发展中保障和改善民生。

第二节　红色引领下的绿色发展

概念乃是解决问题所必需和必不可少的工具。[①] 那么何谓绿色发展？[②] 它与在多个重要场合反复提及的"高质量发展"，又有什么关联？绿色发展要求遵循经济增长和社会进步的演化逻辑和发展规律，是 21 世纪中国紧随世界经济社会发展的大方向和大趋势，更是中国特色社会主义新时代高质量发展的路径导向。"凡益之道、与时偕行。"在新时代的背景下，我国土壤、水资源、大气、能源供给等方面都面临着巨大的压力，当前多重生态系统困境已成为新时代不可逃避的危机，生态革命与绿色发展便顺延成为亟需攻克的时代性难题，而绿色发展在此时代的潮流中更是顺势成为新时代我国高质量发展的新任务、新使命以及新目标。[③] 高质量发展作为一个包容性很强的概念，既包括经济发展高质量、改革开放高质量、城乡发展高质量，又包括生态环境高质量与人民生活高质量。其中，绿色发展是高质量发展的重要标志。[④] 由此可见，绿色发展与高质量发展是新时期经济发展的两个关键性目标，并且两者之间有着紧密的关联性。[⑤]

一言以蔽之，全面实现绿色发展，需要紧密串联并融合"五大发展理念"，因地制宜，直面发展不平衡、不充分问题，坚持以人民为中心推动发展。就临山镇而言，其践行红色引领绿色发展之路的探索中，既把爱国主义红色资源转化为党

---

① 　[美]E. 博登海默：《法理学：法律哲学与法律方法》，邓正来译，中国政法大学出版社，2004 年，第 465 页。
② 　上文已对"红色引领"予以辨识与溯源，此处不再赘言。
③ 　李梦欣、任保平：《中国特色绿色发展道路的阶段性特征及其实现的路径选择》，《经济问题》，2019 年第 10 期。
④ 　赵华林：《高质量发展的关键：创新驱动、绿色发展和民生福祉》，《中国环境管理》，2018 年第 4 期。
⑤ 　钟茂初：《以绿色发展推动向高质量发展转型》，《群言》，2018 年第 7 期。

建优势，以开放融通创新为牵引，强化新发展理念，又具体地把施政理念、行动方略与施政愿景集中体现于党代会报告与政府工作报告，及时而深刻地反映了临山红色引领绿色发展之路。因此，党的十八大以来，临山镇党委、政府的工作报告便成为审视临山红色引领绿色发展的绝佳窗口。①

一、着力建设新时代美丽城镇

城镇上接城市、下连农村，在城乡融合发展中有着独特的地位和作用。这些年，城市和乡村这"两头"抓得紧，但城镇建设相对抓得不够，导致一些乡镇所在地的面貌还不如好一点的村庄，对城市应有的承接疏导作用和对农村应有的辐射带动作用更是远远没被发挥出来。②就宁波而言，小城镇环境还存在着不少突出问题和薄弱环节，不少乡镇既不如村、更不如城，如环境卫生脏乱差、水体污染未能根治、道路混乱问题普遍、违章搭建现象严重、"空中蜘蛛网"密布、沿街立面杂乱无章、基础设施年久失修、小企业随处可见等，成为美丽宁波建设的"短板"。具体到临山，作为姚西北地区历史悠久、经济发达、物产丰饶的浙东名镇，过去由于经济增长方式、百姓生活习惯以及历史遗留问题等因素，临山治理难题日益突出。这其中，既有道乱占、车乱开、摊乱摆、房乱建、线乱拉等"集镇病"，又有垃圾乱扔、污水乱排、杂物乱摆、衣服乱晒、广告乱贴等"农村病"，还有交通拥堵、环境污染等"城市病"，人民群众反映强烈。

党的十九大报告指出："中国特色社会主义进入新时代，我国社会主要矛盾已经转化为人民日益增长的美好生活需要和不平衡不充分的发展之间的矛盾。"临山镇党委、镇政府紧扣社会主要矛盾变化，努力满足人民日益增长的美好生活需要，自2017年起以小城镇环境综合整治为重点，抓住着力点，坚持以重点突破带动整体推进，努力建设环境美、生活美、产业美、人文美、治理美的新时代美丽城镇，并于2019年获批为小城镇环境综合整治省级样板镇。具体实践如下：

一是美环境。临山镇以规划设计为龙头，以"一加强三整治"为抓手，全面整治"脏、乱、散、差、污"，形成了以十字路为主线的古镇景观轴，以迎凤路为主线的城镇功能轴，以329复线为主线的经济发展轴，促进产业融合、产城融合、

---

① 关于党代会工作报告与政府工作报告的政治隐喻或表征作用，可参考唐皇凤、陶建武：《建国以来中国共产党执政理念的现代演进——基于历届党代会工作报告的词频分析》，《浙江社会科学》，2016年第4期；王维民、黄娅：《从概念隐喻看政府的意识形态与执政理念——以国务院〈政府工作报告〉（1978—2011）为例》，《西南交通大学学报（社会科学版）》，2012年第3期。

② 车俊：《走好浙江乡村振兴之路 谋好城乡融合发展新篇》，《今日浙江》，2018年第15期。

区域融合。①针对农村基层医疗卫生公共服务体系建设滞后的实际，着力提升公共卫生服务水平，优化"软环境"。全镇10个行政村已实现村级医疗服务站全覆盖，契约式家庭医生服务探索推进。优良的生态环境，整洁的村容镇貌，完善的基础服务，成就了临山一个个省级小康示范村、省级文明村和省级民主法治示范村，成为一道亮丽的风景线。截至2018年底，全镇共有省级小康示范村1个，省级文明村2个，省级民主法治村1个，省级卫生村3个，宁波市文明村5个，宁波市卫生村7个。

二是美生活。以小城镇文明行动为抓手，积极开展背街小巷专项整治，推行"一把扫帚"模式，保证长效保洁、门前三包等机制落实到位；镇村联动，组织开展美丽庭院评选、寻找最美角落等家园美化行动，优化农村人居环境；全面推进"污水零直排区"创建，完成工业功能区北区污水管网修复，基本完成邵家丘、临浦、兰海农村生活污水纳管建设，有效保护集镇生态环境。截至2018年底，全镇范围内生活污水治理覆盖率达到100%，铺设污水主管网22公里；同时全力实施"五水共治"行动，以镇村两级水环境整治工程为抓手，先后完成3条黑臭河及垃圾河整治，疏浚河道29.59公里，疏浚方量21.32万立方米，河道水质得到显著提升。

三是美产业。面对经济发展新常态，临山镇以大项目为引领，促进企业转型升级，加强生态监管力度，扎实推进电镀、印染、废塑料加工等行业的整治提升，推进各企业更新升级废气处理设施，全面整治"低散乱污"行业75家，关停淘汰喷涂企业、废品回收站等22家，改造提升小企业（作坊）50家，合作转移3家企业。绿地城市综合体开发项目、宁波容百新能源科技项目等相继落户临山，在东、西、北三大工业功能区基础上，沿329复线高新产业带和姚西北滨海产业园相继成型，基本形成了以制笔、电子电器、机械制造等传统产业为基础，以高新材料、高端设备制造为突破的实体经济发展模式。②深入推进畜禽养殖污染综合治理，全面完成禁养区养殖场的关停拆除和非禁养区养殖场的生态化整治。

四是美人文。临山镇依托省历史文化名镇资源，充分利用"千年临山卫、江南葡萄沟"这一旅游品牌，统筹优势资源，连点成线，打造具有临山特色的农旅、

---

① 任炎尧、陈波、胡建东：《千年卫城 华美转身——临山镇小城镇环境综合整治巡礼》，《余姚日报》2019年6月20日第6版。
② 任炎尧、陈波、胡建东：《千年卫城 华美转身——临山镇小城镇环境综合整治巡礼》，《余姚日报》2019年6月20日第6版。

文旅体系。一方面，新建卫城导游中心和临山卫印象馆，展示特色历史文化；另一方面，推进俞家老宅、邵家老宅等历史风貌建筑的修缮和古镇立面改造，鼓励来宝香干、碱水面等老字号集聚和非遗项目传承，同时加快推进南部刺绕湾水环境整治，建设湿地生态休闲区和休闲旅游观光带。[①]

五是美治理。临山镇党委、政府依托"四个平台""一张网"，创新以党建为引领、法治为基础、德治为保障、自治为根本、智治为支撑的"四治融合"基层治理新路子，坚持问题导向与效果导向，培育文明乡风、良好家风、淳朴民风，焕发乡村文明新气象，弘扬新风正气，逐步实现"党建＋基层治理"新格局。一方面，以党员"联六包六"为基础，按照"全面覆盖、不留盲区"的原则，开创"微网格"治理模式，将"三掌握、三必到、包六项工作"延伸到村民家门口；另一方面，大力推广以邵家丘村为发源地的"道德银行"，有效连接"道德"与"信贷"，以道德担保信贷，以信贷反哺道德，支持农民创业致富，又通过创设"道德绿卡"，加强对身边好人的关爱礼遇，有力营造了"好人好报"的文明风尚。2013年，全镇全年发放创业信用贷款1276.3万元。目前，"道德银行"已在宁波全域推广。[②] 同时，镇党委、镇政府以浙江于2014年率先启动的全民参保计划为契机，[③]一张蓝图绘到底，着力实施以养老为重点的全民参保工作，兜住民生底线，截至2018年底，全镇养老全民参保率已达95.5％；同时，切实加强失地农民的保障工作，累计发放失地农民生活补助金4423.2万元，惠及失地农民7372人。

二、推动产业结构转型升级，加快新旧动能转换步伐

临山镇工农业经济比较发达，既是余姚传统农业强镇，又是工业重镇，以制笔、电子电器、机械制造、塑料模具等传统制造业为主。新时代，新旧动能转换之际，面对劳动力成本增加、环境资源约束以及产业竞争加速等因素，临山镇党委、镇政府以大项目建设为主抓手，调结构促转型，发展质量不断提高。

一是工业产业转型发展。2018年，全镇实现规上工业产值42.2亿元，销售41.5亿元、利润1.3亿元。其中，规上工业增加值达到9亿元，同比增长3.6％，增加值能耗同比下降1％。同时，规下工业主营业务收入同比增速达到11％，自

①　胡建东：《齐心协力抓项目 全域治理显特色——临山镇打响环境综合整治百日攻坚战》，《余姚日报》2019年3月11日第1版。

②　《"道德银行"经验做法将在宁波全市推广》，http://nb.wenming.cn/wmjj/201905/t20190531_5880955.shtml.访问时间：2019-10-3。

③　洪韬：《浙江省全民参保登记动态管理机制建设探索》，《中国医疗保险》，2019年第1期。

营出口总额达到 15.76 亿元，同比增长 9.65%。产业能级不断提升，尤其是机械制造、小家电、制笔等优势产业产销利增幅明显，另新增"小升规"企业 5 家、创新型初创企业 5 家、亿元企业 1 家，奥晟机械、耀鸿霓虹等 5 家重点企业入选全市首批"350"企业梯度培育名单。江丰钨钼液晶平板显示器用超高纯钼靶成功下线（大尺寸高纯钼靶材是液晶平板显示器制造中的核心原材料，彩电、智能手机、平板电脑等电子产品的屏幕上都有这种材料。目前，我国已成为继日本和韩国后全球第三大平板显示器产业大国，但受设备和技术限制，国内大量钼溅射靶材仍需进口。而超高纯钼靶的正式下线，将有助于高纯靶材核心材料国产化这一国家战略的加快实施）。创新驱动持续发力，实现工业投入 1.9 亿元，实施"机器换人"项目 7 个，申报发明专利 63 件，授权发明专利 32 件。全年互联网经济总量达 7.1 亿元，同比增长 20%。截至 2018 年底，全镇注册企业 859 家，规上企业 65 家。其中，国家级高新技术企业 4 家，市级以上工程技术中心 19 个，创新型初创企业 38 家。

二是现代农业提质增效。聚焦乡村振兴战略，紧紧围绕建设现代农业强镇这一主线，推进农业结构深度调整，生产条件不断改善，生产效率不断提高，精品农业优势逐步扩大。作为宁波市最大的葡萄生产基地，临山有"江南葡萄沟"之誉。以味香园葡萄专业合作社为牵引，不仅实现了农业集约化经营，而且依托临山"江南葡萄沟"的优势，充分挖掘铁皮石斛、榨菜、青瓜等临山农业优势项目的功能，推出"江南葡萄沟"特色农业精品线路，将味香园葡萄长廊、欧银铁皮石斛基地、余姚榨菜博物馆、八塘公园、戚海庄园等景点串联成线，努力形成四季鲜果、绿色生态、智慧创意等多形态的农业旅游综合体，推动乡村从主要"卖产品"转向"卖风景""卖文化""卖体验"。2018 年新增省级农业龙头企业 1 家，市级 3 家，全镇市级以上农业经济主体达 11 家，同时基本完成农村土地承包经营权确权颁证工作。截至 2018 年底，全镇共有市级以上农业龙头企业 9 家，无公害农产品基地 11 个。

三是商贸经济蓬勃发展。临山镇党委、镇政府坚持以集镇新区为核心，以商贸经济为牵引，做大做活第三产业，藉此富民活镇。一方面，大力推进老街沿街店面整治和农村商贸提档，积极推进市场改造和村级商业中心建设，推进临浦商业中心建设，规范市场经济秩序，农村商贸经济繁荣发展。2018 年全年商贸规模企业实现销售 4680 万元。另一方面，用好省历史文化名镇和省特色农业强镇两块金字招牌，着力突出"千年临山卫，江南葡萄沟"旅游品牌，打造具有临山特色的农旅、文旅体系，带动全镇商贸快速发展，不断提升全镇农家乐接待能力和服务水平，基本形成了以古镇文化、自然风光、生态农场、水果采摘为特色的旅游框架。

党的十八以来，临山镇党委、镇政府始终聚焦传统产业转型升级的主跑道不动摇，进一步做大产业规模、提升行业实力、强化要素整合，规上企业产值占比持续增加，工业企业步入规模化、集约化发展轨道，既切实提升经济发展的竞争力，又提升了人民生活水平（相关数据见表 21）。

表 21　党的十八大以来临山经济发展概况一览表

项目 年份	地区生产总值 （亿元）	工业产值 （亿元）	规上企业产值 （亿元）	规上企业产值占工业产值比	农业产值 （亿元）	第三产业产值 （亿元）	财政收入 （亿元）	农民人均纯收入（元）
2012	134.7	106	28.2	26.6%	9.5	19.2	2.95	17934
2013	140.7	110	34	30.9%	9.63	21.1	2.84	20300
2014	151.8	116	40.2	34.7%	11.39	24.4	3.33	22056
2015	158.8	120	44.5	37.1%	12.4	26.4	3.17	/
2016	161.4	122	46.5	38.1%	12.9	26.5	3.34	/
2017	158.6	117.5	41.1	35.0%	13.8	27.3	3.77	/
2018	170.8	128.3	42.2	32.9%	14.6	27.9	4.06	/

说明：1. 相关数据来源于临山镇党代会工作报告，以及政府工作报告。其中，除农民人均纯收入单位是以"元"统计之外，其他项目的单位均以"亿元"统计。

2. 农民人民纯收入指标自 2015 年开始不纳入农业年报数据统计。但查阅余姚市 2012—2018 年的国民经济和社会发展统计公报，可知同期余姚农民人均纯收入分别为 17977 元、19864 元、24312 元、26500 元、28589 元、31019 元、33792 元；而同期浙江农民人均收入则分别为 14552 元、16106 元、19400 元、21125 元、22866 元、24956 元、27302 元。从此数据对比可知，临山镇农民纯收入比市、省两级农民的平均收入略高。

三、做实、做强、做优实体经济

"制造业是实体经济的基础，实体经济是我国发展的本钱，是构筑未来发展战略优势的重要支撑。"[1]临山镇党委、镇政府坚决把发展经济的着力点放在实体经济上，按照高质量发展的要求，统筹抓好新兴产业培优和传统产业转型。

一是全力优化产业结构。立足机械制造、小家电、制笔等优势产业，支持引导资源要素和创新要素向排头兵企业集聚，重点打造以容百锂电池、中杭磁材、

---

[1]　人民日报评论员：《一定要把我国实体经济搞上去》，《人民日报》2019 年 9 月 20 日第 2 版。

江丰钨钼、创润高纯钛为代表的新能源、新材料基地，大力发展新兴产业，整合延伸产业链，突出产城融合发展理念，推进产业集聚区的整合提升，打造集约高效、产城融合、绿色智慧的高质量发展平台。截至 2018 年底，全镇工业结构得到优化升级，传统制笔产业加快转型升级，新兴产业保持良好发展势头，高新材料、休闲用品、电子能源、汽配五金产值比重达到 24.2%，比 2011 年提高 14.7%；轻纺印染、表面处理等涉污产业产值比 2011 年同期下降 3%；"互联网＋制造"大力推进，全镇已有 8 家规上企业涉足电商市场。

二是积极发展湾区经济。充分借助"大湾区"建设带来的周边经济辐射效应，以更高的站位、更宽的视野，高起点谋划好杭州湾特色产业带和沿 329 复线高新产业带，既强化环境倒逼机制，推动行业绿色发展，持续推进"低散乱污"块状行业专项治理，又着力引进一批高科技含量、高产品附加值、高效益的项目，打造先进制造业产业基地。同时，大力引导企业借助湾区经济建设的创新平台和人才优势，积极拓展产业合作，加快优化产业布局，不断提升产业核心竞争力。

三是全面推动农业升级。巩固特色农业优势，整合政策资源和"道德银行"等惠农支农金融工具，改善农业发展环境，推动农业产业升级，以农业"机器换人"为契机，加大农机推广力度，种植、培育高收益、零污染的农产品。依托余姚市滨海现代农业先导区与中泰（余姚）生态农业园的区位优势，进一步完善与正大集团的"企业＋基地"合作共赢模式以及借助正大集团销售平台，不断拓宽临山榨菜、葡萄等特色农产品市场销售渠道，进一步提升临山特色农产品市场的知名度和美誉度。

"浩渺行无极，扬帆但信风"，70 余年风雨兼程，40 余年砥砺奋进，今天的临山镇，处处焕发着加速发展的勃勃生机，处处激荡着改革创新的动力。面对新时代提出的新课题、新要求，临山镇党委、镇政府勇于任事，主动作为，依托临山丰富的红色资源，用红色文化凝心聚力，以爱国主义为鲜明主线，有效连接从古至今各阶段的爱国主义历史，以新的意旨与视野着力做好红色资源的挖掘与阐释工作，推陈出新，打好"红色牌"，念好"绿色经"，将红色引领绿色高质量发展的理念与施政思路融入执政实践与政府职能的全面履行之中，勾勒出实现高质量发展的着眼点、落脚点及实现途径，既优化了经济结构，又培育了新动力。临山镇的高质量发展之路，当下可为，未来可期。

第二章　党旗引领乡村振兴
——邵家丘村以"三风"汇聚新时代乡村治理强大道德力量的探索与实践

习近平总书记强调，党管农村工作是我们的传统，这个传统不能丢。[1] 办好农村的事情，实现乡村振兴，关键在党，要义在于党要发挥政治资源、组织资源和公共资源优势，为乡村乡民"增能"和"赋权"。浙江总体已基本实现全面建成小康社会的目标，[2] 对乡村居民而言，衣食住行已经不成问题，满足农民的精神需求，在现阶段就显得更为重要，也更为迫切。[3] 因此，新时代，推动乡村振兴，为乡村乡民"增能"和"赋权"，应着眼于加强农村思想道德建设和公共文化建设，以社会主义核心价值观为引领，培育文明乡风、良好家风、淳朴民风，改善农民的精神风貌，正确处理富脑袋与富口袋之间的关系，提高乡村社会文明程度，焕发乡村文明新气象。余姚市邵家丘村，在改革开放40余年的实践中，围绕乡村治理这一主线，探索出了一条党建引领、道德凝心、"三风"蔚然的乡村振兴之路；而且，这种治理效能与道德提升相互促进的社会治理创新机制，也为余姚市打造新时代文明高地、提升基层社会治理水平注入了强劲的道德力量。[4]

第一节　起步探索

2001年，余姚全市行政村区域调整时，邵家丘村由原邵家丘、沈家丘、哑潭等三个自然村撤并而成新邵家丘村。并村伊始，村内矛盾复杂且不断：集体经济欠账多，群众意见多、打官司多，人心不齐。"晴天一身土，雨天一身泥，晚上出

---

① 习近平：加大推进新形势下农村改革力度，新华社，2016年4月28日。
② 中共浙江省委理论学习中心组：《浙江如何实现全面建成小康社会》，《求是》，2015年第9期。
③ 张华伟：《乡风文明：乡村振兴之"魂"》，《学习时报》2018年9月14日第3版。
④ 奚明、潘银浩：《深化"道德银行"建设 让文明道德之花竞相绽放》，《学习时报》2019年9月20日第8版。

门一片黑；垃圾遍地，草棚乱搭，是这个村当时最真实的写照。"① 至 2004 年，邵家丘村党支部换届选举，彼时，这个远近闻名的"三多"村的村支书成了一个烫手的山芋。但是，穷则思变，乱则思定。如何变？如何定？"村看村、户看户、农民看支部"。11 月 20 日的换届选举，党员们一致选举当时经营一家纸塑彩印厂的黄宝康出任新一届村党总支书记，而并村前曾经担任过邵家丘村党支部书记的黄宝康，在村民的期盼之下，接任村党总支书记至今。一个时代有一个时代的主题，一代人有一代人的使命。中国特色社会主义事业走向新时代，这一新长征路愈加呼唤担当，愈加需要实干。在此背景之下，2004 年，换届后的邵家丘村新一届村领导班子践行"一个党员一面旗，一个支部一盏灯"理念，充分发挥党员主体作用，坚持问题导向和责任担当相结合、目标引领与制度规范相结合，涵育文明乡风、良好家风、淳朴民风，努力实现党的组织覆盖与服务覆盖。

一、创新乡村治理

针对并村后的各种乱象，邵家丘村新一届村领导班子坚持党建工作抓具体、抓深入，一以贯之党建促和谐，实施乡村治理创新工程，并在 2011 年初确立了"以德立村"的工作目标，努力营造稳定和谐的村落环境。一是建立干部下村巡查制度。邵家丘村按照"情况在一线掌握、问题在一线解决、作风在一线体现"的原则，建立以村干部为主、各片片长协同参与的一线工作法，每星期组织两次到村民家中或田间地头，了解村道河道公厕保洁、垃圾收集、绿化护理情况、田头路沟渠脏乱差现象、土地违法行为及村民即时反映的问题，用照片或文字形式记录，并在村三套班子（村党组织、村委会、村股份经济合作社）会议上研究解决。二是建立村民管理综合信息库。按照"个档清晰"的原则，通过深入摸底调研，排查情况，将全村各户家庭、户籍人口、外来人口和低收入农民的家庭情况、资金收入、土地流转、住房照片等信息建档立册，形成立体化、多层次、广覆盖、无缝隙的村民管理综合信息库，基本实现了信息掌握在前、措施采取在先的村民管理新格局。② 三是打造"一院四基金"。随着农村留守老人的养老问题成为国家和社会关注的重点，③ 邵家丘村勇于创新、知难而进，按照《公民道德建设实施纲要》

① 吴震宁、苗瑜：《他花了 11 年的心血 把"三多"村变成了生态文明村》，《宁波晚报》2015 年 12 月 1 日第 A6 版。

② 本刊记者：《邵家丘村：打造和谐幸福新农村》，《宁波经济（财经观点）》，2015 年第 2 期。

③ 杜志婕：《农村留守老人养老规划调查研究——基于 2014 年中国老年社会追踪调查》，《农村经济与科技》，2019 年第 15 期。

的有关要求，"坚持道德教育与社会管理相配合"，以"一院四基金"为载体，把公民道德建设融于科学有效的社会管理之中。2008 年筹资 60 万元，新建占地 3.2 亩、建筑面积为 650 平方米、共 22 间居室的居家养老幸福院，探索居家养老新模式，免费让一些孤寡、病残、高龄、空巢等人员住进安置房，并利用群团组织和村三套班子队伍成立志愿者队伍，每月两次对老年公寓进行打扫、清理，实现"老有所养、住而舒心"的目标。2009 年村领导班子筹集 20 余万元，成立了困难群众帮扶基金，对特困党员、特困家庭、贫困老人实行一年一度的经济补助和临时的家庭突发事件补助，并形成了党员临终送行、大病探访、重大节日走访、生日祝贺制度。"老吾老以及人之老"，从 2010 年起，村内 10 家企业每年出资 20 万元设立老年爱心基金，由此，以老年爱心基金作为载体，红包的发送作为仪式或支点，着力营造敬老爱老的良好氛围。2012 年，针对农村单亲家庭儿童在社会化过程中可能出现的种种困境，会影响儿童性格成长和不良行为产生的客观现实，[1] 从村庄以及孩子长远发展考量，邵家丘村筹集 10 万元成立单亲留守儿童关爱基金，通过生活上的照顾和心灵上的沟通，让他们感受到邵家丘这个"大家庭"的关爱和来自社会的温暖；同时，还招募"爱心妈妈"志愿者，与较困难的儿童开展一对一结对行动，并且从 2011 年开始，村里专门邀请大学生为单亲家庭儿童和小学生办起了暑期班。由此，以村庄为平台，构建社会支持网络，从每一个细节入手帮助改善农村单亲家庭的境况，为孩子争取每一个机会，让他们吃得饱、穿得暖、有书可读、依法享有合法权益，为他们扫除成长过程中的障碍，让他们茁壮成长。

二、经济协同发展

壮大农村集体经济是实现乡村振兴战略的重要推动力。[2] 然而，在宁波地区，村级集体经济总体实力还不够强，部分村还比较薄弱。[3] 邵家丘村自并村之后，就面临此困境——村级集体经济来源相对缺乏。于是，邵家丘村准确研判新形势、新任务，盯准目标，综合施策，提出"共同关注、携手发展"的思路，充分利用村庄丰富的乡贤资源，以及村庄企业的慈善意愿，一方面，获取村庄治理资源，优化村庄治理结构；另一方面，通过创新村企结对模式，弥补村庄建设资金不足的

---

① 汪涛、刘立祥：《社会工作视角下农村单亲家庭儿童社会化困境研究》，《教育教学论坛》，2015 年第 9 期。
② 刘义圣、陈昌健、张梦玉：《我国农村集体经济未来发展的隐忧和改革路径》，《经济问题》，2019 年第 11 期。
③ 宁波市委农村工作办公室：《"强村之路"怎么走？——宁波市积极创新发展方式壮大村级集体经济》，《宁波通讯》，2018 年第 1 期。

短板。一是村企共建。邵家丘村先后成立村工会联合会、村级商会、村青年创业联谊会等三大组织，并以此为平台，积极探索和深化以"村企互动""村企结对"为主要载体的新农村建设长效机制，充分发挥"三会"在村和企业间的桥梁纽带作用，积极引导企业致力于光彩事业。截至 2018 年，村企业累计资助 500 余万元，用于助困、助残、助学等扶贫活动和新农村建设，助推村容村貌的快速改善和提升。二是建立村企议事厅。根据村民经商办企业者众多的实际，邵家丘村着力调动村民个体参与乡村治理的积极性，一方面，由企业家民主推选企业主作为村级新农村建设的顾问，村里定期（一般为一季度一次）与之交流村级经济和社会各项事业发展状况，听取企业家对新农村建设的意见、建议，共同研究解决新农村发展中的重点、难点问题；另一方面，建立与外出村民的日常联系机制，尤其通过新媒体技术和互联网技术，使"不在村"的村民都能够随时参与到村庄公共事务的治理中。三是建立村企信息共享机制。通过村级便民中心，动态收集村内企业用工信息，及时将就业和再就业村民信息进行对接，帮助解决企业"招工难"和村民"就业难"的问题；同时，将村内部分公益事业及时通报给结对企业，按照谁投资谁受益原则，通过公开竞标方式打通工商资本参与村级公共设施建设和公益事业管理的渠道，既减轻村级集体经济压力，又提高公共事业的建设管理质量。

第二节　创新发展

习近平总书记指出："办好农村的事情，实现乡村振兴，关键在党。"[①]农村基层党组织是党在农村全部工作的基础，是党联系广大农民群众的桥梁和纽带。农村基层党组织的执政能力将直接关系到农村的改革、发展和稳定，关系到党在农村基层执政地位的巩固，关系到社会主义新农村建设的实现程度。[②]党的十八大以来，邵家丘村党组织牵住"党建"引领牛鼻子，依托浙江互联网发展的先行优势，推陈出新，创出"三微"好经验，[③]在党建工作中融入网络化、信息化，为党建工作提供智能化保障，更好地服务群众和党员干部，有力提升了农村基层党组织的组织力和领导力，培育出文明乡风、良好家风、淳朴民风，改善农民精神风

① 习近平：《论坚持党对一切工作的领导》，中央文献出版社，2019 年，第 206 页。
② 许建宝、王嘉惠：《农村基层党组织如何强起来》，《人民论坛》，2017 年第 18 期。
③ 中共余姚市委：《余姚邵家丘村创出"三微"好经验》，《政策瞭望》，2019 年第 9 期。

貌，提高乡村社会文明程度，焕发乡村文明新气象。

一、"微公开"促规范

2015 年，"美丽邵家丘"微信公众号开通，公众号作为公开载体，每月公布村级财务信息，细化至各类发票、领款凭证等原始票据和村资产相关的实物照片等，一改传统的张榜公布、开会通报等，一方面，顺应了"互联网＋"的时代趋势；另一方面，村民可随时查询、监督，对疑问环节既可留言询问，又可当面质询。自微信公开财务以来，无一起村干部乱报销、乱开支、乱浪费的投诉发生，村干部满意率不断提升，在近三年的无记名投票中，村民对村干部的满意率由 40% 提升为 77.9%，对党总支书记的满意率始终保持在 90% 以上。

邵家丘村在治理实践中始终遵循村级重大事项实行"四议两公开"（即村党组织提议、村"两委"会议商议、党员大会审议、村民会议或者村民代表会议决议，决议公开、实施结果公开），切实落实对重大民生实事、重点工程等事项的通报、表决制度，把大事、要事摆上桌面讨论，并因地制宜，通过党员大会、"网格长"例会、村民大会等渠道公开征求意见，并按绝大多数意见执行，最大限度实现"村里的事，让村民说了算"。同时，从 2013 年开始，为切实了解村民需求，村两委每年进行一次村民需求调查，"村民需求调查表"发放到每户家庭，广泛收集农村发展各类议题，并作为施政参考。

二、"微网格"促服务

邵家丘村党总支创新发展"枫桥经验"，在党员"联六包六"（即每名党员联系六家非党员户，包政策宣传、信息收集、意见反馈、沟通协调、信访化解、扶贫帮困等六项职能）基础上，学习舟山"网格化管理、组团式服务"的核心做法，集中精力创出特色鲜明的邵家丘村"微网格"治理模式。2016 年初，邵家丘村因地制宜，将原先的 8 个村民小组划分为 30 个"微网格"，创造了"微网格"治理模式，即由 1 名骨干党员或村民代表担任单位"网格长"，负责一个"微网格"的服务管理，"微网格"可大可小，以便利为原则将服务延伸到村民家门口。其中，"微网格"的划分综合考虑地域、历史、邻里关系、"网格长"个人能力等有利于服务管理的主要因素，并按照"全面覆盖、不留盲区"的原则，将全村划分成 30 个"微网格"，每个"微网格"户数在 18—35 户之间。"网格长"选拔以"先进性"为核心标准，动员"微网格"内党员骨干或村民代表自愿担任，担任后公开亮相，利用"距离近、人头熟、情况明"等优势开展工作，不领取任何报酬。目前，全村30个"网格长"中，有10人系中共党员。线下划分"微网格"的同时，线上"微网格"同步推进，以"微网格"为单位，建立30个微信群，"网格长"为群主，每户村民有一人加入，全体村干部则加入所有的群，与村民实时交流，对村民提出的问题，村两委公开承诺，2小时回应，24小时答复。目前，通过微信群这一载体，邵家丘村已为村民解决各类问题120多件，受到了村民的一致好评。[①]

为民服务是密切党群关系的重要手段。邵家丘村在致力于以"微网格"经常性向周边群众提供近距离、多类型、人性化的服务的同时，还与时俱进制定"网格长"履职清单——"三掌握、三必到、包六项工作"，[②] 切实将以往抽象的组织关怀转化为具体的服务供给，从而凝聚了民心。邵家丘村还着力整合资源，拓展党员服务群众的实践渠道，建立党员联户双向选择制度，开展主动式服务。一方面，让村民自愿选择自己信赖的联系党员；另一方面，党员也可以选择熟悉的村民。双向选择完成后，党员主动签订承诺书，每个月联系普通村民一次，联系孤寡老人两次，并在自己的党员联系户手册上填写走访日记，发现重大事项、重大疾病等第一时间向村里汇报。"网格长"履职清单与党员联户双向选择制度，互为补充，创新了社会治理模式，建立了精细化的服务机制，织密了服务网络。同时，为了提高"网格长"的履职能力，建立健全了"网格长"月例会制度，开展教育培训，健全事务流转程序。

"仓廪实，而知礼节。"2014年，在"以德立村"前期探索基础上，邵家丘村整合困难群众帮扶基金、单亲留守儿童基金、老年爱心基金等多个帮扶基金项目，新成立"道德基金"，专项用于村里的各项公益事业。截至2018年底，已收到企业捐款860余万元。同时，"百善孝为先"，从2018年除夕开始，为进一步弘扬传统美德，加强农村精神文明建设，形成孝亲敬老的良好社会风尚，在村"道德基金"基础上成立"孝德基金"。"孝德基金"捐款额度限于1元至200元，目的在于瞄准"下一代"，动员全村孩子自愿捐出压岁钱，给卧病在床、住院的老人带去关心关爱，潜移默化中帮儿童扣好"尊老敬老爱老助老"的人生第一粒扣子。同

---

① 胡建东：《微信群里静悄悄》，《余姚日报》2019年2月14日A02版。
② "三掌握、三必到、包六项工作"，即要求"网格长"对"微网格"内的孤寡老人、单亲儿童、困难家庭等三类人员情况全掌握；村民遇大病、难事、求助必到访；包括"意见收集、矛盾化解、大事传达、违规劝阻、结对共建、政策宣传"等六项工作。

时，邵家丘村还整合党员志愿者、青年志愿者、巾帼志愿者等 480 余人，成立邵家丘村"一家亲"志愿服务总队，定期开展美丽家园、垃圾分类、平安建设等志愿活动。

三、"微积分"促治理

2012 年，为激励村民守法、诚信、向善，巩固"以德立村"成果，并实现市场经济和道德建设良性互动，在余姚市委宣传部、文明办和余姚农村商业银行的支持下，邵家丘村党总支试点开展"道德银行"建设，注重道德激励，让"好心人"得到"好回报"，并致力倡导"好人好报、德者有得"的社会氛围。"道德银行"制度最突出的特点是以道德评价为切入口，把道德积分和信贷规模结合起来，让无形的道德可量化、可触摸。[1] 具体而言，"道德银行"是一种农村小型信贷的新模式，一种服务于地方小微企业、个体农户创业的无担保、无抵押、低利率的创业贷款；它也是当地政府牵头、地方商业银行合作进行信用体系建设的新尝试，通过"以道德担保信贷、以信贷反哺道德"的方式，引领社会道德风尚。[2]

邵家丘村在"道德银行"创新实践中，创造性地将公民诚信与公共信任统一于信用评价体系中，公民诚信被量化为"道德积分"，以信用评价为基础，农户家庭获得商业银行无抵押的信用贷款资格；基于此，不断积累"道德银行"建设的经验做法，并专门制订操作性很强的道德评议实施办法，确保道德评议有据可循、有章可依。一方面，"道德建档"全覆盖。设立以党支部、党总支为支撑的村两级道德评定工作组织体系，对全村所有家庭都建立"道德积分"档案，并以"遵纪守法、行为文明""热心公益、支持发展""诚实守信、勤劳致富""家庭和睦、邻里团结"等 4 大项目 16 条细则为评分标准，总分值为 100 分，每年开展一次自己评、每季开展一次组织评，让每家每户都在道德银行开设"道德账户"，实现"道德积分"一户一档全覆盖和动态管理实时化。另一方面，规范评议程序。为把好公正关，评议前，村里严格落实群众参与机制，确保网格评议时群众占比 90% 以上、村社评议时群众占比 70% 以上，且定期轮换评议群众，做到群众的分数群众评、群众议。评议中，严格落实信息公示机制，通过多种渠道，及时向群众公示有关事项，确保群众的知情权。评议后，通过银行、公安、工商、税务等部门档

---

① 奚明：《创新文明实践载体 推进公民道德建设》，《浙江日报》2019 年 8 月 15 日第 8 版。
② 曲蓉：《公民诚信、公共信任、信用评价与"道德银行"》，《宁波大学学报》（人文科学版），2015 年第 1 期。

案系统，严格执行部门轮审机制，被查出存在涉及一票否决事项的，直接取消道德信贷资格，并在接下来 1 年至 3 年的个人道德积分全部清零。

"道德积分"作为农户道德状况的客观评定，在一定程度上反映了农户的诚信情况。邵家丘村在"道德银行"试点中，始终注重道德养成，坚持点线面联动，把"道德积分"作为推动实现全域文明的关键一招，强化"道德积分"的引领作用。一方面，将每年评定并经过公示的"道德积分"作为评选村"十佳党员""十佳文明户""十佳志愿者""十佳美丽庭院"的主要依据，并公开进行表彰。村民做好事经核实后，公开奖励"道德杯"1 个，目前最多一户家庭拥有 7 个"道德杯"，形成人人争做好事的良好氛围。另一方面，"低息贷款"促发展。"道德银行"的起点是为好人提供免担保、免抵押、低利率的信用贷款。[1] 因此，有资金需求的农户可以用道德积分，向当地农村合作银行申请"免担保、低利率"的专项信用贷款。截至目前，邵家丘村共授信 163 户家庭 1024 万元，实际有 52 位村民获得贷款 600 余万元，全部用于再生产，无逾期、违约等不诚信事件发生，不仅促进了村民增产增收，更发挥了"道德积分"的示范作用，并且催生出余姚全市首个村"道德基金"，目前已收到企业家捐款 860 余万元。

"道德银行"成为邵家丘村文明建设的助推器，有效推动了自治、法治、德治的有机融合，为余姚村社提供了可看、可学、可借鉴的样板，带动效应不断得到释放。目前，源于邵家丘村的"道德银行"，已覆盖余姚全市所有行政村和社区，涵盖所有银行，设立市级总行、乡镇支行，并在建制村组建网点，这已成为余姚的一张金名片，为余姚打造新时代文明高地、提升基层社会治理水平注入了强劲的道德力量。截至 2019 年 6 月底，余姚全市已有 2.88 万农户通过"道德银行"获得信用贷款 24.53 亿元。[2]

第三节　融合升华

乡村振兴，既要塑形，也要铸魂，要形成文明乡风、良好家风、淳朴民风，焕发文明新气象。实施乡村振兴战略要物质文明和精神文明一起抓，特别注重提

---

① 奚明、潘银浩：《深化"道德银行"建设 让文明道德之花竞相绽放》，《学习时报》2019 年 9 月 20 日第 8 版。
② 奚明：《创新文明实践载体 推进公民道德建设》，《浙江日报》2019 年 8 月 15 日第 8 版。

升农民精神风貌。① 邵家丘村创出的新时代"三微"好经验，从自发到自觉，既与早期探索共时共存，又推演张开，扩大了农村党组织和党的工作覆盖面，又着重依托社会主义核心价值观这一中国共产党人执政理念的主要体现，② 围绕加强农村思想道德建设做好党建工作，以"道德银行"为载体，以"道德积分"为依据，深刻挖掘余姚先贤王阳明的道德教化思想，在潜移默化中念好"道德经"。③ 邵家丘村的"三微"好经验并不是孤立的，它与文明建设、基层治理等息息相关。在新时代的乡村治理中，坚持法治、德治、自治、智治相结合，本质上是以乡风文明建设为基础的"善治"，只有夯实乡风文明这个基础，乡村治理才会更加有效。④ 邵家丘村党总支在以党建引领推进"四治"融合的实践中，深谙先贤王阳明的"知行合一"之道，更加注重道德践履，坚持科学思维方法，运用绩效管理方法，⑤ 一方面看到了"四治"融合中乡村治理的行为性，另一方面又看到了乡村治理的成效——文明乡风、良好家风、淳朴民风，致力于让乡村文明道德之花竞相绽放，以"四治"融合为牵引，努力培育文明乡风、良好家风、淳朴民风。

一、文明乡风

从社会学意义上看，乡风是由自然条件的不同或社会文化的差异而造成的特定乡村社区内人们共同遵守的行为模式或规范，是特定乡村社区内人们的观念、爱好、礼节、风俗、习惯、传统和行为方式等的总和，它在一定时期和一定范围内被人们仿效、传播并流行。⑥ 乡风文明是乡村振兴的重要标志。乡风是维系中华民族文化基因的重要纽带，农耕文明是中华民族对人类文明的重要贡献，是乡风文明的根和魂。邵家丘村坚持以"四治"融合为牵引，一方面，深入挖掘以爱国主义为核心的民族精神和以改革创新为核心的时代精神，守正创新，挖掘邵家丘村在抗日战争、解放战争中的红色资源，依托"红色通道"优势，着力讲好党的故事；另一方面，深入挖掘村庄丰厚的道德资源，在全省率先建立村级"道德馆"，不断拓展道德实践的载体和空间。

① 闻言：《深入实施乡村振兴战略，书写好中华民族伟大复兴的"三农"新篇章——学习〈习近平关于"三农"工作论述摘编〉》，《人民日报》2019 年 7 月 9 日第 6 版。
② 虞云耀：《共产党人与社会主义核心价值观》，《光明日报》2014 年 5 月 7 日第 1-2 版。
③ 王磊、车辙：《王阳明的道德教化思想及其当代启示》，《当代中国价值观研究》，2019 年第 1 期。
④ 胡守勇：《乡风文明 新时代需要高质量推进》，《中国社会报》2018 年 3 月 10 日第 4 版。
⑤ 仲理峰、时勘：《绩效管理的几个基本问题》，《南开管理评论》，2002 年第 3 期。
⑥ 董欢：《乡风文明：建设社会主义新农村的灵魂》，《兰州学刊》，2007 年第 3 期。

邵家丘村"道德馆"以"弘扬社会主义核心价值观、促进社会公民道德建设、培育廉洁文明社会氛围"为宗旨，分为"道德之源、崇德之路、爱家之德、立人之品、敬业之道、乐善之行"等六大主题，以"固定展板"、"视频展播"和"道德讲堂"等方式运作，系统讲述了该村道德传承的起源和发展历程，收录了全村优秀好人好事 60 件，既提升道德高度，以先进典型引领道德风尚，用榜样力量温暖启迪人心，又优化道德生态，切实营造崇德向善这片好土壤。由此，邵家丘村以道德建设为抓手，把社会主义核心价值观融入农村社会发展的各个方面，转化为农民的情感认识和行为习惯，在全村形成了积极、健康、向上的社会风气和精神风貌，乡风文明蔚然成风。同时，邵家丘村还通过"美丽乡村共建参议会"，把心系故土的有识之士、经济能人等有助于乡村治理的人，纳入乡贤群体中来，使其成为社会稳定的维护者和乡村文化的弘扬者。

二、良好家风

家风是在世代繁衍的历史过程中逐步形成的较为稳定的家庭风气、家族风尚，家训则是家风的语言载体和表现形式。[1] 家风是给家中后人树立的价值准则，是建立在中华文化之根上的集体认同，是每个个体成长的精神足印；家风相汇成民风，民风相融成乡风，家风好则世风正。好家风是好家庭的血脉，好家风成就好家庭，好家庭培育好子女，好子女建设好社会。从家出发改变社会，源清流洁，强基固本。

习近平同志指出："广大家庭都要弘扬优良家风，以千千万万家庭的好家风支撑起全社会的好风气。"家庭是道德教育的高地，家庭道德是社会道德的基础。邵家丘村在"以德立村"的探索中，始终重视家庭、注重家教，始终重视门楣家风教育和传承。"国之本在家，家之本在身。"具体而言，邵家丘村党总支，一方面，紧紧抓住农村党员作为社会主义物质文明建设和精神文明建设中的先锋模范这一"牛鼻子"，在党员家庭户悬挂的"共产党员户"标识牌内容中，增加了家规家训、联系群众等内容，主动接受党员群众监督，把党建元素融入家风建设；另一方面，自 2016 年开始，把每年"党员家园日"（6 月 23 日）、"全民家园日"（12 月 23 日）变成村"家园日"，以义务劳动有效连接各户家庭，并营造劳动光荣的社会风尚。"家园日"启动至今，各户家庭百分之百的参与率，既说明村民共建乡村的热

---

[1] 陈寿灿、于希勇：《浙江家风家训的历史传承与时代价值》，《道德与文明》，2015 年第 4 期。

情高涨，又以劳动等仪式有力促进了家风、乡风、民风之间的良性互动。

三、淳朴民风

民风指的是民间教化和习俗，即社会风气，其核心是民间风尚，即民间共同体的价值取向和行为模式，如提倡道德自觉、理性、友爱等。简言之，民风反映的是普通民众中间的社会风气。[1]进一步而言，民风具有社会性、广泛性、地域性、政治性等特性，是一个动态发展的过程。[2]因此，培育淳朴民风，要因地因时制宜。

彼时，邵家丘村党总支面对规划调整后的并村不并心、历史遗留多、基础设施差等严峻问题，不回避矛盾，勇于担当。一方面，树立"以德立村"的总目标，念好"道德经"，着力加强村民道德意识，培育勤勉、诚朴的生活态度，为建立优良民风厚植底蕴。十余年来，邵家丘村从"落后村"到"先进村"的巨大变化，也从侧面说明了村庄治理的成效。另一方面，适时推动村民代表大会修订《邵家丘村村规民约》，唱响新时代村歌《德润邵家丘》，持续推进移风易俗，弘扬时代新风，遏制大操大办、厚葬薄养、人情攀比等陈规陋习，民风焕然一新。

四、述评

道德不仅是人的内在品质要素与自我约束机制，也是人际交往的互信基础，更是社会关系与社会秩序建立和维持的非常重要的社会粘合剂。新时代乡村"德治"要与基层党组织建设结合起来，发挥共产党员的道德引领作用。[3]邵家丘村党总支坚持党建引领，着力念好新时代"道德经"，瞄准"立德立村"总目标，用好"道德银行"这一载体，把社会主义思想道德建设优势进一步转化为治理效能这一主线，这一主线贯穿"四治"融合各环节、全过程，注重引领性、突出群众性、增强针对性，在"落细落小"上下功夫，在"知行合一"上出成效，以家风相汇成民风，民风相汇成乡风，实现过程与结果的有机统一，既以"四治"融合铺就乡村振兴大道，又以文明乡风、良好家风、淳朴民风来呈现"四治"融合的善果，有力改善了农民的精神风貌，提高了乡村社会文明程度，焕发了乡村文明新气象。

---

[1]　林坚：《社会风气与党风、政风、民风、学风的关联》，《新余学院学报》，2015 年第 1 期。
[2]　李成言：《党风与民风形成逻辑的异同》，《人民论坛》，2016 年第 12 期。
[3]　北京市习近平新时代中国特色社会主义思想研究中心：《激活道德力量 助推乡村振兴》，《光明日报》2019 年 1 月 23 日第 5 版。

第四节　经验与启示

邵家丘村地处余姚西北角，地势以平原为主，无交通、工业、商贸及其他资源优势，亦无大型的村级集体经济，且村民职业以非农业化为主（由农业向其他行业转变的村民所从事的工作种类各不相同，广泛分布在第一、第二、第三产业的不同领域），既与浙江农民职业非农化趋势相符，[①] 又属于贺雪峰教授类型化的"经济社会中度分化的分散型村庄"，在长江流域具有普遍性（主要是江浙一带）。[②]作为临山镇有名的问题村，邵家丘村村民之间利益纠纷多，人心涣散，但现在邵家丘村已连续数年无重大刑事案件、群体性事件、安全生产事故等，并荣获省文明村、省绿化示范村、宁波市全面小康村、生态村和民主法治示范村等称号。2020 年，又获评全国文民村。由此，适时总结提炼邵家丘村基层社会治理的经验与启示就显得尤为重要。[③]

一、推进乡村治理现代化，必须始终坚持村级党组织的坚强领导

围绕习近平总书记提出的"农业强、农村美、农民富"，村级党组织发挥推动科学发展、带领农民致富、密切联系群众、维护农村稳定的战斗堡垒作用，党建工作抓具体、抓深入，一以贯之党建促发展、党建促改革、党建促和谐。一方面，"干部带党员、党员带村民、一级做给一级看"，走出了一条"党建引领、道德立村、网格治理"的新路子，持续涵育文明乡风、良好家风、淳朴民风；另一方面，村级党组织敢于担当，不畏矛盾，直面问题，用"四治"融合换取百姓信任，用"道德立村"提升农民精神面貌，坚持物质文明和精神文明一起抓，探索实施村级事务民主协商机制，通过"议什么、谁来议、怎么议、议得怎么样"四步骤，形成了"村民的事情由村民说了算"的良好局面，将党员、普通村民紧密团结在党组织周围，使党组织的核心带头作用得到充分发挥，全村上下凝心聚力，专注发展。

二、推进乡村治理现代化，必须始终坚持以人民为中心

乡村振兴，农民是主体。必须充分尊重农民意愿，切实发挥农民在乡村振兴中的主体作用，不断提升农民的获得感、幸福感、安全感。综观邵家丘村的蝶变

---

① 刘文倩、高里利、王成军：《浙江省农民职业非农化的微观因素研究——基于 3 个地市 7 个行政村农户的调查》，《农村经济与科技》，2017 年第 13 期。
② 贺雪峰：《村庄类型及其区域分布》，《中国乡村发现》，2018 年第 5 期。
③ 此处主要参考中共余姚市委：《余姚邵家丘村创出"三微"好经验》，《政策瞭望》，2019 年第 9 期。

之路，没有花费大资金，也没有落地大工程，都是一点一滴"以人民为中心"为内核的琐事、小事，如坚持九年之久的村民民主评议村干部和村民需求公开征集，用"一支笔、一张表、一个信封、一瓶胶水"，推动党员干部自觉履职尽责，把村民需求放在了最高位置。再如，"微网格"的线上线下同步推进与应用，村民碰到难事、大事，村干部无论在哪里，都会在第一时间赶到现场，把村民"跑上来"变成干部"走下去"，得到了村民的认可和信赖。干部受人尊重，做好事得到认可，最终促成了邵家丘村崇德向善、人人奉献的村风村貌，为发展提供了良好的外部环境。

三、推进乡村治理现代化，必须始终社会治理方法的灵活创新

乡村作为一种低密度的聚落形式，是区别于城市聚落、承载特定文化景观和独特生活方式的空间载体，兼具"熟人社会"或"半熟人社会"的特征。[①] 因此，要采取符合农村特点的乡村治理方式，既要注重运用现代治理理念，更要注重发挥农村传统治理资源的作用。邵家丘村坚持从客观实际出发，不教条、不本本、不机械、不折腾，以"立德立村"总目标为牵引，采取符合农村特点的有效方式，念好"道德经"，如继 2012 年创造性设立"道德银行"，摸索推开道德评议、道德信贷等举措之后，又在 2015 年建立"道德杯"，使之成为村民荣誉的象征。再如，在推进"微网格"治理模式中，不仅"微网格"划分灵活机动，兼顾服务难易程度，而且"网格长"的选任更是起到了先进示范效应，从而充分发挥了骨干党员、村民代表的积极性，延伸了"村两委"的工作臂膀。

---

① 韩俊：《以习近平总书记"三农"思想为根本遵循 实施好乡村振兴战略》，《管理世界》，2018 年第 8 期。

访

谈

篇

峥嵘岁月　与时偕行

中国
村庄
发展

村　　域　　　城　　　市

第一章　村民访谈活动综述

为力求以邵家丘村发展亲历者的第一视角，更加生动、鲜活、直观地呈现邵家丘村发展全貌，课题组多次到邵家丘村进行田野调查，并进行了一定范围的口述访谈，收集了丰富的一手资料，最终选择了六篇具有代表性的访谈记录。

第一节　确定调研对象并拟定地调研题纲

课题组在前期阅读相关文史资料和村档案馆藏档案文献的基础上，对邵家丘村进行了摸底调研，初步了解了村情，并根据课题研究主旨和目标，确定邵家丘村的访谈对象应涵盖以下群体：一类是现任和历任村干部，特别是担任过村支书、村委会主任的干部；一类是党员群体，尤其是在村发展过程中起到重要作用，有一定社会影响，受到各级表彰的党员；一类是农村种植大户、村办企业、个体企业的负责人；一类是迁入移民和外来务工人员。在每类群体中，又注意年龄、性别、学历等要素的均衡。在确定访谈对象所应涵盖的范围之后，课题组与邵家丘村党总支、村委会积极对接，商定了每类群体的具体访谈对象名单，并对访谈对象的基本情况粗略地了解摸底。

确定访谈对象名单之后，课题组以国家农村发展的关键节点和邵家丘村发展的关键节点相结合的原则，确定了以邵家丘村发展的关键时间、重要事件为主要线索的时间轴，结合个人成长历程，有针对性地制定了不同群体对象的访谈提纲。其中，访谈提纲基本涵盖了本课题所涉及的一些专门问题，如生活习俗、传统变迁等内容，特别是针对党员设置了专门题目，包括入党和组织培养、成长的过程，党组织（党员）在关键节点的作用、作为等，力图反映基层党组织、党员干部在邵家丘村发展过程中的先锋、带头作用，并以此发掘基层党建引领乡村振兴的典型案例。访谈提纲形成后，课题组曾听取邵家丘村党总支、村委会和访谈对象的意见，并根据其意见，修订、完善了访谈提纲。

第二节　进行口述访谈

访谈提纲完善之后，课题组又与邵家丘村党总支、村委会确定好访谈时间，进村驻点调研、访谈。在充分尊重访谈对象的基础上，根据访谈对象意愿，在村办公室或者他们的家中，进行了两期的口述访谈。访谈过程全程录音、录像。

第一期访谈主要围绕现任和历任村干部进行，访谈对象有现任邵家丘村党总支书记黄宝康、村主任姜海良、合作社副社长樊金龙、办公室主任应文君、原党总支书记杭成新、村办公室主任高狄均等人。第二期访谈主要围绕村里三位老年人代表、村医杨大苗、农业种植大户沈如峰和部分个体企业代表进行访谈。主要采访者有王釜岫（浙江省社会科学院）、钭利珍（浙江科技学院）、董小梅（浙江科技学院）、伦玉敏（浙江科技学院）、陆银辉（中共浙江省委党校四明山分校、浙江省四明山干部学院、中共余姚市委党校）、江一舟（中共浙江省委党校四明山分校、浙江省四明山干部学院、中共余姚市委党校）等人，整理成 16 余万字的访谈资料。邵家丘村胡彬对访谈录音进行了文字转写和整理。访谈中，由于村民多使用方言，余姚陆银辉老师提供了有力的帮助，在受访者与采访者之间起到了承转作用，既向受访者解释采访者意图，又向采访者解释了部分当地民俗，受益匪浅。访谈成稿后，课题组成员阅读和梳理了一遍访谈文字稿，并就存在的问题和可能存在遗漏、需要补充的地方进行了商讨。同时，根据讨论内容，又制定了补充访谈提纲，部分课题组成员再次返回邵家丘村进行补充采访。

第三节　访谈录的整理及其呈现形式

补充采访完成后，课题组开始访谈稿的整理写作。对于村干部，主要突出其党员角色在村庄发展历程中的角色作用，以及其心路历程和自我评价，并通过重要事件、关键时间进行集中反映。对于其他群体，主要突出其亲身经历的个人、家庭、村集体的重要事件或关键节点，他们眼中的村党总支、村委会、党员的作为，以及对他们的评价。访谈录的呈现形式，根据对象身份和访谈内容，主要采用了对话访谈录和自述两种形式。采用对话访谈录呈现形式的，主要是因访谈提纲更加聚焦某一个或几个专门问题或重要问题，希望通过亲历者直接呈现这些关键问题的发展历程、前因后果、应对方式、社会影响等，如对党总支书记黄宝康、村办公室原主任高狄均的访谈。采用自述形式的，主要是因访谈提纲更加关注访谈对象个人在村里生活、成长和工作经历，是一种长时段访谈，以期呈现出邵家丘村发展的内在逻辑，如对村主任姜海军、合作社副社长樊金龙的访谈，由课题组在对话访谈、全程接触的基础上深度加工而成。

另外，还有不少访谈内容，都分散融入本书相关章节内容中，并未集中以访谈形式呈现。如关于村落历史、风俗习惯及变迁、生活方式、教育等方面的访谈内容，都作为文献资料的补充，充实到各章节中，进而丰富了资料来源。

第二章　村民访谈录选登

一、村党总支书记黄宝康村情访谈

访谈时间： 2019 年 8 月 17 日上午、8 月 18 日上午

访谈地点： 邵家丘村办公楼黄宝康办公室

访谈人： 钭利珍、王釜屾、董小梅、伦玉敏　　　**整理人：** 薛凡、胡彬、李俞莹

问：黄书记好，请您介绍一下村里的基本情况。

答：我们这里党员是 156 个，前天又转进来一个，应该是 157 个党员。现在有 10 个支部，其中 8 个前哨支部，2 个企业支部。我们分了 30 个网格，就是把以前的那个村民小组取消了，分成 30 个网格，每个网格有"网格长"。村内有 700 多户人家和将近 120 家企业，企业很多，但是很小。我们这批企业家很有爱心，10 年以前就启动了很多基金。其中一个是老年爱心基金，老年爱心基金为老年人要做 5 个事情，下个月就要开始了。每人发红包，从 70 岁到 74 岁，200 块 1 个人。75 岁至 90 岁，500 块一个人，99 岁老人 3000 块红包，100 岁就是 5000 块。80 岁以上老人，生日我们都送蛋糕，还有红包，最多 500 块。每年花 30 万块钱，已经坚持三年了。还有单亲留守儿童基金，单亲留守儿童基金就是我们这个地方呢，条件好，离婚率也高。因为我们现在光 14 岁以下的单亲孩子就有 34 个，现在还在增加。

问：这个离婚的主要原因是什么？

答：原因就是条件稍微差一点，老板一般不会离婚的。

问：那差一点是差到什么程度？

答：差一点，他收入就只有一般收入吧，一年比方说 10 万块，一般生活还是有的，但可能离婚。离婚主要都是小事情。离掉以后小孩子怎么办？小孩子住在

村里，我们要去关照。

问：离婚后他们过得好吗？

答：离婚以后怎么会好啊！

问：这个离婚率高似乎是社会大趋势。

答：关键是对小朋友不好。九年以前有四个小朋友，都是没有成年就开始抽烟、打架。很早被学校开除了，开除后更麻烦，现在两个抓进去了。从这件事情，我们要反思。每年搞活动，企业拿出来钱，34 个小朋友，每个人 2000 块左右的生活用品送给他。我们还集中搞几次活动，带他去吃吃肯德基、买买衣服，最近的是 7 月 10 号到 8 月。

问：你们村的这些女孩子是不是外地嫁过来的？

答：对啊，外面来的多。

问：不是浙江的？

答：不是的，有部分不是我们这里的。

问：这个问题可以挖掘的多。

问：就外嫁的多，贵州的、云南的，等等。

答：唉，对啊。就是说离了就离了，你给了我几万块钱我就走了。你给他 2 万块钱，也不吵架。其实我们这里的男的也不好，你多给她一点爱，那她会走吗？她到外面也要去嫁人，对吧？一样的呀！其实这个问题呢，我也管不了这么多，我只能把这个小朋友管管好。

问：你就把你的村民管好就行了。

答：对啊。这是第二个，第三个呢，我们有一个困难群众帮扶基金，因为好人多了，老板多了，那穷的人怎么办？也很多啊，有 28 户。我们都排好的，有事情不用说话，我们把这个钱送上，每年花 10 万块钱。第四个呢，我们成立了一个孝德基金，只有两年时间，组建时间不长，但是我们发动老百姓捐款，每一个人要捐 10 块到 200 块钱不等。

问：就是小朋友和大人都捐钱吗？

答：对，但是我们给他数字限好了，就是 10 块到 200 块钱之间，总共捐了 4 万多块钱。这个钱捐了干嘛啊，用来看望 80 岁以上的老人。我们村干部、"网格长"还有捐款的小朋友，一起去到他家里去几次，给他们买点东西，我们陪他们一起聊聊天，老年人很孤独，需要爱。

问：带动小孩，这个很好！

答：还有一个就是我们有个党员基金，党员基金是取之于党员、用之于党员，只要党员生病，我们每个党员都去看，买点东西去看。

问：那么这个党员基金是用来为党员看病的？

答：对，还有就是我们给80岁以上党员在党员大会上发红包。

问：那去党员家庭里面呢？

答：我们要去看，你比方说，他们住在泗门、临山、余姚，我们都到医院里去看，人家的心情不一样，这个我们要去看。有人死亡，我们送花圈，参加告别仪式。

问：这太用心了！

答：企业捐款很多，已经突破900万。去年年底是880万，今年又在捐。前天我们开了一个村委会议，王老师参加了，这个会风很好。而且，我们老百姓的义务劳动参与率已经达到百分之百，全体党员不允许请假，去年12月23日是"全民家园日"，我们是790户人家，我们要求每户人家有一个人出来干活，把这个村庄打扮得漂亮一点，卫生搞一搞，两个小时的时间，参加的人数达到1045人。

问：也就是说不是一家一个？

答：有好多都是一户人家都来了，这个我们已经举行4年了，都在做。我们老年人管好了，小朋友也管好了，企业这块讲老实话，不用管，他自己挣钱。因为都是有一定资本积累，我们这里办厂很早，基本上在20世纪90年代开始办厂，有资本积累，也不要贷款。今年（指2019年）成立了一个果蔬专业合作社，把好多专业人员请进来。企业不用去管，他自己挣钱，他拿出点钱来来帮助村里，这样就好了。我们村干部做了很多事情，我是2004年当村书记，原来那个小邵家丘村呢，我是村书记，但是并村的时候我不要当了。

问：就是原来的小邵家丘村，您是几几年当的？

答：我是1999年到2001年，2001年4月份就并村了。那个时候小邵家丘，我当了书记，我做了两件事情，应该在那个时候可以说得上是大事，一是修水泥路。

问：修水泥路是在胡锦涛同志主持工作时才开始的事吧？

答：1999年我已经开始做了，当时村里花了128万元，这笔钱中捐款将近90

万，镇政府补了 25 万，村里花了 10 多万元，全部浇好了，捐款我自己带头，我捐了 5 万。那个时候捐 5 万，这个不得了，我还造了一墩桥。我把几个兄弟叫来，一个是家运公司老总，一个现在在弄包装，现在他做大了。当时我跟他说好了，我说你必须钱拿出来，他说你出多少我出多少，我出 5 万，他也出 5 万，这是一个事情。第二个事情，我把这三年时间的工资全部分发给老年人，1 万多块钱一年。我们三个村并村，哑潭、邵家丘、沈家丘，邵家丘民风可以，哑潭村的工作难做。老百姓就是第一个是上访，第二个就是赌博了，赌博你派出所要抓的。那时候在田中间，找块地方放个桌子就一起赌。

问：听说赌博是被邵家丘的人举报了？

答：就是这样一个情况，而且上访很多，打群架的很多，赌还是要赌。他们老百姓与村干部水火不容，他不要你干活，也不要你管，村干部当的时间不长，都很短。那到 2004 年，我没办法了，现在已经做余姚常务副市长的郑传统，是当时镇党委副书记，到我家里来了 4 次，但是我一次都没碰到，一个驻村领导，到我家里来了 3 次，他们在全村跑，老百姓就说让前面那个黄书记来做，我说我不要做，我自己有厂子要办。

问：说明村民对您还是蛮期待的。

答：对啊，民意，但是我根本不想做。其实，村里民风还可以。

问：沈家丘倒没什么大事情吧？

答：沈家丘事情不多。比如一户人家房子倒了，我给好好处理的，他们家有一个女同志，每天抽香烟两包以上，我一直给她做工作，结果就是她思想通了，不抽了。我那个时候香烟抽得也很厉害，四包一天。

问：据我观察，现在你好像不抽烟，但备着烟？

答：不抽了，去年体检，一片肺拿掉了。

问：农村工作不容易。

答：我们现在叫现场管理，村干部的现场管理，如果没有我们尽心尽职去做，这个事情没办法的。我这个书记当的，每年要亏进去将近 30 万，所有费用都是我自己的。10 年以前，老百姓有评议，我是分数最高的，优秀是 61%，一般只有百分之三四十，我到他们家里去，每户人家去去，每户人家去走，拍个照片。到去年（指 2018 年）年底，我的优秀率就上来了，优秀率达到多少？91%，一般村干部有 76.9%。

问：基本翻倍。

答：翻倍多了，他们都翻倍了，书记一般如果能够达到50%就不简单，已经很好了。

问：基层干部还是要靠个人心力的，要有担当，不能遇事就跑。

答：对，你要么就是不当。但是讲老实话，在工作过程中，我也得到了很多荣誉。荣誉是个双刃剑，有好的方面也有不好的方面，我跟余姚市的林部长说了，我说荣誉你不要给我了。我现在多少荣誉，几个农业劳模、省人大代表、宁波市党代表、余姚市人大常委会委员。前几年得了一个浙江省美丽村庄建设突出贡献奖，我们宁波就两个人。

问：据我观察，邵家丘村有个很大的特点，就是很多同志有钱有闲，还有心。

答：我们无非就是做了点最小的事情。我们有30个"网格长"，30个"网格长"我给你介绍一下，其中24个是企业主，这支队伍其实是很重要的。30个"网格长"有个群，他们每日有事情都发信息，比方路灯坏掉了，哪里出错误了，哪个人生病了要去看，也是通过手机发上来，这是一个。第二个我们有30个群，每户人家一个人进群，年纪大的不行，年级小的小朋友也不行。我们所有事情通过"网格长"推送。他有什么事情都可以在这个里面说，这个就两小时内通知到。

问：这叫"村民吹哨，干部报到"。

答：对。这覆盖了好多事情，一般都是得到消息马上就解决了。现在这个群没什么消息了，基本上这个群不会有太多消息的，因为老百姓有了这个渠道，他不会什么事都来找你。以前其实我建群的时候，也很担心，怕出事情，你不是给他们搭了一个平台嘛。

问：您什么时候提出道德立村，怎么会想到提出这个理念呢？

答：当时2010年，我做了一个平台，就每户人家一个基本情况调查。以前是纸质版，现在是电子版，实时更新，存在手机里。就是想要充分利用这个信息数据，为村里做点事情。

问：再一个就是社情民意表。

答：每个老百姓都能够看到。这个东西全部可以公开出去。我们不花村里一分钱。我当了15年书记，做得最大的事情就是把哑潭老百姓的心收了。

问：像您黄姓是大姓吗？一般村里都是大姓当书记。

答：我不是，姓黄的没有几户人家，我们这里没有这个概念，只要你事情给老百姓做好，他就拥护你。

问：您怎么想到让道德发挥作用的？

答：每户人家都上门去，发现一个问题，就是好多老年人都住在小房子里，一个电风扇都没有；但是大人对小孩都很好，就是老年人他不管。在这个背景下，我做了好几件事情，第一就是必须以德立村，第二就是搞了一个老年爱心基金。

问：当时是怎么样的一个情况？

答：当时这就是小孩对大人不好，我每户人家都走，你这个大人你要怎么去对待他，主要是传统孝道。我就发动 10 家企业成立了一个老年爱心基金，还是2010 年开始，我们邵家丘村好人好事特别多。如果有人受伤，一定要给你送到医院里去。

问：你们村风气比较好。

答：对啊，我们做了点事情。我们"网格长"，在工作中遇到好几个老百姓病得厉害，上医院去前期医药费可能够了，后期要做化疗，钱没有怎么办？ "网格长"很好，就是在网格上面给他发动捐款，4、5 个人交了 20 多万块钱。后期正好是割榨菜的时候，没人给他割榨菜，时间长了，这个榨菜卖不掉了。我发动了30 个"网格长"，给他去割。结果我给他去割，他亲戚也过来了，都是以前的上访户，也感动了他们。

问：至少他不会为难您了。

答：对啊。当时我去的时候我也不知道是这户人家，那也去了，已经说好的事情肯定要去。

问：如果您知道是上访户，你还去吗？

答：那肯定一样的。这个已经定好的事情。我割了半天榨菜，休息了半个月，这个腰不行了，站不起来，这种东西我没怎么干过，我 14 岁当会计开始，一直没有干过地里的活。

问："网格长"是怎么选出来的？

答：过程曲折，光选"网格长"我花了十个月时间，没有人要做。在哑潭村，先开了个党员大会，定下哪几个人做。第二，我发动了企业家，他不要做谁给你做啊？我发动企业家，最后就一个个定下来。

问：您怎么想到让企业家来做呢？

答：因为他有奉献精神啊，村里的基金马上 1000 多万了，都是企业家拿钱，他钱可以拿出来，他可以做，他会给你管事情。

问：黄书记，我问您一下，咱们企业家的奉献精神来源于哪？为什么我们企业家这么有奉献精神？

答：讲老实话，我自己带头，因为如果没有我自己带头，做不了这么长时间，可以这么说。其中一个企业是每年拿出 90 万块钱，是我的兄弟，不是亲兄弟，他办厂我帮了他很多，他回馈于我，实际上不是回馈村里，因为我是书记啊。但是我讲老实话，我不要他帮，我自己也有钱。还有一个我小兄弟，也是老总，他每年说好了，你要多少就多少，3 万、5 万你自己说话，都这种情况。

问：主要就是利用您的私人朋友圈。

答：对。

问：您以身示范，通过这个小事一带带一大批人出来。

答：我就是想为老百姓做点事情。我还准备修路。

问：还要修路？我看村庄道路蛮好的。

答：要修的，前期主要道路要改成柏油路，并且要拓宽。

问：黄书记，村支书没有"退休"一说吧？

答：退休我已经弄好了，我已经两次是十佳村书记了。我应该是到 57 周岁就可以退休了。

问：您这么多年书记做下来，您觉得一个村要做好关键是什么？

答：关键是一个班子。班子一定要有堡垒作用，你不可能为了点小利吵架。还有一个，一定要统一思想、抓落实。我们每次开会要做点什么事情，都写下来，通过以后就是照这个东西去做。

问：还有其他的吗？

答：第三个，党员队伍要带好。党员不听你的，比方说你在选举上有很大一个差距，你这个书记就不要当了，人家不相信你，对吧？队伍你要带好。再一个，就是一个村要建设好，还必须把老百姓素质提上来，就是你说的"三风"——乡风、村风、民风。

问：民风好，您觉得关键是什么？

答：关键是村风民风，就是老百姓素质要上来。我 10 年以前就提出了以德立村，只要一个德一点一点填进去，填满了，这个力量就出来了。这个力量其实是不得了的事情。一点一点就和插秧、种田一样。

问：看到我们村里有养老院？

答：在余姚市我们是第一家，也是唯一一家村办的居家养老院。2008 年开办的，当时 7 户人家 11 个人，现在可能也是 7 户人家，但人少了。一个老党员和一个女同志在照顾。村里目前老龄化有点严重，养老院还是要搞好的。

问：村里企业情况如何？

答：道德银行起源于我们这里，你只要道德分到 90 分以上，可以免担保、免抵押贷款。但是一个特殊现象就是，村里贷款的不多。到目前为止，总共 1000 多万。企业的钱都是自己积累或朋友担保，很少贷款。

问：我看介绍，村班子的年龄结构很好，村长 40 多岁，党群副书记 30 多岁。

答：结构蛮好。

二、村委主任姜海军村情访谈

访谈时间：2020 年 1 月 19 日下午

访谈地点：邵家丘村委办公室

访谈人：董小梅、伦玉敏　　　　**整理人：**董小梅、伦玉敏

我 1976 年 5 月出生，本村人，初中毕业以后到隔壁黄家埠表哥的五金厂打工，大概有两三年时间吧。1995 年 4 月，我到村里工作，做团总支书记和民兵连长。我爱人以前也在别人厂里上班，2011 年我自己办了个小厂，主要做塑料膜，雇了几个工人，她就一直在打理这个小厂。我们有一个孩子，2021 年高考。他考上本科应该没有问题，至于毕业后，我希望他能通过考试当老师。

我在表哥厂里打工的时候，从来没有想过到村里工作，主要是以前的老书记杭倪兴找过我，他动员的我。杭书记家和我家住得比较近，那时候我们村成立了团总支，缺少团总支书记，这个得由年轻人来做。他找我谈过几次话后，当时我虚岁才 20，在厂里打工一个月工资也就二三百块钱，在村里工作一年大概不到 2000 元，好像是 1800 元，收入差不多，我想到村里工作也行。从 1995 年 4 月进村工作，就一直干到现在，目前我们村村干部中就数我工作时间最长。1998 年我正式加入了中国共产党。

2001 年 4 月，邵家丘、沈家丘和哑潭三村合并，中间大约有一年时间，这期间没有办法举行村民选举，所以没有村委会，有一个临时过渡的机构叫村务工作委员会，我是其中一员。2002 年并村完成，合并后的邵家丘村举行村民选举，我就当选了村民委员会委员。2010 年 10 月我当选了村党总支委员，2014 年我正式当选村主任，到现在差不多快两届了。

刚刚并村的时候，我们的工资也不是很高，现在工资加上奖金一年有 6 万元多点。以前我们的奖金是镇财政出一半，村里出一半，2019 年镇财政全额支付。我们的工资，刚并村的时候是由村集体支付，现在是由市、镇两级承担。但是现在这笔钱总体来说也不多，我们少一点多一点也无所谓，自己家里多少还能赚一点。如果是专职村干部，这一点工资确实是低了一点。

村主任的工作比较繁杂，除党务之外，村里事务基本上都要管，过去主要涉及计划生育、社会治安、宣传、环境卫生、贫困户等。现在的工作压力主要就是村民的高要求。2001 年并村以来，我们开启了美丽家园、文明乡村、卫生乡村等工程建设，虽然看上去任务多了，但实际上主要是涉农工程管理，我们按照规章制度进行就好了，所以总体上和前几年工作的内容相比并没有多少加重。但是现在老百姓对村干部的要求高。比方，我们现在网格管理开通以后，因为我们承诺过，老百姓反映的事情，村干部两个小时之内必须回复。我们组建了一个"网格长"群，30 个网格几乎随时都有事情反映上来，村里要怎么解决，或者一时半会完不成、解决不了，我都要在两个小时之内给他们说一下。所以这个压力还是比较大的，感觉节奏比较快。"网格长"看到问题也可以回复，但肯定要给我打声招呼，所以信息还得汇总到我这里，基本上我每天手机随时都会拿出来看看。再一个，村里的基本情况我都非常了解，所以有什么问题，我都能及时回复。比如，前几天有个村民通过"网格长"反映，我们前几天修剪道路两边的树枝，修剪下来的树枝一下子没及时清理干净，又赶上下雨，把他家门口的环境弄得不是很好，也不是很方便出行。他就问村里什么时间能清理掉，要过年了，怎么把它弄得干净一点。他这个要求完全合情合理，收到反映后我们马上安排清洁人员清理。当然这都属于比较容易解决的事情，问题都不大。我们平时处理的都是这种很小的、具体的事情。但是小事情最难处理，特别是村民之间的纠纷，这些事都得解决好。

作为村主任，我认为一定要把村民反映上来的每一件事当做自己的事情去做，哪怕这个事情暂时还没解决好，但是村民在问我的时候，整个没解决的过程我要说得出来。村民就知道我心里记着这件事情，也会理解。还有一个原因就是，村民来找书记或村长反映事情，是希望帮他们解决，你就是他们唯一的希望，因为他没别的办法。最难处理的就是村民之间的纠纷。

自到村里工作以来，我大部分时间都在村里，特别是当选村主任后，就更忙了。厂里事务只能让我爱人打理，产品销售还是主要由我负责。这中间还是有冲突的。比如，2018年9月17日，有家很大的灯具厂要招标，这个日子我记得很清楚，村里刚好要开表彰大会，我就没办法去。这里要很感谢我爱人的支持和理解。有的时候厂里忙的时候，她自己也忙不过来，也会有想法，但是总是自己解决。比较烦心的是，有的时候村里事情处理不好，村民也会到家里找，不分早上、晚上，有的时候甚至后半夜电话也打。

2013年后半年，我们书记有事情在家里休息，将近6个月由我主持工作，包括党务工作。在我主持工作期间，7、8月份的时候，余姚出现了有史以来最高的高温，42度、43度，而且持续时间特别长。那段时间，我每天早上起来第一件事情就是开着车全村转一下，看看河里水况如何、庄稼需要不需要抗旱、有没有电线电缆老化的地方、有没有老人中暑受伤，等等，天天巡逻。特别是村里种植了大量葡萄，我们必须保证河道有水。以前我们的供水水泵还没造好，就找工人过来，往内河灌水。

这么多年村干部做下来，跟着邵家丘村一路发展，我觉得很有成就感，虽然事务很繁琐。我们原来不是"三多村"吗？欠账多、上访多、官司多，但现在我们村风民风非常好，村里获得非常多的荣誉。还有一个关键就是我们干群关系比较好，所有事情公开，村微信公众号每个月的发票都会公开，大家除了看到村里所有账目的公开，也能看到具体的发票。现在有的村为什么矛盾多，就是村里有些事情不能及时公开，不公开的话老百姓就不放心；越不公开，老百姓越认为里面有问题，如此恶性循环导致干群关系越来越不和谐，矛盾就多了。

从1995年我到村里参加工作起，到今天，我认为邵家丘村的发展有几个里程碑。第一件事情就是我们选对了一个好书记——黄宝康书记。他这个人厚道、仁义，思路比较开阔。他家里企业做得很大，当时是我们村实力最强的企业之一，他当时也有顾虑，但是村党员信任他，最后他高票当选。我们整个村摆脱"三多村"发展的第一步，就是他来了以后发动企业捐款，在他的带动下，我们完成了全村公路建设。这对我们村来说是一件大事情。以前的村道都是小路，他通过跟上级部门对接，把小路拓宽建设成公路，也获得了上级补助。再一个就是在黄书记推动下，我们把邵家丘村企业家的心都凝聚在一起，村里的发展也得益于企业家的捐助，这几年捐款累积已经达到 1000 万。村里的"道德基金"之类的公益性基金，全部来自企业捐款。黄书记自己的企业也交给家里人打理，自己一心在村里，确实在最大程度上凝聚和加强了村党组织力量，村党支部和村委都能够得到村民信任。

第二件影响比较大的事情，我认为是 2007 年开展的农村水利建设。邵家丘村投入近 2000 万的资金，这在今天也是一笔很大的资金。我们按照科学标准，改渠造桥，整个村的基础设施得到了很大改善。这也是我们改变"三多村"状况的一个重要起点。对我们来说，这个村就是我们的家，有很多人一辈子都生活在这个村里，谁不希望自己家里干干净净，住着舒服、方便呢！所以我们当时考虑改善村里的基础设施，村容村貌是非常重要的一件事情。现在回过头来看，当初的思路非常正确。硬件基础设施搞好后，我们再集中精力就村民素质方面开始提升道德素质等软实力，所以才有了现在比较和谐、稳定的局面。

第三件就是"道德银行"试点村。2011 年，余姚市确定了 10 个村创建信用村，邵家丘村是其中之一。在创建过程中，余姚市农商银行，以前叫农村信用社，拿着一些签字的欠条来村里，上面都写明了某某欠多少钱。工作人员给我们说，这几户人家还欠着信用社的钱，希望我们帮忙催一下，看看还能还进来吗，即使还不清也没关系，毕竟这么多年了，当时借款的时候又没有签协议，就是一张签字的欠条。村干部按照欠条的名字全部通知到位。2011 年底，除一户人家外，我们村所有欠款全部偿还。这一个为什么没还呢？主要是他家里很穷，也没钱，欠了信用社 2500 元，很多年了，他儿子还在当兵；但是他儿子退伍回来以后，我们第一时间告诉他这个事情，他有退伍金，马上就还掉了。在这个过程中，有一户欠了 4000 块钱，他以前是村民组长，患糖尿病，当时已经瘫痪在床上了。我们去通知的时候给他女婿说了，他女婿就问，说爸爸你那时候在信用社还有欠款吧。他其实记着呢，他说是有这笔钱，但是一直没办法还上，他女婿就去还掉了。在创建信用村的过程中，10 个村只有我们 1 个村还上了信用社的欠款，这才有了 2012 年"道德银行"在我们村里试点的事情。"道德银行"刚开始搞的时候，也有很多笑话。现在国家普惠金融比较发达，特别是浙江的老百姓贷款相对比较容易，但在 2012 年，如果要贷款还是很麻烦的。比方，我们创业需要一笔资金支持，我是村长，有可能是叫某个老板给我担保一下，他会给你面子。如果我没做村长，人家凭什么给你担风险呢。你刚创业，叫人去担保，他是不会给你担保，因为你创业不一定会成功，万一还不出来，他得还。还有就是没有东西可以抵押的。在这个背景之下，我们推出就是无担保、无抵押，而且利率还低。很多村民都不相信，有的人还给我们讲笑话，他说，你会不会骗我啊？还有这种事情，我没见过。直到 6 月份，我们第 1 批 7 个人 100 万贷款发下去以后，大家才相信。我想市政府把"道德银行"试点设在邵家丘的根源就在这，我们的村民整体上是比较诚信的，这是我们的基础。

现在，村里基础设施条件改善了，村民道德素质逐步提高了，我们又开始考虑村庄精细化、信息化建设的问题。我们要通过 2020 年"全国文明村"创建，来整体推进精细化、信息化村庄建设。其实做这些事情的目的，包括我们村为什么要去建设美丽家园，为什么要去创建这个"全国文明村"，最终目的就是提高村民幸福感，把村民对美好生活的向往变成现实。所以你看，农田基础的投入，方便了村民生产；村庄基础设施的投入，提升了村民居住的舒适感。我们花大力气动员企业家、村民捐款，成立各种基金，特别是困难群众帮扶基金、党员基金，就是要重点解决村里一部分困难人群、弱势群体的生活问题，把这个弱势群体照顾好，让他们充分获得幸福感。

前几天，我们在第二支部参加"不忘初心，牢记使命"主题学习，第二支部有个党员长期在外打工。那天他回来参加学习，他说我长期居住在邵家丘村，好像感觉不出来我们这个村怎么样，有什么好，但是我在外面打工，看到、听到外村人对我们邵家丘村的评价是很高的，这让他很自豪。其实我也有这种同感，我一直住在这个村里，也没有特别的感觉，但是到外面总能听到别人对邵家丘村的赞誉，确实是让人感觉很开心。大家对邵家丘村的认可，其实就是对村党支部、村委班子的认可，对村干部工作的认可。

我们现在的中心工作是开展乡村振兴。什么是乡村振兴？如果就是把村里的墙稍微涂画一点，把路搞得干净一点，顶多就是浪费点颜料，多花费一些公共卫生维护的钱，这肯定不是乡村振兴。关键还是大家整体素养的提高，只要整体素养提高了，未来的乡村一定是我们向往的那个乡村。整体素养的提升，关键在于人才，乡村振兴的关键也在于人才。习近平同志指出，乡村振兴，人才是关键。要积极培养本土人才，鼓励外出能人返乡创业，鼓励大学生村官扎根基层，为乡村振兴提供人才保障。习总书记确实了解农村，知道农村缺什么。我们村的发展，也面临着人才资源制约问题。

现在，村里正面临着年轻干部、储备干部不足的问题，后继无人。2013年，村里来过1个年轻人，2017年自己辞职创业去了。王清（村党群副书记）是本村人，也是大学生村官，老公在杭州创业，她也去杭州照顾家庭了。现在村里只有陈秀娟、应文君、胡彬这3个年轻人。除了年轻人后备力量不足，村干部职业发展也有一些问题。因为属于自治组织，上升空间基本没有，比方讲考事业编制、考公务员，很多村干部学历都不高，也难考得上。年轻人没有上升通道，他们要么在外地工作，要么自己去打工，我们这个地方打工太方便了，都不愿意在村里干活。所以晋升的通道一定要有，这样人家才会安心。

还有一个问题是干部学历提升和培训问题。我到村里参加工作以后，大概是2002年，余姚党校举办农村行政管理大专班，我到那里去学习了三年，主要是每周周六、周日两天学习，党校老师授课。当时，我记得好像只要是村委班子成员的都可以报名，可能还有考试。我觉得，村干部的学习培训，包括学历提升，很有必要。但是学习培训的内容，要面向农村实际。我参加农村行政管理大专班培训，感觉课程设置方面对我们个人素养的提升可能有帮助，但是对做农村工作作用不大。村干部培训应该围绕着农村治理、农村发展来开展。我们特别希望能听案例分析，比如一个先进村是如何把这个村搞好的，一个落后村为什么会这样落后。

还有一个问题是返乡人才少。现在村里的年轻人，大学毕业之后，就在外地工作，不回来。子承父业的不多，创业办企业的就更少了。家长也都觉得创业太辛苦，不希望孩子太辛苦，还是希望孩子能够当老师或者公务员。比如说我儿子，我也是希望他读书能读得好一点，考个老师或者公务员，这条路如果不行呢，保底就是回家工作，比上班也不会差的。即使他表态愿意到村里工作，我想我也是不支持。他也不愿意来村里工作，他经历了很多次我们的行程被村里电话突然打断的事情，这些都对他有一定影响。说实在话，村干部压力太大了。比方讲，政府机关里，各部门职能划分得比较清楚，大家各司其职，也有假期。但是村里，不管多大的事情、什么时间，村民第一时间肯定找村长。

三、村经济合作社副社长樊金秋访谈

访谈时间: 2020 年 1 月 19 日上午

访谈地点: 邵家丘村委办公室

访谈人: 董小梅、伦玉敏　　　**整理人:** 董小梅、伦玉敏

我是 1963 年出生,本村人,1978 年初中毕业后就回到生产队参加劳动、种地。18 岁,到村办五金厂加工电视机里面的一个小零件。当时月工资有 20 多块钱,做了大概两三年,就成为师傅开始带工人,工资有 40 块,最高时候 48 块。我爱人现在在她妹妹工厂里打工,月工资 3500 块,这工资对我爱人这个年龄来说,在当地算是比较高的,工作也比较轻松。我两个女儿也上班,现在我也没有什么压力,生活还可以。

当年我们村办厂分开以后,我就回到家里自己办了一个小五金厂,大概做了 20 多年,主要做钢笔配件,效益最好的时候雇了 6、7 个人,头几年利润还可以,后来也不好做。家里机器都要手工操作,除了工人就是我爱人在做,我不会操作,我主要就是送货。时间长了,她的胳膊、肩膀都有病变,2014 年她的右手都不太会动了,我跟她说你不要再操作机器了。4 月,我就进村班子工作了,她妹妹就把她叫到自己工厂上班,我们就把这个小厂停掉了。

我是 2001 年 6 月 14 日加入中国共产党。村里入党是比较难的事情。我是比较积极的,经常参与村里事务。在邵家丘小村(没并村之前)的时候,我就主动提交了入党申请书,黄宝康书记当时也是我们小村的党支部书记,经过组织考察,按照程序,我光荣地加入了中国共产党。成为预备党员之后,虽然我还没有到村委工作,不是村班子成员,但是我开始参与具体村务。我那时担任村里财务检查小组成员,每个月村里财务都要检查,就是我来检查的,对村里财务进行监督。

2013 年,黄书记因为厂里事情和身体原因准备辞职,在家里休息,他找到我并推荐我到村里来工作,帮班子成员一下。老村长姜渭良也找我,想让我进村里工作,帮助班子成员。原来小村的村长也来找我。我跟我爱人说了一下,她就说你去吧。那时我就到村里来了。2013 年底,我就先到村委工作,2014 年,村委换

届，村里成立经济合作社，我就增选为班子成员，担任经济合作社副社长，黄书记是社长。虽然我2014年才进班子，但之前村里很多工作也都比较熟悉，也参与了很多村务，所以工作起来比较顺手。当时我主要分管农业，抓环境卫生，还有就是和村长一起开展村务工程，村里的所有建设工程都是我和村长全程跑下来、监管下来。因为分工农业，和村长抓工程，每天都要在村里跑，还要和一些单位打交道，每天都要直接面对村民，有什么事情大家都直接找你说，我情况也都熟悉，大家也愿意找我，这样每天的工作也很繁琐，没有办工厂省心。

2014年，我们村按照上级指示成立了合作社，但是我们村集体经济几乎没有，只有两块收入。一个是村滩涂地集中打包给镇里经营管理，每年有10万元的收入；再一个就是信用社在村里的ATM机，每年有一万元的场地租赁费用。我们村集体经济在"文化大革命"期间和20世纪80年代还是不错的。"文化大革命"后期，为了增加村里收入，加上政策允许，我们村办了三个村办小厂，一个是五金厂，就是我去工作的那个厂；一个是塑料厂，一个棉鞋垫厂。这三个厂都有营业执照的。我父亲那个时候是棉鞋垫厂厂长，产品都远销至天津、福建。黄宝康书记14岁时就到生产队做会计，后来就做了这三个厂的会计。其他村也有办厂的，但是没有我们邵家丘村多，有的村只有一个，有的村没有。

像棉垫厂，我父亲是厂长，主要负责供销，生产工人就是本村村民，我印象中有二三十个人。在厂里上班的人都要往生产队交工分。比如厂里给你22块钱一个月，你生产队那边要交18块或16块钱的工分。我父亲也是拿工资交换工分的，他最高的时候工资一个月有50块。他很辛苦，经常跑出去找供销渠道，像天津第五鞋厂生产绣花拖鞋，拖鞋里面的垫子就是我们村厂生产的，我父亲联系的。那时候出门不像现在条件这么好。如果企业盈利、政策允许的前提下，利润的百分之几可以作为奖金分配给管理层，奖金也不多的；工人过年的时候发50块、100块的奖金；剩下的钱就到村集体经济。五金厂、塑料厂情况都一样。也有亏的时候。主要是有的厂合同签订以后，比如电视机厂、收音机厂，东西配件做出来了，但是对方效益不好，他们就给一些电视机、收音机，用物来抵。对方厂家倒闭了，这个钱拿不回来，就导致亏损。20世纪80年代农村集体经济改制，村办企业可以分给个人。但是这个三个厂都没有人接就破产了。我记得我小孩子上小学三、四年级的时候，我父亲就不再负责棉垫厂，厂子也破产了。我们现在的村办企业，包括有两家产值过亿的，都是后来发展起来的，和原来村集体厂也没有太大关系。

现在村集体经济不是很发达，主要的就是一百多亩滩涂地打包给镇里，镇里集中转包出去搞养殖、农业种植等。我们村有个养殖户，就向镇里承包了 100 多亩。镇里每年返钱给我们 10 多万块，主要是这一块。这 10 万块钱再分给土地所有者，不多的，一百多块钱一个人。另外我们主要按户籍分红，如果女儿出嫁了，但是户口还在村里，分红仍然有的，户口迁走就没有了。村里如果有人想在村民中流转包地，合作社会帮忙给村民协调。比如葡萄种植户沈如峰，在村里包了 250 多亩地，村里出面给村民谈，帮他找地，然后村委作为中间人，他们之间签订租转合同，钱付给村里，村里再转给出让土地的村民，村里是不收取费用的，主要是服务。

目前来看，合作社实际上也是村常设机构，我们也在这方面发挥了一定作用。2019 年我们组织村里的葡萄种植户成立一个水果合作社，沈如峰是合作社社长，我们书记是名誉社长，应文君（村办主任）为秘书长，我是理事。成立合作社的好处是农户种植原料可以统一采购，价格低，还涉及品牌营销等一系列事情。现在主要是要申请营业执照，有执照就可以经销了，年初沈如峰准备去申请。目前最要紧的一个考虑就是降低生产成本。这个水果合作社，跟我们村集体经济之间没有任何关系，我们村里不投入资金，合作社赚了钱和村里也没关系，我们就是服务。现在村里水果种植单打独斗也不好的，形成不了品牌效益和竞争力也赚不到钱的，主要靠这几年修高压线给的耕地补助才有些盈利，所以必须资源整合起来，抱团发展。

村委的工资奖金也不是村集体支付，而是财政工资、财政补助，村里不从集体里提取任何的公益金、福利费。工资奖金都是财政发的，全镇都是这样的，保险都有，但是没有公积金。我现在是一个月工资 2600 块左右，一年工资加上奖金有 5 万多块。像养老保险金是从我们工资里面扣 1/3，镇财政补助剩余的 2/3，这个实事求是地说，就是我们的一点福利。我们退休之后奖金什么的都没有，和村民拿的钱是一样的。书记、村长稍微好一点，做一年的书记、村长，退休之后一年能多给 50 块，做 3 年就多 150 块，一般村干部没有的。

不过像我们这种年纪呢，每个月这点工资也差不多了，你到工厂打工也没多少的。但是像年轻人，这些钱就很少了。像我们管社保的胡彬，小伙子一年到头只有两三万块钱，奖金都没有的，他比我们还要少得多。他现在是帮我们村里的忙，村里再补贴给他。像这点钱，很多年轻人是不愿意来干的，这个工资待遇都不能保证生活的，大家都愿意在外面干事情。所以这是个比较大的问题。

四、村办公室原主任高狄均村情访谈

访谈时间： 2019 年 8 月 18 日下午

访谈地点： 邵家丘村高狄均家中

访谈人： 钭利珍、王釜岫、董小梅、伦玉敏　　　　**整理人：** 张吉超、胡彬、李俞莹

问：邵家丘、沈家丘的"丘"是什么意思？

高：哑潭村史档案里有记载，这个"丘"昨天我们讲到过，以前有个"大沽塘"外面是海，围海划丘，一丘一丘的，昨天也说起七四丘、七八丘，几几年围涂就叫一丘，我们这边以前叫四丘，昨天你们去的黄家埠后面的叫头丘，还有二丘、三丘、四丘，四塘江后面是五丘、六丘、七丘，以前这边是可以围涂的。

问：就是说，我们这边是围涂围出来的，历史上我们这里是海。

高：是的，这边以前是杭州湾，我们小时候叫海，实际就是杭州湾。

问：当时移民情况是怎样的？

高：在"大沽塘"以外居住的村民都是移民，我们这里原来是海，是没有人的。原来黄家埠"大沽塘"以内，那边才是一直有人居住的。居住在这里的都是从绍兴、萧山过来的，我记得我祖上就是曾祖父那一辈迁过来的。

问：我们这边迁移过来后是靠晒盐为生吗？

高：不，我们不晒盐，还是靠种地为主。

问：当时为什么要迁到里？

高：具体原因我也不清楚，我估计是因为绍兴那边人比较多，这里围涂后围出来的土地比较多，人比较少。原来的农民为了生活需要土地，就到这里来开荒，那时没有户口限制，哪里人少就迁到哪里，这里有荒地，他们就自己开垦，开垦出来就在这里种地，都是为了生活。

问：您是哪年出生的？

高：1958 年 3 月。

问：您一直是本村村民吗？

高：是的。

问：那您能不能谈一下您的经历，比如说您在哪里读的小学？上学到入党，再到工作各阶段的经历，能都跟我们聊一聊吗？

高：原来我们每个村都有小学，我读书时村子还不叫邵家丘，叫兰海七大队，我就在本村小学上学。

问：兰海七大队就是邵家丘村吗？

高：兰海七大队是老邵家丘村，我是老邵家丘人，我们书记也是老邵家丘人（兰海六大队是沈家丘村，五大队是哑潭村），这是后来取的名字，以前就是讲一二三四，兰海乡以前有七个大队。

问：您是哪年上的小学？上学的经历还记得吗？

高：我好像 7 岁上的小学，大概 1965 年左右。

问：当时您就在这里上学，学校老师多吗？

高：老师不多，都是我们本村的，我上学的时候是两个老师。每个班有 30 至 50 人，一个小村里各个年级的十几个人在同一个一教室，有一年级、二年级和三年级，由同一个老师教。原来上学的人比较少，老师一个人教很多班，几个班都在同一个教室里。给这边上一节课，然后再给另一边上一节课。

问：上学时老师讲哪些科目？

高：主要以语文、数学为主。

问：肯定没有英语吧？

高：没有的，英语要到初中才有。

问：您小学上了几年？

高：原来我们小学五年。

问："文化大革命"期间您也在上学吗？不是很多学校都停课了吗？

高：一直在上学，我们小学没有停。

问：当时上学有没有什么条件？哪些人能上，哪些人不能上？

高：没有条件，小孩子都可以上，上学没有学费，只有课本费。

问：课本费是多少钱？

高：没有几块钱，可能是一两块钱，很少的。原来老百姓搞生产队的时候，男的 10 工分，一天只有一块钱，我们小时候课本费很便宜，我估计就几毛钱。

问：那时候有几间教室？

高：我读书的时候是三间教室。

问：是土房子还是砖房？

高：我读书的时候是草房，我毕业以后才出现瓦房。

问：什么时候盖的？是公房吗？

高：房子是大队集体的。

问：您知不知道当时学费是政府给的还是村里给的？

高：当时老师是没有工资的，他们在大队里拿工分，跟生产队里的社员相对照，比如社员一年3000工分，老师也拿3000工分，没有工资。

问：小学毕业之后，您上中学了吗？在哪上的？

高：上了，在兰海乡新庵庙。1971年小学毕业，1972年上中学，我们村十来个人去的时候，初中一年级已经在上课了，我们上半年进去跟了半年，下半年重新招生时，又跟新生再读了初中一年级。新庵庙以前是平房，我初中毕业后这个房子就拆掉了，学校就搬到了兰海乡那边。

问：那您当时上中学是需要考试，还是毕业就可以上？

高：那时候上初中没有考试，只要你家庭条件可以，能供得起，就可以去读。

问：当时您的同学中辍学的多不多？

高：不多，像我这个年纪，大部分都是初中毕业。

问：您中学时的这些老师是哪里的？

高：原来也有一些正式的老师，我的老师有两位，永康人，在慈溪关城中学教书，被划为右派，调到我们这里。我读初中时，这边属于慈溪县，1979年才划归余姚。解放后我们村的演变过程，我去问过、写过，村史馆应该也有。

问：您上小学或者中学时，有没有这种少先队或共青团活动？加入中国少先队或者入团？

高：有，小学加入少先队，初中时加入共青团，大概1973年入团。

问：当时团员的选拔标准和过程是怎样的？

高：当时选拔基本上是提拔班干部，班干部成绩相对好一点，能起带动作用。我们班好几个班干部都是我们村的，班长也是我们村的，我当时是体育委员。

问：当时您体育蛮优秀的？

高：我体育还可以，初中之后有篮球比赛，我当时是中锋，经常去泗门参加比赛。

问：您中学毕业之后呢？是继续读高中吗？

高：去读了高中，当时高中只有两年，我在观城读高中。

问：那时这里属于慈溪？

高：我去的时候叫慈溪五七大学，现在的锦堂师范你们知道吗？"锦堂"是华侨吴锦堂的名，是他建的这所学校。我去的时候，1974 年下半年叫慈溪县工农五七学校，那时有点"文化大革命"的色彩。到 1975 年时就改名慈溪县五七大学，实际上不是大学，学校里也有培训，老师培训也在那里。后来，宁波师范慈溪班也是在那里办的，我们学校原来有 1000 多人。

问：您上这个学校的时候是考试、直接上？

高：那时没有考试，我们升高中都是初中学校校长考虑过的，是分配制。学校在兰海乡招收多少人，兰海乡根据大队的大小再分配，大队大的名额多一点，大队小的名额少一点，

问：去的人怎么安排呢？

高：老师根据成绩推荐，成绩好的人去，差的人没法去。因为有限制，我们村一起读初中的十四五个人中，读高中的包括我在内只有 5 个人，泗门高中 4 个，我去了慈溪。虽然没有考试，但是根据你学校的表现和成绩等方面考虑。

问：高中这两年主要学什么呢？

高：两年课程差不多，以农业、农技为主，其他课程也有，像语文、数学，还要参加劳动。

问：高中政治学习多吗？

高：我们毕业前要学习"毛选"。

问：高中时有没有入党呢？

高：当时还没有，还是以共青团为主，我入团是在初中，高中有很多同学也还没有入团。我是农村的，这个学校跟泗门高中不一样，学校是全慈溪县招生的，东面与宁波镇海交界的是龙山区，最西面的是泗门区，小的乡镇可能只有一个人，我们兰海乡就只有我一个。

问：当时您上学是不是就不用参加队里的劳动了？学生用参加劳动挣工分吗？

高：一个月休息 4 天，星期六上课，星期天休息一天，每个月休息 4 天。回家后参加劳动，我们这边 15 岁开始可以参加劳动，可以挣工分。

问：您高中毕业时是不是流行参军？您是考大学、参军，还是工作呢？

高： 1977年恢复高考，我考了但没考上。我们这里考的人很多，但我们这一届成绩很差，我们读书时机不好，初中时虽然成绩还可以，但是初中时搞运动，高中也搞运动。我们读书时搞农业、农技等，并不是专心读书。高考没考上我就回来当了生产队会计。1977年，我们生产队会计去大队当会计，生产队就让我当会计。我想想是因为我是高中生，会写字。

问：当时的大队指兰海乡还是邵家丘？

高： 我毕业时是兰海乡，后来兰海乡邵家丘大队也改过，原来是六个生产队，后来改成八个。

问：当时邵家丘大队一共有多少人？

高： 大概1000多人。

问：生产队的怎么划分的，按人口、居住还是姓氏？

高： 生产队是解放以后搞的。我们这边是四社，还有讲庄的，后来演变成生产队，划成一片一片，是原来划的，我也不知道。1958年我出生以前搞初级社、高级社，这样演变过来的。

问：您能谈谈您父母的情况吗？他们当时在村里有没有职务？是否参加村里的治理或事务？

高： 我母亲没有，一直在务农。她是黄家埠横塘村的。我曾祖父那辈过来之后，我爷爷和爸爸就出生在这里。曾祖父那辈搬过来后，很勤劳，租邵家地主的地，我们要种就向他租，然后向他交棉花。我曾祖父一直在这里种地，解放前我家人比较多，棉花有剩余了，就用棉花买土地，以前土地可以买卖，用棉花向地主买地。解放以后划成分，我们家土地比较多，划为中农。我爸当时也是高小生，也是新庵庙读的，他这个年纪高小毕业也不容易。当时高小毕业学历也很高了，他年轻时在村政府。当时有乡、公社、村政府之类的机构，那里村不讲大队，是村政府。当时的村政府就办在我家里，我家是很大的草房，共有四间。1980年，拆掉建了7间平房，前面3间，后面4间，再到我们这一代就建了楼房。我爸当时是少先队长，他也教过夜校。之后20世纪70年代做了赤脚医生，在大队里当医生。后来大队没有了，他就到乡里的农场当兽医。

问：您有两个女儿吧？他们小学、中学、大学都在哪上的？

高： 她们都是80后，大的是1982年出生，她们起初在兰海小学，上小学时村里学校合并，老师精简，好一点的老师去乡里教书，一般的、年纪大的老师都退下来了，大队里都没有课，统一到乡里去，于是她们又去乡里读小学。中学在临山二中；高中，大的是余姚二中，小的是余姚四中，都在余姚城里；大学，大的读浙江工业大学，小的读浙江中医药大学，都在杭州。两个女儿都在大学入的党，大的是 2000 年左右，小的是 2005 年左右。大女儿户口还没有迁，小女儿户口今年上半年刚迁过去，因为小孩子要读书。两个女儿读大学的时候，户口都迁到学校，毕业找工作的时候退回来的，开始在余姚人才市场，后来迁回临山。

问：您是什么时候入党？

高： 我是 1995 年，当时我是生产队会计，后来土地分到户后取消了生产队。我是 1985 年算大账时去的，去的时候不叫大队会计，镇里还没有审批，1985 年算大账，过了几年到 1988 年才正式进村班子。之所以工作近 20 年才入党，这与我们村里的大环境有关。20 世纪 80 年代到 90 年代初期，特别是 1983 年，村社分设、政社分设，村里各方面关系没有理顺，因此，我们村有近 20 年时间没有发展过党员，我 1995 年入党，还是"空档期"后第一个。入党后的第一件事，就是参与二轮承包分土地。1995 年土地第二轮承包的时候，我参与了方案制定，并且亲自参与量地。当时，晚上开会要求户主参加，讲一讲村里的政策，这个方案也是根据镇里的文件进行适当修改，因地制宜，实际分时老百姓抽号子，当然也有生产队不抽号。我在的生产队就是抽号，我这个生产队东边土地没有人家，土地离人家比较远，像我们这样的情况就要抽号子。号子是排队的，我们先在生产队里说好，一块地先从某个方向分，比如从东向西分，抽到一号就是最东面，二号挨着一号向西这样排过去，土地面积根据人口来计算，也不考虑地的肥力或其他，就看运气。还有一种土地在房前屋后的，那么就近在房子周围按人口面积划分。村里分地政策通过后，实际分时一定要征求老百姓意见，按照他们的意愿来分。

问：成为党员后村里政治学习多不多？组织生活情况一般是怎样的？

高： 以前没有现在这么多活动。每年要开一次会，也没有什么要求，就是会上大家提提想法和意见，书面东西很少。现在我们书记把书面文件发下去，党员有什么意见填上来，我们再给回复。不是说以前不好，就是现在抓党建比过去更重视。

问：您是什么时候退休的？

高： 正式退休是 2018 年 3 月份，正式进村是 1988 年，先前生产队会计是

1977 年开始的。

问:您退休之后作为一个党员,有没有继续参与村里的一些事务?

高:村里事务他们自己会弄,我不参加,但会参加党员会,还有我们每年参加一次义务劳动,6 月 23 日是"党员家园日",我专程从杭州赶回来参加。22 日回来,23 日参加劳动,作为一个党员,也是村里的退休干部,要做一个榜样,不是退休了就无所谓,一般普通党员也都来参加义务劳动。

问:您觉得退休党员干部在村里还应该发挥什么角色?

高:也没有什么其他看法,单独一个人也没什么作用,村里年终开会会提些建议;其他的话,就是积极参加村里的活动,比如现在的垃圾分类做做好。

问:咱们不是一个移民村嘛,当时移民过来之后,各地习俗都不一样,我们现在村里有些节日是和这些移民有关系吗?

高:这个没有,都是普通节日,越剧、姚剧,我们都看。

问:我们村里大姓有没有血缘关系?村里通婚情况如何?

高:我们这一代都是在临近地区找另一半,大多是临山、黄家埠的,再远就是上虞,路都挺近;现在年轻人很多找的是外地人(非临山、黄家埠以及上虞等地,这些地区在当地人眼里视为"本地"),以前邵家丘、沈家丘、哑潭三个自然村通婚的很少。

问:您结婚的时候,彩礼多不多?

高:我和我爱人 1981 年结婚,当时家里出了两三千块钱的彩礼,女方陪嫁了些家具,当时也没有什么金器,也没有你们书里看到的"六围宴""八围宴""十二围宴"(余姚地方特色婚礼宴席的俗称)那么多讲究,礼金也就十多块钱。不过现在高多了,彩礼多的一般三四十万,一般老百姓也有二十万左右;做老板的送的礼金挺多,一般老百姓在五六百到八百之间。现在村里结婚,一般摆 20 桌左右,花费大概七到十万元。

问:我们村历史上主要种棉花,我看了看资料,感觉 1949 年后我们村种植的经济作物好像一直在变化?

高:以前水稻也有,计划经济时,我们需要粮食,自己有一部分,国家发一部分粮票。比如每个人国家定粮 32 斤,国家发粮票 20 斤,还有 12 斤自给,自给就是我们生产队种的水稻老百姓自己分掉抵口粮。后来我们这变成棉区,水稻给别的地方种,我们全部拿粮票,棉花卖给国家,国家口粮任务没有了。所以很长一段时间，村里主要以种植棉花为主，当然也有玉米、黄豆。其中，榨菜是1981年、1982年间土地刚分配到户的时候才开始种植的。当时，地不是一岭一岭的，就是一横一横的，我们方言叫"岗"，"岗"上种小麦、大麦、蚕豆，"岗"中间种榨菜，生产队时"岗"中间种草籽头，那时是当肥料的，用铁耙把草籽割掉，土翻过来当肥料种棉花。地分到户后，老百姓不种草籽头了，种两行榨菜。种榨菜后，老百姓生活开始慢慢变好，一开始榨菜也只有3分钱一斤，很便宜，但比在生产队上班好，那时土地分到户，老百姓高兴死了。

问：您当时已经参与土地分配工作了吧？

高：嗯，第一次分也是抽号子，方法差不多，但二轮承包是按人口分，以前是按工分分，女的7分男的10分，家里15岁以上小孩参加劳动算2分或3分，不会劳动的小孩子没有土地。只要年纪到了都分，学生周末放假回来了也要参加劳动。现在是按人口分，老小都有。

问：我们村是靠榨菜致富的吗？那么便宜怎么致富？

高：慢慢地榨菜价格就上来了，榨菜种子都是从海宁引过来的，以前生产队时榨菜不好种，也没有什么榨菜厂。分地以后，乡镇政府要为老百姓致富考虑，因此引进了榨菜，榨菜亩产一般8000斤，好的有10000斤，产量高，同时扶持榨菜厂，横塘那边有榨菜厂专门与老百姓有收购协议，当然也有培训，种植大户要到镇里培训。

问：您家里的主要经济来源是什么？

高：我也种地，原来在村里上班，我家有4亩地，还租别人家的地种，多的时候种7亩地。我刚结婚时，我们大队有队办厂，我爱人在厂里上班，后来土地分到户后，队办厂也倒闭了，我爱人回来之后就去卖菜，我种菜，她去市场上卖。我种菜一个是新鲜蔬菜，还有腌制的，榨菜、小白菜之类的腌菜。大概有十多年。

问：昨天我们问了一下姜主任，他们统计了一下，说村里最年轻的种地的，现在也46岁了。现在很多人创业，或者在工厂上班，种地的少了，您觉得以后种地怎么办呢？这么多地谁来种呢？

高：我们这边种地的很少，最勤劳的两夫妻在厂里上班，他们下班就到地里，葡萄棚就是他刚刚弄起来的，他还种别人的地，最多的时候种10亩地，早上很早起来干活，7点半去厂里上班。葡萄现在还没有产出，2018年下半年刚刚弄的葡萄大棚，明年才长葡萄。我这样想，假如以后没人种地，那么政府就把地收起来，搞农庄、农场，由集体或者个体老板开发，现在的土地还好利用，再这样下去抛荒就太多了，现在抛荒的还很少，等我们这代人不种了，下代人也不会种，土地都要抛荒了。

问：最后再问您一个问题，20 世纪 80 年代我们村是很穷的，还是盖毛草的泥屋，90 年代我们村开始逐渐富裕了，老百姓开始盖高楼，您觉得村里的贫富分化大概什么时候开始出现的？

高：村里老百姓贫富差不多，现在办企业的稍微好一点，办企业高峰期在 20 世纪 80 年代后期。老百姓前期靠榨菜赚了点钱，但是现在成本太高，也很少有人做了。四个村办企业也是那个时候倒闭的，因为土地分了，大队生产队没了，老百姓一家一户搞经营，企业就没法办了。

五、办公室主任应文君村情访谈

访谈时间： 2019 年 11 月 21 日下午
访谈地点： 邵家丘村办公室
访谈人： 伦玉敏、胡彬　　　　　　**整理人：** 杨孟尧、王釜屾

问：从资料得知，我们村里有丽水青田滩坑水库的移民？

答：是的，8 户移民，大人多在打工，孩子们还在村里。村两委重视移民工作，多次开会讨论过移民问题，包括他们的宅基地安排等。他们的待遇和我们原住村民一样，现在 30 位"网格长"中就有一个叫杨康年的移民代表。

问：村里重男轻女现象严重吗？

答：我爸爸、爷爷那代有一点，总希望有个儿子。如果早期家里有男孩、女孩，一般在读书、财产分配等方面都偏向男孩，但是我们这代已经没有了，男孩、女孩都一样，尤其是在以前计划生育的大背景下。

问：小孩子教育问题怎么样？

答：临山有幼儿园、小学，配套比较好，但是离村子比较远，要自己接送；也有私立学校，收费比较高。我的小孩就在临山中心幼儿园读小班，一年学费大概四五千，每年还有暑期班，大概要一千多。我们这里的小学就是临山小学，考虑

到小孩子"不要输在起跑线上"，有的可能会去余姚或周边的上虞、慈溪的私立学校，他们教学质量好，我们接送也方便。

问：村里外来人口情况如何？

答：村里有登记本，目前外来人口大概四五百人，主要来自贵州、四川，年轻的、单身的居多，拖家带口的也有，他们主要在村里务工，也租住在村里，当然大企业也有员工宿舍。我们村里房子建筑格局一般是"一大一小"，大房子在前面，小房子作为附房，有的人就把小房子租出去，一间一个月两三百块，不出租的，就当作厨房或杂物间。外来务工人员，一般每个月收入三四千元，高的也有五六千元，而且由于村里企业效益不错，工资待遇不错，而且管餐，因此他们还比较稳定；特别是临山还有志远学校供农民工子弟就读，所以，我们这里外来人口总体还是比较安稳。

问：您怎么评价外来人口在村里的作用？

答：各有利弊吧！对村子来说，主要是安全和环境问题，有时候，一间出租房里住了太多人，这是安全隐患。

问：余姚在 1996 年全面推行火葬，村里落实如何？

答：邵家丘村也是差不多这个时候推行的，以前主要是土葬，葬在自己家后面，那个时候有棺材，也要看风水。市里推行火葬后，村里的坟都迁到镇上公墓，现在严禁私自挖坟。现在镇上公墓，价位在两万到六万不等，主要看地理位置。

问：村里老龄化现象比较严重，那么如何解决赡养老人问题？

答：村里老人闲不住，身体健康的，在房前屋后种些蔬菜，自己吃；老人还有国家的基础养老金，我们这里是 210 元每月；另外，有的子女也会给老人家一些赡养费，所以，村里老人的生活还算不错。如果老人卧床不起的，村里一般是兄弟姐妹轮流居家照料，请保姆的很少，因为费用很高，除非家里条件特别好的；村里把老人送到养老院的比较少，因为大家在观念上还接受不了，除非他的子女不在身边。村里民风好，因为赡养老人而产生的纠纷也比较少，毕竟周边的舆论压力在那里。

问：请您介绍一下村里的"家园日"活动？

答：村里"家园日"分为两个时间，6 月 23 日与 12 月 23 日。6 月 23 日是"党员家园里"主要针对的是党员，全村在村的党员这一天要全部参加义务劳动，村干部要带头参加；12 月 23 日是"全民家园里"，主要针对全体村民，每户出一人参加义务劳动。"家园日"是村党总支书记提出来的，2017年开始实施。

问：为什么要组织"家园日"活动？

答："家园日"活动是问题导向。村里只有3个保洁工，主要负责村主干道清洁，因为我们村是3个自然村合并而成，区域面积4平方公里，那么在清洁卫生的时候，田间地头、房前屋后、绿化带等卫生死角就很难顾得上，所以"脏乱差"常有。再一个，即便村里让人打扫了田间地头、房前屋后、绿化带等卫生死角，村民们也不上心，不懂得爱护环境，还是到处乱倒乱扔。于是，我们就提出，大家都来劳动，亲身感受一下搞清洁的辛苦，又让自己参与到环境卫生建设中，村里整洁的环境也有你的付出，那么你下次乱倒乱扔，肯定有顾忌。"家园日"主要是凝聚人心，通过义务劳动，党员带头，把村民召集在一起，营造良好的氛围。你劳动，我劳动，大家都劳动。劳动之后，我们还要召开户长会议，选一个有宽敞院子的村民家里，大家搬几个凳子围坐在一起，就在院子里开会，就像二三十年前，感觉都很亲切。

问：上午劳动下午开会吗？

答：劳动是在早上七点开始，一般八九点钟结束。然后，村里就接着花半个小时开户长会议，大家也愿意参加。户长会议很简单，就是村党总支书记讲讲上一阶段村里做了哪些工作以及下一阶段的工作安排，需要村民配合村里做些什么；再来就是让村民提意见，看看有什么工作是需要村里跟进的，还有哪些方面是需要改进的。

问：村里的企业情况，您了解吗？

答：现在村里企业都是私人的，大概一百五六十家，有大有小，上规模的大概有八十家左右，村里有工会干部具体负责这块工作，村里对企业生产经营状况都有统计。

问：办企业的党员多吗？

答：多的，村里有一个美丽乡村共建参议会，就是吸纳这些企业家共同参与，把企业家的先进管理理念运用到村庄治理之中。参议会一年召开两次，一方面，向企业家介绍村里阶段性的工作情况，听听他们的建议；另一方面，作为一个平台，也是呼吁企业家爱心捐款，作为村公共基础设施的建设与维护基金。村里的很多公益活动和公共基础设施建设，比如修路等，很大一部分靠企业家的捐助。这也是邵家丘村的一个特色。

问：在村里会看到一些村民家门口挂着"党员联系户"的门牌，这是怎么回事？

答："党员联系户"是这么回事，一是村里老党员比较多，二是外出党员也比较多，那么如何发挥党员的作用呢？村里就因地制宜推出了"党员联系户"制度，就是说，老党员和外出党员以管好自家为主；而居村的年轻党员，要发挥模范带头作用，主动联系周边农户，一般七到八户。"党员联系户"是双向选择，村民自愿选择自己信赖的联系党员，党员也可以选择熟悉的村民。这样一来，联系起党员和村民的是友情、亲情、邻里情，而不是单纯的工作任务，村里各项工作就好开展。按照村里规定，"党员联系户"的门牌要挂在党员户门口，广而告之，接受村民监督。党员要主动签订承诺书，每个月联系普通村民一次，联系孤寡老人两次，并在自己的党员联系户手册上填写走访日记，等等。

六、村民杨大苗村庄生活习俗访谈

访谈时间： 2019 年 11 月 21 日下午
访谈地点： 邵家丘村杨大苗家
访谈人： 伦玉敏、胡彬　　　　**整理人：** 杨孟尧、胡彬、王崟屾

问：您一直在本村生活是吗？

答：是的。

问：您贵姓？

答：姓杨，杨大苗，今年 66 周岁，在村里办卫生室。

问：村民主食都有些什么？

答：早期主要以早稻为主，也叫糙米；也吃番薯干（地瓜干）、小麦粉，大概 20 世纪 80 年代末生产队解散，大家开始单干，渐渐就不吃这些了，现在主要吃晚稻，做年糕，基本都是买的，很少自己种水稻了。

问：菜呢？

答：主要小白菜、黄芽菜，也有草鱼、鲫鱼这些淡水鱼，螃蟹也有，那个时候环境好，鱼、虾、蟹比较容易捕。

问：还有什么其他特色呢？

答：村里也做腌菜，也用黄豆做酱，主要是自己吃。不过，现在腌菜吃的少了，因为亚硝酸致癌，也会导致高血压。

问：村民喝酒吗？

答：我们这地方普遍爱喝酒，主要喝白酒和黄酒。白酒早些年是自己酿的米酒，后来是烧酒。2000 年以前，以黄酒为主；2000 年以后，以白酒为主。黄酒主要在村里的小店里买。杨梅酒也是 2000 年前后开始有的，以前蛮少的。

问：村里的年轻人现在也爱喝酒？

答：年轻人，红白事，还有小孩出生、满月、周岁，等等，都要喝酒，基本都是白酒，条件好的，会放一些葡萄酒。

问：村里过年、过节有什么讲究吗？

答：就是放炮仗、祭祖宗，大年初一不吃稀饭。现在村里元宵节不如以前热闹了，花灯也少，人也少，大家都去城里了。

问：清明、端午、中秋这些传统节日，村里有什么习俗？

答：清明扫墓，端午要挂艾草，其实风俗差不多。村里特殊一点的，就是夏至要吃面，农历七月七少出门，冬至要上坟，腊月二十三要吃年糕、汤圆。另外，村里九月十九有庙会。

问：村里有祠堂吗？

答：邵家丘村没有，黄家埠镇的几个村有。

问：村里结婚有什么风俗？

答：女方要去男方家里看过，双方要送见面礼，见面礼一般都是现金。现在女孩子结婚，一般要求男方有房有车，而且工作还要好一点。

问：结婚一般摆多少桌？

答：比较普遍的是六到十二三桌，但是二十桌左右也有。国家不是在限制农村办酒席嘛，现在少多了。做寿，我也摆过酒席，但是不收钱。现在，国家对我们这些老年人蛮好的，以前没有保险的，现在国家一个月也给两百多块。

问：年轻人结婚，特别是村里的女孩子，会把户口迁出去吗？

答：有迁出去的，也有不迁出去的。不迁出去的，主要是为了土地、宅基地。

第三章　访谈提纲

一、个人生活史

（一）家庭的基本情况：

人口数：

姓名：

职业：

居住地：

政治成分：

学历：

小孩子在哪里上学（或就业，小学／中学／大学，是否在外地求学？为何选择外地求学？）：

是否是迁徙过来的：

您是否在外有产业？可否简单谈谈您创业的经历？

请谈谈您当选为党支委委员／村干部的过程，您的初心是什么？

（二）受访者父辈简单经历

姓名：

出生年月：

家庭基本情况：

从事职业：

在村里是否有职务：

是否党员：

是否热心于农村公共事务：

（三）受访者具体的成长经历

教育经历：

工作经历：

村落靠近杭州湾，有无围涂造地经历（为何要围涂造地，造地后又如何分配）：

村里的角色：

村庄治理参与情况（一是作为被治理一方的心态或作为；二是作为治理一方的心态或作为；三是所在网格，对网格治理参与情况等：

二、党员经历

1. 何时入党？为什么入党？

2. 入党的前后经历，怎么入的党？入党介绍人是谁？请谈谈相关过程。

3. 入党前后个人的变化：

4. 入党后，参与过村里的具体事务吗？

5. 入党后，政治学习和组织生活的情况？

6. 您认为党组织和党员对本村的发展起到了哪些作用？

7. 是否发生过您个人利益和集体利益相冲突的事情，您是怎么做的？

8. 您认为共产党员在农村应该是什么样的？应该起什么作用？

9. （退休党员干部）您从村里退休后，您认为退休的干部党员应该在村党建工作、村发展中起什么作用？

三、邵家丘村史

1. 您在邵家丘村大概有多少年了？最早在这生活的人是如何达到这里的？在移民到达这里之前，邵家丘村是什么样的？有没有人居住？为什么这个时间迁徙到这里？

2. 1993年版《余姚市志》有"堕民"一说，邵家丘等三村作为外来移民村，和"堕民"有什么关系？

3. 请您讲讲三个村名字的来历，"丘"是什么意思？

4. 请您讲讲您所知道的合并村之前的邵家丘、沈家丘、哑潭村的历史，包括您的父辈或祖辈给您讲过的一些事情或者故事？

　　5. 邵家丘村历史上有没有名人？

　　6. 您是否了解当年移民都迁徙到这里之后，是如何生产、生活的？是否有习俗形成与当年移民有关？是否发生过比较感人的事迹，或者发生过比较大的冲突？

　　7. 您是否了解邵家丘村的行政区域变化？

　　8. 您认为邵家丘村有几大姓氏？同姓之间、各姓氏之间是否存在血缘关系？村里的宗族是否发达？同姓之间是否会加强联合？村里过去通婚（嫁娶）的情况，范围又是怎样？

　　9. 请问邵家丘村是否属于革命老区？您是否知晓村里当年参加红军或抗日的事情？您是否知道斗桥头战斗？

　　10. 您是否了解当年村民参加抗美援朝的一些事迹？

　　11. 您是否知道新中国成立后体制内各类党组组织建立情况（如团组织、妇联、工会等）？

　　12. 新中国成立后，村里的主要经济产业是什么？

　　13. 您能否谈谈社会主义改造是如何在村里开展的？有没有典型的事迹？当时村里有多少党员？他们都是何时入党的？

　　14. 请您谈谈1956年人民公社开展前后的过程，人们对待人民公社的态度，人民公社对村里发展的作用和影响？

　　15. 可否简单介绍一下"文化大革命"期间，村里的组织、教育、生产、生活情况？

　　16. 是否有知青来村里？可否简单介绍一下？

　　17. 从新中国成立到"文化大革命"结束，村里的初中、高中、大学生以及党员情况是怎样的？

　　18. 您是否了解过"文化大革命"结束后，村里人的反应和心态？

　　19. 村里是否开展过"实践真理标准大讨论"？

　　20.20世纪80年代至90年代，村里大致是一种什么状态？主要的经济作物是什么？大家盖的房子是什么样的？是否出现了贫富分化？党组织建设的情况以及党组织在农村发展中的作用是什么？

四、经济篇

1. 土地改革的基础和背景：

（1）土地改革前的家庭基本情况

（2）土地改革前的家庭经济情况

（3）土地改革前的社会交往情况

（4）土地改革前的土地经营情况

2. 土地改革的过程和经历：

3. 土地改革的结果和影响：

（1）土地改革后的家庭生活情况

（2）土地改革后的家庭交往情况

（3）土地改革后对党的认识

（4）土地改革对村整体的影响（阶层、经济、交往，等等）

4. 改革开放以后，家庭联产承包责任制展开的前后情况：

（1）领导小组的构成，如何开展工作

（2）村民的观念、接受度

（3）土地分配方案，包括如何制定、如何执行，其中是否发生过和自己有关的重要事情

（4）包产到户后，您家分了多少地？如何开展生产？党组织的作用？

（5）包产到户后，村内经济的情况？社会的发展变化？

5. 其中，1949年后曾有围涂造地，称"解放塘"；1974年、1978年村集体又分别组织人力围涂造地。您能否详细谈谈这其中的起因、过程，产权归属、分配的相关情况？

6. 1999年村土地二轮承包，邵家丘村土地分配到户，已有多年未变，新增人口未分到土地，去世或外嫁人口仍保留土地，其中的原因是？

7. 当前农村经济发展的情况？现在村里的主要经济作物是榨菜、葡萄、高粱等，您是否知道它们在村里的种植历史，从什么时候开始种的？是否从外界引入、党组织起过什么作用？

8. 个人基本经济情况：

（1）当前您家的主要经济来源？是否还在种地？

（2）除了种地外，是否还有其他经济来源？

（3）村里很多人或者创业，或者在工厂就业，很少有务农（种地）了，那么，谁来种地呢？对此你有什么想法？

9.村里产业联盟协会的相关问题：

10.您是否了解村集体经济的情况？

11.村内的集体经济产业是怎么分布的？主要涉及哪些领域？相关企业负责人的基本情况？带动就业情况、创收情况如何？

12.村内原来的集体经济是怎样的？比如农村公社前后、改革开放前后、21世纪以后？

13.村内现有的集体经济最初是如何发展起来的？村党总支、村委会在这其中发挥了怎样的作用？

14.村内的集体经济发展最大的优势是什么？这种优势给贵村有没有带来具体的影响？

15.村内的集体经济发展面临的困难有哪些？主要困难有哪些？这些困难的成因？这些困难是如何克服的？

16.村内集体经济是如何分红的？

五、文化民俗篇

1.您可否介绍一下村里的传统文化（或主要的民俗活动）？村里的特色民俗活动又是什么？

2.您认为最重要的传统文化（或民俗活动）是什么？为什么？

3.您最喜欢的传统文化（或民俗活动）是什么？为什么？

4.您如何看待"家园日"活动？您组织过吗？参加过吗？

5.您了解村里的村规民约吗？它是什么时候制定的？您是否参加过它的修订工作？可否讲一讲前后的过程？

6.您认为村规民约起作用吗？党员在遵守村规民约方面的表现如何？有无典型的例子？

7.您家有"家风家训"吗？您对"家风家训"怎么看？

8.现在村里经常集体组织的传统文化有哪些？

9.村里面信宗教的人多吗？主要信什么宗教？一般都去哪些地方参加宗教

活动？

10. 现在村里还有庙会吗？

11. 党组织在引领村文化社会变迁方面做过哪些工作？您如何评价？

12. 村里有什么特色饮食？

六、党建治理篇

1. 您是否可以谈谈基层党组织发挥作用的情况？

2. 您是否参加过村党总支组织的理论学习？如有，谈谈学习情况。

3. 您是否发展过党员？可否举例说明？

4. 您认为影响农村党员发挥先进带头作用、服务农村发展的因素有哪些？

6. 您认为基层党组织开展党建存在哪些困难和问题？外出党员的相关情况？

7. 您如何看待"道德"？

8. 您如何看待"道德"与"法治"？

9. 您认为党组织的党建工作与村里面的道德建设有何关系？

10. 您怎么看村里的"道德银行"？您从中受益过吗？

11. 您知道村党总支、村委会、村监委、村级集体经济组织的区别吗？

12. 村民代表大会召开、议事是否规范？村里重大事项都实行"四议两公开"了吗？村里的重大事项都包括哪些，有无清单？

13. 您知道村务公开包括哪些内容？您从何处获得村务公开的信息呢？

14. 2002年以来，村庄有什么发展变化？其中，发生发展变化的原因是？

15. 邵家丘村以"道德立村"著称，乡风淳朴，那么您对"文明乡风、良好家风、淳朴民风"这"三风"怎么看？这"三风"在邵家丘村培育得如何？

16. 请问8个党支部是什么时间设立的？每个支部的简要情况？成员、分属村落、职业，等等。

17. 请问2个企业党支部是什么时间设立的？企业支部的简要情况是？

18. 请问企业党支部的主要职能是什么？企业党支部与党总支平时的工作模式是什么？企业党支部是否参与村的相关事务？

19. 您认为村内党建工作的成效有哪些？亮点有哪些？目前党建工作存在的问题和遇到的困难有哪些？

20. 请您简要介绍一下村里的党组织、团组织、工会、妇联等发展情况，党组织应该如何领导其他组织？

21. 请介绍一下村内退役士兵服务社的相关情况？

22. 村里有老人协会、科普协会、计生协会、商会等社会组织，您可否谈谈这些组织建立的简要情况？党组织在其中发挥了什么作用？

23. 妇女组织化参与的崛起，30位"网格长"中有24位女性，均系企业家，她们会发挥何种作用？

24. "网格长"是如何评选的？您认为合格的"网格长"应该是怎样的？"网格长"和村干部在农村治理中发挥了怎样的作用？有无典型的事例？

25、邵家丘村"村民有事，干部2小时反馈"的事例，您认为村民在农村治理中应该发挥什么角色？目前邵家丘村有哪些好的经验？不足之处是什么？

26. 村里目前有三张年度调查表，"道德积分自评表""村民需求征集表""村干部测评表"，请谈谈制定这三张表的原因和实际作用？

26. 村里有各类基金，您能谈谈各类基金成立的过程和基金会运行的基本制度吗？

七、美丽家园建设

1. 您能谈谈您对美丽家园的看法吗？
2. 您能否详细谈谈村里开展美丽家园建设的前后过程？
3. 您认为美丽家园建设带给村里的变化有哪些？
4. 在建设美丽家园的过程中，您认为最重要的事情或者要素有哪些？建成的关键因素有哪些？
5. 您在建设美丽家园的过程中，遇到的困难有哪些？出现的原因是什么？这些困难是怎么克服的？
6. 您认为建设美丽家园与乡村振兴之间的关系是什么？
7. 您是否听到过村民对美丽乡村建设的意见或建议？

八、道德银行

1. 道德银行是邵家丘村率先提出的，请您谈谈为什么要建道德银行？这个创意是怎么产生的？
2. 创办道德银行的初衷是什么？

3. 党总支部是什么态度？

4. 如何和上级及相关职能部门沟通协商的？有没有得到其他部门或者上级的支持与指导？

5. 道德银行有哪些独特的制度？在它诞生的过程中，村民是否参与过？有没有印象比较深刻的事情？

6. 道德银行所依据的道德标准，有哪些是村里的传统？有哪些是新的道德标准？

7. 道德银行制度出台后，在村里是如何推广的？村民的反应如何？

8. 可否举几个道德银行的受益典型？

9. 它对村里的影响主要表现在哪些方面？

10. 道德银行相关制度是否完善过？有没有相关的经历？

11. 道德银行是如何被外界广泛知道的？

12. 上级部门是如何评价道德银行的？

13. 道德银行如何成为余姚市的一项制度的？

九、人才情况

1. 村里学历年龄的阶层分布？

2. 村里过去／现在有几个学校？分别有多少人？生源？老师的来源？

3. 村里有多少大学生（专科、本科、研究生）？

4. 村里现在 50 岁以下的家庭，有多少在家居住工作的？有多少外出的？大致的学历、职业、居住地以及何时外出、为何外出？回来的频率？回乡创业的人，大学毕业回家工作的人大约是多少？他们为什么回来？回来之后的工作情况？对村里的影响？

5. 是否有比较突出的人才？

十、请您谈谈农村发展关键是什么？

十一、您能否评价一下党组织在邵家丘村发展过程中的作用？

十二、作为一个党员干部，您认为一个优秀的党员干部应该是什么样的？

文

献

篇

终日乾乾　含章未曜

中国村庄发展

村　　域　　　城　　市

第一章 媒体报道

邵家丘村，作为当地闻名的富裕村、和谐村，村庄的大事小事频繁得到报道，从新农村建设到乡村振兴，从"道德银行"到基层社会治理创新，从环境整治到好人好事，从考察学习到融合发展……《余姚日报》报道中的邵家丘村，以点带面，从中也可以窥视出余姚改革开放 40 余年的发展历程。除却当地媒体的广泛报道，中央、省市等重点主流媒体也频繁报道过邵家丘村，且普遍聚焦于邵家丘村首创并在宁波全市广泛推广的"道德银行"（见表 22）。

表 22　重点主流媒体报道概览表

序号	新闻标题	报道媒体	报道日期
1	《余姚农户可凭好人品贷款》	人民日报（海外版）	2012 年 10 月 26 日 5 版
2	《"道德银行"给创业者带来福音》	经济日报	2012 年 11 月 23 日 11 版
3	《余姚：诚信抵押"道德银行"可获贷款》	央视新闻联播	2013 年 1 月 14 日
4	《宁波余姚："道德银行"让德者有得》	光明日报	2018 年 12 月 27 日 16 版
5	《既富口袋又富脑袋的"道德银行"多多益善》	光明日报	2019 年 1 月 2 日 16 版
6	《好人好报 德者有得——余姚"道德银行"树时代新风》	浙江日报	2019 年 1 月 14 日 1 版
7	《浙江余姚："道德银行"助推良好乡风》	新华社	2019 年 10 月 19 日

同时，作为社会科学研究的重要场域，邵家丘村因其经济社会形态在长三角地区的村庄中的代表性，也成为政策研究类期刊杂志关注的重点。概言之，相关的焦点一般主要集中在因"道德银行"而兴起的公民道德建设、村庄治理经验等两方面，其代表论述如表 23、表 24 所示。

表 23　邵家丘村"道德银行"研究代表性论述

序号	题目	作者	刊物名称	日期（期数）
1	《公民诚信、公共信任、信用评价与"道德银行"》	曲蓉	《宁波大学学报》（人文科学版）》	2015 年第 1 期
2	《余姚"道德银行"：为文明城市增添新风尚》	胡建东	《宁波通讯》	2019 年第 3 期
3	《创新文明实践载体 推进公民道德建设》	奚明	《浙江日报》	2019 年 8 月 15 日 8 版
4	《深化"道德银行"建设 让文明道德之花竞相绽放》	奚明、潘银浩	《学习时报》	2019 年 9 月 20 日 8 版

表 24　邵家丘村"村庄治理"研究代表性论述

序号	题目	作者	刊物名称	日期（期数）
1	《邵家丘村：打造和谐幸福新农村》	本刊记者	《宁波经济》	2015 年第 2 期
2	《余姚邵家丘村创出"三微"好经验》	中共余姚市委	《政策瞭望》	2019 年第 9 期
3	《推行"三微工作法" 完善乡村治理体系——余姚市邵家丘村以党建引领基层社会治理的实践与启示》	叶枝利	《宁波通讯》	2019 年第 23 期

第二章　乡村档案概述

邵家丘村虽然建村历史并不悠久，近两百年来，邵家丘先民一直以务农为生，在历史文化方面并没有比较有价值的文献留世。但是新中国成立之后，在现代基层档案整理和保存工作方面，原小邵家丘的文书档案整理和保存工作较为突出。在现代文书档案的整理工作方面，邵家丘村在新中国成立初期就形成了规范的规章制度和良好的工作传统，整理保留至今的档案文书比较系统和完整，文献价值较高。

第一节　改革开放以前的村庄档案（1951、1961—1976）

根据 1962 年的文档《兰海七大队文书档案工作汇报》，这是当时兰海七大队（今邵家丘村）在浒山大会堂的发言稿，可知从 1958 年开始，原小邵家丘村便一直坚持做好文书档案工作，实行集中统一受理。到 1962 年时，原小邵家丘村已把从 1953 年至 1962 年间建立互助组、低级社、高级社、核算单位、生产大队的档案材料进行收集整理，建立档案橱，并分成 197 个案卷（其中 1954 年 5 卷、1955 年 14 卷、1956 年 17 卷，1957 年 28 卷，1958 年 31 卷、1959 年 23 卷、1960 年 33 卷、1961 年 26 卷、1962 年 20 卷，共 197 卷），在浒山大会堂，兰海七大队把这五年文书档案整理工作中收获的经验和体会，向全公社作了汇报。

从这之后，邵家丘村这种整理文书档案的优良传统一直没有中断，迄今村档案室对村庄有关治理方面的会议纪要、文件公告、档案台账、活动方案等文书都进行了规范的整理和存档。就目前情况来看，邵家丘村档案室整理归档的档案文书非常全面，包括半个多世纪的村庄文档（1977、1978、1979 三个年份除外），这些文件基本上能够反映出邵家丘村从集体化时期到改革开放，以及改革开放四十余年以来村庄治理的变化、经济发展和村落文化变迁的历史脉络。

第一类：村里党支部的总结、自制文件及各种制度和会议纪要，包括大队管委会及各组织名单、生产队会议纪要。村庄的会议纪要是改革开放以前村庄保留的主要档案，是村庄档案文书中保存的最多、包含信息最广的文献。邵家丘村集体化时期的生产队会议纪要，涉及 1961—1983 年不同历史时期农业生产的各个方面，如生产安排、分配方案、粮食产量统计及种植面积，等等。另外，还有不同时期的总结报告、工作体会，是对村庄工作的整体情况及经验措施的提炼和归纳，有助于我们更清晰细致地了解村庄发展的脉络。

主要会议纪要包括：历年的"委员、生产队长会议""社员代表大会""生产队长以上干部会议""队长会议""社员大会讨论分配政策的会议""党支委和革委会人员参加讨论企业单位有关具体问题、讨论当前革命生产问题的会议"等。

主要工作总结报告、体会包括"兰海人民公社第七生产大队关于整理历年档案资料和健全先行文书出来工作的情况汇报""村党支部工作总结""兰海公社第七生产大队关于种棉花的体会""兰海公社第七大队贯彻党的政策方针积极发展养猪，并获得棉畜双丰收的经验总结""兰海公社七大队 1—5 月养猪情况总结""兰海人民公社第七大队 63 年工作总结（向外地介绍）""三阶层会议报告""社员会报告""社员代表会议报告""向曹娥、镇海、海南、塘后公社汇报，兰海公社第七生产大队介绍情况""兰海人民公社（管理区）文书工作情况报告""人民公社是农业集体化最好的组织形式——兰海公社七大队调查""兰海七大队关于第六生产队的管理工作情况汇报""中共兰海第七党支部关于如何开展社会主义教育党员会议的报告""兰海七大队第五生产队关于四清工作向全公社生产队会计会议的汇报"等。

村各类组织名单：管理委员会、治保小组、文教卫生委员会、科技小组、调解委员会、儿童团组织、毛泽东思想宣传小组、毛泽东思想大学校领导小组、毛泽东思想大学校校务委员、社员代表委员会、兰海公社七大队无产阶级文化大革命委员会、监察委员会等。

第二类：重要制度文件、公告通知。此类档案主要记录了与邵家丘村发展密切相关的各类政策文件，及特殊时期影响邵家丘村发展的关键事件或决策，勾勒了特殊历史时期邵家丘村发展的真实面貌。

重要制度文件包括"社员大会资料""社员大会报告材料""选举工作及各项具体事务说明""选举大会报告资料""兰海人民公社（乡）、七选区选举结果报告表""关于一个生产队如何做好以人定粮的工作意见""基于民兵会议报告资料"评比先进社员和干部条件的初步参考资料""评比条件""关于处理分配政策问题的草案""基于民兵会议报告资料""选举干部名单""先进社员登记表""兰海人民公社第七生产大队关于分配大包干问题草案""档案利用资料（财务十项管理制度）""先进社员评比条例""61 年一号通讯""慈溪海塘选民登记表""泗门兰海第七生产队春耕播种 30 天运动计划""兰海公社建筑队章程（草案）"。

公告通知包括"兰海人民公社第七生产队委员会关于 1964 年农业计划面积的通知""各队汇报关于我们大队二级所有的几点经验教训和意见""兰海人民公社第七生产大队关于第六生产队收摘棉花安排计划的通知""泗门区 1974 年度财务会计先进工作者光荣榜""1974 年度"农业学大寨"先进集体单位光荣榜""兰海公社革委会关于加强海涂水草管理的通告""兰海公社革委会、贫管会关于进行教育社员的通知""兰海公社教育革命大检查""兰海公社革委会关于开展农业生产大检查通知""兰海公社四大队 1976 年副业生产整改意见""兰海农机厂下步工作意见""关于 1976—1980 年人口出生率计划的通知""兰海公社革委会关于下达七五年畜牧业咸菜基地通知"，等等。

第三类：档案台账、生产统计数据。这些资料涉及邵家村集体化时期财务、种植面积规划、定粮、批毛线厂报表、联办厂投资名细、海涂面积、大队基本情况等。

各种报表包括"早稻实产调查表""秋播作为面积调查表""农业税灾情减免计算、减后结算表""实产调查表""水产品产量调查表""淡水渔业基本情况调查表""林产品产量调查表""农作物收获面积产量调查表""稻田粮食亩产换算表""农业机械拥有量调查表""畜牧生产调查表""人民公社基本核算单位粮食分配决算表""人民公社基本核算单位经济分配决算表""分生产队棉花清理结算单""分类明细账公布""兰海联办三车间七六年固定财产超折旧明细表""兰海联办三车间七六年低价财产报销清单""种植面积规划""兰海公社海涂抽水比率""兰海公社 1976 年农业计划""种植计划面积落实表""应收款""人口变动情况统计表""1976 年公社三级经济比重分析""农村人民公社组织情况""兰海联办厂车间 5 月份止收支账目公布""企业人员统计表""兰海七大队联办厂投资明细""生产队劳动力统计表""劳动力基本情况调查表""人口出生率""生产队与大队往来明显清单"等。

第二节　改革开放以后的村庄档案（1978 年至今）

与前一时期相比，改革开放后的村档案整理和保存有以下四个特征：

第一，档案的种类多样，内容更丰富。改革开放以前的村档案保存内容以年度的会议记录为主，零散保存了几个年度的有关农业生产的统计数据和文件。而改革开放以后的村档案数量多，分类越来越细致、全面。首先，有关农业生产、分配的统计数据系统而全面，几乎没有缺漏的年份，尤其是承包合同之类的文件多了起来；其次，出现了调解村民之间纠纷的材料，干部的考核逐渐常态化，有关干部考核的材料也构成了村档案的基本内容；再次，私人建房用地管理制度化，形成了系统的材料；最后，镇以上各级政府、部门的政策、意见和通知作为备查档案整理保存。

第二，20 世纪 80 年代至 21 世纪初期，人口、计划生育的材料是村档案中除基础农业生产材料之外的主要内容。从最初的以人定粮到截至 1988 年的口粮发放清单，从最初的人口年报到 1990 年的生育合同，再到 1993 年的生育规定，直到 1994 年临山镇委、政府、纪委、计生办出台的有关政策意见，计划生育成为农村与经济发展并行的两大重要治理内容。邵家丘村档案中有关人口、计划生育相关的材料的整理，反映了我国农村计划生育运动的实践路程。

第三，村庄发展历史中的关键事件在村档案中清晰凸显。改革开放之后，农村发展影响重大的第一件事情就是第二轮土地承包，1999 年、2000 年，邵家丘村完成了第二轮土地承包方案，有关村第二轮土地承包工作的实施意见、承包方案的决定、决议及土地承包的会议记录等档案都保存下来，并保留了每一户的土地承包合同及分户土地承包权证审批表。

第四，2001 年并村之后，邵家丘村经历了快速发展，村档案的整理呈专题化特点，分类更为科学清晰。其中最有特色的有，2005 年村党总支关于创建"五好"党组织的材料，涉及"领导班子好""党员干部队伍好""小康建设业绩好""工作机制好"和"农民群众反映好"五个方面；2009 年，哑潭、沈家丘、邵家丘各片关于海涂土地流转面积、人口、金额分配情况，形成了每一队的海涂土地流转协议和海涂土地流转人口明细表；2012 年，村关于创建统战工作示范点的情况，形成了"领导高度重视思想认识到位""组织网络健全、基层基础扎实""制度机制健全、运转规范有序""活动广泛开展宣传氛围浓烈""载体平台创建、工作富有特色"和"优势作用凸显、服务发展自觉"六个方面的专题材料；同年，又形成创建"平安村"的专题材料。

第三章　乡村档案目录

第一节　改革开放以前的档案目录

○ **1951 年**

1.1951 年房地产所有证；

2.1951 年房地产所有证；

3.1951 年土地改革前各阶层土地占有使用情况；

○ **1961 年**

1.党支部总结、自制文件，各种会议记录；

○ **1962 年**

1.1962 年会议记录；

2.以人定粮、种植面积规划，各种会议报告等资料；

○ **1963 年**

1.1963 年会议记录；

2.1963 年度评功、评级资料；

○ **1964 年**

1.1964 年度会议记录；

2.1964 年度各种会议记录；

3.1964 年度会议记录；

○ **1965 年**

1.1965 年度各种会议记录；

2.1964 年、1965 年度会议记录；

3.1965 年度总结评比、会议通知记录；

4.1965 年度会议记录及合同（五队）；

5.1965 年度会议记录（一队）；

○ **1966 年**

1.1966 年度各种会议记录；

○ **1967 年**

1.1967 年度各种会议记录；

2.1966 年大队管委会及各组织名单、二队会议记录；

○ **1968 年**

1.1968 年会议记录；

○ **1969 年**

1.1969 年会议记录；

○ **1970 年**

1.1970 年会议记录；

○ **1971 年**

1. 会议记录、产量调查、粮食三定及棉花合同资料；

○ **1972 年**

1.1972 年会议记录、统计资料；

2.1972 年播种、饲养、统一调查及年报；

○ **1973 年**

（缺）

○ **1974 年**

1. 干部花名册、有关报告、财务清理、会议记录、半年报；

○ **1975 年**

1.1975 年会议记录；

2. 种植面积规划、先进表彰文件、联办厂投资明细、海涂面积、大队基本情况；

○ **1976 年**

　　1. 财务公报、种植面积规划、批毛线厂报表、定粮等有关资料；

○ 1977 年、1978 年、1979 年

　　（缺）

第二节　改革开放以后的档案目录

○ 1980 年

　　1. 种植面积、会议记录、移交清单、分配方案、土地分户；

　　2. 联队以人定粮、受益分配、种植面积等资料；

　　3. 年终考核、畜牧政策、务工补贴、芦苇合同、现金粮票、移交清单等资料；

○ 1981 年

　　1. 关于 1980 年、1981 年统计财务年报；

　　2. 农业生产检查、决算分配方案、投资、预支清单；

○ 1982 年

　　1. 联队以人定粮、承包合同、社员建房申请等资料；

○ 1983 年

　　1. 生产责任制、土地丈量、承包合同、利民药厂结算定粮、土地延长承包期文件等资料；

　　2. 1980—1982 年度以人定粮、投支、预支、分配方案，承包合同；

○ 1984 年

　　1. 1982 年、1983 年、1984 年统计、财务年报；

○ 1985 年

　　1. 1985 年度各生产队土地十五年承包留底及底分；

　　2. 一至八队历年提留公共积累普底结算，农业税分户落实，以人定粮清单等资料；

○ 1986 年

　　（缺）

1987 年

1.1986 年、1987 年农业税统计年报；（59）

2.1985—1987 年棉花收购清理结算表、棉花定购合同；

1988 年

1. 农业、财务年报，农经户收支情况表，农作物播种面积，固定自治投资及棉花收购结算资料；

2. 余姚市民及调解书、检讨书，邵家丘干部考核，承包合同，保险损失；

3. 棉花定购合同明细表、农业税抗灾减免清单、农业税任务落实征收入库登记、退税定粮表；

1989 年

1. 市委、乡政府对农村财务规定和检查通知，烈军属优抚集资，土地面积，统计、财务年报等；

2. 宁波、余姚市用地管理及法院民事调解，公安交通事故处理，乡政府、村委会村民公约，干部考核、先进表彰，三户评比，土地转让，铺路、保险、建房协议合同契约等资料；

3. 乡政府、村委会关于棉花定购合同、收购结算清单等资料；

4. 农业税灾情、社会减免通知、清单及摄影粮食发放、结算清单等有关资料；

1990 年

1. 本村 1990 年会议记录；

2. 土管工作总结、建房申请表、外出考察及生育合同等资料；

3. 统计年报、财务年报、财务公布明细、村干部工资、奖金审批、农业税征收及社会减免清单；

4. 乡政府关于各种规划及过渡规模经营、村委会棉花定购合同、奖赔表、临浦江修堰协议、水利工程决算等有关资料；

5. 乡党委、乡政府干部任免通知，村委会选举选民登记，村干部岗位责任制及企业承包合同（四材厂）等有关资料；

6. 海涂化八丘承包面积、金额及棉粮任务；

7. 一至八队以人定粮汇总、以人定粮明细、粮食决算分户方案、粮食发放清单、土地复查丈量清册；

○ 1990 年（沈家丘）

1.1990 年农业税分户清单；（16）

2. 修掘大浦江土方挖面积负担表；（10）

○ 1991 年

1. 统计年报、财务年报、税收减免及棉花合同、清理结算等资料；

2. 乡政府关于建房用地规划、土地管理领导小组的调整和村民建用地报告等资料；

3. 村级财务大检查，清理、整顿档案资料；

4. 民主理财、海涂面积、月华承包合同、干部养老保险、陶家路各江修掘合同；

5. 村出纳移交清单，1985 年至 1988 年口粮发放清单；

6. 乡党委文件、干部任免、印章启用、五包进院协议、农业税征收、改水程控集资、挖掘分配计划；

7. 粮食结算、粮票发放等清单；

○ 1991 年（沈家丘）

1.1991 年农业收签分配、人口年报；

2. 村级财务清理整顿报表；

3. 农业税分户社会减免清单申请表；

4.1991 年修掘陶家路江负担表；

○ 1992 年

1. 统计年报、财务年报、农税减免、财务预算、企业上交及干部工资奖金审批表等资料；

2. 农户保险、工艺塑料厂集资、海涂面积承包、粮棉任务、冲底承包、个人建房和各项报表；

3. 乡、镇有关文件，干部任免、先进表彰、调解、协议判决、村规民约、保险、农特税的征收、救灾化肥基金；

4. 棉花合同及结算清单，以人定粮、发放结算方案等资料；

1992 年（沈家丘）

1.1992 年农业税分配统计年报；

2.农业税分户清单；

3.各农户水费、电费明细账目；

1993 年

1.会议记录、自治章程、选民登记等资料；

2.统计年报、财务年报第三产业调查等资料；

3.干部工作考核、土地承包、棉花定购、农税征收及减免、村级经济收入预测、产业结构调查、建房报告等资料；

4.企业股份合作制、企业承包、工艺塑料电器董事会名单、电控及电器管理协议、集体与个体经营月报；

5.上级有关文件，干部任免、先进表彰、农特税征收、个人建房申请、自来水经费及生育规定、干部保险等资料；

1993 年（沈家丘）

1.1993 年农业受益分配统计年报；

2.农业税分户、三产普查登记调查表；

3.沈家丘对企业任职承包合同、买卖房屋契约；

4.余姚市临山镇沈家丘村 1993 年村民委员会换届选举材料；

1994 年

1.临山镇委、镇政府、纪委、计生办的有关政策意见；

2.关于王小章同志任免的通知、干部考核意见、社荐会成员名单、村基规划、公路集资、优抚统筹资金、农特税收缴、粮棉种植面积及合同、个人建房用地计划等政策性文件；

3.会议记录、社管会人事安排、王国兴进院报告、干部岗位考核、小康村发展情况、合作社章程、财务管理制度、村镇建设规划及私人建房呈报表；

4.上丘海涂面积、售棉户补助、棉花定购、农税征收、种植调整、水利规划、预算计划、农业统计、受益分配、人口统计年报；

5.道路水利管理责任书、企业承包海涂土地承包协议书及合同、企业资金及上交款汇总表；

6. 关于民事纠纷调解的有关事项；

7. 关于计划生育意见措施及妇女工作的有关情况；

8. 关于计划生育的情况；

9. 本村计划生育协议及合同；

○ 1994 年（沈家丘）

1.1994 年农业收益分配统计年报；

2. 农业分户清单；

3. 村干部岗位责任制考核奖、社会治安综合治理目标管理责任书；

○ 1995 年

1. 镇党委、镇政府关于干部考核、先进申报、土地调整、水费、农税、优抚经费、护塘资征收政策性文件；

2. 关于镇党委、镇政府、纪委、选举会的有关政策意见；

3. 本村会议记录，综合治理总结，调解协议，个人住房建设，杨伯家占房用地，用电、用水制度，治安责任状；

4. 树上丘、池塘承包面积，干部考核，农税征收及减免，棉定粮，农业，人口分配年报及个人建房呈报表。

○ 1995（沈家丘）

1. 干部责任制考核、农业受益分配统计年报；

○ 1996 年

1. 农业受益分配、人口变动统计年报及会计科目余额表；

2. 会议记录；

3. 临山镇政府、邵家丘村关于公布村委会干部任职、换届选举结果，候选人推荐、村民登记表；

4. 临山镇党委、镇政府关于表彰文明家宅、各类先进、普遍基本民兵干部、团干部任命，个人建房用地及人口出生的通知、通报；

5. 私人建房用地呈报表；

6. 邵家丘村关于调整土地承包制，各种款项收取、用电管理、集体资产清理的意见、规定；

7. 邵家丘村土地承包合同、集体资产清查登记、干部考核奖发放、自来水管理、杨伯泉基地迁移、调解协议、农税分户、棉花定购、社会养老、家庭、幼儿人身保险、生育责任书及农村住户摸底表；

8. 邵家丘村农户土地分配计算表及土地丈量清册；

9. 临山镇党委、政府文件及通知；

10. 邵家丘1984—1996年荣获各类先进集体实物摄影的照片；

1996 年（沈家丘）

1. 村干部岗位考核、农业受益分配统计年报；

2. 村民委员会换届选举材料；

1997 年

1. 会议记录；

2. 受益分配、农业统计、人口变动年报；

3. 会计移交清单及村级财务清理验收表；

4. 1997 年度私人建房用地呈报表；

5. 1987 年至 1997 年党员缴纳清单及党员转让批准书、组织关系迁移证；

6. 上级对本村创文明百村之一文件、村干部养老金调整、各类干部任命及本村文明家庭户等通报；

7. 上丘、海涂承包面积，棉定购，农税征收分户，村干部岗位考核，各类申请，水管电收费，电镀厂费补收；土地调换，民事调解协议，农户家庭财保险及综合治理责任书；

8. 市人大代表换届选举实施方案、本选区征收候选人名单及选民登记表；

9 上级有关政策性、法规性文件；

1997 年（沈家丘）

1. 农业、受益分配统计年报；

2. 经济合作社会计移交清册；

1997 年（哑潭）

1. 村党支部、村委会会议记录；

2. 农业、受益分配统计年报；

3.关于村级政务公开、农发资金使用、资产收支、会计移交、岗位奖金结算登记册；

4.农业税基数、土地增减、计税核减、分户征收核对表清单；

5.临山镇党委、镇政府 1997 年有关政策性规定、意见、通知；

○ **1998 年**

1.会议记录；

2.受益分配、农业统计、人口变动年报；

3.本村土地有偿出让、横塘掉地做路协议及私人建房用地呈报表；

4.本村财务收支报表；

5.本村结婚规划、结婚登记、四项手术及计划生育月报表；

6.本村调解协议；

7.上丘、海涂面积及承包款，土地承包金，农业税征收分户，棉花定粮任务；

8.干部责任考核、老年人取暖器发放、贫困户调查表；

9.关于选举临山镇党代表、人代表的有关办法及分配名额，选民登记表；

10.上级有关政策性、法规性文件；

○ **1998 年（沈家丘）**

1.农业、受益分配统计年报；

2.沈家丘村 1990—1998 年村民（企业）建房用地呈报表；

3.干部责任制考核、财务收支情况清册明细表；

4.选民登记表；

○ **1998 年（哑潭）**

1.哑潭村 1998 年村党支部、村委会会议记录；

2.受益分配、人口统计年报；

3.农业税基数、分户落实征收登记表；

4.临山镇党委、镇政府关于 1998 年有关政策性规定、意见、通知；

5 选民登记表；

6.有关政策性文件、通知、责任书；

○ **1999 年**

1. 邵家丘村委会工作报告、依法治村章程、经济合作社章程、村集体资金管理制度、用电水管理规定及会议记录；

2. 本村第五届村委会换届选举情况报告及登记表；

3. 本村受益分配、农业统计、人口变动年报；

4. 本村私人建房用地呈报表；

5. 本村计划生育档案报表；

6. 本村第二轮土地承包工作的实施意见、承包方案的决议及土地承包的会议记录；

7. 本村二轮土地承包权证、分户计算汇总表；

8. 本村 1、2 队二轮土地承包合同；

9. 本村 3、4、5 队对二轮土地承包合同；

10. 本村 6、7、8 队对二轮土地承包合同；

11. 本村 1、2 队二轮土地承包审批表；

12. 本村 3、4、5 队对二轮土地承包审批表；

13. 本村 6、7、8 队队二轮土地承包审批表；

14. 本村财务检查、内容民主审查及财务收支月报表；

15. 本村宅基地专项治理登记表；

16. 本村土地承包面积、农税征收、棉花订购分户表、干部考核、陈月华等三人借款合同、电镀厂上交财保；

17. 本村社会治安工作记录、汪建美解除婚约调解、黄宝华交通事故刑事判决书；

18. 中共临山镇委有关政策性文件；

19. 余姚市人大、市文明办、市档案局、人事局、物价局、临山镇政府、妇联、团委、医办有关文件、规定；

○ **1999 年（沈家丘）**

1. 农业受益、人口统计年报；

2. 财务收支、农业税分户征收登记表；

3. 沈家丘村第五届村民委员换届选举结果、成员基本情况、村民小组长、选民登记表；

○ **1999 年（哑潭）**

1. 村党支部、村委会会议记录；

2. 农业、受益分配统计年报；

3. 依法治村章程、村民代表、登记表、第五届村民委候选人推荐汇总表；

4. 关于 1991—1999 年个人建房违法用地处理意见、个人建房非耕地呈报表；

5. 哑潭村二轮土地承包方案的决议、分户审批集土地承包权证、登记汇总表、一至四组土地权证汇总表；

6. 第一组余姚市土地承包合同；

7. 第二组余姚市土地承包合同；

8. 第三组余姚市土地承包合同；

9. 第四组余姚市土地承包合同；

10. 第一组分户土地承包权证审批表；

11. 第二组分户土地承包权证审批表；

12. 第三组分户土地承包权证审批表；

13. 第四组分户土地承包权证审批表；

14. 选民登记表；

15. 临山镇党委关于 1999 年哑潭村干部岗位责任制考核奖金、工资指标、目标管理的意见责任书；

16. 临山镇党委、镇政府 1999 年度有关政策性规定、意见、通知；

17. 哑潭村对 1999 年农业税分户征收、农户土地分配丈量登记表清单；

○ **2000 年**

1. 邵家丘村 2000 年度会议记录；

2. 收益分配统计年报、农村统计表及人口统计表；

3. 道路硬化用地报告、招标价码表、招标须知、施工承包协议、桥梁挖宽决算、工程完工计算表、资金补助报告；

4. 财务公开月工资报表、科目条款及 1995—2000 年农户土地承包押金分户表；

5. 村干部考核、财务收支预算、文明创建申请、最低生活扶助表、共青菜厂协议、陈谓新老房协议及农户财产报销清册；

6.2000 年农业税征收分户表、上七丘土地分户结算表、海涂土地承包面积及承包税上交明细表；

7.2001—2003 年上报海涂分户地承包合同；

8. 邵家丘村二轮土地承包分户计算表；

9.2000 年何加良、王渭千经济补偿，苗兴旺据板车间转让，陈小兴宅基地纠纷协议；

10.2000 度上级各类政策法规性文件；

11. 邵家丘村二轮土地承包分户丈量草稿清册；

12. 哑潭、沈家丘、邵家丘村 1996—2000 年村民建房用地呈报表；

2000 年（沈家丘）

1. 沈家丘村 2000 年农业、受益分配统计年报；

2. 村干部岗位考核、财务收支情况明细表；

3.2000 年农业税分户清单；

2000 年（哑潭）

1. 临山镇哑潭村 2000 年村委会会议记录；

2. 受益分配统计年报；

3. 农村统计年报；

4. 农税分户征收登记表；

5. 村干部岗位考核、工资核定发放及财务收支情况明细表；

6. 临山镇工会委员会哑潭村党支部关于村联合工会组成人员任职及有关目标管理责任书；

2001 年

1. 余姚市临山镇邵家丘村 2001 年村委会会议记录；

2. 关于农业统计、收益分配、人口变动年报；

3. 关于行政区域调整行程的文件材料；

4. 关于召开联合工会第一次会员代表大会行程的文件材料；

5. 关于村民私人建房有关政策及建房用地呈报表；

6. 邵家丘村二轮土地、宅基地文件清册、分户汇总；

7. 沈家丘村二轮土地、宅基地分户计算、汇总及文件清册；

8. 村干部岗位考核、村班子工作职责制度；工业经济形势、先进性教育、村民代表大会领导讲话、档案移交；

9. 关于本村育龄妇女基本情况名册；

10. 关于计划生育的长效合同；

11. 关于计划生育联络组织座谈会、培训班、协会工作记录；

12. 关于农业税分户落实征收登记表；

13. 并村清产核资登记表、民主理财、财务收支、会计科目余额等汇总情况表；

14. 综治工作记录、调解协议、起诉状、谈话笔录及刑事判决书；

15. 市黄毡包装厂、利民电镀厂、文事印务公司、镇广播站等供电协议、合同；

16. 关于计划生育、知情选择、避孕节育措施协议书；

17. 关于流动人口计划生育管理担保协议书；

18. 育龄妇女查孕、查环登记、生殖保健档案；

19. 临山镇教文卫办计划生育有关规定、意见、通知；

20. 关于个私企业技改指标、月报、企业转体、申办、人员聘用、减免建房费、资产补助、催教欠款、关批复的报告；

21. 关于第六届村委会换届选举形成的文件材料；

22. 关于镇人民代表大会换届选举形成的文件材料；

23. 余姚临山邵家丘第六届村民委员会换届选民登记表；

24. 余姚市委办、市政府办，临山镇党委、政府等有关政策性规定、意见、通知；

○ 2002 年

1. 邵家丘村 2002 年度会议记录；

2. 人口统计、收益分配、财务收支、农业税减算、农业统计年报；

3. 2002—2003 年农户海涂地承包合同；

4. 临山镇党委、政府、纪委关于启用印章、干部任免、表彰先进、人员出发的通知、通报、决定；

5. 邵家丘村关于土地征用、调换、有偿使用等合同；

6. 邵家丘村选民登记表；

7. 邵家丘村计生组织机构、工作计划、会议记录、优质服务、教育培训、房出租担保书等；

8. 邵家丘村计生知情选择协议及合同；

9. 邵家丘村关于人口与计生、四项手术随访、新婚出生、怀孕情况月报表；

10. 余姚市计生局、临山镇政府、镇教及卫办有关政策性规定、意见、通知；

11. 临山镇党委、镇政府、镇纪委 2002 年度有关政策性规定、意见、通知；

2003 年

1. 邵家丘村 2003 年会议记录；

2. 2003 年度人口统计、收益分配、财务收支、农业税减算、农业统计年报；

3. 临山镇党委、镇政府、镇纪委关于表彰先进干部任免、人员处分的通报、通知、决定；

4. 村党组织 1997—2004 年活动记载，包括党员考察、吸收、转正、调动、推优、党费缴纳等；

5. 村 2003 年关于海涂的文件，包括承包款、押金、土地征用、经济补偿、河道保洁、鱼塘承包协议、合同；

6. 村计生服务机构、工作计划、会议记录、培训记录、非法同居、人口出生调查表；

7. 村关于计生知情选择、孕环情况检查、健康服务的协议书及合同；

8. 村关于人口与计生、孕具领用、四项手术随访、新婚怀孕出生情况统计表；

9. 村关于外来、外出人口育龄妇女情况统计、孕具发放、房屋出租协议书；

10. 余姚市委、市政府（办）、市农村质管会，临山镇党委、镇政府 2003 年有关政策性规定、意见、通知；

11. 余姚市计生局、临山镇党委、镇教文卫办有关政策性规定、意见、通知；

2004 年

1. 邵家丘村 2004 年度会议记录；

2. 村 2004 年度收支预算、财务收支公开、人口统计、农业统计、收益分配、财务年报；

3. 村党组织换届选择形成的文件材料；

4. 村 2004—2006 年海涂地承包合同；

5. 村 2002—2004 年环境整治、会计代理委托、电力资产评估、各类申请、老干部定补、妇代会、村会计沿革史、低保救助、五保供养协议；

6. 村关于房屋及房基转户、有偿征用、租地、拖垃圾、河道情况、电改协议承诺书；

7. 村党总支、村委会述职、工作总结及党风廉政制度；

8. 村关于计生组织机构、会议记录、培训讲座、咨询服务、知情选择、节育协议书；

9. 村关于人口与生育、四项手术、随访、出生、孕具领域、人口分离、补助不再生育协议书；

10. 村计生组织机构、工作计划、流动人口管理、妇女计生服务、外出人员调查、出租房担保书；

11. 浙江省计生委、余姚市计生局、临山镇政府、镇教文卫办有关政策性规定、意见、通知；

12. 余姚市组织部、市民政局，临山镇党委、政府 2004 年有关政策性规定、意见、通知；

13. 村 2003 年村干部考核、历年各类责任书、选举结果、经济状况、河道保洁、慈善助捐的通知；

14. 村 2004 年参加农村合作医疗人员统计表；

○ 2005 年

1. 村党总支、村委会、村民代表会议记录决议；

2. 村关于班长分工、任期目标、工作思路、计划总结及在上级会议上发言材料；（33）

3. 村关于农业、收益分配、人口统计年报；

4. 余姚市政府等关于年度考核奖、法人代表、干部任职、转正、民主测评、老干部定补的通知、通报、公示；

5. 村关于计划生育村民自治动员暨成立大会行程的文件材料；

6. 村关于残疾人、困难群众服务站行程的文件材料；

7. 村委会、社管会换届选举形成的文件材料；

8. 村关于葡萄基地农户土地使用权流转的合同；

9. 村关于调地、包树、房屋维修、拆除买卖、移民户安置、自费入院、五保供养、经济补偿协议；

10. 村关于路灯安装工程施工协议及决算书；

11. 村关于土地租用、用地有偿征用协议；

12. 村党总支关于创建"五好"党组织、领导班子材料；

13. 村党总支关于创建"五好"党组织、党员干部队伍材料；

14. 村党总支关于创建"五好"党组织、小康建设业绩材料；

15. 村党总支关于创建"五好"党组织、工作机制材料；

16. 村党总支关于创建"五好"党组织、农民群众反映的材料；

17. 村关于创建"五星级"妇代会形成的文件材料；

18. 村参加农村合作医疗人员名单统计表；

19. 村民住宅门牌号码登记表；

20. 村关于独生子女奖励费发放及协议书；

21. 村关于人口计划生育协议及知情选择、信息反馈统计月报、人员名单；

22. 村关于计划生育活动教育培训、会议记录；

23. 村关于开展家庭素质教育，创建无暴力村、推荐"小孝星"评选形成的文件材料；

24. 邵家丘村关于计生优质服务、外来育龄妇女、非法同居、孕具领用登记表、责任、担保书；

25. 余姚市医救办、邵家丘村关于创建临山组织、安全检查、医药费保险、低保救助对象、资助捐款、资金补助、告村民书、名单、审批表、无批复报告；

26. 村第七届村委会选举选民登记表；

27. 余姚市委办、市文明办、市农业局、临山镇党委、政府等有关政策性规定、意见、通知；

28. 浙江省、宁波市计生委、余姚市计生局、临山镇计生办有关政策性规定、意见、通知；

○ **2006 年**

1. 村党总支、村委会、村民代表会议记录、决议；

2. 镇党委、团委、邵家丘村党总支关于工作思路计划、总结、干部任职、表彰先进、老干部定补、民兵、退伍军人名册；

3. 镇党委、镇经管站、邵家丘村党总支关于村干部考核奖、党员民主测评、咨询服务站、党校调查、教育活动点、"七一"慰问、吸收新党员介绍信；

4. 村关于农业、受益分配、人口统计年报；

5. 村党总支关于开展保持共产党员先进性教育活动形成的文件材料；

6. 村党总支关于选举出席镇第十三次党代会代表形成的文件材料；

7. 村关于第十五次妇女代表大会形成的文件材料；

8. 村关于招聘村后备干部形成的文件材料；

9. 村党总支关于创建"五好"党组织、领导班子的材料；

10. 村党总支关于创建"五好"党组织、党员干部队的材料；

11. 村党总支关于创建"五好"党组织、小康建设业绩的材料；

12. 村党总支关于创建"五好"党组织、工作机制的材料；

13. 村党总支关于创建"五好"党组织、农民群众反映的材料；

14. 村关于农田基本建设用地、作物赔偿、土方堆放补偿明细清单；

15. 村关于被征地人员参加养老保险的决议、实施办法、人员名单、补助清单；

16. 村关于葡萄基地农户土地流转的合同；

17. 村关于 329 复线征地明细、经济补偿清单、协议；

18. 村关于移民户土地分配、房屋维修拆除、转让、土地、鱼塘承包、租地、调地、司水砌石、造公厕协议、合同；

19. 村财务内容公开、民主审查明细记录登记表；

20. 村农村合作医疗参保人员名单；

21. 余姚市人民法院、镇邵家丘村 2005—2006 年工伤、交通事故调解协议书、民事判决书；

22. 余姚市政协办、市村务管理小组、临山镇邵家丘村关于土地综合开发、财务公开规范化建设、村庄基础设施、公共服务事业调查，环境整治申报材料；

23. 余姚市民政局、临山镇政府、邵家丘村关于最低生活保障、医疗救助、社保参保调整增减登记审批表；

24. 村关于 30—70 周岁村民申领优待证名单；

25. 村关于独生子女奖励费发放、知情选择、咨询服务登记表、协议、会议记录；

26. 村关于人口占计划生育信息反馈、药具领用、非法同居调查报表；

27. 村关于妇女工作启动培训记录、推荐"平安"和谐家庭的论文、讲话稿、教材及照片；

28. 村关于妇代会班子成员、工作计划总结，开展无暴力、维权、发展女党员、创业能手、扶贫会议记录；

29. 村关于妇女生殖健康检查档案材料；

30. 村关于计划生育教育培训记录；

31. 村关于流动人口管理、外来育龄妇女排查、用工单位、房屋出租的组织等机构的实施方案、登记表、责任担保书；

32. 镇党委、镇政府、村关于建立临山组织、企业管理员培训、消防安全检查、家财保险、捐款、目标管理责任书及名单；

33. 村关于海涂地（鱼塘）承包合同；

34. 余姚市委（办）、市文明委，临山镇党委有关政策性规定、意见、通知；

35. 镇政府有关政策性规定、意见、通知；

36. 宁波市计生委、镇教文卫办有关政策性规定、意见、通知及镇人口与计划生育会议精神；

37. 镇第十五次妇代会形成的文件材料；

38. 村党总支 2003—2006 年度党员转正、党费收缴清单及收据、票决等；

◦ **2007 年**

1. 村党总支、村委会（代表会）2007 年度会议记录、决议；

2. 村关于农业、收益分配、人口统计年报；

3. 村党总支换届选举形成的文件材料；

4. 村关于创建宁波市全面小康示范村、文明村和余姚市"和谐宜居"家园形成的文件材料；

5. 村关于整体推进村级统战工作形成的材料；

6. 村关于成立新老居民和谐联谊会形成的文件材料；

7. 宁波市绿化委、档案局，临山镇党委、镇纪委，村党总支，关于表彰先进、党员处分、发展党员、转正、组织关系转接、村领导开"七一"、民主测评、企业联谊会及讲话材料；

8. 村关于移民安置户土地承包经营权证发放登记表；

9. 村关于饮水工程堆方、河道疏浚、企业神农牧业租地、土地承包、房屋买卖、受损补偿、聘用文化员、交通标志安装等协议、合同；

10. 村关于自来水"一户一表"改造工程决议、施工协议及收费的清单；

11. 村关于建造生活污水池及管道安装工程设计方案、协议；

12. 村关于五丘海涂、机动地丈量、承包押金分户清单；

13. 村关于财务公开内容、民主审查登记表；

14. 村妇代会班子成员、建立组织、工作职责制度、开展文明家庭等评选及庆"三八"领导讲话稿；

15. 村关于新型农村合作医疗参保人员花名册；

16. 村关于计划生育工作计划、总结，协会章程、职责、制度，会议活动记录；

17. 村关于计划生育、育龄妇女统计合账等；

18. 村关于计划生育五期交易培训活动记录及照片；

19. 村关于独生子女奖励费发放、知情选择协议及公示；

20. 村关于优孕、新婚、怀孕、出生知情选择联系及药具领用、反馈等名单、登记表；

21. 村关于开展流动人口管理、外来育龄妇女排查服务活动、房屋出租户计生担保书及登记表；

22. 村关于老年人员发放生活补助金名册；

23. 村关于低保对象核查、安置居住点、医疗救助、特困老人、困难户资金补助清单及审批表；

24. 村关于村下属企业签订安全生产综合治理责任书；

25. 镇党委、镇政府、镇经管站及邵家丘村关于村干部年度奖金发放、老干部定补、工会基本情况、企业工作合同、财产保险、政审函调、工作目标责任的倡议书、值班表；

26. 余姚市食药品监督局等关于公共卫生组成人员、食品管理考核、调查摸底的登记、月报表；

27. 村关于文化工作总结、参加镇第四届运动会人员、体育设施、器材交接、文化活动周组织实施方案、节目单；

28. 浙江省计生委等下发有关政策性规定、意见、通知；

29. 余姚市临山镇党委、镇政府、镇妇联下发的有关政策性规定、意见、通知；

○ 2008 年

1. 村党总支、村民委员会 2008 年会议记录；

2. 村关于农业、受益分配、人口统计年报；

3. 村第八届村民委员会（社管会）换选形成的文件材料；

4. 村工会联合委员会第一届代表大会形成的文件材料；

5. 村关于老干部、村民代表议事会议形成的文件材料；

6. 村第二届老年协会换届选举形成的文件材料；

7. 村关于所建余姚市老龄工作规范化建设形成的文件材料；

8. 村关于统战工作开展解放思想大讨论活动形成的文件材料；

9. 余姚市临山镇党委、镇政府、镇总工会及邵家丘村关于干部任职先进表彰、申报、推荐、建维权站、财务制度、新农村纪实"七一"活动；

10. 村关于党、团员青年及民兵花名册；

11. 村 2001—2008 年村民建房用地呈报表；

12. 村关于曹娥江饮水工程（四塘衡江整治）房屋拆迁赔偿协议、价格评估等材料；

13. 村关于道路、葡萄园区建设、建公寓工地租用、流转借款、老年住宅装饰、绿化保洁、聘请电工、律师、剧团演出的协议、合同；

14. 村 2007—2008 年被征地人员养老保险实施申请、镇、村补助清单的花名册、统计表；

15. 村、市财务考核组关于财务公开内容、民主审查及资产管理规范化及反馈意见；

16. 村关于企业安全生产隐患排查治理工作实施方案、制度、员工培训的名册及责任书；

17. 村联合工会下属企业组建工会形成的文件材料（一）；

18. 村联合工会下属企业组建工会形成的文件材料（二）；

19. 村关于新型农村合作医疗参保人员花名册；

20. 村妇代会班子成员、建立组织、职责、工作计划总结、文明家庭等评选、推荐、收养孤儿、庆"三八"送温暖的活动、照片；

21. 村关于计划生育（协会）组织机构、工作计划、职责制度的会议记录；

22. 村关于人口计划生育、育龄妇女统计台账、月报告单；

23. 村关于计划生育五期教育培训记录及照片；

24. 村关于独生子女奖励费发放等协议；

25. 上虞市人民法院、余姚市临山镇邵家丘村2007—2008年民（刑）事纠纷调解协议、判决书；

26. 余姚市临山镇邵家丘村关于流动人口管理、教育培训的调查、登记及出租房计划生育担保书；

27. 村关于育龄妇女节育放环随访、生殖健康服务体检登记表；

28. 村关于妇女病普查登记卡；

29. 村关于公共卫生组织机构、工作职责，幼儿使用奶粉、疾病预防，流动儿童变动、生死，建粪池等调查及体检健康卫生教育照片；

30. 村关于新婚、出生、怀孕、知情选择、非法同居、咨询服务、重点排摸、药具领用、信息反馈的名单、汇总表；

31. 村关于食品生产经营、土厨师、家庭聚餐点申报、信息报告、卫生安全等的承诺书、登记表；

32. 村关于60岁以上老年人发放生活补助金名册、统计表；

33. 村关于人身和家庭财产集体投保、出险索赔清单；

34. 村关于政策性农村住房保险集体投保分户清单；

35. 镇武装部、镇团委及村关于民兵预备役、军训、应征青年、青年志愿者、低收入关爱行动的调查、登记表、花名册；

36. 市财政局、市农业局及邵家丘关于慈善捐款、特殊党费、工会经费交纳、干部奖金发放、数据激励机制、工程立项、榨菜污水处理、政审函调、工作目标责任制、上级资金补助的通知、清单；

37. 村关于低保户、残疾人、贫困户医保核实救助、慰问补助、房屋修缮、康复体检、器具安装、物质发放清单;

38. 村关于农村合作医疗参保人员健康检查登记表;

39. 村关于低收入农户情况调查表;

40. 村第八届村民委员会选举选民登记名册;

41. 浙江省计生委等下发的有关政策性规定、意见、通知;

42. 余姚市文明委等下发的有关政策性规定、意见、通知;

43. 镇党委、镇政府、镇总工会、镇综治委、镇老龄委下发的有关政策性规定、意见、通知;

○ **2009 年**

1. 村党总支、村委会、村民代表大会 2009 年度会议记录;

2. 村关于农业、经营管理财务、人口统计年报;

3. 村关于年终总结会议、创建和谐新村、财务印鉴移交、经济合作社会证明书、考核奖发放、联合工会活动的记录及基本情况登记表;

4. 村第十六届妇女代表大会换届选举形成的文件材料;

5. 村计生协会第十六届会员代表大会形成的文件材料;

6. 村商会第一次会员大会形成的文件材料;

7. 关于"三资"清理工作形成的文件材料;

8. 关于葡萄农庄、海涂、机动地承包调地、慈善基金、聘用民防队员、会计代理委托、五保供养等协议;

9.2002—2009 年村民建房用地呈报表;

10. 关于海涂土地流转政策处理的决议、协议、正面及上丘面积超部分分配说明;

11. 哑潭、沈家丘、邵家丘各片关于海涂土地流转面积、人口、金额分配落实(核实)表;

12. 村一队关于海涂土地流转协议;

13. 村二队关于海涂土地流转协议;

14. 村三队关于海涂土地流转协议;

15. 村四队关于海涂土地流转协议;

16. 村五队关于海涂土地流转协议；

17. 村六队关于海涂土地流转协议；

18. 村七队关于海涂土地流转协议；

19. 村八队关于海涂土地流转协议；

20. 村 1 队关于海涂土地流转人口明细表；

21. 村 2 队关于海涂土地流转人口明细表；

22. 村 3 队关于海涂土地流转人口明细表；

23. 村 4 队关于海涂土地流转人口明细表；

24. 村 5 队关于海涂土地流转人口明细表；

25. 村 6 队关于海涂土地流转人口明细表；

26. 村 7 队关于海涂土地流转人口明细表；

27. 村 8 队关于海涂土地流转人口明细表；

28. 村党总支关于开展深入学习实践科学发展观活动形成的材料；

29. 村关于创建余姚市就业村形成的材料；

30. 村关于采用公开和民主审查形成的文件材料；

31. 村关于突发公共实践应急预案；

32. 村关于安全生产、消防安全工作形成的材料；

33. 村关于人口和计划生育月报告单及新婚怀孕、出生信息反馈名单；

34. 村关于独生子女奖励费发放、知情选择、再生与不再生育的公示、协议；

35. 村关于育龄妇女统计台账；

36. 村关于计划生育（协会）组织机构网络、工作总结、计划制度、职责章程及会议记录；

37. 村关于加强外来人口管理工作形成的材料；

38. 村关于计划生育重点对象、收养子女、外来（出）育龄妇女生育情况、计生服务、全员流动人口出生、怀孕个案登记、基本信息及宣传窗、黑板报刊出记录；

39. 村关于计划生育随访记录；

40. 村关于开展计划生育优质服务记录及避孕药具领用登记；

41. 村计生协会小组长、会员分组联系户名册及会费收缴登记表；

42. 村关于计划生育协会会员入会申请表（一）；

43. 村关于计划生育协会会员入会申请表（二）；

44. 村关于开展公共卫生工作形成的材料；

45. 村关于公共卫生家庭聚餐申报信息报告登记表；

46. 村关于低保对象的民主评议、人员调整、低收入户脱贫、结对、五保户、危旧房调查、资金物资发放清单及汇总统计表；

47. 村关于村民家庭财产保险集体投保清单；

48. 村关于新老居民和谐联谊会活动情况、资金补助、农作物良种补贴的工作目标责任书；

49. 村 60 周岁以上老人基本情况登记表；

50. 村关于企业安全生产综合治理责任书；

51. 余姚市委等单位下发有关政策性规定、意见、通知；

52. 镇党委、镇政府下发的有关表彰先进政策性规定、意见、通知；

○ **2010 年**

1. 村党总支、村委会 2010 年度会议记录；

2. 村关于农业、经营管理财务、人口统计年报；

3. 村党组织换届选举形成的文件材料；

4. 村关于创建民主法治村、学习型党组织、商会、工会工作计划、总结及工作和活动的材料；

5. 村关于开展创建余姚市"种文化"先进村形成的材料；

6. 村关于"三资"清理形成的材料；

7. 村关于土地流转、砌石工程经济补偿、聘请法律顾问、办公设备保养等协议、合同；

8. 村关于村民建房用地呈报表；

9. 村关于财务公开和民主审查形成的材料；

10. 村 2009—2010 年党群线工作思路入党积极分子考察审查公示、党员联系户情况花名册；

11. 村关于开展五"十佳"和谐家庭评选表彰活动形成的文件材料；

12. 村关于人口与计划生育月报告单及新婚怀孕、出生信息的反馈名单；

13. 村关于育龄妇女统计合账；

14. 村关于独生子女奖励费发放、知情选择等协议及花名册；

15. 村关于创建流动人口平安之家形成的材料；

16. 村关于计划生育五期教育培训活动的记录、教材及照片；

17. 村关于开展计划生育优质服务的工作汇报、计划及月会议记录；

18. 村关于流入（出）全员流动人口的基本情况、信息及统计表；

19. 村关于庆祝"三八"妇女节各类培训记录及活动经费开支的材料；

20. 村关于开展流动人口管理工作形成的材料；

21. 村关于开展公共卫生宣传教育工作、免费体检名册登记表；

22. 村关于公共卫生农村家庭聚餐信息报告、申报登记表；

23. 村关于公共卫生农村家庭聚餐食品卫生安全承诺书；

24. 村关于低保对象核查调整、医疗救助公示及工作目标责任书；

25. 村关于村干部养老、基本医疗保险、镇级补助审批表及人身意外伤害保险清单（复印件）；

26. 村关于企业安全生产综合治理责任书；

27. 村关于残疾人调查摸底、医助、就业、安养、换证、救济补助、慈善捐款的清单、花名册及文件；

28. 村 2006—2010 年度党员收缴党建信息采集、村务监督会调查摸底表；

29. 村老年协会 2008—2010 年度老龄工作开展情况、老年人统计及基础养老金享受人员名册；

30. 余姚市人口与计划生育委（局）及临山镇政府下发的计划生育工作有关规定、意见、通知；

31. 镇党委、镇政府下发的有关政策性规定、意见、通知；

○ **2011 年**

1. 村党总支、村委会 2011 年度会议记录；

2. 村关于农业、经营管理、人口统计年报；

3. 余姚社区等关于年度总结、计划、党建工作汇报、创建"信用村"表彰先进、干部任职领导讲话稿、"经合社"审批、团代表、考核奖发放的通知；

4. 余姚市临山镇邵家丘村关于创建学习型党组织、公开承诺党员发展转正公示、转接组织关系、老干部定补、函调；

5. 村党总支关于选举出席中共临山镇第十四次代表大会代表形成的文件材料；

6. 村关于选举出席市、镇人大代表形成的文件材料；

7. 村关于余姚市第二次地名普查形成的材料；

8. 村关于残疾人协会换届选举工作形成的材料；

9. 村关于创建余姚市"春泥计划"先进村形成的材料；

10. 村关于扩建小公园土地征用、垃圾堆放征地、猪场改造经济补偿、道路施工房产权、垃圾情况环境保洁、电费结算、治安处罚等协议；

11. 村关于扎实推进下村检查指导建设形成的材料（一）；

12. 村关于扎实推进下村检查指导建设形成的材料（二）；

13. 村第九届村民委员会（社管会）换届选举形成的文件材料；

14. 村关于村民建房用地呈报表；

15. 村关于第一村民小组村民基本信息登记表；

16. 村关于第二村民小组村民基本信息登记表；

17. 村关于第三村民小组村民基本信息登记表；

18. 村关于第四村民小组村民基本信息登记表；

19. 村关于第五村民小组村民基本信息登记表；

20. 村关于第六村民小组村民基本信息登记表；

21. 村关于第七村民小组村民基本信息登记表；

22. 村关于第八村民小组村民基本信息登记表；

23. 村关于财务公开和民主审查形成的材料；

24. 关于老年人协会换届选举及开展老龄关工委规范化建设工作形成的材料；

25. 关于创建平安综治社会政治稳定材料（一）；

26. 关于创建平安综治治安状况良好材料（二）；

27. 关于创建平安综治社会公共安全材料（三）；

28. 关于创建平安综治人民群众安居乐业材料（四）；

29. 关于创建平安综治基层基础不断夯实材料（五）；

30. 关于创建平安综治综合类材料（六）；

31. 村关于农村新型合作医疗参保人员名册；

32. 村关于居民养老保险参保缴费、享受低保对象民主评议、经济收入检查情况审批汇总表；

33. 村关于低保边缘户民主评议、收入核查及申请的审批汇总表；

34. 余姚市民政局等关于低保家庭经济收入核查情况审批表；

35. 村关于高龄津贴发放对象审批表花名册；

36. 村关于人口与计划生育统计及新婚、怀孕、出生信息反馈、月报告单；

37. 村关于计划生育工作年度总结、计划、组织网络、工作职责制度、经费支出、岗位保密承诺及月会议记录；

38. 村关于计划生育协会组织网络、自治章程、制度、职责及会议活动记录；

39. 村关于独生子女家庭奖扶对象、民主评议、奖励费发放、不再生育与再生育协议公示；

40. 村关于流动人口计划生育管理、组织网络、年度计划、工作职责及流入、外出人员花名册；

41. 村关于开展流动人口管理工作形成的材料；

42. 村关于计划生育知情选择联系、随访记录、志愿者民族测评、知识问卷及有关数据统计表；

43. 村关于企业和房屋出租户流动人口计划生育签订责任书；

44. 村关于开展计划生育优质服务宣传、教育培训活动形成的材料；

45. 村关于开展公共卫生工作形成的材料；

46. 村关于土地规模经营、资产管理、农作物面积调查、财产保险、危房安置点、信访处理、岗位责任书、党建收藏等信息采集表；

47. 村关于慈善组织（工作站）残疾人基本生活保障情况、康复工程、医疗救助、助学、困难补助的调查、申请、审批登记表；

48. 村关于开展安全生产消防工作形成的材料；

49. 余姚市委等下发的有关政策性规定、意见、通知；

50. 余姚市临山镇人民政府、党政办、综治委、老龄委总工会下发的有关政策性规定、意见、通知；

51. 浙江省妇联等下发的有关文件、通知；

52. 余姚市临山镇党委、镇政府下发的有关建党工作的意见、通知；

53. 村关于第九届村民委员会换届选举选民登记表；

○ 2012 年

1. 村党总支、村民委员会 2012 年度会议记录；

2. 村关于农业、经营管理、人口统计年报；

3. 镇党委及村关于年度工作总结、省文明村复评、先进表彰、干部述职党员转正、结转组织关系等名册；

4. 村关于全面实施"春泥计划"形成的材料；

5. 村关于创建统战工作示范点领导高度重视思想认识到位的材料（一）；

6. 村关于创建统战工作示范点组织网络健全、基层基础扎实的材料（二）；

7. 村关于创建统战工作示范点制度机制健全、运转规范有序的材料（三）；

8. 村关于创建统战工作示范点活动广泛开展宣传氛围浓烈的材料（四）；

9. 村关于创建统战工作示范点载体平台创建、工作富有特色的材料（五）；

10. 村关于创建统战工作示范点优势作用凸显、服务发展自觉的材料（六）；

11. 村关于大中专毕业生享受村经济合作社社员经济权益名单、申请表；

12. 村关于大中专毕业生不符合享受村经济合作社经济权益的条件人员证明及有关政策；

13. 村第十七节妇代会换届选举形成的文件材料；

14. 村计划生育协会第七届会员代表大会形成的材料；

15. 村关于城乡居民社会养老保险参保、医药费报销、丧葬费补助的名单；

16. 村关于聘用文化员、机动地承包、租挖机、农田设施建设、绿化借款、"三资"代理服务等协议合同；

17. 村关于村民建房用地呈报表；

18. 村关于创建余姚市妇女之家的材料（一）；

19. 村关于创建余姚市妇女之家的材料（二）；

20. 村关于创建余姚市妇联基层组织建设示范村、组织机构和网络化建设的材料（一）；

21. 村关于创建余姚市妇联基层组织建设示范村、工作制度和规范化建设的材料（二）；

22. 村关于创建余姚市妇联基层组织建设示范村、活动阵地和工作经费的材料（三）；

23. 村关于创建余姚市妇联基层组织建设示范村、活动自提和社会效益的材料（四）；

24. 村关于创建余姚市妇联基层组织建设示范村、妇女干部待遇和干部队伍建设的材料（五）；

25. 村关于综治工作市疾病情况登记簿；

26. 村关于创建平安村社会政治稳定的材料（一）；

27. 村关于创建平安村治安状况良好的材料（二）；

28. 村关于创建平安村社会公共安全的材料（三）；

29. 村关于创建平安村人民群众安居乐业的材料（四）；

30. 村关于创建平安村基层基础扎实的材料（五）；

31. 村关于财务公开和民主审查形成的材料；

32. 村关于开展"三资"清查工作形成的材料；

33. 村党总支关于党组织建设工作形成的材料；

34. 村关于开展商会、工会联合会工作形成的材料；

35. 村关于低保户、残疾人基本生活保障审批表及医疗救助、康复工程、创业补助资金申请；

36. 村关工委关于开展暑假青少年假日学校形成的材料；

37. 村关于高龄津贴发放对象审批、登记表；

38. 村关于人口与计划生育统计及新婚、怀孕、出生信息反馈月报告单；

39. 村关于计划生育组织网络、工作计划、总结、制度、职责、经费开支的会议记录；

40. 村关于计划生育协会组织网络自治章程、工作制度、职责及会议活动的记录；

41. 村关于独生子女奖励费发放、不再生育与再生育协议与公示；

42. 村关于开展计划生育优质服务活动的材料；

43. 村关于开展流动人口管理工作形成的材料；

44. 村关于计划生育民主监督组织工作制度、职责及流动人口管理责任书；

45. 村关于计划生育协会会员入会申请表；

46. 村关于计划生育协会会员入会申请表；

47. 余姚市临山镇政府、镇计生协会下发的有关计生工作政策性的规定、意见、通知；

48. 村关于开展统战工作形成的材料；

49. 关于开展关工委、老龄民政、慈善工作形成的材料；

50. 村关于免费安装老年人"一键通"电话机的材料；

51. 余姚市村建办等关于特色村建设项目考核奖评议党员、公费订报、家财保险、"打非治违"运动会工作的目标责任书；

52. 村 2012 年度安全生产目标管理责任书；

53. 余姚市临山镇党委、镇纪委、镇人民政府下发的有关政策性规定、意见、通知；

○2013 年

1. 村党总支、村委会 2013 年度会议记录、决议；

2. 村关于农业、经营管理、人口统计年报；

3. 镇党委及村党总支关于干部职务任免、先进推荐、工作汇报、行动规划、党员转正组织关系介绍信；

4. 村关于科普协会第二次代表大会形成的材料；

5. 村党组织换届选举工作形成的文件材料；

6. 村关于城乡居民社会养老保险参保、医疗费报销、丧葬费补助名单；

7. 村关于土地征用、机动地承包、鱼塘填埋补偿、建葡萄长廊、借款、工伤事故、赡养等协议；

8. 村关于商会工作形成的文件材料；

9. 村关于开展工会和关工委工作形成的材料；

10. 村党总支关于开展党建工作形成的材料；

11. 村关于创建余杭市统战工作示范点形成的材料；

12. 村关于开展敬老、助老、养老、献爱心活动的材料；

13. 村关于 60 周岁以上农村籍退役士兵生活补助审批材料；

14. 村关于高龄津贴发放对象（增减）审批表、花名册；

15. 村关于财务公开和民主审批形成的材料；

16. 村关于新型农村合作医疗参保人员花名册；

17. 村关于低保边缘户调查、民主评议审批的材料；

18. 村关于人口和计划生育统计、新婚、怀孕、出生信息的反馈及月报告单；

19. 村关于计划生育工作计划、总结、组织网络、经费支出、责任书的会议记录及文件；

20. 村关于阳光计生行动和独生子女奖励费发放、再生育与不再生育知情选择的公示、协议；

21. 村关于开展计划生育协会工作形成的材料；

22. 村关于开展健康教育计生协会小组长、会员分组、联系户名单及民主测评的材料；

23. 村关于开展计划生育宣传教育工作形成的材料；

24. 村关于开展计划生育优质服务、"打非"工作形成的材料；

25. 村关于开展流动人口管理工作形成的材料；

26. 村关于村社会组织、保洁员路段、判决书、不安定因素排查及调解委员会的工作与统计表；

27. 村关于公益企业安全生产建设调查、大排大整治专项信息上报汇总表；

28. 村关于工业企业安全生产、综合治理、信访工作等目标管理责任书；

29. 村关于无固定收入残疾人基本经济收入及生活补贴审批材料；

30. 村关于低保户情况调查材料；

31. 村关于"五种"对象老年人调查、医疗救助、困难补助、老房维修、台风受灾、"一键通"电话机发放及上级文件；

32. 村党总支 2011—2013 年党员党费收缴登记簿；

33. 镇团委、村团总支关于共青团网格内青年基本情况调查表及下发的文件；

34. 镇党政办公室关于印发镇党委镇政府月主要工作安排的通知；

35. 镇党委下发的有关政策性规定、意见、通知；

36. 镇政府下发的有关政策性规定、意见、通知；

○ 2014 年

1. 村党总支、村委会 2014 年度会议记录；

2. 村关于农业、经营管理、人口统计年报；

3. 村关于工作总结、三年行动计划、班子对照检查、吸收党员、转正、组织关系的介绍信、党员名册；

4. 村第八届计生协会换届选举大会形成的文件材料；

5. 村第六届团总支换届选举工作形成的文件材料；

6. 村关于老年协会换届选举及开展老龄工作形成的文件材料；

7. 村关于村社证明书、审核"三资"清查及土地流转专项资金补助清查；

8. 村关于城乡居民社会养老参保、医疗费报销、保险终止、丧葬费补助、领卡的材料；

9. 村第十届村民委员会（社管会）换届选举工作形成的文件材料；

10. 村关于全面推进经济合作社股份合作制改革形成的文件材料；

11. 村股份经济合作社股东情况；

12. 村关于股份经济合作社股权证发放签收单及非本人签字情况登记表；

13. 村一组股东名单及其股权份额分户确认表；

14. 村二组股东名单及其股权份额分户确认表；

15. 村三组股东名单及其股权份额分户确认表；

16. 村四组股东名单及其股权份额分户确认表；

17. 村五组股东名单及其股权份额分户确认表；

18. 村六组股东名单及其股权份额分户确认表；

19. 村七组股东名单及其股权份额分户确认表；

20. 村八组股东名单及其股权份额分户确认表；

21. 村一组股改确权人口调查登记表；

22. 村二组股改确权人口调查登记表；

23. 村三组股改确权人口调查登记表；

24. 村四组股改确权人口调查登记表；

25. 村五组股改确权人口调查登记表；

26. 村六组股改确权人口调查登记表；

27. 村七组股改确权人口调查登记表；

28. 村八组股改确权人口调查登记表；

29. 村关于股份制改革特殊对象申请登记表（一）；

30. 村关于股份制改革特殊对象申请登记表（二）；

31. 村关于股份制改革特殊对象申请登记表（三）；

32. 村关于土地征用转让、机动地承包、公共设施建设施工、临时借款等协议、合同；

33. 村关于财务公开和民主审查形成的材料；

34. 村关于开展商会、工会工作形成的材料；

35. 村关于党员、干部队伍建设工作形成的材料；

36. 村关于开展党建工作及党费收缴管理的材料；

37. 村关于开展创建"无违建村"工作形成的材料（一）；

38. 村关于开展创建"无违建村"工作形成的材料（二）；

39. 村关于开展创建"无违建村"工作形成的材料（三）；

40. 村关于残疾人基本生活保障及抚（安）养服务创业申请补助的材料；

41. 村关于"春泥计划"暑期班各类活动形成的材料；

42. 村关于高龄津贴发放对象汇总增减审核表；

43. 村关于人口和计划生育统计、新婚、怀孕、出生信息等反馈及报告表；

44. 村关于计划生育组织网络工作计划、总结知道职责、经费投入的会议记录；

45. 村关于阳光计生行动、独生子女奖励费发放、再生育与不再生育、知情选择的公示、协议；

46. 村关于开展计生协会工作形成的材料；

47. 村关于开展计划生育宣传教育活动及上级下发文件；

48. 村关于开展计划生育优质服务、打击"两非"形成的材料；

49. 村关于开展流动人口计划生育管理工作形成的材料；

50. 村关于流动人口出租房屋户责任状；

51. 村关于计生协会理事和计生干部民主测评的材料；

52. 村关于新型农村合作医疗参保收费情况登记表；

53. 村关于低保工作对象困难家庭户、老房改造医疗救助、爱心卡发放、白内障手术申请的材料；

54. 村关于关工委组织、校外阵地、考核奖发放、退伍补助、单亲儿童调查、高龄老人排摸、助学济困、按装"一键通"的材料；

55. 村关于"阳光村务、小微权力"规范行业业务培训操作手册；

56. 村关于企业基本信息、工会捐资、安管员培训及注塑机等设备使用调查等材料；

57. 村关于企业签订的安全生产综合治理、信访工作的目标责任书；

58. 村关于开展农村党员干部远程教育学习的培训记录；

59. 余姚市委、市政府（办）、市文明办、市社区教育委、市总工会下发的有关政策性规定、意见、通知；

　　60. 镇党委下发的有关政策性规定、意见、通知；

　　61. 镇政府下发的有关政策性规定、意见、通知；

○ 2015 年

　　1. 村党总支、村民委员会 2015 年度会议记录；

　　2. 村关于农业、经营管理、人口统计年报；

　　3. 村党总支关于年度工作总结、纪念"七一"吸收新党员、转正、组织关系的介绍信、党员名册；

　　4. 村党总支关于班子成员届中考察述职报告；

　　5. 村第十八届（次）妇女代表大会形成的文件材料；

　　6. 村关于失地保障、新生婴儿、城乡居民社会养老保险参保（补缴）缴费的清单及人员花名册；

　　7. 村关于水环境整治、土地征用、作物补偿、工程施工、借款、宅基地的置换、供电等协议；

　　8. 村关于邵家丘片江南葡萄农庄土地流转（面积）的延长补充协议；

　　9. 村关于宁波市土地流转扶持（补助）资金发放清单；

　　10. 村关于财务公开内容和民主审查形成的材料（231）；

　　11. 村 2014—2015 年在《宁波日报》《余姚日报》等报刊上发布有关农事、先进人物事迹的文章剪贴；

　　12. 村关于补选市代表、铁砂兵团精减人员、好家风假日学校、老慈星评选申报、地名调查、"三资"自查、奖金等材料；

　　13. 村关于开展基层工会、商会建设活动形成的材料；

　　14. 村关于美丽乡村共建参议会一、二、三次会议形成的材料；

　　15. 村关于开展居家养老服务机构等级评定申报材料；

　　16. 村关于建立老年食堂的有关制度及材料；

　　17. 村民需求调查及回复表（2016—2017 年度）；

　　18. 村关于校外权力运行规范化监测台账材料（一）；

　　19. 村关于校外权力运行规范化监测台账材料（二）；

　　20. 村关于黄雪庆等十户困难家庭享受救助的申报材料；

21. 村关于人口和计划生育统计、新婚、怀孕、出生信息的反馈及报告单；

22. 村关于计划生育组织网络工作计划、职责制度、责任状、经费投入的会议记录；

23. 村关于开展计生协会工作形成的材料；

24. 村关于阳光计生行动、独生子女奖励费发放、再生育与不再生育知情选择的公示、协议；

25. 村关于开展计划生育优质服务及打击"两非"工作形成的材料；

26. 村关于开展计划生育宣传教育及上级下发文件；

27. 村关于开展流动人口计划生育管理工作形成的材料；

28. 村关于村集体土地资源租赁及机动地承包合同；

29. 村关于企业特困人员调查、公益性岗位按照、医疗费报销、参保认证的结算、发送回执情况表；

30. 村关于入敬老院、生活困难补助慰问品发放、医疗救助、退伍老兵登记等材料；

31. 村关于高龄津贴发放对象增减审批汇总表；

32. 村关于为老年人送生日蛋糕、中秋月饼、发红包、送花圈及爱心基金等发放清单、名册；

33. 村关于"消除 6000"成效汇总、调查表；

34. 村关于低保边缘户民主评议核查审批汇总登记表；

35. 村关于残疾人托养创业、阳光康复、器具配置、子女求读调查、医保卡发放等申请；

36. 村关于宁波市残疾人基本生活保障申请审批表；

37. 村关于全、浙江省特证残疾人基本服务状况需求调查材料；

38. 村党总支关于开展党员组织生活日活动、入党积极分子培养考察、信息采集走访、函调及党费收缴；

39. 村党总支关于各片党支部党员"先锋指数"自评表；

40. 村党总支关于邵家丘片党支部党员"先锋指数"自评表；

41. 村党总支关于沈家丘、哑潭片党支部党员"先锋指数"自评表；

42. 村党总支关于各片党支部党员"先锋指数"考评年度良好积分举定表；

43. 村党总支关于邵家丘片党支部党员年度评议表；

44. 村党总支关于哑潭片党支部党员年度民主评议表；

45. 村党总支关于沈家丘片、嘉莱电子美欣电器厂党支部党员年度民主评议及不合格党员处置登记表；

46. 村关于小微企业签订的安全生产责任书；

47. 余姚市委办、市委组织部、市纪委、市精神文明委、市委宣传部等下发的有关政策性规定、意见、通知；

48. 镇党委、镇纪委下发的有关政策性规定、意见、通知；

49. 镇政府、镇人大、镇党政办公室下发的有关政策性规定、意见、通知；

2016 年

1. 村党总支、村民委员会 2016 年度会议记录；

2. 村关于农业、经营管理、人口统计年报；

3. 村党总支关于选举中共临山镇第十五次代表大会代表形成的材料；

4. 村关于选举市、镇人大代表工作形成的文件材料；

5. 村党总支关于年度总结、干部任期党建工作汇报、美丽乡村贡献奖、五好关工委及吸收新党员的材料；

6. 村关于创建宁波市示范家民学校工作形成的材料；

7. 村关于集体土地资源租赁、农坂畈土地征用、借款（续延）等协议；

8. 村关于失地保险城乡居民养老参保资格认证、公益性岗位安置、企业特困人员调查的花名册；

9. 村关于财务公开和民主审查形成的材料（一）；

10. 村关于财务公开和民主审查形成的材料（二）；

11. 村关于开展"三资"清查工作形成的材料；

12. 村在《宁波日报》《余姚日报》等报刊上发表有关好人好事、先进人物事迹等文章剪贴；

13. 村关于"春泥计划"（假日学校）实施工作、先进村的申报材料；

14. 村关于开展"阳光村务"数字电视公开形成的材料；

15. 村关于美丽乡村共建参议会四次会议及开展商会、工会工作形成的材料；

16. 村关于开展民政优抚工作形成的材料；

17. 村关于新型农村合作医疗参保人员名单及收费明细（一）；

18. 村关于城乡居民医疗保险参保（收费）清单（二）；

19. 村关于子女无赡养能力、单人户低保对象民主评议的审报材料；

20. 村关于人口和计划生育统计办证登记及育龄妇女相关信息的报告单；

21. 村关于计划生育组织网络、工作总结、计划、职责、制度的会议记录；

22. 村关于开展计生协会工作形成的材料；

23. 村关于独生子女奖励费发放、退出奖扶、再生育与不再生育的公示、协议；

24. 村关于计划生育家庭奖励扶助对象的档案材料；

25. 村关于新婚（结、离婚）怀孕、出生信息的反馈及报告单；

26. 村关于开展计划生育宣传教育工作及上级下发文件；

27. 村关于开展阳光计生行动、计划生育优质服务及打击"两非"工作形成的材料；

28. 村关于开展流动人口计划生育管理工作形成的材料；

29. 村关于城乡居民参保社保卡领取及医药费报销清单；

30. 村关于开展居家养老及老龄工作形成的材料；

31. 村关于高龄津贴发放对象增减审批月汇总表；

32. 村关于开展党员组织生活日活动和网络义务劳动的材料；

33. 村关于残疾人基本生活保障申请审批表；

34. 村关于残疾人信息调查登记表；

35. 村关于困难残疾人生活补助申请表；

36. 村关于重度残疾人护理补贴、托养、辅助器具适配、就业培训实名制调查的申请材料；

37. 村关于低保边缘户申报材料；

38. 村关于村民生活困难社会临时救助申报材料；

39. 村党总支、关于党员联系群众的承诺书；

40. 村关于人口变动抽样调查材料；

41. 村关于村企业签订的安全生产、综合治理、信访工作的目标管理责任书；

42. 余姚市委组织部等下发的有关政策性规定、意见、通知；

43. 浙江省人大等下发的有关政策性规定、意见、通知；

○ **2017 年**

1. 村党总支、村委会、村民代表会 2017 年度会议记录；

2. 村关于农业、经营管理、人口统计、抽样调查年报；

3. 村党总支关于纪念"七一"、开展村民说事、建强前哨直播等工作大会上村领导讲话的材料；

4. 镇党委、镇纪委及村党总支关于表彰先进、党纪处分、整改、奖金发放、报刊上发表文章、党费收缴等文件；

5. 村党总支换届选举工作形成的文件材料；

6. 村第十一届村民委员会（社监会）换届选举工作形成的文件材料；

7. 村关于"会改联"工作暨第一次妇女代表大会形成的文件材料；

8. 村关于美丽乡村共建五次参议会、开展商会工作经费移交及《道德的力量》专刊；

9. 村关于土地租赁、葡萄棚拆除、交通事故、用地拆房、工程施工、青苗补偿、借款延续等协议、合同；

10. 村关于创建省文明村（复评）组织领导有力、创建工作扎实的材料（一）；

11. 村关于创建省文明村（复评）组织领导有力、创建工作扎实的材料（二）；

12. 村关于创建省文明村（复评）思想教育深入、农村风尚美化的材料；

13. 村关于创建省文明村（复评）环境面貌优美、农民生活舒适的材料；

14. 村关于创建省文明村（复评）文体活动丰富、公共服务完善的材料；

15. 村关于创建省文明村（复评）村务管理规范、社会秩序良好的材料；

16. 村关于创建省文明村（复评）农村经济发展、社会保障有力的材料；

17. 村关于财务公开内容和民主审查工作形成的材料；

18. 村关于"三资"清查工作形成的材料；

19. 村关于第二批余姚市区域文化中心的申报材料；

20. 村关于开展"春泥计划"工作形成的材料；

21. 村关于人口和计划生育统计、新婚、怀孕、出生信息的反馈及报告单；

22. 村关于开展计划生育和阳光计生在行动工作形成的材料；

23. 村开展计划生育协会工作形成的材料；

24. 村关于独生子女奖励费发放、退出奖扶、不再生育的协议、公示；

25. 村关于开展生育关怀行动——家庭发展项目工作形成的材料（一）；

26. 村关于开展生育关怀行动——家庭发展项目工作形成的材料（二）；

27. 村关于开展计划生育宣传教育、优质服务活动和打击"两非"工作形成的材料；

28. 村关于开展流动人口计划生育管理工作形成的材料；

29. 村关于庆"三八"国际劳动、妇女节等系列活动形成的材料；

30. 村关于城乡居民临山生活困难救助申请材料；

31. 村关于生活困难家庭申请低保、救助及死亡待遇停发的材料；

32. 村关于大病(临时)医疗救助高校就学、退伍军人照顾补助、老年节慰问、物资发放等材料；

33. 村关于享受高龄津贴发放对象增减月报、汇总表；

34. 村关于向高龄老年人送生日蛋糕、红包、网格表、联系表及参加"全民家园日"义务劳动的材料；

35. 村关于重度残疾人居（养）家安养协议书；

36. 村关于残疾人基本服务状况和需求信息数据动态更新调查登记表；

37. 村关于重度残疾人申请低保、助残志愿者招募及医保、护理、生活补贴、人员公示的材料；

38. 村关于已享受残疾人基本生活保障对象退出终保审核材料；

39. 村党总支关于党组织和党员基本信息采集工作形成的材料；

40. 村关于企业信息及员工情况登记表；

41. 余姚市总工会等下发的有关政策性规定、意见、通知；

42. 余姚市临山镇党委等下发的有关政策性规定、意见、通知；

43. 镇人民政府下发的有关政策性规定、意见、通知；

○2018 年

1. 村党总支、村委会、村民代表会 2018 年度会议记录；

2. 村关于农业、经营管理、人口统计年报；

3. 村关于年度工作总结、表彰先进、考核奖发放及在《余姚日报》上发表的文章剪贴材料；

4. 村党总支关于前哨支部设置职务任命、党员年度先锋指数考评和民主评议等汇总材料；

5. 村科普协会第三次代表大会形成的文件材料；

6. 村关于创建浙江省示范家长学校、组织管理工作的材料（一）；

7. 村关于创建浙江省示范家长学校、教学管理工作的材料（二）；

8. 村关于创建浙江省示范家长学校认定文件及教研科研材料（三）；

9. 村关于创建浙江省示范家长学校办学成教的材料（四）；

10. 村关于有重点工程明州一江漠输电线路建设征地拆房赔偿、三面老渠道、渠端建设堆土等协议；

11. 村关于财务公开内容和民主审查工作形成的材料；

12. 村关于开展农村集体资产清产核资工作形成的材料；

13. 村关于创建余姚市文化示范村领导重视、队伍健全的材料（一）；

14. 村关于创建余姚市文化示范村设施完善、设备齐全的材料（二）；

15. 村关于创建余姚市文化示范村活动丰富、特色鲜明的材料（三）；

16. 村关于创建余姚市文化示范村制度健全、管理规范的材料（四）；

17. 村关于居家养老服务工作考核台账材料（一）；

18. 村关于居家养老服务工作考核人员配置到位、制度健全的材料（二）；

19. 村关于居家养老服务工作考核服务项目齐全的材料（三）；

20. 村关于居家养老服务工作考核开展重大节日敬老活动的材料（四）；

21. 村关于人口和计划生育统计、老计生管理员、生育登记信息的月报告单；

22. 村关于独生子女奖励费发放、退出奖扶的公示及调查登记表；

23. 村关于加入学校、活动工作手册；

24. 村党总支关于开展党员组织生活日活动形成的材料；

25. 村关于集体资源、机动地租赁（承包）合同；

26. 村关于高龄津贴发放对象增减审批月汇总表；

27. 村关于重度（困难）残疾人护理补贴申请及死亡停发的材料；

28. 村关于残疾人基本服务状况和需求信息、数据动态更新调查登记表；

29. 村关于低保户申请、不符合条件退出、死亡停发的材料；

30. 村关于困难户临时救助及低保（边缘）户年终核查材料；

31. 村关于开展扶贫帮扶领域各类慰问资金专项检查自查材料；

32. 村关于临时借（贷）款延续协议及审核表；

33. 村关于高龄老年人生日送礼、病故送花篮及困难党员、退伍军人走访慰问的材料；

34. 村党总支关于党员党费收缴登记簿；

35. 村关于召开老干部、党小组长迎春团拜会暨村民说事评事座谈会的材料；

36. 村 2018 年度村民需要调查表及回复意见；

37. 余姚市委办等下发的有关政策性规定、意见、通知；

38. 镇政府下发的有关政策性规定、意见、通知；

参考文献

REFERENCES

著作

[1]　曹锦清:《黄河边的中国》,上海:上海文艺出版社,2000。

[2]　陈旭麓:《近代中国社会的新陈代谢》,北京:生活·读书·新知三联书店,2017。

[3]　陈野等:《乡关何处:骆家庄村落历史与城市化转型研究》,杭州:浙江人民出版社,2016。

[4]　程维荣:《中国继承制度史》,上海:东方出版中心,2006。

[5]　辞海编纂委员会:《辞海》,上海:上海辞书出版社,1979。

[6]　方元文主编:《余姚革命根据地》,杭州:浙江古籍出版社,2011。

[7]　费孝通:《江村经济》,北京:商务印书馆,2001。

[8]　贺雪峰:《新乡土中国(修订版)》,北京:北京大学出版社,2013。

[9]　胡必亮:《工业化与新农村——山西屯瓦村个案研究》,太原:山西经济出版社,1996。

[10]　金耀基:《从传统到现代》,台北:时报文化出版企业有限公司,1993。

[11]　乐承耀:《宁波经济史》,宁波:宁波出版社,2010。

[12]　刘亨云:《浙东游击纵队》,毛英、张志坚整理,杭州:浙江人民出版社,1987。

[13]　鲁永平、杨鹏飞:《姚江民间歌谣和谚语》,杭州:浙江古籍出版社,2012。

[14]　王毓玳、吕瑾:《浙江灾政史》,杭州:杭州出版社,2013。

[15]　温铁军、张孝德主编:《乡村振兴十人谈——乡村振兴战略深度解读》,南昌:江西教育出版社,2018。

[16]　吴毅:《小镇喧嚣——一个乡镇政治运作的演绎与阐释》,北京:生活·读书·新知三联书店,2018。

[17]　徐吉军:《中国丧葬史》，武汉: 武汉大学出版社，2012。

[18]　徐楠主编:《临山名人》，北京: 中国文史出版社，2014。

[19]　徐扬杰:《中国家族制度史》，武汉: 武汉大学出版社，2012。

[20]　杨知勇:《家族主义与中国文化》，昆明: 云南大学出版社，2000。

[21]　余姚市地方志编纂委员会编:《余姚市志》，杭州: 浙江人民出版社，1993。

[22]　余姚市政协文史资料委员会编:《姚江风情》，北京: 中华书局，2001。

[23]　余姚市志编纂委员会编:《余姚市志（1988—2010）》，杭州: 浙江人民出版社，
　　　 2015。

[24]　浙江省地方志编纂委员会编:《浙江通志 5》，北京: 中华书局，2001。

[25]　中共慈溪市委党史研究办公室:《战斗的岁月: 项耿同志革命回忆录》，宁波:
　　　 宁波出版社，2009。

[26]　[美] 明恩溥:《西方视野里的中国形象: 中国乡村生活》，午晴、唐军译，北
　　　 京: 时事出版社，1998。

论文

[1]　范昕墨:《乡村振兴战略背景下的农村基础设施建设——基于公共经济学的视
　　　 角》,《改革与战略》，2018 年第 9 期。

[2]　费孝通:《农村、小城镇、区域发展——我的社区研究历程的再回顾》,《北京
　　　 大学学报》，1995 年第 2 期。

[3]　龚建文:《从家庭联产承包责任制到新农村建设——中国农村建设 30 年回顾与
　　　 展望》,《江西社会科学》，2008 年第 5 期。

[4]　顾益康、陈东凌:《从乡土经济向市场经济的历史跨越——浙江农村改革开放
　　　 二十年回顾与展望》,《浙江经济》，1998 年第 10 期。

[5]　韩俊:《以习近平总书记"三农"思想为根本遵循　实施好乡村振兴战略》,《管
　　　 理世界》，2018 年第 8 期。

[6]　贺雪峰:《村庄类型及其区域分布》,《中国乡村发现》，2018 年第 5 期。

[7]　贺雪峰:《乡村建设的重点是文化建设》,《广西大学学报（哲学社会科学版）》,
　　　 2017 年第 4 期。

[8]　黄中伟:《工业发展型农村经济发展模式——以浙江为例》,《老区建设》，2004
　　　 年第 5 期。

[9] 姜爱林：《改革开放前新中国土地政策的历史演变》，《唐都学刊》，2003 年第 3 期。

[10] 劳云展：《浙东抗日根据地创建的战略依据和斗争策略》，《宁波师院学报（社会科学版）》，1990 年第 1 期。

[11] 李成言：《党风与民风形成逻辑的异同》，《人民论坛》，2016 年第 12 期。

[12] 李实：《准确认识"红色资源"的丰富内涵》，《政工学刊》，2005 年第 12 期。

[13] 李臻颖、杨鹏飞：《光荣历史　璀璨今朝——记余姚市黄家埠镇十六户村》，《宁波通讯》，2009 第 12 期。

[14] 梁海艳：《中国老龄化的判定标准》，《中国老年学杂志》，2018 年第 9 期。

[15] 林聚任、马光川：《改革开放四十年来的中国村庄的发展与变迁》，《社会发展研究》，2018 年第 2 期。

[16] 刘义圣、陈昌健、张梦玉：《我国农村集体经济未来发展的隐忧和改革路径》，《经济问题》，2019 年第 11 期。

[17] 马举魁：《关于家庭联产承包责任制与农村土地制度改革的思考》，《理论导刊》，2004 年第 8 期。

[18] 宁波市委农村工作办公室：《"强村之路"怎么走——宁波市积极创新发展方式壮大村级集体经济》，《宁波通讯》，2018 年第 1 期。

[19] 曲蓉：《公民诚信、公共信任、信用评价与"道德银行"》，《宁波大学学报（人文科学版）》，2015 年第 1 期。

[20] 唐皇凤、陶建武：《建国以来中国共产党执政理念的现代演进——基于历届党代会工作报告的词频分析》，《浙江社会科学》，2016 年第 4 期。

[21] 王磊、车辙：《王阳明的道德教化思想及其当代启示》，《当代中国价值观研究》，2019 年第 1 期。

[22] 王维民、黄娅：《从概念隐喻看政府的意识形态与执政理念——以国务院〈政府工作报告〉（1978—2011）为例》，《西南交通大学学报（社会科学版）》，2012 年第 3 期。

[23] 王兴福：《太平军经略浙江述评》，《浙江学刊》，1991 年第 2 期。

[24] 王崟山：《传统节日列为法定假日的文化意义与传承发展——以春节、清明、端午、中秋等四大传统节日为例》，《浙江学刊》，2010 年第 4 期。

[25] 魏本权：《从革命文化到红色文化：一项概念史的研究与分析》，《井冈山大学学

报（社会科学版）》，2012 年第 1 期。

[26] 肖冬连：《一个时代的终结：对农业学大寨运动的总结——大转折纪事之二》，
　　　《党史博览》，2004 年第 11 期。

[27] 谢嘉禄、郇军：《宁波市块状经济发展的现状及对策》，《宁波党政论坛》，1998
　　　年第 3 期。

[28] 许庆：《家庭联产承包责任制的变迁、特点及改革方向》，《世界经济文汇》，
　　　2008 年第 1 期。

[29] 杨福茂、金步声、吕树本：《浙东革命根据地斗争概要》，《杭州大学学报（哲
　　　学社会科学版）》，1977 年第 3 期。

[30] 杨福茂、金步声、吕树本：《浙东革命根据地斗争概要（续完）》，《杭州大学学
　　　报（哲学社会科学版）》，1978 年第 1 期。

[31] 叶枝利：《推行"三微工作法"完善乡村治理体系——余姚市邵家丘村以党建引
　　　领基层社会治理的实践与启示》，《宁波通讯》，2019 年第 23 期。

[32] 余先、寿静涛、张明等：《坚持—发展—解放：回忆解放战争中余上县党的工作
　　　情况（1945 年 10 月—1949 年 5 月）》，《余姚党史资料》，1987 年第 37、39 期。

[33] 张光：《余上的抗日游击战争概况》，《余姚党史资料》，1983 年第 11 期。

[34] 张瑞清：《近代历史教科书对传统婚丧习俗的叙述与中华民族文化认同》，《课
　　　程·教材·教法》，2018 年第 11 期。

[35] 张燕鼐：《农村工业化模式演变与城镇化路径选择》，《经济问题探索》，2007
　　　年第 7 期。

[36] 中共余姚市委：《余姚：坚持走红色引领绿色发展之路》，《政策瞭望》，2019 年
　　　第 4 期。

[37] 中共余姚市委：《余姚邵家丘村创出"三微"好经验》，《政策瞭望》，2019 年第
　　　9 期。

[38] 中共浙江省委理论学习中心组：《浙江如何实现全面建成小康社会》，《求是》，
　　　2015 年第 9 期。

[39] 朱丽君：《统修族谱：一个北方家族的宗族意识与当代重建》，《河北学刊》，
　　　2019 年第 5 期。

报纸

[1] 北京市习近平新时代中国特色社会主义思想研究中心:《激活道德力量助推乡村振兴》,《光明日报》,2019 年 1 月 23 日第 5 版。

[2] 陈先义:《用爱国主义精神滋养民族浩然之气》,《解放军报》,2015 年 10 月 1 日第 4 版。

[3] 乐承耀:《浙东抗日根据地的历史经验及现实意义》,《宁波日报》,2015 年 7 月 21 日第 7 版。

[4] 陆银辉:《农村文化礼堂建设的价值探寻:从空间聚合到精神融合》,《余姚日报》,2017 年 8 月 6 日第 2 版。

[5] 闻言:《深入实施乡村振兴战略,书写好中华民族伟大复兴的"三农"新篇章——学习《习近平关于"三农"工作论述摘编》,《人民日报》,2019 年 7 月 9 号第 6 版。

[6] 奚明:《创新文明实践载体 推进公民道德建设》,《浙江日报》,2019 年 8 月 15 日第 8 版。

[7] 奚明、潘银浩:《深化"道德银行"建设 让文明道德之花竞相绽放》,《学习时报》,2019 年 9 月 20 日第 8 版。

[8] 虞云耀:《共产党人与社会主义核心价值观》,《光明日报》,2014 年 5 月 7 日第 1—2 版。

[9] 曾薇:《红色资源与社会主义核心价值观的内在统一》,《中国社会科学报》,2015 年 3 月 13 日第 3 版。

[10] 曾毅、干杉杉:《宁波余姚:"道德银行"让德者有得》,《光明日报》,2018 年 12 月 27 日第 16 版。

[11] 张华伟:《乡风文明:乡村振兴之"魂"》,《学习时报》,2018 年 9 月 14 日第 3 版。

[12] 中共浙江省委、浙江省人民政府:《构建共建共治共享的乡村治理新格局》,《农民日报》,2019 年 6 月 11 日第 2 版。

其他

[1]　钱百治、金振海《余姚民间歌谣（自印本）》，2012。

[2]　余姚市临山镇：《临山镇镇志（未刊版）》。

[3]　中共余姚黄家埠镇十六户村总支部委员会、余姚黄家埠镇十六户村村民委员会、《红色十六户》编纂委员会编：《红色十六户（内部资料）》。

后　记

　　中国改革的历程首先从农村起步、率先在农村突破，而改革开放又推动农村发生翻天覆地的巨变。余姚市临山镇邵家丘村，作为中国改革开放所引发的社会急剧变革的微观呈现，其发展与变迁成为透视中国农村深刻变革的重要维度。当然，由于村庄具体区位、资源禀赋等属性不同，中国村庄发展与变迁的形态各异，这就使得全景式描绘村庄变迁图谱几乎是不可能完成的任务。选择邵家丘村作为研究对象，目的在于以小见大，从党建引领基层治理的角度讨论村庄发展与变迁某些方面的现状与趋势。

　　邵家丘村，因围涂造地而兴的移民村，虽历经沧海，但历史并不久远，而且聚居成村后的发展亦是平淡无奇，既没有村籍邑人闻名于世，又没有重要历史文化遗存，还没有沿海靠山地利之便。但正是这样平凡的村庄，恰在长江流域乃至东部地区具有普遍性，正如一些学者所指出的，"一些非常特殊的典型村庄是时代的特殊产物，有其自身发展的特定问题，因而不能复制。但是有些村庄的发展，实际上是中国整个城乡社会发展的缩影，可以反映社会发展的某些基本趋势"①。邵家丘村即是如此，一个普通平凡村庄，随着中国改革开放而勃发，就地工业化、"离土不离乡、进厂不进城"的实践也是中国东部地区，尤其是浙江农村改革开放四十年发展的缩影。

　　作为浙江的一个普通村庄，邵家丘村既无地利之便，又无特色资源，虽聚集了最大多数农业人口，以种植粮棉为生，但它历史上发展缓慢、声名不显，"泯然众人矣"。但就是这样一普通村庄，受益于改革开放，得益于党委政府政策引导，就地工业化，不仅摆脱了贫困，而且走上了共同富裕、高水平全面小康的道路。当然，邵家丘的发展之路也不是一帆风顺，也曾在 2003 年因区划改革调整而成为当地党委政府重点关注的问题村、薄弱村、帮扶村。但"改革出现的问题需要靠改革解决"，"改革是由问题倒逼而产生，又在不断解决问题中而深化"。2005 年以来，邵家丘人坚持

---

① 林聚任、马光川：《改革开放四十年来的中国村庄的发展与变迁》，《社会发展研究》，2018 年第 2 期。

问题导向，善于运用改革思维与方式，以党建为引领，在临山镇党委、镇政府的指引之下，以"道德银行"建设为抓手，深挖红色资源，因村制宜，培育文明乡风、良好家风、淳朴民风，并逐步形成了以"微公开、微网格、微积分"为主要内容的基层治理"三微工作法"，实现了从"落后村"到"先进村"的巨大变化，成为远近闻名的富裕村、和谐村。2018 年，农民人均纯收入 3.38 万元，比 1982 年增长近 100 倍。可以说，邵家丘村改革开放 40 余年发展历程，实际上就是"中国整个城乡社会发展的缩影"，深刻反映了改革开放 40 余年来中国农村在生产生活方式、经济结构等诸多方面的历史性巨变。

　　"中国村庄发展：浙江样本研究——宁波市余姚邵家丘村发展研究"（18WH3001 6ZD-9Z）作为浙江省社科规划重大课题"中国村庄发展：浙江样本研究"子课题，系浙江文化研究工程（第二期）立项课题，由浙江省社会科学院法学所王鉴山主持，课题组成员来自浙江省社会科学院、浙江财经大学、浙江科技学院以及中共余姚市委党校等高校科研院所。课题组立足实证研究思路，既着眼于宏大叙事，又不避村庄琐细，点面结合，采取白描法，个案式生动呈现了村庄发展与变迁历程。这一历程把邵家丘村的变迁与改革开放深度结合起来，既素描出中国农村改革开放 40 余年来的一般性演变，又深绘出"小农经济"走进"大市场"的浙江农村工业化的独特之路。同时，党的十九大提出实施乡村振兴战略，主战场就是类于邵家丘村这样的普通型村庄。① 因此，解剖好邵家丘村"这只麻雀"，探索出基层治理的有效路径与一般经验，健全现代乡村治理体系，也是课题研究的目的。此外，为了更加立体地呈现乡村治理的复杂性与在地化，展示乡镇党委政府与村党组织、村委会之间良性互动推动乡村治理有序发展的实践，开启乡治研究新视域，本书"专题篇"分别讨论了临山镇以及邵家丘村的治理经验，一镇一村，以此表明乡村治理不是"无源之水，无本之木"，它深深地"嵌入"当地治理体系之中，并受经济社会文化等诸多"在地"因素的影响，因此，谈论乡村善治，要坚持立体施治，不能"只见树木不见森林"。

---

① 王德福：《拓展乡村振兴的想象力》，《北京工业大学学报》（社会科学版），2020 年第 2 期。

　　饮水思源。"中国村庄发展：浙江样本研究——宁波市余姚邵家丘村发展研究"一书的体系框架离不开"中国村庄发展：浙江样本研究"总负责人——浙江省社会科学院副院长陈野研究员的宏观统筹与具体指导。研究过程中，时任中共浙江省委宣传部理论处处长楼胆群，中共浙江省委网信办网络舆情应急处处长丁建辉，浙江省社会科学院区域经济研究所所长徐剑锋研究员，中共余姚市委宣传部常务副部长董朝晖，中共余姚市委党校副校长赵瑞林，余姚社科院副院长杨鹏飞，余姚社科联秘书长谢建龙，原中共临山镇党委委员、现慈溪文明办副主任徐楠等同志为课题顺利启动与深入开展给予了有力支持与帮助。余姚本土专家赵瑞林、杨鹏飞、谢建龙等同志与课题组成员的多次交流、座谈，以及历史文献的共享，还有徐楠同志提供的《临山镇镇志》（未刊稿）等资料，雪中送炭，让课题组快速进入状态，在短期内迅速把握了研究重点。同时，浙江省社科院科研处王玮、浙江科技学院马克思主义学院钭利珍等也为课题研究提供了力所能及的帮助。最后，请让我把最诚挚的谢意献给课题研究对象——邵家丘村村党总支书记黄宝康、村长姜海军、原村党群书记王清、治调主任陈维桥、生产合作社副社长樊金秋、办公室主任应文君、村委委员陈秀娟以及胡彬等邵家丘村村干部、村民，他们对课题研究以及课题组驻点调研的大力支持与后勤保障，确保了研究进展的有力有序有效。邵家丘村"村两委"，他们"用心而不逾矩""尽职而不错位"，真诚真意真心，想为村庄留住"乡愁"，为村民留存一段历史，对课题组调研中提出的问题知无不言，并充分开放村档案室（书中的很多数据都是直接援引村历史档案）；同时，他们充分尊重课题组的研究框架，不干涉课题组研究，保证了课题成文的客观、中立，而不是"哥德式"的"大路货"，通篇读来，读者应该可以感受到著者的深刻思考，以及邵家丘村改革开放 40 余年来探索的经验与教训。

　　《德润民心：宁波邵家丘村发展研究》书稿由王崟屾负责起草、确定写作大纲，在院内外科研人员协助下，联合调研、攻关，从 2019 年 8 月提纲确定，再到 12 月初稿完成，反复修改，数易其稿，其间在初期驻点调研基础上，课题组又多次赴邵家丘核实相关数据、内容，使最终成果得以完成。本书写作分工如下：浙江省社会科学院法学所副所长、副研究员王釜屾负责绪论、专题篇；浙江科技学院马克思主义学院董小梅博士负责史地篇；浙江科技学院马克思主义学院伦玉敏副教授负责生活篇；浙江财经大学法学院李冗博士负责文化篇；浙江省社会科学院智库建设和舆情研究中心孟欣然博士负责经济篇；中共浙江省委党校四明山分校、浙江省四明山干部学院、中共余姚市委党校江一舟负责社会篇；中共浙江省委党校四明山分校、浙江省四明山干部学院、中共余姚市委党校陆银辉负责治理篇；访谈篇由伦玉敏、董小梅、王釜屾、钭利珍、胡斌等人共同完成；文献篇由董小梅、王釜屾完成。2020 年 8 月，根据专家鉴定意见通读与修订书稿时，鉴于江一舟老师所负责社会篇的大多数内容已在生活篇、经济篇中有所体现，故出于书稿结构框架与逻辑等方面的考虑，删除了社会篇，把相关内容并入生活篇，并增加一章"公共服务"，并在第二章"教育与外来人口"中增加一节"村民流动与分化"，其著者皆为江一舟。由此，书稿分工调整如下：王釜屾负责绪论、专题篇；董小梅负责史地篇；孟欣然负责经济篇；伦玉敏负责生活篇（其中，"村民流动与分化"一节以及"公共服务"一章由江一舟负责）；李冗负责文化篇；陆银辉负责治理篇；访谈篇由伦玉敏、董小梅、王釜屾、钭利珍等人共同完成；文献篇由董小梅、王釜屾完成。王釜屾、伦玉敏对全书作了最后的通稿与定稿。当然限于著者的水平，加之时间仓促，难免挂一漏万，敬请各位专家批评指正！

"中国村庄发展：浙江样本研究——宁波邵家丘村发展研究"课题组组长

王釜屾

2020 年 8 月

丛书后记

POSTSCRIPT

"中国村庄发展：浙江样本研究"项目研究和书稿撰写，由浙江省社会科学院组织院内外相关科研人员集体承担。此刻，面对11部厚重书稿，回顾项目组寒来暑往五春秋的研究历程，前期酝酿筹措的漫长经过、奔波于乡村大地深入调研的艰辛历程、埋首于电脑键盘奋笔疾书的种种身影，均历历在目。感怀系之，作此以记。

本项目于2016年初由浙江省社会科学院副院长、研究员陈野倡议谋划，旨在整合全院从事乡村研究的科研力量，加强顶层设计，开展重大项目研究，为本院凝练一个可持续的科研方向和学术品牌。经与院乡村研究中心主任、研究员闻海燕反复磋商，咨询省市农办，赴村实地调研等前期摸底筹备，于2016年正式动议有关村庄发展研究的事宜。

2017年2月6日，时任浙江省省长车俊在《历史大变局下的农村新集体经济文化建设调研与思考》调研报告上做批示予以肯定。2017年2月13日，时任省委常委、宣传部部长葛慧君批示要求"在本省多选一些村庄做深入研究，形成一批实践样本。如需要，省社科院一起参与"。2017年2月16日，省委宣传部常务副部长来颖杰批示："请社科院再做深入调查，进行样本总结。"省委省政府和省委宣传部的指示和要求，使我们更加明确和坚定了开展村庄发展研究的思路，加快了项目筹划的进度。

2017年6月，村庄发展研究项目被立项为浙江省社科院重大专项课题。2017年9月，被立项为浙江省第二期文化研究工程重大项目，陈野研究员为项目负责人，浙江省农办原副主任、著名乡村研究专家顾益康先生和闻海燕研究员为首席专家。期间，根据实地调研情况、省市县农办意见、省规划办和评审专家建议，项目研究方案经过十数次的调整修改，最终确立为在全省11个设区市中各选一个村作为研究个案，撰写11部专著，形成"中国村庄发展：浙江样本研究"丛书。

研究与撰写过程中，项目组发挥前期学术积淀深厚、科研人员学科背景多样、组织协调机制高效灵活、项目组成员高度团结等优势，深入乡村和各级农办、档案局、史志办、文旅局等政府部门实地调研，广泛收集谱牒档案、镇村史志、契约账册等文献资料，驻村开展上千人次的口述访谈。项目组全体成员冲寒冒暑，以认真负责、刻苦钻研、严谨踏实、精益求精的研究态度和工作精神，为课题研究尽心竭虑，无私奉献，并在研究中形成了精诚团结、友好合作、交流研讨、互帮互助的优良团队氛围。各子课题负责人认真组织、悉心筹划、精心统筹、务实开展课题研究，带领各自课题组成员通力合作，为如期完成研究和撰稿任务起到关键作用。各子课题的具体科研工作情况，可参见各部专著的后记，此处不做一一赘述。

项目负责人陈野研究员对项目高度负责、执着认真，全力投入、全程负责项目的启动、开展和推进，承担了策划项目，确立研究思路、主题、体例、理论分析框架和研究内容，设计篇目大纲等全局工作；定期组织召开内部讨论会，研讨篇目框架、研究内容、行文规范；数次邀请专家进行指导评审；多次率队赴省市县相关政府部门座谈请教，倾听学习来自乡村建设实践的真知灼见；先后深入数十村庄开展实地调研访谈；根据自查结果和专家审稿意见与每一位子课题负责人商议修改计划，对11部书稿作三次全面统稿，并做多种局部调整。

项目首席专家顾益康先生自始至终关注关心本项目研究，在百忙之中数次参加项目组研讨活动，对研究方案提出具体思路建议，认真评审数部子课题书稿，指导子课题负责人开展研究，特别是以其丰富的乡村工作经验、深厚的学术研究造诣和对本项目的深入了解，为丛书撰写了站位高远、剖析深入、具有提纲挈领作用的丛书绪论。

首席专家闻海燕研究员在项目对接农办系统、联系专家学者、选择村庄个案等方面发挥重要作用，以长期从事农村经济研究的学术积淀帮助相关子课题开展研究。在项目开展的全过程中认真、积极、负责地协助项目负责人陈野研究员开展实地调研、组内研讨、稿件审读等相关工作。尤其力挑重担，担任"绿水青山就是金山银山"科学理论发源地，在我国新时代生态文明建设中具有重大价值、重要影响力的余村发展研究子课题负责人，带领余村课题组取得丰富研究成果。

P O S T S C R I P T

　　浙江省社会科学院科研部王玮老师承担了项目组内勤外联、会议记录、通知纪要、送审打印等具体编务工作，以其认真负责、细心周到、任劳任怨、不计报酬的工作态度和精神，为项目完成起到不可或缺的保障作用。

　　借此丛书书稿完成撰写、即将交付出版之际，我们衷心感谢中共浙江省委宣传部、浙江省社科联、省规划办和来颖杰、盛世豪、郭华巍、邵清、陈先春、刘东、董希望等领导对本项目研究的信任肯定及在研究过程中的悉心关怀！衷心感谢夏阿国、邵峰、杨建武、郭占恒、王景新、毛丹、赵兴泉、梁敬明、郭红东、胡豹、任强等专家学者对书稿质量的严格审阅把关和学术指教！衷心感谢张伟斌、迟全华、俞世裕、何显明、胡海良、潘捷军、毛跃、陈柳裕等院领导对本项目研究的重视、关心和指导！衷心感谢北山村、花园村、龙峰村、缪家村、蚂蚁岛村、清漾村、上园村、邵家丘村、沙滩村、棠棣村、余村村两委会和全体村民的热情参与、积极配合和无私奉献！衷心感谢相关省市县农办、宣传、文旅、社科、文化、旅游等众多政府部门对本课题研究和实地调研的大力支持和鼎力相助！衷心感谢浙江大学出版社和责编老师专业、细致、负责的编辑出版工作！

　　由于我们水平所限，书中错漏不足之处在所难免，恳望各位领导、专家、学者，各位读者予以批评指教！

2020 年 11 月 26 日